Schubarth
Gewaltprävention in Schule und Jugendhilfe

Wilfried Schubarth

Gewaltprävention in Schule und Jugendhilfe

- **Theoretische Grundlagen**
- **Empirische Ergebnisse**
- **Praxismodelle**

Luchterhand

Die Deutsche Bibliothek – CIP-Einheitsaufnahme

Schubarth, Wilfried:
Gewaltprävention in Schule und Jugendhilfe: Theoretische Grundlagen, Empirische Ergebnisse, Praxismodelle Wilfried Schubarth. - Neuwied; Kriftel: Luchterhand, 2000
ISBN 3-472-03971-X

Alle Rechte vorbehalten.
© 2000 by Hermann Luchterhand Verlag GmbH Neuwied, Kriftel.
Das Werk einschließlich aller seiner Teile ist urheberrechtlich geschützt. Jede Verwertung außerhalb der engen Grenzen des Urheberrechtsgesetzes ist ohne Zustimmung des Verlages unzulässig und strafbar. Das gilt insbesondere für Vervielfältigungen, Übersetzungen, Mikroverfilmungen und die Einspeicherung und Verarbeitung in elektronischen Systemen.
Umschlag: arttec grafik simon & wagner, St. Goar
Papier: Permaplan von Arjo Wiggins Spezialpapiere, Ettlingen
Druck: MVR Druck GmbH, Brühl
Printed in Germany, Januar 2000

∞ Gedruckt auf säurefreiem, alterungsbeständigem und chlorfreiem Papier

Inhalt

Vorwort 7

Einleitung: Ziel und Anlage der Arbeit 9

1 Theoretische Erklärungsansätze für Aggression und Gewalt
Folgerungen für die Gewaltprävention

1.1 *Klassische psychologische Erklärungsansätze* 13
1.1.1 Aggression als Folge eines Triebes 14
1.1.2 Aggression als Reaktion auf Frustration 16
1.1.3 Aggression als Folge von Lernprozessen 17
1.1.4 Aggression als Ausdruck zielgerichteter Motivation 20
1.1.5 Aggression als Folge des bedrohten Selbst 22
1.1.6 Aggression als Folge physiologischer Bedingungen 25

1.2 *Klassische soziologische Erklärungsansätze* 27
1.2.1 Die Anomietheorie 27
1.2.2 Die Subkulturtheorie 30
1.2.3 Die Theorien des differentiellen Lernens 31
1.2.4 Die Theorien des Labeling Approach 33

1.3 *Neuere psychologische Erklärungsansätze* 36
1.3.1 Aggression - entwicklungspsychologisch bedingt 37
1.3.2 Aggression als „Zwangsgewalt" 38
1.3.3 Gewalt als Folge verweigerter schulischer Anerkennung 39

1.4 *Neuere soziologische Ansätze* 42
1.4.1 Gewalt als Folge von Modernisierung und Individualisierung 42
1.4.2 Gewalt als Folge der anomischen Struktur von Schule 45

1.5 *Neuere kriminalsoziologische Erklärungsansätze* 47
1.5.1 Devianz als soziales Handeln 48
1.5.2 Delinquenz als Folge mangelnder Selbstkontrolle 49
1.5.3 Der materialistisch-interaktionistische Ansatz 51

1.6 *Integrative Erklärungsansätze* 53
1.6.1 Aggression als Form der Bewältigung von Streß 53
1.6.2 Gewalt als Form männlicher Lebensbewältigung 55
1.6.3 Gewalt als Form der „produktiven Realitätsverarbeitung" 58
1.6.4 Schule als gewaltfördernder Faktor 60

1.7 *Resümee: Konsequenzen für die Gewaltprävention* 62

2 Bilanz der empirischen Gewaltforschung Folgerungen für die Gewaltprävention

2.1	Erkenntnisinteresse, Methodologie und Methodik der Studien	66
2.2	*Empirische Befunde zu Ausmaß, Entwicklung und Erscheinungsformen von Gewalt*	73
2.2.1	Gewaltbelastung und Gewaltentwicklung an Schulen	73
2.2.2	Ausmaß von Gewalthandlungen und Gewaltbereitschaft	78
2.2.3	Erscheinungsformen von Gewalt	82
2.3	Entstehungsbedingungen von Gewalt	95
2.4	Interventions- und Präventionsmöglichkeiten	103
2.5	Resümee: Konsequenzen für die Gewaltprävention	114

3 Gewaltprävention in Schule und Jugendhilfe Präventionsdiskurs und Präventionspraxis

3.1	Exkurs: Zum Problem des Theorie-Praxis-Transfers	118
3.2	*Präventionsdiskurs und Präventionsforschung*	127
3.2.1	Begrifflich-theoretische Grundlegungen der Präventionsforschung	128
3.2.2	Ergebnisse der Präventionsforschung	133
3.2.3	Gewaltprävention und gewaltpräventive Forschung	135
3.3	*Stand und Entwicklungstendenzen in der Gewaltprävention Praxismodelle für Schule und Jugendhilfe*	140
3.3.1	Praxismodelle für die Schule	141
3.3.2	Diskussion schulischer Präventionsmodelle	161
3.3.3	Praxismodelle für die Jugendhilfe	165
3.3.4	Diskussion der außerschulischen Präventionsmodelle	180
3.3.5	Probleme der gewaltpräventiven Arbeit in Schule und Jugendhilfe	183

Resümee: Von der Analyse zur Prävention von Gewalt 189

Literatur 196

Anhang 226

Vorwort

Am Anfang der Arbeit am Thema stand die Frage, zu welchen Ergebnissen und Konsequenzen eine der zentralen Debatten der neunziger Jahre - die um „Jugend und Gewalt" - geführt hat. Dabei geht es nicht nur um eine kritische Bilanz der Theorien und empirischen Forschungen zu Gewalt, sondern auch um den praktisch-pädagogischen Ertrag dieser Debatte, d.h. es geht vor allem um die Frage, was aus der Gewaltforschung für die Präventionspraxis nutzbar gemacht werden kann.

Anliegen des Buches ist es, die Ergebnisse der Gewaltforschung für die Präventionspraxis furchtbar zu machen, indem theoretische Erklärungsansätze und empirische Untersuchungsergebnisse zu „Jugend und Gewalt" systematisiert und auf ihre Relevanz für die Gewaltprävention befragt sowie neuere Präventionskonzepte und Praxismodelle dargestellt und diskutiert werden. Auf diese Weise soll die wissenschaftliche Analyse mit konkreten Hilfen für die Präventionspraxis verbunden und damit zugleich die gewaltpräventive Arbeit in Schule und Jugendhilfe wissenschaftlich fundiert werden.

Die Auseinandersetzung mit dem Thema ist von der Motivation getragen, durch einen engen und kontinuierlichen Dialog zwischen Wissenschaft und Praxis konkrete Verbesserungen der Lebensbedingungen für Kinder und Jugendliche zu erreichen. Meine Erfahrungen aus der Arbeit am „Landesweiten Runden Tisch gegen Gewalt in Sachsen" verweisen darauf, daß diese Hoffnung nicht unbegründet ist und eine Sensibilisierung für die Lebensprobleme junger Menschen möglich ist, die freilich auch in politische Entscheidungsprozesse einmünden muß. Gewalttätiges Handeln von Kindern und Jugendlichen ist bekanntermaßen nicht nur ein individuelles Problem, sondern zugleich auch ein Indikator für gestörte soziale Beziehungen insgesamt. In diesem Sinne ist die Gewalt von Kindern und Jugendlichen auch eine große Herausforderung an die Integrations- und Zukunftsfähigkeit unserer Gesellschaft.

Die Ergebnisse der Forschungen über Gewalt sind auch für neuere Debatten, insbesondere für die *Qualitäts- und Leistungsdebatte,* hochaktuell. Bei der Leistungsdebatte, die der Gewaltdebatte folgte, sollte vor allem berücksichtigt werden, daß verstärkter Leistungsdruck und verschärfte Kontrolle kaum zu besseren Leistungen führen, sondern - wie die Gewaltforschung belegt - zumindest in Teilen der Schülerschaft die Gewaltneigung sogar fördert. Gefragt sind vielmehr gezielte Hilfs- und Beratungsangebote für die gesamte Persönlichkeitsentwicklung von Kindern und Jugendlichen, einschließlich differenzierter Lernarrangements und die Mobilisierung sozialer Unterstützungssysteme.

Die vorliegende Publikation entstand auf der Basis meiner Habilitationsschrift*, die in weiten Teilen überarbeitet und stärker auf Fragen der Gewaltprävention in Schule und Jugendhilfe ausgerichtet wurde. Zur Fokussierung auf die Gewaltprävention und zur systematischen, komprimierten Darstellung von theoretischen und empirischen Grundlagen sowie von Präventionskonzepten bzw. Praxismodellen wurden einige Kürzungen, vor allem im theoretischen und empirischen Teil, vorgenommen.

An dieser Stelle möchte ich allen, die mich bei der Arbeit an dem Thema unterstützt haben, sehr herzlich danken. Mein Dank gilt vor allem den Mitarbeitern** der Forschungsgruppe Schulevaluation der TU Dresden und ihrem Leiter Prof. Dr. Wolfgang Melzer. Besonders möchte ich auch Dorit Stenke danken; viele Gedanken aus dem langjährigen Austausch mit ihr sind in die Publikation eingeflossen. Wertvolle Anregungen und Unterstützung erhielt ich auch von Prof. Dr. Karl Lenz und Christoph Ackermann. Gedankt sei darüber hinaus auch meinen Kollegen an der Fakultät Erziehungswissenschaften, vor allem Prof. Dr. Lothar Böhnisch, sowie meinen Bielefelder Kooperationspartnern, insbesondere Prof. Dr. Klaus-Jürgen Tillmann. Bedanken möchte ich mich schließlich auch bei allen Studenten, die im Rahmen von Lehrforschungsprojekten zum Gelingen der verschiedenen Untersuchungen beigetragen haben.

Dresden/Greifswald, im Herbst 1999   PD Dr. Wilfried Schubarth

---

* Schubarth, W.: Analyse und Prävention von Gewalt. Der Beitrag interdisziplinärer Forschung zur Gewaltprävention in Schule und Jugendhilfe. Habilitationsschrift. Technische Universität Dresden 1998
** Aus Gründen der besseren Lesbarkeit wird in der gesamten Publikation im Plural die männliche Form verwendet.

Einleitung

Die neunziger Jahre sind zu Ende gegangen und damit auch ein Jahrzehnt intensiver Diskussionen zum Thema „Jugend und Gewalt", das wie kaum ein anderes Thema die Gemüter vor allem von Eltern, Lehrern, Sozialarbeitern, Journalisten, Politikern und Wissenschaftlern erregte. „Eine wissenschaftliche Debatte geht zu Ende, aber die Phänomene bleiben", schrieb bereits im Jahre 1996 Benno Hafeneger in einer kritischen Retrospektive. Heißt das aber auch, daß die in den neunziger Jahren forcierte Gewaltdebatte für die praktische Bildungs- und Erziehungsarbeit völlig nutzlos war? Haben nicht zahlreiche Studien ein differenziertes Bild über das Ausmaß und die Entstehung von Aggression und Gewalt gezeichnet? Wurden nicht plausible Erklärungsangebote geliefert und vielfältige pädagogische Handlungsperspektiven aufgezeigt? Und gibt es nicht auch an Schulen und in der Jugendarbeit beim Umgang mit Aggression und Gewalt sowie in der gewaltpräventiven Arbeit positive Ansätze zu vermelden?

Was ist der theoretische und empirische Ertrag der Diskussion um „Jugend und Gewalt" der neunziger Jahre, insbesondere mit Blick auf die Gewaltprävention? Was kann aus der Gewaltforschung für die Praxis fruchtbar gemacht werden? Welche Ansätze und Modelle der Prävention wurden in Schule und Jugendhilfe entwickelt bzw. erprobt und wie sind diese zu bewerten? Das sind die zentralen Fragen des Buches, deren Beantwortung letztlich auch Aufschluß darüber gibt, inwieweit die o.g. These von der praktischen Wirkungslosigkeit der Gewaltdebatte zutreffend ist.

Mit dem vorliegenden Buch verfolgen wir *drei Ziele*:
1. Die Ergebnisse der interdisziplinären Gewaltforschung sollen systematisiert und ihr praktisch-pädagogischer Ertrag bilanziert werden.
2. Damit soll zugleich ein Beitrag zur theoretischen und empirischen Grundlegung der Gewaltprävention geleistet werden.
3. Durch die Darstellung von Praxismodellen und von Ergebnissen der Präventionsforschung sollen konkrete Impulse für die gewaltpräventive Arbeit in der Schul- und Jugendhilfepraxis gegeben werden.

Das Buch ist wie folgt aufgebaut:
Das *erste Kapitel* gibt eine Übersicht über theoretische Erklärungsansätze für Gewalt bei Jugendlichen bzw. für Gewalt an Schulen. Dabei wird zwischen psychologischen und soziologischen sowie zwischen traditionellen und aktuellen Erklärungsmodellen unterschieden. Den Fokus bildet die Frage, welche Folgerungen sich aus den jeweiligen Theorien für die Gewaltprävention vor allem im Kontext von Schule und Jugendhilfe ergeben.

Im *zweiten Kapitel* werden grundlegende Ergebnisse aus ca. 80 empirischen Schulstudien und Jugendstudien zum Thema „Gewalt", darunter aus eigenen Untersuchungen, zusammenfassend vorgestellt und bewertet, wobei es auch hier in erster Linie um die Bedeutung der ermittelten Befunde für die Gewaltprävention in Schule und Jugendhilfe geht.

Im *dritten Kapitel* stehen theoretische und praktische Fragen der schulischen und außerschulischen Gewaltprävention im Mittelpunkt. Eingeleitet wird es mit einem Exkurs zur Problematik des Theorie-Praxis-Transfers. Die Auseinandersetzung mit der Theorie-Praxis-Problematik bildet neben der Gewaltthematik eine weitere theoretische Leitlinie und ist dem Ziel verpflichtet, die Wirksamkeit von Wissenschaft und Forschung bei der Entwicklung zivilisierter, demokratischer zwischenmenschlicher Beziehungen in der Gesellschaft über das Medium pädagogisch gestalteter Lebenswelten zu erhöhen. Dem Exkurs schließt sich eine Bestandsaufnahme der schulischen und außerschulischen Gewaltprävention an. Bekannte und bewährte Praxismodelle und Handlungsansätze werden vorgestellt, Entwicklungslinien aufgezeigt sowie Fortschritte und Probleme deutlich gemacht. Das Buch endet mit einem *Resümee*, in dem die wichtigsten Ergebnisse zusammengefaßt und Konsequenzen für die Gewaltforschung und die Gewaltprävention abgeleitet werden.

Zur Einführung in die Thematik sollen im folgenden einige *Ausgangspunkte und Begriffe*, auf die im Buch oft Bezug genommen wird, umrissen werden:
- Gewalt ist nicht ein Problem von Kindern und Jugendlichen, sondern ein *gesamtgesellschaftlich zu verantwortendes Problem*. In diesem Sinne ist Gewalt eine „soziale Krankheit", ein Signal für ungelöste soziale Probleme und Konflikte und ein funktionales Äquivalent, mit dem Kinder und Jugendliche auf bestehende Problemlagen reagieren. Diese Problemlagen zu entschlüsseln und entsprechende Ressourcen in der Familie, in der Schule und der Jugendhilfe zu erkennen, zu mobilisieren und zu fördern, ist auch Anliegen von Gewaltforschung und Gewaltprävention.
- Das Thema „Jugend und Gewalt" bzw. als Subthema „Schule und Gewalt" ist in der öffentlichen Diskussion *konjunkturellen Diskurszyklen* unterworfen. Die Massenmedien bedienen sich aufgrund des damit antizipierten Konsumenteninteresses immer wieder dieses Themas, fördern somit dessen wechselhafte Karriere als „soziales Problem", worauf die Politik (z.B. mit symbolischen Handlungen), aber auch die Wissenschaft mit ihren spezifischen Mitteln reagieren. Der konjunkturelle, wellenförmige Verlauf sagt jedoch nur wenig über den realen Sachverhalt, z.B. über die Gewaltentwicklung oder über Probleme der Gewaltprävention. Kritische Diskursanalysen erweisen sich somit als ein unverzichtbarer Bestandteil der Gewaltforschung (vgl. z.B. Cremer-Schäfer 1992, Schubarth 1994b, 1998b, 1999a, Hafeneger 1996, Schetsche 1996, Tillmann 1997).
- Die massenmedial vermittelte öffentliche Diskussion beeinflusst stark den wissenschaftlichen Diskurs. So hat es in der Vergangenheit immer wieder

Einleitung 11

infolge der öffentlichen Debatten *wissenschaftliche Auseinandersetzungen* um „Jugend und Gewalt" gegeben.[1] Die Debatte zur Jugendprotestbewegung in den achtziger Jahren hatte zur Einsetzung einer „Gewaltkommission" der Bundesregierung geführt (vgl. Schwind/Baumann 1990). Doch erst die öffentliche Debatte zu Anfang der neunziger Jahre hatte einen Boom an Forschungen zu „Jugend und Gewalt" bzw. „Schule und Gewalt" ausgelöst und die Diskussion um Erklärungsansätze für Aggression und Gewalt belebt. Dabei sind Aggression und Gewalt unter Jugendlichen keine historisch neuartigen Phänomene, auch wenn sich die Gewaltformen entsprechend den jeweiligen historischen Bedingungen wandeln. Eine Dramatisierung heutiger Gewaltphänomene würde die Gewalt zu früheren Zeiten leicht verharmlosen. Zudem ist anzunehmen, daß auch die Wahrnehmung von Gewalt gewissen Veränderungen unterliegt.

- Unabhängig vom (fach)öffentlichen Diskurs sind Aggression und Gewalt ein soziales Problem. Kinder und Jugendliche sind davon sowohl als Täter als auch als Opfer im besonderen Maße betroffen. Diesem gesellschaftlich so brisanten Thema kann sich auch die Erziehungswissenschaft nicht entziehen. Vielmehr ist sie als eine handlungsorientierte Wissenschaft aufgefordert, zur *Analyse und Prävention von Gewalt* beizutragen.[2]

- Der *Gewaltbegriff* wird in der Fachliteratur unterschiedlich weit gefaßt. Während sich ein eher enger Gewaltbegriff auf die zielgerichtete, direkte physische Schädigung beschränkt, schließt ein weiter gefaßter Begriff neben der körperlichen auch die psychische, verbale und mitunter auch die „strukturelle" Gewalt ein. Die Begriffe „Aggression" und „Gewalt" werden in zunehmendem Maße synonym verwendet. Obwohl der Gewaltbegriff (als Teilmenge besonders extremer Aggressionen) in der wissenschaftlichen Tradition dem Aggressionsbegriff untergeordnet ist, wird er in letzter Zeit immer häufiger auch als Oberbegriff gewählt. In der gegenwärtigen Diskussion werden vor allem folgende Gewaltformen unterschieden: physische, psychische, verbale und vandalistische Gewalt, mitunter auch se-

---

[1] Dies gilt nur für die alte Bundesrepublik, jedoch nicht für die DDR, da dort die öffentliche Diskussion und die wissenschaftliche Forschung aus ideologischen Gründen strengen Restriktionen unterworfen waren (vgl. z.B. Friedrich/Griese 1991). In der alten BRD ging es bei diesen Forschungen allerdings eher um strukturelle Gewalt, abweichendes Verhalten oder aggressives Schülerverhalten (vgl. z.B. Brusten/Hurrelmann 1973, Grauer/Zinnecker 1978, Holtappels 1987, Heitmeyer/Möller/Sünker 1989). Zum neueren Stand der Gewaltforschung vgl. z.B. Holtappels u.a. 1997, Bierhoff/Wagner 1998, Forschungsgruppe Schulevaluation 1998, Schäfer/Frey 1999, Tillmann u.a. 1999).

[2] Ganz ähnlich sieht Neidhardt die Aufgabe der Gewaltforschung darin, die Frage zu beantworten, „was wir denn tun können, um die Wahrscheinlichkeit von Gewalttätigkeit wenigstens zu verringern" (Neidhardt 1997, S. 19).

xuelle, frauenfeindliche und fremdenfeindliche bzw. rassistische Gewalt.[3] Gewaltphänomene werden von unterschiedlichen Wissenschaftsdisziplinen mit jeweils *spezifischen begrifflichen Traditionen* und Kategorien erforscht (z.B. Psychologie, Soziologie, Kriminologie, Erziehungswissenschaft), was einen interdisziplinären Zugang erfordert.

- Unter *Gewaltprävention* werden in Anlehnung an den Präventionsbegriff alle Maßnahmen zur Verhinderung oder Minderung von aggressiven und gewaltförmigen Handlungen verstanden. Dabei geht es weder um eine Verkürzung des Begriffs (z.B. auf eine kontrollorientierte pädagogische Technologie), noch um seine unbegrenzte Ausweitung (z.B. als die Gesamtheit gelungener Erziehung), sondern um notwendige Hilfen und Unterstützung im Kontext von Familie, Schule und Jugendhilfe. Unser *Präventionsverständnis* setzt zwar beim gewalttätigen Handeln von Kindern und Jugendlichen an (sekundäre Prävention), geht jedoch zugleich - indem Bedingungen für die Vermeidung gewaltförmigen Handelns aufgezeigt werden - über die sekundäre Prävention hinaus. Die Übergänge zwischen primärer Prävention, die auf die Kompetenzentwicklung aller Kinder und Jugendlichen gerichtet ist, und sekundärer Prävention sind ohnehin fließend, ebenso wie die Übergänge zwischen Prävention und Intervention. *Präventionsforschung* beschäftigt sich vor allem mit der Entwicklung, Konzeptualisierung und Installierung von Präventionsmaßnahmen sowie der Erforschung ihrer Wirkungen (vgl. z.B. SFB 227 1985 und 1994, Lüders 1995, Dann 1997).

- Gewalt unter Kindern und Jugendlichen ist *kein deutsches Phänomen*, wie die Diskussionen z.B. zu Gewalt an Schulen oder zur Jugendkriminalität in vielen anderen Ländern zeigen. Ganz offensichtlich gibt es - trotz aller Differenziertheit der Probleme und der Präventionsstrategien nach Ländern und Regionen - eine Reihe übergreifender Entwicklungen, die eine stärkere gesellschaftliche Auseinandersetzung mit der Gewaltproblematik notwendig machen (vgl. z.B. Olweus 1995, Dichanz 1997, Mooij 1997, Pfeiffer 1997, Pfeiffer/Wetzels 1999).

---

[3] vgl. z.B. Neidhardt 1985, Theunert 1987, Tillmann 1994c, Hurrelmann 1995a

1 Theoretische Erklärungsansätze für Aggression und Gewalt Folgerungen für die Gewaltprävention

In diesem Kapitel wird eine Übersicht über theoretische Erklärungsansätze für Aggression und Gewalt gegeben und nach Konsequenzen für die Gewaltprävention in Schule und Jugendhilfe gefragt. Die in der Fachliteratur vorfindbaren Übersichten zu Erklärungsmodellen von Aggression bzw. Gewalt sind meist disziplinär ausgerichtet. Dabei dominieren Zusammenstellungen von Theorien aus der Aggressionspsychologie (vgl. z.B. Heinemann 1996, Kleiter 1997, Nolting 1997). Daneben gibt es Darstellungen soziologischer (vgl. z.B. Böhnisch 1993, Holtappels 1997) und kriminalsoziologischer Erklärungsansätze (vgl. z.B. Lamnek 1983, 1994, Kerscher 1985). In einigen wenigen Übersichtsdarstellungen werden auch psychologische und soziologische Modelle kombiniert (vgl. z.B. Bründel/Hurrelmann 1994).

Bei dem im folgenden dargestellten Klassifikationsmodell wird sowohl zwischen *psychologischen* und *soziologischen* Erklärungsansätzen als auch zwischen *klassischen* und *neueren* Theoriemodellen differenziert. Während unter klassischen Theorien bekannte Theoriemodelle aus verschiedenen Wissenschaftsdisziplinen subsumiert werden, geht es bei den neueren Theorien um originäre Erklärungsansätze, die die klassischen Ansätze weiterentwickeln, miteinander kombinieren oder auf bestimmte Bereiche (z.B. Schule) anwenden. Mit diesem Klassifikationsmodell streben wir keine umfassende Präsentation von Theoriemodellen an, vielmehr erfolgt die Auswahl, Darstellung und Bewertung vor allem unter dem Gesichtspunkt, welche Relevanz die jeweiligen Theorien für die Gewaltprävention in Schule und Jugendhilfe haben.

1.1 Klassische psychologische Erklärungsansätze

Die klassischen Theorien zur Erklärung aggressiven und gewaltförmigen Verhaltens lassen sich in psychologische und soziologische Theorien einteilen. Während die psychologischen Erklärungsansätze die psychischen Dispositionen und die inneren Vorgänge einer Person, ihre Bedürfnisse und Gefühle betonen, stehen bei den soziologischen Theorien die sozialen Bedingungen und das gesamte gesellschaftliche Umfeld, z.B. in der Familie, Schule und Freizeit, im Mittelpunkt. Bereits diese unterschiedlichen wissenschaftsdisziplinären Zugänge haben auch unterschiedliche Akzente hinsichtlich der Handlungsperspektiven beim Umgang mit Aggression und Gewalt zur Folge.

Psychologie und Soziologie haben unterschiedliche Begriffssysteme: So ist der Leitbegriff in der psychologischen Tradition der Begriff der Aggression. Eine eigenständige wissenschaftliche Teildisziplin, die *Aggressionsforschung*, hat sich etabliert. In der soziologischen Tradition fungiert dagegen der Begriff des abweichenden Verhaltens als Leitbegriff, daneben findet auch der Gewaltbegriff zunehmend Verwendung. Die Erziehungswissenschaft als eine relativ junge Wissenschaftsdisziplin stützt sich auf beide Traditionen, wobei bis zur Gegenwart die psychologische Traditionslinie überwog. Erst in jüngster Zeit wird auch in der Erziehungswissenschaft von „schulbezogener" Gewaltforschung gesprochen und der Gewaltbegriff parallel zum Aggressionsbegriff verwendet (vgl. Hurrelmann 1995a).

In der Aggressionsforschung gibt es eine Reihe von Theorien zur Erklärung von Aggressionen beim Menschen. Die Modelle beziehen sehr unterschiedliche Faktoren ein, die von biologischen Merkmalen über psychische und familiale Faktoren bis hin zu gesellschaftlichen Bedingungen reichen. Die verschiedenen Erklärungsfaktoren schließen sich dabei nicht aus, ergänzen sich vielmehr. Traditionelle Auffassungen über die Entstehung von Aggressionen gehen davon aus, daß Aggressionen auf aggressiven „Energien" oder „Impulsen" bzw. aggressiven Gefühlen oder Bedürfnissen beruhen. Das heißt: Jemand ist gewalttätig, weil er Aggressionen in sich hat. Woher diese stammen, wird dabei unterschiedlich erklärt. Sie können spontan im menschlichen Organismus entstehen (Triebtheorie) bzw. reaktiv durch Frustration (Frustrationstheorie). Mit diesen beiden Theoriemodellen beginnt unsere Übersicht.[4]

1.1.1 Aggression als Folge eines Triebes

Die Grundannahme der *Triebtheorie* lautet folgendermaßen (vgl. Nolting 1993): Im Organismus gibt es eine *angeborene Quelle*, die fortwährend aggressive Impulse produziert. Diese Impulse müssen sich im Verhalten ausdrücken können, sonst führen sie zu seelischen Störungen. Die bekanntesten Vertreter dieser Theorie sind Sigmund Freud (orthodoxe Psychoanalyse) und Konrad Lorenz (vergleichende Verhaltensforschung). Während der Trieb bei Freud letztlich auf Selbstvernichtung gerichtet ist („Todestrieb") und nur durch den „Sexualtrieb" nach außen gelenkt wird, ist er bei Lorenz ein spezifischer, gegen die Artgenossen gerichteter Kampftrieb. Für die Verhaltensforschung (Ethologie) ist Aggressivität eine angeborene, biologisch verankerte Verhaltensdisposition, die eine wichtige Funktion sowohl für die Arterhaltung als auch innerhalb der eigenen Art hat. So wurde in Tierversuchen z.B. nachgewiesen, daß durch bestimmte Reize instinktive aggressive Verhaltensweisen hervorgerufen werden. Bleiben diese Reize längere Zeit aus, kommt es zu einem „Aggressionsstau" und zu spontanem aggressiven Verhalten.

---

[4] Im folgenden stützen wir uns vor allem auf Arbeiten von Nolting 1993, 1997, Bründel/Hurrelmann 1994, Hornberg/Lindau-Bank/Zimmermann 1994 und Heinemann 1996. Dabei interessiert vor allem die Genese destruktiver Aggression, während auf die positiven Seiten von Aggression (z.B. Aggression als Ausdruck von Selbstbehauptung) hier nicht näher eingegangen werden kann (vgl. dazu z.B. Böhnisch 1998).

Klassische psychologische Erklärungsansätze 15

Bei aggressiven Verhaltensweisen gegenüber anderen Arten, z.B. beim Kampf um Nahrung, beim Beutemachen u.ä., sei die arterhaltende Funktion des Aggressionstriebes offenkundig. Doch auch innerhalb der eigenen Art habe Aggression bestimmte Funktionen: So würden sich Artgenossen durch Aggression abstoßen, wodurch sich jeder seinen Lebensraum suchen müßte. Zudem diene Aggression - nach dem Darwinschen Selektionsprinzip - auch der Auslese der stärksten Vertreter für die Fortpflanzung sowie der Herstellung der Rangordnung in der Gemeinschaft. Nach Lorenz stand am Anfang der menschlichen Kultur das Ritual. Dieses hatte die Aufgabe, menschliche Aggression im Zaume zu halten bzw. in andere Bahnen zu lenken. Die Menschheit müsse deshalb ständig darauf bedacht sein, neue Hemmungsmechanismen zu schaffen (z.B. Anbieten von Ritualisierungen, Sport, Sublimierungen, kulturell wertvoller Konkurrenzkampf, etwa im Beruf usw.).

Wenngleich die Triebtheorien - als Alltagstheorien - nach wie vor sehr populär sind, finden diese in der wissenschaftlichen Psychologie kaum noch Resonanz. Empirische Untersuchungen beim Menschen geben praktisch keine Belege für die Annahme eines Selbstaufladungsvorganges. Vielmehr würden die großen individuellen Unterschiede zwischen den Menschen der Annahme eines spontanen Aggressionsbedürfnisses als allgemeines Menschheitserbe widersprechen. Außerdem hätte sich gezeigt, daß die aus dem „Dampfkesselmodell" abgeleiteten Vorschläge für ein „Kanalisieren" oder „Abreagieren" über bestimmte „Ventile" keineswegs zur Aggressionsverminderung führen. Die Tatsache der Aggressionsreduktion auch ohne vorgegebene „Ventile" würde ebenfalls einer „Triebentladung" widersprechen. Zudem würden Triebtheorien die Vielfalt möglicher Ursachen für Aggression ignorieren.

Zusammenfassung und Folgerungen für die Gewaltprävention

Resümierend ist festzustellen, daß die Triebtheorien in jüngster Zeit zunehmend differenziert bewertet werden. Zumindest einige Elemente dieser Theorien haben gerade für die kindliche und jugendliche Aggressivität eine gewisse Erklärungskraft. Entsprechende Gegenstrategien lassen sich daraus ableiten: Emotionale Spannungszustände, Aktivitäts- und Bewegungsbedürfnisse, Abenteuerdrang und Risikobereitschaft als Bestandteile der kindlichen und jugendlichen Natur verlangen nach Befriedigung, was in der pädagogischen Arbeit, z.B. in Form von gemeinsamem Sport und Spiel in Spiel- und Erlebnisräumen, berücksichtigt werden sollte. Jugendliches Tobe- und Probierverhalten gerade unter Jungen erscheint so in einem anderen Licht. Damit die Grenze des Spielerischen nicht überschritten wird, bedarf es zugleich jedoch bestimmter Spielregeln, Gewohnheiten und Rituale. Die Triebtheorien erweisen sich somit in gewisser Hinsicht als durchaus anregend für die Entwicklung von Präventions- und Interventionsmöglichkeiten.

1.1.2 Aggression als Reaktion auf Frustration

Die *Frustrationstheorie* geht von folgender Annahme aus: Aggressives Verhalten beruht auf aggressiven Impulsen, die durch Frustrationen entstehen. Ursprünglich wurde darunter die Störung einer zielgerichteten Tätigkeit verstanden, später wurde der Begriff auf alle aversiven, unangenehmen Ereignisse (Angriffe, Belästigungen, Entbehrungen) ausgedehnt. Anders als bei der Triebtheorie entsteht das Aggressionsbedürfnis also nicht von selbst, sondern reaktiv. Wenn es allerdings einmal entstanden ist, so muß es dann in irgendeiner Form zum Ausdruck kommen. Die Annahme, daß Aggression immer eine Folge von Frustration sei und Frustration immer zu einer Form von Aggression führe, wurde aufgrund fehlender Belege schon bald modifiziert. Frustration erzeuge, so hieß es dann, Anreize für verschiedene Verhaltensweisen - einer dieser Reize führe stets zur Aggression. *Frustration erhöht also die Wahrscheinlichkeit von Aggression.*

Als konsensfähig gilt heute, daß ein frustrierendes Erlebnis außer Aggression auch konstruktive Reaktionen oder aber Ausweichen, Resignation, Selbstbetäubung (z.B. durch Alkohol) u.ä. nach sich ziehen kann und daß eine aggressive Reaktion nur unter bestimmten Bedingungen wahrscheinlich ist, z.B. wenn das Ereignis als „ärgerlich" bewertet wird, wenn die Person dies als Verhaltensgewohnheit gelernt hat oder wenn sie keine Aggressionshemmung empfindet. Frustrationen führen also nicht immer und nicht automatisch zu Aggressionen. Umgekehrt ist nicht jede Aggression auf Frustration zurückzuführen (z.B. bei Kriegshandlungen, Raubmord, Erpressung).

Aggressionen von Kindern und Jugendlichen können als eine zielgerichtete Antwort auf eine vermeintliche Provokation, der eine subjektiv wahrgenommene Kränkung, Beleidigung, Demütigung oder irgendein Ärger vorausgegangen ist, aufgefaßt werden. Was dann aber meist folge, ist eine reine Affekthandlung, die oftmals in keinem Verhältnis zum Anlaß stehe. Zu empfehlen ist deshalb in solchen Fällen die Einübung eines überlegteren, „reflexiven" und weniger spontanen Verhaltensstils, z.B. mittels Trainingsprogrammen. Auch autogenes Training oder andere Entspannungsverfahren, die in Schule und Familie erlernt werden könnten, sind gute Möglichkeiten, aufbrausendes und unbeherrschtes Reagieren zu beeinflussen. Die Frustrations-Aggressions-Theorie eignet sich auch zur Erklärung der sogenannten „verschobenen" Aggression, d.h. der Umleitung der Aggression vom eigentlichen Frustrator hin zu einem anderen (in der Regel schwächeren) Aggressionsobjekt. Dies geschehe vor allem dann, wenn die Aggression gegenüber dem Frustrator, z.B. einem dominanten Lehrer, negative Sanktionen erwarten läßt. Solche Ketten verschobener Aggressionen gibt es im Schulalltag recht häufig:

Klassische psychologische Erklärungsansätze

„Klaus fühlt sich durch den starken, dominanten Mathelehrer lächerlich gemacht und herabgesetzt. In der soeben einsetzenden Pause wird er aber nicht gegenüber dem Lehrer aggressiv, sondern schubst seinen schwächeren Klassenkameraden Peter und nennt ihn „Blödmann". Wütend verläßt Peter den Klassenraum und begegnet dem viel kleineren Heinz auf dem Weg zur Toilette. Er rammt Heinz die Faust in den Magen. Heinz weint und tritt nach der Katze des Hausmeisters (...)"(Horstmann/Müller 1995, S. 62).

Aus der Frustrationstheorie ergeben sich zwei pädagogische Handlungsmöglichkeiten: Zum einen sollten Lehrer die individuelle Frustrationsschwelle der Schüler beachten. Gerade bei niedriger Schwelle sind Aussagen oder Anweisungen rational zu begründen, so daß starke gefühlsmäßige Beeinträchtigungen der Schüler verhindert werden (z.B. keine herabwürdigende Leistungseinschätzung). Zum anderen können Schüler durch Verbalisierung von Konflikten und Begründung von Bewertungen den adäquaten Umgang mit frustrierenden Situationen üben. Auch die Reduzierung von Frustrationen im persönlichen Bereich z. B. durch einfühlsameren Umgang mit anderen Menschen oder auf gesellschaftlicher Ebene durch gerechtere Lebensbedingungen sind wichtige Ansatzpunkte. Da Frustrationen aber im gewissen Grade unvermeidlich seien, ist es zugleich wichtig, mit ihnen anders umzugehen, sie z.b. gelassener zu bewerten, konstruktive Lösungen zu suchen oder Ärgergefühle mitzuteilen statt auszuagieren (vgl. Nolting 1997).

Zusammenfassung und Folgerungen für die Gewaltprävention
Der Frustrationstheorie kommt bei der Erklärung von Aggression und Gewalt (z.b. an Schulen) ein hoher Stellenwert zu. Schule ist für Kinder und Jugendliche eine der Hauptquellen für Frustrationen. Diese Frustrationen müssen „zivilisiert" und „kultiviert" werden, was zumindest einem Teil der Schülerschaft ohne fremde Hilfe sehr schwerfällt. Für pädagogisches Handeln bietet die Frustrationstheorie - ungeachtet ihrer Schwächen - wichtige Anregungen bzw. Begründungen. Ihr Botschaft lautet: Schulische Mißerfolge, persönliche Herabsetzungen und Demütigungen sollten möglichst vermieden und statt dessen Erfolge und Anerkennung gefördert werden. Da dies nicht immer bzw. nicht in ausreichendem Maße möglich ist, bleibt nur die Konsequenz, den bewußten und kontrollierten Umgang mit Frustrationen zu erlernen.

1.1.3 Aggression als Folge von Lernprozessen

Die *Lerntheorien* gehen davon aus, daß es zur Erklärung aggressiven Verhaltens nicht (wie von den Trieb- und Frustrationstheorien angenommen) eines spezifischen Faktors bedarf, sondern daß Aggressionen, wie andere soziale Verhaltensweisen, auf Lernvorgängen beruhen. Unter Lernen werden dabei Veränderungen personaler Dispositionen (Wissen, Einstellungen, Fertigkeiten usw.) aufgrund von Erfahrungen subsumiert. Für das Thema „Aggression" sind vor allem folgende Typen des Lernens von Relevanz: *Lernen am Modell,*

Lernen am Erfolg bzw. Mißerfolg und *kognitives Lernen* (vgl. Nolting 1997). Diese drei Lerntheorien sollen in ihren Grundzügen kurz dargestellt werden: *Lernen am Modell:* Man lernt, indem man andere beobachtet. Das geschieht durch Speicherprozesse im Gehirn oder durch Nachahmung. So haben Bandura u.a. in einem Experiment Kindern ein aggressives Modell in Form eines aggressiven Erwachsenen gezeigt. Nahm man den Kindern anschließend das Spielzeug weg, zeigten diese Kinder mehr Aggressionen als Kinder einer Gruppe, denen vorher kein aggressives Modell demonstriert wurde. Die Frage, wer wen wann nachahmt, ist eingehend untersucht worden: Die Nachahmung hängt vom Modell, vom Beobachter, von deren Beziehung untereinander und der Situation ab. Die Wahrscheinlichkeit, daß Verhalten nachgeahmt wird, steigt dann, wenn das Modell erfolgreich ist, wenn es Macht ausstrahlt, wenn die Handlung als moralisch gerechtfertigt dargestellt wird, wenn die Beziehung zwischen Beobachter und Modell positiv ist und wenn die Beobachter vorher frustriert worden waren (vgl. Frustrationstheorie). Das Modellverhalten kann sofort nachgeahmt werden, es kann aber auch im Gedächtnis gespeichert und später realisiert werden. Die wichtigsten Vorbilder sind in der Regel die eigenen Eltern oder Personen aus dem Freundes- und Bekanntenkreis. Daneben haben in den letzten Jahren auch Modelle, die über die Massenmedien vermittelt werden, stark an Einfluß gewonnen.

Lernen am Erfolg bzw. Mißerfolg: Hier lernt die Person aus den Konsequenzen ihres Tuns. Während beim Lernen am Modell neuartige Verhaltensweisen kennengelernt werden, „lehren" die Erfolge, die neuen Verhaltensmodelle anzuwenden, zumindest in „erfolgversprechenden" Situationen. So konnte in verschiedenen Experimenten nachgewiesen werden, daß Aggressionen bei Kindern zunehmen, wenn diese für ihre Aggression gelobt werden. Gelegentliche Erfolge wirken dabei sogar verstärkender als ständige Bekräftigung. Es gilt das Prinzip der intermittierenden Verstärkung, wonach Rückfälle und Mißerfolge sich nicht als gravierend erweisen, wenn das Verhalten wenigstens ab und zu erfolgreich ist. Dies hat Konsequenzen für die Einschätzung der Wirkung von Kontroll- und Strafmaßnahmen. Daß aggressives Verhalten gelernt und beibehalten wird, erklärt die Theorie mit den positiven Folgen für den Aggressor. Dabei sind Durchsetzung und Gewinn, Beachtung und Anerkennung, Stimulierung, positive Selbstbewertung, Spannungsreduktion sowie Abwehr und Selbstschutz wichtige Aggressionserfolge, die die Wahrscheinlichkeit eines wiederholten aggressiven Verhaltens erhöhen. Bleibt aggressives Verhalten dagegen erfolglos oder hat es negative Konsequenzen, so sinkt die Wahrscheinlichkeit einer Wiederholung. Grundlage für Aggressionen können also auch nicht-aggressive Bedürfnisse sein, wenn aggressive Verhaltensweisen sich zu deren Befriedigung als effektiv erweisen. Die primären Ziele (z.B.

Interessendurchsetzung) bilden den eigentlichen Anreiz zur Aggression, welche selbst ohne Emotionen vonstatten gehen kann (z.B. Raub).

Kognitives Lernen: Damit ist Lernen im Sinne von Wissensbildung gemeint. Gelernt werden aggressionsrelevante Begriffe, Denkweisen, Handlungsmuster und Methoden, z.b. Begriffe wie „Freund", „Feind", „Notwehr", Ehre" oder Methoden der Überlistung, des Waffengebrauchs oder solche Denkmuster wie „Strafe muß sein", „Auf einen groben Klotz gehört ein grober Keil" usw. Diese Kenntnisse und Überzeugungen beeinflussen sowohl die Wahrnehmung und Interpretation von Dingen als auch die entsprechenden Handlungsmuster. So beeinflussen Unterstellungen bzw. Zuschreibungsprozesse die Entstehung von Ärger und Aggression entscheidend. Zur Selbstrechtfertigung wenden Angreifer Techniken der Rationalisierung an, um ihr Gewissen zu beruhigen. Aggressionen werden vor allem dann leicht ausagiert, wenn die Personenwürde des Opfers herabgesetzt wird. Die Erwartung von Vergeltung verringert hingegen das aggressive Verhalten.

Für das Thema „Aggression und Gewalt unter Schülern" sind die Aussagen und Befunde der Lerntheorien von großer Relevanz. So gibt es in der Schule ein vielfältiges Modellangebot für aggressives Verhalten. Solche Modelle bieten sowohl die Schüler untereinander als auch Lehrer. Schüler sind für andere Schüler die besten Lernmodelle. Wenn z.B. Schüler erleben, daß Störenfriede von den Lehrern oder von anderen Schülern mehr beachtet werden, dann könnte das für sie ein anstrebenswertes Modell sein. Schon in unteren Klassen rufen z.B. manche Kinder sexuell gefärbte Schimpfwörter in die Klasse. Je öfter sie dies erfolgreich tun, desto mehr festigt sich ihr Verhalten und wird zur Gewohnheit. Gleiches gilt für aggressive und gewalttätige Handlungen, zu denen Kinder und Jugendliche durch das Schweigen der Erwachsenen regelrecht ermuntert werden. Die Angst und Furcht, die von Aggression und Gewalt ausgehen, geben den Gewaltausübenden ein Gefühl der Stärke und signalisieren ihnen, daß sie so weitermachen können, ohne daß jemand einschreitet (vgl. Bründel/Hurrelmann 1994). Am *Modell Lehrer* wird auch gelernt, wenn dieser z.B. einen undisziplinierten Schüler verbal verletzt, ungerecht behandelt und damit ein Modell vorlebt, daß sich Aggression lohnt oder dort sogar normal ist, wo es Schwächere trifft, denn gegenüber einem Vorgesetzten würde sich der Lehrer wahrscheinlich nicht so verhalten. Pädagogisch relevant ist auch die Tatsache, daß Lob mehr bewirkt als Strafe und daß Strafe manchmal sogar eine „negative Bekräftigung" darstellen kann, wenn z.B. durch sie Beachtung und Anerkennung gewonnen wird. Strafen und Sanktionen müssen deshalb maßvoll, gut dosiert, wohlüberlegt und zeitlich genau bedacht sein. Außerdem sollten Strafen nicht isoliert, sondern im Zusammenhang mit anderen Maßnahmen (z.B. Wiedergutmachungsleistungen, Erläuterungen, positives Modellverhalten) eingesetzt werden. Dazu ein Beispiel:

„In einer Schule ist eine Fensterscheibe eingeschlagen worden. Der Lehrer hat herausgefunden, wer es gewesen ist, und beschließt, sich nachmittags mit diesen Schülern zu treffen, um die Scheibe (...) gemeinsam zu reparieren. Er sichert ihnen zu, daß er keine weiteren Maßnahmen ergreifen wird" (Bründel/Hurrelmann 1994, S. 264).

Zusammenfassung und Folgerungen für die Gewaltprävention
Die bedeutsame Botschaft der Lerntheorien lautet, daß aggressives Verhalten nicht nur ein individuelles, sondern auch ein sozial und gesellschaftlich bedingtes Problem ist. Aus den Lerntheorien ergeben sich zahlreiche Konsequenzen für die Verminderung aggressiven Verhaltens. Hohe Aggressivität kann bei Kindern und Jugendlichen durch Kontrolle bzw. Veränderung der Modelle oder durch die sog. differentielle Verstärkung reduziert werden. Differentielle Verstärkung bedeutet, daß aggressives Verhalten möglichst unbeachtet bleiben sollte, während man sich bei erwünschtem Verhalten dem Kind zuwendet.

Durch Modelle, durch Erfolg und Mißerfolg sowie kognitives Lernen können gerade junge Menschen *alternative, nicht-aggressive, prosoziale Denk- und Verhaltensweisen erlernen*. Dies läßt sich durch Erziehung, Training und Therapie systematisch fördern, indem z.b. vorgemacht und erläutert wird, wie man mit Konflikten gewaltfrei umgeht. Erlernt werden können auch das Mitteilen eigener Gefühle und Wünsche, das Führen konstruktiver Konfliktgespräche, kooperatives Verhalten, Problemlösungstechniken, gewaltlose Widerstandsformen usw. Daneben geht es darum, andere Deutungs- und Bewertungsmuster zu erlernen, Mißerfolge oder Provokationen nicht überzubewerten, den Wert von Besitz, Macht usw. nicht zu verabsolutieren, aggressive Vorbilder kritisch zu sehen, die Wahrnehmung von Zielpersonen als einseitig „schuldig" zu überprüfen. Da auch das „Ausleben" von Aggressionen aggressionsfördernd sein kann, ist es besser, bei starken Ärger-Effekten diese - statt zu „entladen" - zu verändern, vor allem durch kognitive Neubewertung oder angenehme Tätigkeiten (z.B. Sport, Kultur), oder sie in alternativen Verhaltensformen auszudrücken. Lerntheorien eignen sich daher gut als Grundlage für die Entwicklung schulischer und außerschulischer Konzepte mit dem Ziel, prosoziale Verhaltensweisen zu fördern.

1.1.4 Aggression als Ausdruck zielgerichteter Motivation

Kornadt (1982) hat eine *kognitive Motivationstheorie* der Aggression mit dem Ziel entwickelt, Theorie und Empirie, d.h. Motivationstheorie und Messung der Aggression, miteinander zu verbinden. Den Ausgangspunkt des Theoriemodells bildet die Überlegung, daß bisherige Aggressionsmodelle vor allem lerntheoretisch, nicht aber motivationstheoretisch fundiert sind. Motive - als relativ überdauernde generalisierte und stabile Dispositionen - kennzeichnen einen angestrebten Zielzustand. Gleichzeitig stellen sie Inhaltsklassen von Erwartungen dar, die die Funktion von kognitiv strukturierten Bezugssystemen haben (sogenannte Soll-Werte). Die verschiedenen Motive sind nach dieser kognitiven Theorie erlernt; in ihnen sind situative Hinweisreize und Affekte eng verknüpft. Aggression erfolgt auf der Basis eines spezifischen Aggressionsmotivs. Die aggressive Handlung als eine Folge der Interaktion von „Person" und „Situation" wird wie folgt beschrieben: Aktivierung, spezifische Zielgerichtetheit des Handelns, Aufrechterhaltung und Beendigung des Handelns. Kornadt unterscheidet in seinem Modell verschiedene Formen von Aggressionen, bei denen sich der Ablauf der Aggressionshandlung jeweils unterschiedlich gestaltet (vgl. Kleiter 1997, S. 609ff):

Feindselige/ärgerliche Aggression als Reaktion: Der erste Schritt einer Aggressionshandlung ist die Aktivierung des Aggressionsmotivs. Durch die Wahrnehmung einer frustrierenden Situation wird Ärger aktiviert. Für feindselige Aggressionen stellt die Frustration den Hauptauslöser dar (z.B. körperliche oder psychische Angriffe). Bei der Einschätzung der Situation (Attribuierung) ist entscheidend, ob der ausgelöste Ärger willkürlich, böswillig oder unvermeidbar verursacht wurde. Der nächste Schritt ist dann die Aggression als Soll-Wert oder als Weg zur Beseitigung der Ärgerquelle, dann folgen die Zielkonkretisierung, der Handlungsentwurf und -entschluß. Die Handlung führt schließlich zu Effekten, die beurteilt werden. Bei der Zielerreichung (z.B. bei Genugtuung, Abklingen des Ärgers, Spaß an der Wut oder am Statusverlust des anderen) wird das aktivierte Motivationssystem wieder deaktiviert, „Katharsis" tritt ein - im gegenteiligen Fall werden in einer Rückkopplung die vorangegangenen Stationen überprüft, andernfalls ist die Handlung beendet.

Lustvolle Aggression: Bei dieser Aggressionsform ist das Motiv der Spaß, den die Erreichung eines aggressiven Ziels verspricht. Im Unterschied zur ärgerlichen Aggression liegt keine frustrierende Situation vor. Die Aggressionshandlung wird aufgrund von „gelernten" Hinweisreizen, die Spaß und Lust durch Aggression verheißen, ausgelöst.

Spontane Aggression: Von „spontaner" Aggression wird gesprochen, wenn keine vorangehende Provokation oder Frustration feststellbar ist. Verantwortlich sind hier aber auch nicht die Triebe, vielmehr verweist die kognitive Motivationspsychologie auf ein generalisiertes Ziel- bzw. Motivsystem, das den Menschen zu aufsuchenden Verhaltensweisen verleitet. Bei solchen Suchhandlungen findet er „erwartungsbegründete Gelegenheiten", die den Hinweisreizen bei der lustvollen Aggression entsprechen.

Dabei unterscheidet Kornadt zwei Arten von Aggressionshemmung: zum einen eine Hemmung, die auf einer situationsbedingten Antizipation negativer Effekte beruht („extrinsischer Konflikt") und zum anderen eine Hemmung, die auf einem relativ situationsunabhängigen und überdauernden negativen Anreiz basiert („intrinsischer Konflikt"). Wenn nun eine Situation als ärgerlich wahrgenommen wird, dann erfolgt eine Aktivierung von Aggressionsangst und/ oder von negativen Erwartungsemotionen (z.b. Scham, Schuld, Reue). Kognitive Bewertungsprozesse der Kontrolle schließen sich an (z.b. Vergleich der Ziele mit dem eigenen Wertesystem), einschließlich dem Abwägen von Eintrittswahrscheinlichkeiten möglicher ungünstiger Folgen. Es kann auch nach alternativen Handlungsmöglichkeiten gesucht oder eine kognitive Neustrukturierung und Neubewertung der Situation vorgenommen werden.

Zusammenfassung und Folgerungen für die Gewaltprävention
Das kognitive Motivationsmodell nach Kornadt[5] legt den Schwerpunkt auf den unmittelbaren *Prozeß der Entstehung und des Ablaufs von Aggressionshandlungen*. Anküpfend an die Frustrations-Aggressionstheorie und die Lerntheorien wird deutlich, welch große Rolle dabei auch kognitive und motivationale Faktoren spielen. Die Unterscheidung von verschiedenen Aggressionsformen ist für die Ursachenfindung sowie den Umgang mit Aggression und Gewalt ebenfalls von Bedeutung. So ist z.B. mit Blick auf den pädagogischen Umgang in der Schule zu klären, um welche Art von Aggression es sich in einer konkreten Situation handelt. Bei der Rekonstruktion des Ablaufs der Aggressionshandlung werden zugleich die dahinter liegenden Motive und Ziele transparenter. Erst eine solch differenzierte Diagnose erlaubt richtiges pädagogisches Handeln. Genaues Hinsehen sowie ein sachliches und analytisches Vorgehen sind gefragt, um in einer Konfliktsituation angemessen zu reagieren. In die Aggressionshandlungen fließen nicht nur situative Momente, sondern auch längerfristige Faktoren und Prozesse ein, einschließlich Lernprozesse, die die Ausbildung eines entsprechenden Hemmsystems fördern oder behindern. Solche positiven Lernprozesse in Gang zu setzen, Kinder und Jugendliche z.B. für die Folgen ihrer Handlungen zu sensibilisieren, ist eine wichtige Aufgabe von Schule und Jugendarbeit.

1.1.5 Aggression als Folge des bedrohten Selbst

Psychoanalytisch orientierte Theorien beziehen sich auf einen - vor allem von Sigmund Freud zu Anfang des 20. Jahrhunderts entwickelten - psychodynamischen Ansatz, bei dem der Prozeß der Subjektwerdung als „erinnerte psychische Realität" im Mittelpunkt steht. Dieser Prozeß hängt danach eng mit der frühkindlichen Sozialisation zusammen, insbesondere mit den Eltern-Kind-Beziehungen und den darin verwobenen Erwartungen, Bedürfnissen, Affekten, Vorstellungen, Phantasien und Handlungsimpulsen. Freuds originärer theoretischer Ansatz ist für das Verstehen unbewußter Zusammenhänge, auch im

---

[5] Nach Kleiter ist das Modell von Kornadt neben dem von Bandura das differenzierteste und bedeutendste (vgl. Kleiter 1997, S. 614). Annahmen diese Modells wurden auch durch verschiedene empirische Untersuchungen gestützt (vgl. Heckhausen 1989, S. 336ff).

Klassische psychologische Erklärungsansätze

Hinblick auf aggressives Verhalten, ebenso von Bedeutung wie für praktische psychotherapeutische Interventionen (vgl. Bründel/Hurrelmann 1996, S. 49ff).

Aggression wird - nach psychoanalytischen Theorien - als *Ausdruck komplizierter Störungen der gesamten Persönlichkeit* gedeutet, wobei diese Störungen auf schwere Traumatisierungen vor allem in der Kindheit zurückgeführt werden. Hierzu gehören z. B. Erfahrungen von Gewalt, Beziehungsabbrüche, Demütigungen oder sonstige materielle bzw. seelische Not. Aggression ist schon bei Freud nicht nur ein biologischer Trieb, sondern auch ein Zeichen geschwächter Ich-Strukturen.[6] Das „Ich" bildet sich vor allem aufgrund von Lernvorgängen und Enttäuschungen heraus. Ein Übermaß an Enttäuschungen kann zu einem schwachen „Ich" oder „Über-Ich" führen. Der Bezug zur Frustrations-Aggressionstheorie, aber auch zu Lerntheorien ist hier evident. Zum Aufbau des „Ich" und „Über-Ich" trägt noch eine weitere psychische Instanz bei - das sogenannte „Selbst". Als das Selbst wird der psychische Niederschlag bezeichnet, den Interaktionen im Individuum finden:

„Macht das Kind die Erfahrung, geliebt zu werden, entstehen innere Bilder eines geliebten Selbst und einer liebenden äußeren Person. Negative Erfahrungen wie Kränkungen führen zu negativen inneren Bildern. Selbsthaß ist somit nicht Ausdruck eines Todestriebes, sondern die Folge von Ablehnung, die das Individuum erlebte. Für die Bildung eines positiven Selbst, welches wiederum die Voraussetzung für ein starkes und gut funktionierendes Ich darstellt, ist das Überwiegen positiver Erfahrungen gegenüber Enttäuschungen, Frustrationen oder Kränkungen notwendig (...). Ein Übermaß an Kränkungen (führt) zu Wut, Neid und Angst vor Vergeltung. Archaische Abwehrmechanismen wie Spaltung, Verleugnung, Omnipotenzvorstellungen und projektive Identifizierung verhindern, je ausgeprägter sie verwendet werden, eine realistische Wahrnehmung der Personen und der Umwelt sowie die Kontrolle aggressiver Impulse und führen zu einem Circulus vitiosus von Angst und Gewalt" (Heinemann 1996, S. 27f).

Aggression wird somit als ein hilfloser Versuch gedeutet, Gefühle der Angst und Bedrohung unter Kontrolle zu bringen. Aggression ist in diesem Sinne ein psychisches Notsignal. Es macht deutlich, daß Kinder und Jugendliche mehr Aufmerksamkeit, mehr Zuwendung und mehr Bestätigung erhalten wollen,

---

[6] Das „Ich" ist neben dem „Es" und dem „Über-Ich" eine der psychischen „Instanzen" in Freuds Modell. Im Gegensatz zur „Es-Instanz", in der das Lustprinzip herrscht, d. h. die Triebe nach sofortiger Entladung drängen, herrscht im „Ich" das Realitätsprinzip. Das „Ich" hat die Aufgabe, durch Wachstum, Reifung, Erfahrung, Lernen und Identifizierung schrittweise Funktionen der Wahrnehmung, des Bewußtseins, des Gedächtnisses, des Denkens, des Sprechens und der motorischen Kontrolle zu übernehmen und zwischen dem Individuum und der Außenwelt zu vermitteln. Dafür verfügt das „Ich" über bestimmte Abwehrmechanismen. Im „Über-Ich" - als weiterer Instanz - sind die gesellschaftlichen Traditionen, Wertvorstellungen, Normen, Regeln usw. enthalten, d. h. die moralischen Forderungen der Gesellschaft, die die Basis für die Auseinandersetzungen zwischen den Impulsen aus dem „Es", dem „Ich" und dem „Über-Ich", z.B. bei Schuldgefühlen, bilden (vgl. Heinemann 1996 und Bründel/Hurrelmann 1996).

aber nicht wissen, wie sie dies erreichen können. Aggression zum Zwecke der Angstbindung und Angstreduktion ist aber insofern ein *untauglicher Kompensationsversuch*, als sie nur zu weiterer Aggression führt und eine Gewaltspirale hervorbringt. Es kommt also darauf an, die hinter der Aggression verborgenen Ängste zu erkennen und diese auf andere Weise zu mindern.

Für die Entstehung von Aggression und Gewalt unter Schülern hat der psychoanalytisch orientierte Ansatz eine große Erklärungskraft. Kinder und Jugendliche, die ihre Gefühle von Wut und Enttäuschung möglicherweise nicht gegen ihre Eltern richten können, agieren diese vor allem in der Öffentlichkeit (z.B. in der Schule) aus. In den Aggressionen an Schulen kommen also auch frühere, in der Familie erlittene Enttäuschungserfahrungen und Selbstwertverletzungen zum Ausdruck, da die Aggressionen im Elternhaus nicht bearbeitet bzw. nicht mitsozialisiert wurden. Die in der Schule geäußerte Gewalt ist dann auch ein Versuch, unbewußte Ängste und narzißtische Wut zu bewältigen und so das bedrohte Selbst zu stabilisieren. Da das „Über-Ich" durch die elterliche Erziehung zu wenig entwickelt wurde, nimmt ein solcher Versuch z.T. auch die Form von aggressiven und gewalttätigen Ausbrüchen an. Doch nicht nur Verletzungen und Kränkungen im Bereich der Familie führen zur Gewalt. Solche selbstwertverletzenden Erfahrungen müssen Kinder und Jugendliche häufig auch in der Schule machen.

Insbesondere Kinder, denen es schwerfällt, den normativen Anforderungen der Institution Schule gerecht zu werden, haben kaum normkonforme Möglichkeiten, durch die Schule Anerkennung und Selbstbestätigung zu erfahren. Sie geraten dann leicht in Gefahr, sich auf andere Weise (z.B. durch Gewalt und abweichendes Verhalten) die nötige Aufmerksamkeit und Zuwendung zu holen. Selbstwertfindung sowie Streben nach Anerkennung und Geltung sind zentrale Bedürfnisse im Kindes- und Jugendalter, deren Befriedigung besonders im Rahmen der schulischen Sozialisation mitunter gefährdet ist. Als Konsequenz ergibt sich daraus, Kinder und Jugendliche ernstzunehmen, sie anzunehmen, wie sie sind und zu versuchen, ihre „Not" zu verstehen. Nicht wahrgenommene (abgespaltene) Aggressionen sollten spürbar und damit verbundene Phantasien bewußt gemacht und zur Sprache gebracht werden. Auf diese Weise können Kinder und Jugendliche erfahren, daß Aggressionen nicht nur destruktiv sein müssen, sondern daß sie konstruktiv in Beziehungen eingebracht werden können, denn: je weniger Angst und Selbstunsicherheit, desto weniger Gewalt.

Zusammenfassung und Folgerungen für die Gewaltprävention
Psychoanalytische Theorien haben viel zur Erhellung der Entstehungsbedingungen von Aggression und Gewalt beigetragen. Das Selbst als psychischer Ausdruck früherer Interaktionserfahrungen entscheidet, ob sich Aggressionen in konstruktiver oder destruktiver Weise entwickeln. Trotz der verschiedenen

Kritikpunkte (z.B. mangelnde empirische Überprüfung, starke Orientierung an konventionellen Familienkonstellationen, Überbetonung der frühen Kindheit) besteht an der erkenntnistheoretischen Bedeutung der psychoanalytischen Sichtweise kaum Zweifel. Mittels des psychoanalytischen Ansatzes ist das Auftreten von Gewalt sowohl bei Selbstbewußten als auch bei weniger Selbstbewußten erklärbar: Im Falle der Selbstbewußten wird es gesehen als Folge eines ungebrochenen Dominanz- und Stärkewillens oder aber das Selbstbewußtsein wird zur Schau gestellt, um Ängste und Unsicherheit zu verbergen. Im Falle der weniger Selbstbewußten kommt es nach dem fehlgeschlagenen Kampf um Anerkennung zum Ausagieren der Ohnmachts- und Hilflosigkeitsgefühle.

Die Kernthese, daß *mangelndes Selbstwerterleben* zu Aggression und Gewalt führt, ist für eine entsprechende schulische Präventionsarbeit überaus produktiv. Sie führt zu einer Reihe von pädagogischen Handlungsansätzen, z.B. hinsichtlich der Gestaltung der Lehrer-Schüler-Beziehungen (Selbstwertverletzungen vermeiden, Umgang mit Mißerfolgen, Anerkennungsbeziehungen schaffen usw.), der Entwicklung eines guten Sozialklimas (über Ängste und Probleme reden können, Vertrauen herstellen usw.), der Thematisierung des Umgangs mit Aggressionen (Aggressionen ansprechen, destruktive in konstruktive Aggressionen umlenken usw.), des persönlichen Gesprächs mit den Schülern (einfühlsame Zuwendung, vertiefende Gespräche usw.). Zentral ist dabei die Entwicklung von Kompetenzen bei der Gestaltung sozial befriedigender Interaktionsbeziehungen. Dazu gehört auch, daß Kinder und Jugendliche Möglichkeiten haben, mit ihren eigenen aggressiven Impulsen zu experimentieren, ohne Verlustängste erleiden zu müssen.

1.1.6 Aggression als Folge physiologischer Bedingungen

In der Aggressionsforschung spielen in jüngster Zeit zunehmend auch wieder Erklärungsansätze eine Rolle, die physiologische oder allgemein biologische Faktoren zum Ausgangspunkt nehmen (vgl. z.B. Nissen 1995, Thome/Riederer 1995). Bei den *biologischen Erklärungsmodellen* kann zwischen soziobiologischen Ansätzen (Mensch als Produkt der Evolution, angeborener Aggressionstrieb) und neurobiologischen Modellen (Einflüsse von Gehirn, Hormonen, Genen usw.) unterschieden werden. Gemeinsam ist diesen Ansätzen, daß sie *innere Vorgänge bzw. Zustände im Organismus als Ursachenfaktor* für Aggression annehmen. Als solche Einflußfaktoren werden z.B. angenommen: hirnorganische oder hormonelle Einflüsse (männliche Sexualhormone seien aggressionsfördernd, weibliche dagegen aggressionshemmend), Neurotransmitter (Adrenalin wirke aggressionshemmend, Noradrenalin dagegen aggressionsfördernd), Blutzucker (ein geringerer Blutzuckerspiegel fördere Nervosität und Aggression), genetische Mutationen (Männer mit überschüssigem

Y-Chromosom seien oft auffälliger), „psychoaktive Substanzen" wie Alkohol, Kokain, Amphetamine, Hallozinogene würden aggressionshemmende Gehirnstrukturen deaktivieren (vgl. Heckhausen 1989, S. 312ff).

Für den Psychologen Euler ist es - nach der Durchsicht zahlreicher, meist im angelsächsischen Raum durchgeführter Studien zum Einfluß von Hormonen - unzweifelhaft, daß pränatale Hormone sowohl kindliches Spielverhalten als auch Aggressionsbereitschaft erheblich mitbestimmen. Für eine gewisse Erblichkeit von individuellen Unterschieden der Aggressivität würden u.a. die vielen Zwillings- und Adoptionsstudien sprechen. Verhaltensgenetische Einflüsse dürften deshalb nicht unterschätzt werden. Dabei gehe es nicht um die Suche nach einem „Aggressionsgen", sondern um Gen-Emergenz. Heritabilitätsstudien ergäben u.a., daß individuelle Unterschiede in der Aggressionsneigung kaum auf familienspezifische, sondern auf personenspezifische Erfahrungsunterschiede zurückzuführen seien (vgl. Euler 1997).[7] Euler warnt vor einer Überschätzung der Familienumgebung. So könne z.B. der empirisch nachweisbare Zusammenhang zwischen familialer Erziehung und späterer Aggression nicht nur lerntheoretisch, sondern auch aufgrund genetischer Bedingungen erklärt werden. Er plädiert dafür, biologische Grundlagen, einschließlich verhaltensgenetischer und evolutionstheoretischer Bedingungen, bei der Erklärung von Aggression und Gewalt angemessen zu berücksichtigen. Auch Heckhausen hält die Einbeziehung biologischer Perspektiven für notwendig, um Aggression aus ihrer evolutionsbiologischen Herkunft heraus angemessener verstehen zu können. Zugleich weist er - mit Blick auf menschliches Verhalten - auf das Wirken anderer Faktoren, z.B. kognitionspsychologischer Prozesse, hin (vgl. Heckhausen 1989, S. 315).

Zusammenfassung und Folgerungen für die Gewaltprävention
Die Bewertung physiologischer Ansätze zur Erklärung von Aggression und Gewalt fällt nicht leicht, insbesondere dann nicht, wenn man die pädagogischen Folgerungen bedenkt. Offenkundig ist, daß biologische Faktoren für die Aggressionsentstehung nicht ausgeblendet werden dürfen, was in der Forschungslandschaft hierzulande aufgrund der jüngeren deutschen Geschichte z.T. geschehen ist. Auffällig ist aber auch, daß der Einfluß solcher Faktoren sehr umstritten ist und daß dazu unterschiedliche Befunde bzw. Interpretationen vorliegen. *Für die Entwicklung von pädagogischen Konzepten gegen Aggression und Gewalt sind biologische Ansätze kaum geeignet.* Mehr noch: Sie

---

[7] Allerdings kritisiert Heckhausen an diesen Studien, daß es problematisch sei, Kriminalität als Anzeichen von Aggressivität zu werten. Entgegen populären Vorstellungen ließen sich auch keine gesicherten Beziehungen zwischen Chromosomensatzfehlern und Aggression herstellen. Auch ein zusätzliches Y-Chromosom bei Männern wurde nur in Einzelfällen bei straffällig gewordenen Personen gefunden, wobei unklar sei, wie häufig eine solche Veränderung in der Normalbevölkerung vorkomme (vgl. Heckhausen 1989, S. 315).

können sogar zu antipädagogischen und inhumanen Zwecken mißbraucht werden. So können biologische Theorien leicht zur Legitimation von Gewalt, für die Anwendung drastischer Strafen oder für die Begründung von Genmanipulationen herangezogen werden. Mögliche pädagogisch nicht angemessene Konsequenzen könnten auch verstärkte Etikettierungs- und Stigmatisierungsprozesse, die Forcierung von Negativkarrieren oder gar die Aussonderung und Isolierung von Kindern und Jugendlichen sein. Sowohl der Sinn pädagogischen Handelns als auch die Annahme der Lern- und Entwicklungsfähigkeit eines jeden Menschen könnte dadurch stark in Frage gestellt werden. Eine Überbetonung oder gar ein Mißbrauch biologischer Erklärungsansätze hätte für die Pädagogik und für die humane Gestaltung einer Gesellschaft verhängnisvolle Konsequenzen. Das sollte bei der Debatte um physiologische Erklärungsansätze nicht außer acht gelassen werden.

1.2 Klassische soziologische Erklärungsansätze

Soziologisch orientierte Ansätze suchen die Ursachen für Gewalt weniger in den individuellen, sondern eher in den gesellschaftlichen, insbesondere sozial-(strukturell)en Bedingungen. Sie gehen über individuelle Aspekte hinaus und versuchen, „soziale Regelmäßigkeiten" aufzuzeigen.[8] In der soziologischen Tradition fungiert der Begriff „abweichendes Verhalten" als Leitbegriff. Da Gewalthandeln als eine Form abweichenden Verhaltens angesehen werden kann, lassen sich auch die Theorien abweichenden Verhaltens auf die Erklärung für Gewalt beziehen. Zu den am meisten verbreiteten soziologischen Theorien abweichenden Verhaltens gehören die *Anomietheorie, die Subkulturtheorie, die Theorien des differentiellen Lernens und die Etikettierungstheorien*. Diese vier Theoriemodelle sollen im folgenden dargestellt werden - wiederum vor dem Hintergrund der Relevanz dieser Modelle für mögliche Präventionsansätze.[9]

1.2.1 Die Anomietheorie

Anomie ist vom griechischen Wort Nomos (Gesetz oder Regel) abgeleitet und bedeutet im soziologischen Verständnis Normlosigkeit. Der Anomiebegriff wurde um die Jahrhundertwende vom Soziologen Emile Durkheim eingeführt. *Anomie ist ein Zustand der sozialen Desintegration*, der durch die Verhinde-

---

[8] Die Übergänge zwischen Soziologie und Psychologie sind mitunter fließend, so daß eine eindeutige Zuordnung zu psychologisch oder soziologisch orientierten Ansätzen nicht immer möglich ist.
[9] Hierbei wird insbesondere auf Arbeiten von Lamnek 1983 und 1994, Kerscher 1985, Bründel/Hurrelmann 1994 und Holtappels 1997 Bezug genommen.

rung bzw. den Abbau sozial befriedigender solidarischer Kontakte infolge der wachsenden Arbeitsteilung zwischen den arbeitenden Menschen einer Gesellschaft entsteht (vgl. Kerscher 1985). Die Anerkennung sozialer Regeln und Zwänge, die Achtung der moralischen Autorität der Gesellschaft sind - nach Durkheim - für die Kanalisierung menschlicher Bedürfnisse notwendig. Diese Sicherheit der Normgeltung geht aber bei instabilen Verhältnissen verloren, so daß der Zustand der Anomie eintritt. Anomie äußert sich also im Fehlen von gemeinsamen Verbindlichkeiten und normativen Regulierungen, was letztlich zu abweichendem Verhalten führen kann. Es entsteht einerseits durch eine starke Individualisierung der Gesellschaftsmitglieder und andererseits durch die Diskrepanzen zwischen dem Anspruchsniveau der Menschen und den nur begrenzt zur Verfügung stehenden Gütern (vgl. Lamnek 1983).

Die Anomietheorie Durkheims wurde von Robert Merton (1968) weiterentwickelt. Mertons Ansatzpunkt ist die Unterscheidung von „kultureller" und „gesellschaftlicher" Struktur. Unter kultureller Struktur werden dabei die kulturell definierten Ziele und die legitimen Mittel zur Erreichung dieser Ziele verstanden, unter gesellschaftlicher Struktur die reale Chancenstruktur, z. B. die schichtbedingte beschränkte Verwirklichungschance. Entsprechend der Ideologie der Chancengleichheit ist Reichtum als kulturell definiertes Ziel für alle Gesellschaftsmitglieder prinzipiell erreichbar. Aber die tatsächliche Sozialstruktur beschränkt für die unterprivilegierten Schichten den Zugang zu den legitimen Mitteln, um diese Ziele zu erreichen. Aus diesem anomischen Zustand der Gesellschaft resultiert ein Druck zu deviantem Verhalten auf die unterprivilegierten Schichten. Dieser ist umso größer, je mehr die gesellschaftlich definierten Ziele und die individuell vorhandenen Mittel auseinanderklaffen. Gesellschaftlich anomische Zustände sind nach Merton entscheidend für die Erklärung devianten Verhaltens, wobei das Anpassungsverhalten an gleiche anomische Zustände unterschiedlich ausfallen kann:

- *Konformität* heißt, daß sowohl die Ziele als auch die Mittel bejaht werden. Hierbei handelt es sich nicht um deviantes Verhalten.
- *Ritualismus* heißt, daß die Ziele vernachlässigt, die Mittel hingegen nicht nur bejaht, sondern sogar überbetont werden (z. B. übertriebener Arbeitseifer oder Geiz). Dies gilt ebenfalls nicht als deviantes Verhalten.
- *Eskapismus* bedeutet Rückzug, Flucht, Apathie. Hier werden sowohl die Ziele als auch die Mittel abgelehnt. Man zieht sich aus der Gesellschaft zurück, „steigt aus".
- *Rebellion* meint, daß sowohl die Ziele als auch die Mittel abgelehnt werden und durch neue, alternative Ziele und Mittel ersetzt werden.
- *Innovation* heißt, daß zwar die Ziele bejaht werden, daß jedoch neue, innovative Mittel angewandt werden. Hier wird die Ziel-Mittel-Diskrepanz durch Rückgriff auf illegitime Verhaltensweisen wie Diebstahl, Raub, Betrug, Erpressung u.ä. gelöst.

Die Anomietheorie als ein übergreifender, makrotheoretischer Ansatz hat große Erklärungskraft für die Entstehung abweichenden Verhaltens (z.B. Gewalt) unter Kindern und Jugendlichen. Nach der Anomietheorie kommt es bei ihnen dann zu Aggression und Gewalt, wenn sie keine anderen, alternativen Chancen sehen, die in der Gesellschaft vorherrschenden Ziele (Wohlstand, Erfolg, Anerkennung), die ja auch ihre Ziele sind, zu erreichen. Kinder und Jugendliche sind meist sehr sensibel dafür, welche persönlichen und beruflichen Chancen sie haben. Die Anomietheorie weist darauf hin, daß das Aggressionspotential insbesondere bei den Jugendlichen ansteigen kann, die sich schon früh als Verlierer empfinden (z.b. wenn aufgrund eines fehlenden oder schlechten Schulabschlusses kaum Chancen für den Einstieg ins Erwerbsleben bestehen). Wenn Jugendliche eine solche anomische Situation erleben, d. h., wenn sie tagtäglich erfahren, wie wichtig Erfolg, Geld und Prestige in dieser Gesellschaft sind, und sie sich gleichzeitig von dem Erreichen dieser Ziele gesellschaftlich ausgeschlossen fühlen, werden Aggression und Gewalt wahrscheinlich. Auf die „strukturelle Gewalt" einer Gesellschaft (Galtung 1975), die ihnen kaum Entwicklungschancen bietet, reagieren Kinder und Jugendliche ihrerseits gewalttätig, um auf diesem Wege Erfolg und Anerkennung zu erreichen. Das gilt sowohl für den schulischen wie den außerschulischen Bereich. So ist z.B. bei einer auf Status und Prestige ausgerichteten Freizeit- und Freundeskultur (Stichwort: „Markenklamotten") derjenige, der nicht mithalten kann, für die Anwendung illegitimer Mittel anfällig.

Zusammenfassung und Folgerungen für die Gewaltprävention
Die Anomietheorie versucht, soziale Phänomene, wie abweichendes Verhalten, vor allem durch soziale Faktoren zu erklären. Ihre Erklärungskraft liegt darin, daß sie auf der Basis sozialstruktureller Bedingungen abweichendes Verhalten als individuelle Reaktion auf diese Bedingungen begreift. Abweichendes Verhalten entsteht demnach durch *Anpassung der Gesellschaftsmitglieder an die widersprüchlichen kulturellen und sozialen Verhältnisse* der Gesellschaft. Die Anomietheorie veranschaulicht, wie eng soziale, kulturelle und wirtschaftliche Gegebenheiten einerseits und die Aggression von Kindern und Jugendlichen andererseits zusammenhängen. Die Ursachen für Gewalt unter Schülern bzw. an Schulen sind demnach weniger beim Schüler selbst, sondern eher in seinen Lebensumständen, einschließlich den schulischen Bedingungen, zu suchen. Die Institution Schule ist selbst an der Produktion verschiedener anomischer Konstellationen (soziale Desintegration, restriktive Konformitätszwänge, Ziel-Mittel-Diskrepanzen) beteiligt, die zu Gewalt führen können. Gewalt ist in diesem Sinne eine *Kompensationsreaktion auf die anomischen Zustände* auch in der Schule. Der Verweis auf das Bestehen von sozialen Ungerechtigkeiten und auf daraus resultierende Frustrationen, Benachteiligungsgefühle und Kränkungen macht die Anomietheorie anschlußfähig an die Frustrations-Aggressionstheorie und an psychoanalytische Theorien.

Die Botschaft der Anomietheorie für die *Gewaltprävention* geht in zwei Richtungen: Zum einen sollten anomische Situationen vermindert werden, d.h. soziale Ungleichheiten durch eine gerechtere Gestaltung der Chancenstruktur abgebaut werden. Zum anderen sollte im Einzelfall durch erzieherisches Begleiten, durch Hilfen bzw. Fördermaßnahmen das konkrete Konfliktpotential verringert werden. Für die Schule heißt das u.a., gleiche Bildungschancen für alle zu gewährleisten, Schule als eine „gerechte Gemeinschaft" zu organisieren und ein solches Sozialklima zu schaffen, bei dem alle mitbestimmen (können) und Leistungsversagen und -ängste minimiert werden. Aus der Anomietheorie läßt sich darüber hinaus auch die Notwendigkeit klarer, transparenter Normen und Regeln des Zusammenlebens ableiten, an die sich alle Mitglieder einer Gruppe oder Gemeinschaft (z.b. einer Klasse oder einer Schule) halten sollten.

1.2.2 Die Subkulturtheorie

Grundlegende Gedanken der Anomietheorie gingen auch in die Subkulturtheorie ein, die hauptsächlich die Bandendelinquenz erklären sollte. Subkultur bezeichnet die *Ausdifferenzierung von Untersystemen kultureller Normen*, die zwar partiell, aber nicht völlig vom System gesamtgesellschaftlicher Normen abweichen. Subkulturen übernehmen also einige Normen der dominanten Kultur, unterscheiden sich jedoch in anderen Werten und Normen von dieser. Die unterschiedlichen Normen beruhen auf sozialstrukturellen Bedingungen, die in der Gesellschaft ungleich verteilt sind: Divergierende Normen sind Ausdruck einer komplexen, differenzierten Gesellschaft und entstehen als Anpassungsprozesse an unterschiedliche soziale Bedingungen. Gesamtgesellschaftlich als abweichend definierte Verhaltensweisen können so subkulturell konform sein. Aus der Wert- und Normdifferenzierung lassen sich Erklärungen für abweichendes Verhalten ableiten (vgl. Lamnek 1983).

Die Subkulturtheorie geht auf Studien jugendlicher Gangs, insbesondere durch die Chicagoer Schule der Soziologie, zurück. Danach ist die Subkultur eine Gegenkultur jugendlicher Gruppen, die gegen die Mittelschichten und deren soziale Normen gerichtet ist. Diese Gegenkultur stellt eine Reaktion auf Versagens- und Frustrationserlebnisse dar, wobei sich tatsächliche Benachteiligungen und Minderwertigkeitsgefühle verbinden können. Die Subkultur vermittelt also Erfolgs- und Anerkennungserlebnisse, die die Gesellschaft den Jugendlichen vorenthält.

Die Subkulturtheorie galt lange Zeit als *der* Schlüssel zum Verständnis abweichenden Verhaltens. Sie stellt ein Konzept dar, das einerseits makrotheoretisch angelegt ist, indem auf sozialstrukturelle Bedingungen verwiesen wird, das aber andererseits auch mikrosoziologisch-sozialpsychologisch orientiert ist, weil abweichendes Verhalten als Anpassung an divergente Verhaltenserwartungen verstanden wird. Der Erklärungswert liegt vor allem darin, daß

Verhaltensweisen als konform und abweichend zugleich gelten können, je nach dem, welche Perspektive man einnimmt. Diese gesellschaftliche Differenzierung herausgearbeitet zu haben, ist das Hauptverdienst dieser Theorie.

Zusammenfassung und Folgerungen für die Gewaltprävention
Versteht man - wie die Subkulturtheorie - abweichendes Verhalten als Anpassung an widersprüchliche Anforderungen seitens der Gesamt- und der Subkultur, so könnte in einem personenbezogenen Präventionsansatz versucht werden, den Einzelnen aus der devianten Subkultur herauszulösen. Mitunter ist es allerdings auch sinnvoll, subkulturelles (nicht-deviantes) Zusammenleben zu fördern. Auch für die Gewalt unter Schülern ist der Subkulturansatz von großer Bedeutung. Seine Relevanz ergibt sich daraus, daß er die Herausbildung abweichender und gewaltbereiter Subkulturen z.b. unter Schülern erklären kann. Diese Schülersubkulturen stellen infolge von fortwährenden Überforderungen und Frustrationserlebnissen eine Art Gegenkultur zur offiziellen Kultur dar, um das eigene Selbstwertgefühl zu erhalten. Den Erfolg und die Anerkennung, die ihnen die Schule versagt, holen sie sich in ihrer Subkultur, ggf. auch durch demonstrative Gewaltanwendung. Die Mitgliedschaft in solchen Gruppen vermittelt Zugehörigkeitsgefühle, Status und Anerkennung. Gewalt ist dabei auch Produkt der Interaktion zwischen den Gruppenmitgliedern: Dem Gewalthandeln kommt (normative) Bedeutung für den Status und die Mitgliedschaft in der Gruppe zu. In diesem Sinne ist für Schüler die Gruppe ein alternatives Statussystem, weil Familie und/oder Schule ihnen keinen angemessenen Rahmen für soziale Beziehungen zu geben in der Lage sind.

Für die *Gewaltprävention* folgt daraus, daß für Kinder und Jugendliche eine gerechte Chancenstruktur nötig ist, die es jedem Einzelnen ermöglicht, schulische und berufliche Perspektiven zu entwickeln. Dazu tragen sozial befriedigende Beziehungen in der Schule, der Familie oder der Freizeitgruppe bei. In diesem Zusammenhang sind die positiven Wirkungen von Schülerfreundschaften hervorzuheben. Pädagogisch aufschlußreich ist auch die aus der Subkulturtheorie abgeleitete Differenzierung der Betrachtungsweisen abweichenden (also auch gewalttätigen) Verhaltens: Das, was dem Außenstehenden als Abweichung erscheint, kann aus der Innensicht hoch konform sein. Dieses differenzierte Herangehen spielt gerade in der gewaltpräventiven, cliquenorientierten Jugendarbeit eine große Rolle.

1.2.3 Die Theorien des differentiellen Lernens

Die Theorien des differentiellen Lernens basieren auf den allgemeinen Lerntheorien (vgl. 1.1.3), die auf die Erklärung von abweichendem Verhalten angewandt werden. Ähnlich wie bei den allgemeinen Lerntheorien wird davon ausgegangen, daß abweichendes wie konformes Verhalten erlernt wird. Der

Begriff „differentiell" weist auf die Unterscheidung zwischen als konform und abweichend definierten Verhaltensweisen hin. Gelernt wird im Rahmen der Sozialisation, wobei unter Lernen alle Interaktionen (z.B. Kommunikation) mit anderen Gesellschaftsmitgliedern und die individuellen Folgen in Form der Übernahme oder Ablehnung der in diesen Interaktionen gezeigten Verhaltensweisen verstanden werden. Da abweichendes Verhalten in jeder Gesellschaft auftritt, hat jedes Gesellschaftsmitglied mehr oder weniger die Möglichkeit, sich an konformen wie auch abweichenden Verhaltensnormen zu orientieren, sich mit konformen oder abweichenden Personen zu identifizieren, abweichende oder konforme Gelegenheiten wahrzunehmen, abweichende oder konforme Verhaltensweisen durch Reaktionen verstärkt zu bekommen oder Techniken der Neutralisierung zu entwickeln (vgl. Lamnek 1983, S. 186f).

Der bekannteste Ansatz unter den (mikro)soziologischen Lerntheorien ist die *Theorie der differentiellen Assoziation*. Diese Theorie ist wie die Subkulturtheorie aus der Chicagoer Schule hervorgegangen und wurde erstmals Ende der dreißiger Jahre von E. H. Sutherland formuliert. Danach existieren in einer Gesellschaft sowohl normkonforme als auch kriminelle Gruppenkulturen. Kriminelles Verhalten wird dann erlernt, wenn im Laufe des Sozialisationsprozesses Einstellungen bzw. Kontakte, die Gesetzesverletzungen begünstigen, gegenüber Einstellungen bzw. Kontakten, die Gesetzesverletzungen negativ bewerten, überwiegen. Das Lernen von abweichenden Verhaltensmustern bezieht sich auch auf Techniken und die Motive bzw. die Begründungen des Verhaltens (vgl. Kerscher 1985, S. 42, Lamnek 1983, S. 188ff).

Nach der *Neutralisierungsthese* von Sykes und Matza verfügen die Delinquenten über Neutralisierungstechniken, die es ermöglichen, das herrschende normative System anzuerkennen und Normverletzungen dennoch in Kauf zu nehmen. Insbesondere verringern sie die empfundenen kognitiven Dissonanzen und schützen den Täter vor Selbstvorwürfen oder Kritik anderer. Diese erlernten Techniken sind Vorbedingungen für abweichendes Verhalten. Zu ihnen gehören: Ablehnung der Verantwortung (Delinquent sieht sich als Spielball äußerer Kräfte, z.B. schlechter Freunde), Verneinung des Unrechts, Ablehnung des Opfers (das Opfer wird abgewertet und als der eigentliche Übeltäter hingestellt), Verdammung der Verdammenden (z.B. werden Strafjustiz, Polizei und Öffentlichkeit in ihrer Rechtschaffenheit angezweifelt, indem ihnen unlautere Motive unterstellt werden) und Berufung auf höhere Instanzen (wenn der Delinquent behauptet, nicht aus Eigeninteresse, sondern im Interesse anderer gehandelt zu haben). Die Neutralisierungstechniken - im psychoanalytischen Sinne Rationalisierungen - sind eine Ergänzung des subkulturellen und lerntheoretischen Ansatzes. Sie erklären, daß wegen der übergeordneten gesamtgesellschaftlichen Normen Gewissensbisse oder Schuldgefühle auftreten können, die einer Kompensation bedürfen (vgl. Lamnek 1983, S. 212ff).

Neben der Theorie der differentiellen Assoziation wurden noch weitere Theorien des differentiellen Lernens entworfen, z.b. *die Theorie der differentiellen Identifikation und der differentiellen Verstärkung.* Durch differentielle Verstärkung werden z.b. bestimmte Verhaltensweisen belohnt, andere hingegen nicht. Dadurch werden Situationen unterschiedlich wahrgenommen und das Verhalten geändert (vgl. Lamnek 1983, S. 195ff).

Zusammenfassung und Folgerungen für die Gewaltprävention
Ähnlich wie bei den anderen Lerntheorien haben auch die soziologisch orientierten Lerntheorien für die Erklärung von Gewalt eine hohe Relevanz. Ausgehend davon, daß sowohl abweichendes als auch konformes Verhalten durch Interaktion und Kommunikation erlernt wird, weisen sie auf schulische und außerschulische Bedingungen hin, die abweichendes Verhalten (z.B. Gewalt) hemmen oder fördern können. Gewalt entsteht nicht einfach aus dem „Nichts", sondern in einem längeren Prozeß der Sozialisation, der vor allem durch Lernvorgänge begleitet wird. Eine entscheidende Rolle kommt dabei den Bezugspersonen (z.B. Eltern, Freunden, Lehrern) zu, mit denen sich die Jugendlichen identifizieren. Da sich viele Jugendliche heute vor allem an der Gleichaltrigengruppe orientieren, wird deutlich, welch großen Einfluß die peer group auf das Verhalten Jugendlicher auch in der Schule hat. Für die Schule ergibt sich daraus u.a. die Notwendigkeit einer engen Zusammenarbeit mit außerschulischen Einrichtungen der Jugendhilfe bzw. Jugendarbeit sowie mit den Eltern. Für die Entwicklung von *Präventionsansätzen* heißt das, daß Karriere in Richtung „Gewalttäter" keinen Automatismus darstellt, sondern daß an jeder Stelle des Lernprozesses auch ein anderer Verlauf möglich erscheint. Im Vorfeld einer solchen Karriere bestehen viele Möglichkeiten, die Kette von gewaltfördernden Bedingungen (z.B. durch den Wechsel von Bezugspersonen, durch angemessene Reaktionen des Umfeldes, die Förderung von Normbewußtsein, Gewissensbildung, die Entwicklung alternativer Leitbilder usw.) zu unterbrechen, Gewalt zu verhindern bzw. zu vermindern.

1.2.4 Die Theorien des Labeling Approach

Bei den bisher dargestellten soziologischen Theorien galt es als unproblematisch, das Merkmal „abweichend", „delinquent" oder „kriminell" zu verwenden. Doch gerade diese Problematik ist der Ausgangspunkt für den labeling approach bzw. den *Etikettierungsansatz.* Obwohl es aufgrund der vielen unterschiedlichen Einzelansätze innerhalb des labeling approach schwierig ist, eine Gesamtbeschreibung vorzunehmen, können folgende grundlegende Gemeinsamkeiten dieses Ansatzes festgehalten werden:

- Der labeling approach beschäftigt sich mit der sozialdeterminierten Normsetzung; jene, die Macht haben, können ihre Normen durchsetzen (Normsetzung).

- Die Normsetzung allein konstituiert allerdings noch nicht abweichendes Verhalten. Erst durch die Anwendung von Normen wird Verhalten zu konformem oder zu abweichendem Verhalten. Die Klassifikation als abweichendes Verhalten kommt durch gesellschaftliche Definitions- und Zuschreibungsprozesse zustande. Diese werden selektiv vorgenommen insoweit, da die Normsetzung wie auch die Normanwendung durch das sozialstrukturelle Machtgefälle determiniert sind.
- Durch die selektive Normanwendung werden Zuschreibungsprozesse initiiert, die den Verhaltensspielraum der gelabelten Individuen reduzieren. In Ermangelung ausreichend konformer Verhaltensmöglichkeiten wird der Ausweg in den als abweichend definierten Verhaltensweisen gesucht; das „Labeln" führt also zu sekundär abweichendem Verhalten. Dadurch bilden sich abweichende Selbstdefinitionen heraus (vgl. Lamnek 1983, S. 218).

Zentral für den labeling approach ist die Unterscheidung zwischen *primärer* und *sekundärer* Devianz, wobei die sekundäre Devianz von größerer Bedeutung ist. Während sich die primäre Devianz auf die verschiedenen Ursachen für abweichendes Verhalten bezieht, beruht die sekundäre Devianz allein auf der Reaktion und Rollenzuschreibung seitens der sozialen Umwelt. Diese Reaktionen und Etikettierungen, die auf primäre Devianz folgen, führen zu einem eingeengten Handlungsspielraum, zu einer Einschränkung des „Symbol- und Aktionsfeldes", was Konsequenzen für die soziale Rolle und das Selbstkonzept der betreffenden Person hat: Auf primäre Devianz folgen Strafen, weitere Abweichungen, härtere Strafen usw. usf., bis sich abweichendes Verhalten stabilisiert und die abweichende Rolle akzeptiert wird. Große Bedeutung kommt dabei den „Kontrollagenturen" zu. Ihr Wirken führt dazu, daß sie Devianz nicht nur nicht vermindern, sondern diese erst schaffen, indem sie in der Gemeinschaft ein Stereotyp von Devianz, also eine Vorstellung von dem, was Abweichung ist und wie man sich einem Abweichler gegenüber zu verhalten hat, erzeugen.

Der labeling approach hat für die Erklärung von Aggression und Gewalt unter Kindern und Jugendlichen eine hervorragende Bedeutung, weil er zum einen die Prozeßhaftigkeit der Gewaltgenese abbildet und zum anderen, weil er Gewalt nicht nur durch primäre Ursachen, sondern auf sekundärer Ebene über Interaktionshandelnde und interaktionelle Reaktionsformen erklärt (vgl. Holtappels 1997). Zudem ist mit dem interaktionistischen Ansatz ein Identitätskonzept verknüpft, das sich auf solche Rollenqualifikationen und kommunikative Kompetenzen stützt wie Frustrations-, Ambiguitäts- und Rollendistanz. Da die interaktiven Grundqualifikationen meist unterschiedlich ausgeprägt sind, kommt es zu mißlingenden Aushandlungen, Interaktionskonflikten und somit u.U. auch zu Gewalt. Ein zweiter Erklärungsstrang des labeling approach betrifft die interaktionelle Dynamik im Prozeß der Etikettierung. Wer in der Schule negativ auffällt, ist von „Devianzzuweisungen" bedroht. Diese Typisierungen sind mit Statuszuschreibungen verbunden, die sich mit der Zeit verfestigen und zu Stigmatisierungen führen können. Am Ende des Prozesses verhält sich der etikettierte Schüler so abweichend, wie es seine Umwelt erwartet. Das Fremdbild über den Abweichenden wird zum Selbstbild.

Die Schulforschung hat gezeigt, daß solche Etikettierungsprozesse immer wieder zwischen Lehrern und Schülern ablaufen, diese den Lehrpersonen aber meist verborgen bleiben. Etikettierungsprozesse können zur Konstituierung abweichender Schulkarrieren beitragen. So haben soziale Etikette und Vorurteile (z.B. „das aggressive Kind") starke Wirkungen und können ein Kind gegen seine Absicht in die Rolle eines Aggressors drängen. Umgekehrt können aber auch „abgestempelte Kinder" aus ihrem „sozialen Käfig" herausgeführt werden, indem z.B. die Mitschüler angehalten werden, nicht über vermeintlich negative, sondern über positive Verhaltensweisen des betreffenden Kindes zu berichten. Dadurch wird auch dem betreffenden Kind Gelegenheit gegeben, ein anderes Verhalten zu zeigen (vgl. Bründel/Hurrelmann 1994, S. 269f).

Zusammenfassung und Folgerungen für die Gewaltprävention
Abweichendes Verhalten - und damit auch Gewalt - wird aus interaktionistischer Sicht als ein Interaktionsprozeß zwischen Individuum und Gesellschaft, als ein Prozeß gegenseitiger Bedingtheit des Verhaltens von auffällig gewordenen Individuen und Instanzen sozialer Kontrolle aufgefaßt. Der labeling approach hat zu einem Wechsel der Betrachtungsweise geführt: von den persönlichen oder gesellschaftlichen Merkmalen des Individuums hin zu den Prozessen, die dazu führen, daß jemand als Außenseiter angesehen wird, und zu den Reaktionen auf dieses Urteil. Der Perspektivenwechsel von der primären zur sekundären Devianz stellt eine deutliche Erweiterung des Betrachtungshorizontes im Hinblick auf die Erklärung von Aggression und Gewalt dar. Gewalt erscheint dann auch als Ergebnis schulischer Etikettierungsprozesse und mißlungener Identitätsbildung, woran nicht zuletzt Lehrer, Erzieher, Sozialpädagogen u.a. beteiligt sind.

Maßnahmen zur Reduzierung von Gewalt bzw. abweichenden Verhaltens zielen dann nicht nur auf die Persönlichkeit des Täters, sondern auch auf die Instanzen sozialer Kontrolle. So sollte die Schule ihre eigene Rolle im Verfestigungsprozeß abweichenden Verhaltens erkennen, reflektieren und abbauen. Zugleich sollten Techniken der Entstigmatisierung entwickelt werden. Lehrer und Erzieher müssen sich die meist unbewußt ablaufenden Stigmatisierungsprozesse bewußtmachen und Entstigmatisierungsstrategien entwickeln. Dazu gehört u. a. stigmatisierende Begriffe zu vermeiden (z.B. „gewaltbereit", „asozial") und außerinstitutionelle Sanktionen bzw. informelle Kontrollen zu bevorzugen. Der Hinweis darauf, daß mit solchen Bewertungen und Urteilen höchst sorgsam und reflektiert umgegangen werden muß und daß auch die zugrundeliegenden Normen stets zu hinterfragen sind, ist das Verdienst des labeling approach.

1.3 Neuere psychologische Erklärungsansätze

Aus der neueren psychologischen Diskussion wurden folgende drei Erklärungsansätze in unser Klassifikationsmodell aufgenommen: *erstens* entwicklungspsychologische Konzepte, weil sie von den Entwicklungsbesonderheiten von Kindern und Jugendlichen ausgehen und gewaltförmiges Verhalten in den größeren Zusammenhang mit dem Erwerb sozial verantwortlicher Urteils- und Handlungskompetenzen stellen, *zweitens* die Theorie des sozialen Einflusses nach Tedeschi, weil sie den situations- und personenabhängigen Prozeß der Gewaltanwendung und die Gewaltmotive sichtbar macht und *drittens* der psychoanalytische Ansatz von Helsper, weil er die Psychoanalyse auf den Schulbereich anwendet.[10]

1.3.1 Aggression - entwicklungspsychologisch bedingt

Entwicklungspsychologische Konzepte sind für die Aggressions- und Gewaltforschung von Relevanz, weil sie aufzeigen, wie Kinder unterschiedlicher Altersstufen soziales Verhalten bewerten, wie sie - anstelle von aggressivem - prosoziales Verhalten erlernen können und welche kognitiven und psychosozialen Entwicklungsbesonderheiten dabei eine Rolle spielen. Unter prosozialem Verhalten werden dabei die verschiedensten Formen der Hilfeleistungen zugunsten anderer Menschen verstanden. Wegweisend in dieser Hinsicht sind die *Konzepte zur moralisch-kognitiven Entwicklung* von Piaget und Kohlberg. Während sich bei Piaget das moralische Urteil bei Kindern und Jugendlichen vor allem in der Dimension „Heteronomie-Autonomie" entwickelt, geht es Kohlberg bei seinem Stufenmodell der moralischen Entwicklung vor allem um den Erwerb von Autonomie im Umgang mit Normen und Konventionen (vgl. Piaget 1954, Kohlberg 1976).

Neben Piaget und Kohlberg haben vor allem Erikson (1966) und Havighurst (1972) wichtige Erkenntnisse zur Persönlichkeitsentwicklung im Kindes- und Jugendalter beigesteuert. Nach Erikson drückt sich der *psychosoziale Konflikt im Jugendalter* darin aus, daß mit der einsetzenden Pubertät und den damit verbundenen biologischen, sozialen und psychischen Veränderungen das bisherige Selbstbild ins Wanken gerät. Der Jugendliche muß sein Selbstkonzept und seine soziale Identität neu bearbeiten, erweitern und insbesondere eine geschlechtliche und berufliche Identität erwerben. Mißlingt die Auseinandersetzung mit dieser psychosozialen Krise, kommt es zur Rollendiffusion, die u.a. zu Verunsicherung, einseitigen und isolierten Werten, ideologischer Radikalität oder Flucht in eine irreale Welt führen kann. Es wird deutlich,

---

[10] Hierbei stützen wir uns vor allem auf Arbeiten von Hornberg/Lindau-Bank/Zimmermann 1994, Tillmann 1994c, Hetzer u.a. 1995, Krieger 1995, Olbrich 1995.

Neuere psychologische Erklärungsansätze

welch sensible Phase das Jugendalter ist und welche Belastungen und Gefährdungen bestehen. Havighurst plädiert deshalb dafür, daß die gesellschaftlichen Anforderungen an die Kinder und Jugendlichen richtig dosiert werden. So sollte nur das gefordert werden, was das Kind bzw. der Jugendliche leisten kann, wenn es seine Fertigkeiten und Verhaltenspotentiale aktiv einsetzt.

Entwicklungspsychologische Konzepte geben Auskunft darüber, inwieweit Jugendliche die soziale Dimension einer Handlung erkennen können und sich zur Aufrechterhaltung ihrer Ich-Identität für prosoziales Handeln entscheiden. Dabei kommt der *Bereitschaft und Fähigkeit zur sozialen Perspektivenübernahme* eine Schlüsselposition zu. Darunter ist die Fähigkeit zu verstehen, den Standpunkt des anderen im Verhältnis zum eigenen Standpunkt zu verstehen. Prosoziales Lernen kann durch Schule und Elternhaus gefördert werden. Als günstig erweist sich ein emotional zugewandtes Erziehungsverhalten, bei dem das Kind oder der Jugendliche erfährt, daß seine eigenen Emotionen und die anderer Menschen akzeptiert werden. So werden Sensibilität für die Gefühle anderer entwickelt und eigene empathische Reaktionen reflektiert. Aber auch die Vermittlung moralischer Standards und Normen kann hilfreich sein. Positiv auf die Prosozialität wirken auch vernünftiges Argumentieren, Belohnung erwünschter Verhaltensweisen, das Lernen am Modell und die Teilnahme an prosozialen Aktivitäten. Empirische Untersuchungen belegen weiterhin, daß prosoziale Kompetenzen durch schulische Interaktionen gefördert werden können, z.B. beim kooperativen Lernen oder im Gruppenunterricht. Gleiches gilt für Unterrichtsdiskussionen zu Entscheidungskonflikten (soziale Dilemmata), wodurch Schüler Notsituationen anderer besser erkennen und die Folgen für die Betroffenen differenzierter bewerten (vgl. Bilsky 1989).

Zusammenfassung und Folgerungen für die Gewaltprävention

Da Aggression und Gewalt typisch sind für die Kindheits- und Jugendphase, kommt entwicklungspsychologischen Konzepten bei der Erklärung dieser Erscheinungen große Bedeutung zu. Sie verdeutlichen, daß die Entstehung aggressiver Verhaltensweisen eingebettet ist in den gesamten Entwicklungs- und Identitätsbildungsprozeß, insbesondere in den Zusammenhang mit der kognitiven, moralischen und psychosozialen Entwicklung. Zugleich macht die entwicklungspsychologische Perspektive darauf aufmerksam, welch sensiblen Prozeß die Kindheits- und Jugendphase darstellt und welche Hilfe- und Unterstützungsleistungen Kinder und Jugendliche hierbei benötigen. Insbesondere wird augenfällig, wie wichtig in dieser Phase der Erwerb sozialer und kognitiver Kompetenzen ist, z.B. die Einsicht in die Notwendigkeit von Regeln, die Entwicklung eigener autonomer Moralvorstellungen, die Akzeptanz und Artikulation der eigenen Gefühle, die Herausbildung von Fähigkeiten zur Selbstreflexion, zur sozialen Perspektivenübernahme, zur gewaltlosen Konfliktlösung usw. usf. Kinder und Jugendliche können dies alles nicht allein erwerben, sondern brauchen dazu Erwachsene, die sich mit ihnen auseinandersetzen, sie fördern, ihnen aber auch Grenzen setzen und sie an notwendige Regeln gewöhnen. Auf diese Weise kann ein reflektierter und sozial verantwortlicher Umgang mit den eigenen Aggressionen erlernt werden, wobei dieser Lernprozeß schon recht früh einsetzt.

Auch im Hinblick auf *Präventionsansätze* erweist sich die entwicklungspsychologische Perspektive als fruchtbar. Unterschiedliche Aggressionsformen und Aggressionsmotive - auch zwischen Jungen und Mädchen - werden zutage gefördert (z.B. Rangkämpfe oder „Spaßkämpfe"). Zugleich eignen sich entwicklungspsychologische Aspekte gut für die Erarbeitung von prosozialen Lernprogrammen (vgl. z.B. Petermann/Petermann 1978, 1993, Lerchenmüller 1986 und Schirp 1996). Im Vordergrund steht dabei der Aufbau von Aggressionshemmungen und die Förderung prosozialen Verhaltens, z.B. durch Umweltkontrolle oder durch Selbstreflexion und Selbstkontrolle. Als erfolgversprechend erweist sich auch die Methode der Konfrontation, bei der unterschiedliche Sichtweisen gefördert und die Besonderheiten und Einschränkungen der eigenen Perspektive deutlich werden (vgl. Seiffge-Krenke 1995).

1.3.2 Aggression als „Zwangsgewalt"

Nach Tedeschi ist aggressives Handeln als ein Sonderfall der *Entscheidungstheorie* zu verstehen. Er geht von der Prämisse aus, daß Aggression immer den Gebrauch von Zwangsgewalt (psychisch oder moralisch) einschließt. Gewalt sei immer sozial motiviert und da Menschen von Kooperationen abhängig sind, seien sie bemüht, andere zu beeinflussen. Warum aber entscheiden sich die Akteure in bestimmten Situationen für die Anwendung von Gewalt anstelle anderer Methoden sozialen Einflusses?

Bei der Bewertung von Handlungsalternativen (Gewalt vs. Nicht-Gewalt) spielen verschiedene Faktoren eine Rolle, z.B. die Belohnung und das Ansehen, das man sich verspricht oder die Botschaft, die in der beabsichtigten Handlung liegt. Diese Faktoren bilden zusammen einen Wert, der mit den zur Verfügung stehenden Handlungsalternativen verglichen wird. Es handelt sich dabei um eine Komponentenanalyse eines z.T. unbewußten Bewertungsprozesses, der aber gleichwohl rationale Züge aufweist. Tedeschi verweist auf verschiedene Motivkonstellationen, die den Übergang zum Gewaltverhalten begünstigen (vgl. Tedeschi 1983, S. 135ff, Schmidtchen 1997, S. 223ff):

- *Mangel an Selbstvertrauen* (z.B. fehlende Kompetenzen, mangelndes Prestige, geringe Attraktivität): Geringe Artikulationsfähigkeit und geringe Bildung können dazu führen, ein Gefühl der Machtlosigkeit zu entwickeln, das Gewalt fördert.
- *Verkürzung der Zeitperspektive*: Starke Emotionen, Angst und Furcht können den Blick auf mögliche Folgen einer Handlung versperren. Wenn die Zeitperspektive auf

die Handlung verkürzt wird, ist zusammen mit einem niedrigen Selbstwertgefühl und einer Dehumanisierung des Opfers Gewalt wahrscheinlich.
- *Furcht:* Nimmt man eine Situation als bedrohlich wahr, versucht man, sich präventiv zu verteidigen. Gewalt beginnt deshalb häufig mit einer wahrgenommenen Bedrohung, die allerdings auch eine (bewußte) Fehlinterpretation der Situation sein kann.
- *Selbstrepräsentation und Wahrung des Gesichts:* Gewalt dient u.a. dazu, Identität zu wahren. Dazu gehören z.B. Männlichkeitsbeweise, der Kampf um die Selbstdarstellung. Entscheidend sind dabei die Interaktionen zwischen den Akteuren.
- *Aufrechterhaltung institutioneller Autorität:* Autoritäten gebrauchen Gewalt, wenn sich andere nicht unterordnen wollen. So kann z.B. ein Konflikt mit der Polizei leicht eskalieren, wenn die Weisungen nicht befolgt werden.
- *Konfliktintensität:* Je schärfer der Konflikt ist, desto eher wird Gewalt zur Problemlösung eingesetzt, insbesondere wenn es um knappe Ressourcen geht und verschiedene Akteure um dieselben Ressourcen konkurrieren (z.B. um dasselbe Territorium).
- *Normen der Selbstverteidigung und Reziprozität:* Es herrscht ein starker sozialer Druck, zum Zwecke der Selbstverteidigung Drohungen und Gewalt anzuwenden.
- *Lernen am Modell:* Wenn Kinder zu Hause immer wieder erleben, daß Probleme und Konflikte mit Zwangsmitteln bzw. Gewalt gelöst werden, dann steigt die Wahrscheinlichkeit, daß sie später nach dem gleichen Muster der Konfliktlösung handeln.
- *Die Wahrnehmung von Ungerechtigkeit:* Wer sich ungerecht behandelt fühlt, entwickelt Ressentiments. Dies kann als Rechtfertigung für (kollektive) Gewalt dienen.

Zusammenfasung und Folgerungen für die Gewaltprävention
Die Entscheidungstheorie fragt nach den funktionalen Äquivalenten von Gewalthandeln. Indem sie aggressives und gewaltförmiges Handeln als alternatives Handeln zur Erreichung bestimmter Ziele (z.B. Prestige) begreift, weist sie auf bestehende Probleme hin (mangelnde Handlungsfähigkeit u.ä). Hier können *präventive Handlungsansätze* anknüpfen, wenn Defizite abgebaut und alternative Strategien zur Erreichung bestimmter Ziele gefördert werden. Zugleich wird deutlich, daß die Handlungsoption „Gewalt" oder „Nicht-Gewalt" zur Gewinnung sozialen Einflusses nicht nur von den zur Verfügung stehenden Mitteln und Ressourcen abhängt, sondern auch von der Wahrnehmung und Interpretation der Situation. In eine solche Situationseinschätzung fließen immer auch gesellschaftliche Momente ein. Als Konsequenz daraus läßt sich u.a. ableiten, daß sowohl auf gesellschaftlicher wie auf individueller Ebene der Entwicklung gewaltfreier Strategien der Konfliktlösung große Bedeutung zukommen sollte.

1.3.3 Gewalt als Folge verweigerter schulischer Anerkennung

Helsper schlägt in seinen *psychoanalytisch orientierten Betrachtungen* zu „Jugend und Gewalt" einen Perspektivenwechsel in der Gewaltdebatte vor, nämlich die „Normalität der Gewalt" zu akzeptieren. Jugendliche Gewalt sei nur ein Symptom für eine tieferliegende „soziale Pathologie" (vgl. Helsper 1995, S. 113). Seine These ist, daß *mißlingende Anerkennungsbeziehungen zu*

Selbstkrisen und ggf. zu Gewalt führen. Eine große Rolle spiele dabei der frühkindliche Prozeß der Anerkennung, bei dem die Grundlage für gegenseitige Achtung gelegt werde. Haß, Gewalt, Wut seien Mittel zur Sicherung eines desintegrierten, unsicheren Selbst, weil dadurch grundlegende Ängste sowie Leere und Mißachtung ausgelöscht seien, nach dem Motto: „Wenn ich nicht hasse, dann bin ich niemand. Ich will aber nicht niemand sein".

„In diesem Sinne wird hier die psychische Disposition zur Gewalt als Ausdruck scheiternder gegenseitiger Anerkennung in den intimisierten Selbst-Objekt-Beziehungen verstanden. Entscheidend für gewaltsames Ausagieren aber ist die psychische Verarbeitung. (...) Wird das egozentrische Omnipotenz- und Grandiositätsstreben des kleinen Kindes nur unzureichend durch die Grenzziehung des anderen relativiert, dann verbleibt psychisch das Streben nach Dominanz und Herrschaft und damit eine Nähe zur Ausübung von Gewalt, um diese Dominanz zu sichern. Auch dann, wenn reaktiv gegen Entwertungen und Traumatisierungen durch die Selbstobjekte ein grandioses Selbst oder eine Suche nach Omnipotenzobjekten vorherrscht, bleibt eine umso deutlichere Affinität zu Herrschaft und Gewalt, indem darin die gegen das eigene Selbst gerichteten frühen destruktiven Regungen nach außen ausagiert und darin Wut, Haß und 'Rache' stellvertretend für den frühen signifikanten Anderen an Ersatz-'Objekten' ausgelebt werden können" (Helsper 1995, S. 136).

Die affektive Anerkennung in den intimisierten Familienbeziehungen, die als Grundlage erweiterter Selbst- und Fremddachtung zu begreifen ist, wird sozial konstituiert, denn die elterlichen Selbstobjekte sind ihrerseits in soziale Anerkennungsverhältnisse verstrickt. Desintegrationsprozesse, Verlust von Sozialmilieus und Arbeitspositionen beeinträchtigen das elterliche Selbst und damit auch die Möglichkeiten gelingender Anerkennungsbeziehungen im familialen Binnenraum. Soziale Desintegrationsprozesse setzen die Integrität des Erwachsenenselbst unter Druck und eröffnen eine desintegrative Tendenz, deren Konsequenz allerdings je nach sozialem Ort, sozialer Familienbiographie, Stützungsressourcen sehr unterschiedlich sein kann. Mangelnde gegenseitige Anerkennung, Formen der Mißachtung und Selbstwertverletzungen stellen starke psychische Belastungen dar. Wenn Selbstwert und Selbstachtung erst durch Anerkennung des Selbst durch Andere entstehen können, dann bedeutet die strukturelle Verzerrung sozialer Anerkennungsverhältnisse eine Bedrohung der physischen und psychischen Integrität, woraus negative und (selbst)-destruktive Gefühle (Sozialangst, Scham, Wut, Neid usw.) resultieren:

Für die Herausbildung eines stabilen Selbst, also einer stabilen Ich-Identität, bedarf es somit *gelingender Formen sozialer Anerkennung.* In dem Maße, wie das Kind zunehmend außerhalb der familialen Intimbeziehungen in sozialen Institutionen interagiert, werden die sozialen, nicht auf Intimität beruhenden Anerkennungsverhältnisse für die Individuation wichtiger. Bei der Transformation familial-intimer Anerkennungsverhältnisse in soziale, auf Distanz und rollenförmigen Beziehungen beruhende Anerkennungsverhältnisse spielt *Schule* eine zentrale Rolle. Helspers These ist, daß Schule die psychische Integrität der Heranwachsenden nicht genügend unterstützt bzw. gar gefährdet, indem sie „individualisiert, aber nicht genügend individuiert und auf der Grundlage einer Anerkennung von Differenzen zu wenig posttraditionale Gemeinsamkeiten generiert" (Helsper 1995, S. 143). Erstens trage sie wenig zu einer Stabilisierung und Konsolidierung von Selbstvertrauen bei den Heranwachsenden im Sinne von Selbstintegration bei, zweitens führe Schule nur unzureichend in die moralische Anerkennung gleichberechtigt miteinander interagierender Subjekte und die damit einhergehende Selbst- und Fremdachtung ein und drittens fehle im Rahmen der Schule jedwede Institutionalisierung von posttraditionaler Solidarität als einer Anerkennungsform gegenseitiger Wertschätzung auf der Grundlage kultureller Differenzen. „*Vielmehr verstärkt die Schule implizit eine individualisierende Wertschätzungshierarchie* aufgrund von Leistungsdivergenzen, mit den daraus folgenden Selbstwertverletzungen durch herabsetzende Haltungen anderer und damit einhergehenden Gefühlen von Scham und Sozialangst" (Helsper 1995, S. 146). Indem Schule auf die modernen Identitätsstandards orientiert, fördere sie einerseits Individualisierung und eine moderne Identitätsbildung, andererseits erschwere sie eine stabile Identitätsentwicklung, da sie die Bereitstellung institutioneller Bewältigungsressourcen für die damit einhergehenden individualisierten Risiken, Krisen und Belastungen vernachlässigt (vgl. Helsper 1993b, S. 65ff).

Dieser strukturelle Widerspruch spiegele sich auch im alltäglichen Lehrerhandeln wider: So droht z.B. eine identitätsstützende Haltung seitens des Lehrers immer wieder inkonsistent zu werden, da er aufgrund der institutionellen Rahmenbedingungen wie Leistungsbewertungsvorgaben, Klassengröße u.a. die Schüler auch immer wieder enttäuschen muß oder für den einzelnen nicht genügend verfügbar ist. Wenn sich der Lehrer einzelnen Schülern stärker zuwendet, kann es z.B. auch zu einer Kollision mit der geforderten universalistischen Orientierung des Lehrers und zu Konflikten hinsichtlich der geforderten Gleichbehandlung kommen. Außerdem ist eine identitätsstützende Arbeit in erster Linie Beziehungsarbeit, also mit vielen Emotionen und mit großem Zeitaufwand verbunden, die so im Schulalltag nicht immer geleistet werden kann.

Zusammenfassung und Folgerungen für die Gewaltprävention
Helsper wendet zur Erklärung der „Normalität (jugendlicher) Gewalt" die Psychoanalyse konsequent auf den Schulbereich an und fragt, welche Rolle die Schule bei der Entwicklung eines stabilen Selbst spielt. Gewalt ist danach ein Rettungsversuch des Selbst gegenüber Anerkennungsverweigerungen infolge gescheiterter schulischer Anerkennungsverhältnisse. Für die *Gewaltprävention* bedeutet dies, daß dem „Sozialen" innerhalb und im Umfeld von Schule weitaus größere Beachtung zu schenken ist. Ins Blickfeld rücken insbesondere die *Anerkennungsverhältnisse in der Schule*. Identitäts-, Selbstwertprozesse, die

Gestaltung positiver Interaktionsbeziehungen verdienen auch in der Schule größte Aufmerksamkeit. Die Lehrer sollten Interesse am Selbst des Schülers zeigen, Schüler stärker in Entscheidungsprozese einbeziehen und deren Willensbildung entwickeln. Insbesondere schwächere Schüler sollten mehr gefördert werden - gerade sie bedürfen der Anerkennung.

1.4 Neuere soziologische Erklärungsansätze

Zu den neueren soziologischen Erklärungsansätzen sind - besonders unter dem Blickwinkel gewaltpräventiven Handelns - die beiden folgenden zu zählen: zum einen der Modernisierungs-/Individualisierungsansatz, der in den letzten Jahren große Resonanz gefunden hat, und zum anderen der schulbezogene anomietheoretische Ansatz nach Böhnisch.

1.4.1 Gewalt als Folge von Modernisierung und Individualisierung

Einer der gegenwärtig am meisten verbreiteten Erklärungsansätze für Gewalt (aber auch für Rechtsextremismus, Drogenmißbrauch, Okkultismus usw.) ist der *Modernisierungs- und Individualisierungsansatz*. Den Rahmen dieses makrosozialen Ansatzes bilden die Arbeiten von Ulrich Beck zur „Risikogesellschaft" (vgl. z.B. Beck 1986), in denen soziale Wandlungsprozesse der Moderne sowie deren Auswirkungen auf das Individuum beschrieben werden (z.B. Herauslösung aus bisherigen Sozialformen, Verlust traditioneller Sicherheiten, neue Formen der sozialen Einbindung). Bezogen auf Gewalt und Rechtsextremismus ist der Individualisierungsansatz vor allem durch Wilhelm Heitmeyer ausgearbeitet und bekannt gemacht worden.[11]

Ausgangspunkt dieses Ansatzes ist der Begriff der *Desintegration* als ein Ausdruck der Ambivalenzen der Individualisierungsprozesse. Desintegration stellt eines der zentralen Probleme moderner Gesellschaften dar. Desintegrationsaspekte sind auf sozialstruktureller Ebene (z.B. Ungleichheitsphänomene), auf institutioneller Ebene (z.B. die Folgen abnehmender Partizipation), auf sozialer Ebene (z.B. die fehlende emotionale Unterstützung) und auf der personalen Ebene (z.B. Wertediffusion als Folge inkonsistenter Erziehung) relevant. Desintegration hat zwei Subkategorien: zum einen die Desorientierung als kulturelle Dimension (z.B. Auflösung des Wertekonsenses infolge von Pluralisierungsprozessen, Beziehungsprobleme infolge von Konkurrenzdruck und Zwang zur Einzigartigkeit) und zum anderen Desorganisation als strukturelle Dimension (z.B. isolierte und anonymisierte Lebensformen infolge von Differenzierungsprozessen).

---

[11] Dem Folgenden liegt das Buch „Gewalt. Schattenseiten der Individualisierung bei Jugendlichen aus unterschiedlichen sozialen Milieus" zugrunde (vgl. Heitmeyer u.a. 1995).

Neuere soziologische Erklärungsansätze

Jugendliche geraten - entsprechend diesem Erklärungsmodell - in eine *Individualisierungsfalle*. Infolgedessen können sozialstrukturelle und individuell-emotionale Desintegration sowie marginalisierende und abstiegsbedrohende Desintegration auftreten. Durch die Individualisierungsschübe erfährt die anomieträchtige Struktur-Kultur-Diskrepanz eine Verschärfung. So werden Ausgrenzungen verstärkt (z. B. Randgruppen), Aufspaltungen vertieft (z. B. „Zwei Drittel-Gesellschaft") und soziale Zusammenhänge aufgelöst. Heitmeyer konstatiert eine brisante, inkonsistente Entwicklung, da Individualisierung Entscheidungsfreiräume ermöglicht, die Konkurrenz- und Verwertungslogik des Kapitalismus aber zunehmend ein utilitaristisch-kalkulatives Verhalten erzwingt. Konkurrenz wird so zum Motor der Desintegration und der Auflösung des Sozialen. Die Medien und die Werbeindustrie hätten daran großen Anteil, da sie die Kultur zum Träger und zur Ideologie des kapitalistischen Wachstumsprozesses machten.

Heitmeyer stellt seinen makrotheoretischen Ansatz in den Kontext der Sozialisation Jugendlicher heute und untersucht am Beispiel der familialen und Peer-Sozialisation *Desintegrationspotentiale bzw. -erfahrungen sowie entsprechende Verarbeitungsformen*. Im *Sozialisationsfeld Familie* sind es vor allem solche Desintegrationspotentiale, wie die zunehmende Instabilität von Familien, Defizite in den Beziehungsqualitäten, instrumentalistische Umgangsweisen, inkonsistentes Elternverhalten oder die Zerstückelung der sozialen Zeit. Die soziale Integration in die *Gleichaltrigengruppe* ist u. a. dadurch bedroht, daß unter Konkurrenzdruck nicht das Gemeinsame, sondern die Besonderheit der eigenen Leistung herausgestellt werden muß. Die Ambivalenzen von Individualisierungsprozessen können zu Verunsicherungen führen. Sie können aber auch durch Anpassungsprozesse u.ä. „ausbalanciert" werden. *Verunsicherungen* können im emotionalen Bereich auftreten (z.B. Unsicherheitsgefühle, Zukunftsangst, niedriges Selbstwertgefühl); sie können sich jedoch auch in *Handlungsunsicherheit* (z.B. Orientierungs-, Entscheidungs- und Wirksamkeitsprobleme) ausdrücken. Vom Zusammenwirken „äußerer" Faktoren und „innerer" Verarbeitungsmuster hängt ab, welche Formen die Verunsicherung annimmt: stimulierend, paralysierend (Passivität, Unauffälligkeit, Anpassung u.ä.) oder überwältigend (hilflose Handlungen).

Vor diesem Hintergrund wird die These vertreten, daß der rasante und asynchrone Wandel von Kultur und Struktur dazu beiträgt, daß Desintegrations- und Verunsicherungspotentiale zunehmen, die Gewalt zu einer wichtigen Option der Bearbeitung solcher Problemlagen werden lassen. Dort, wo sich das Soziale auflöst, müssen die Folgen des eigenen Handelns für andere nicht mehr sonderlich berücksichtigt werden, vielmehr greift dort Gleichgültigkeit um sich und die Gewaltoptionen steigen. Bei den Verarbeitungsmustern von Unsicherheiten spielen auch geschlechtsspezifische Aspekte eine Rolle: Während sich bei Mädchen eher autoaggressive Formen finden lassen, verbergen Jungen ihre Angst hinter einem „Cool-Sein", setzen eher auf Gruppenintegration und/oder auf machiavellistische Bearbeitungsweisen. Mit Gewalt ist für die Gewaltausübenden ein subjektiver Sinn verbunden, weil jedes Individuum nach Legitimation für sein Handeln sucht. Gewalt kann dabei unterschiedliche Motive haben: *Expressive* Gewalt tritt auf, wenn die Einzigartigkeit demonstriert und das Individuum wahrgenommen werden will. Gewalt schafft dann erhöhte Aufmerksamkeit. *Instrumentelle* Gewalt zielt auf Anschluß, Sicherung von Positionen und Aufstieg. *Regressive* Gewalt ist die Gewalt, die an nationalen und ethnischen Kategorien ausgerichtet ist.

Die *Attraktivität von Gewalt* ist u. a. darin begründet, daß sie in unklaren und unübersichtlichen Situationen Eindeutigkeit schafft, daß sie (zumindest zeitweise) das Gefühl der Ohnmacht überwindet und Kontrolle wiederherstellt, daß sie Fremdwahrnehmung garantiert, die mit anderen Mitteln nicht mehr herstellbar war, daß sie (zumindest kurzfristig) partielle Solidarität im Gruppenzusammenhang schafft und daß sie die Rückgewinnung von körperlicher Sinnlichkeit für Jugendliche aus spezifischen Milieus (auch als Gegenerfahrung zu defizitären rationalen und sprachlich vermittelten Kompetenzen) gewährleistet. Die Attraktivität von Gewalt nimmt noch zu, wenn Gewalt im bisherigen Sozialisationsverlauf als ein effektives Handlungsmodell erfahren wurde. Neben dem familialen und dem Gruppenkontext wird auch der *diskursive Zusammenhang* hervorgehoben, wenn z. B. in öffentlichen Debatten definiert wird, was als Gewalt zu gelten hat und welches Handeln mit spezifischen Legitimationen ausgestattet wird, die Anreizfunktion für die Aktions-Reaktionsspirale haben.

Zusammenfassung und Folgerungen für die Gewaltprävention
Der weit verbreitete modernisierungs-/individualisierungstheoretische Ansatz setzt bei der gesellschaftlichen Makroebene an, bezieht aber auch milieuspezifische, institutionelle und personale Prozesse mit ein, wodurch Anknüpfungsmöglichkeiten zu anderen Theorien gegeben sind. Über verschiedene Vermittlungsstufen (Desintegrationspotentiale, Vereinzelungserfahrungen, Verarbeitungsweisen usw.) wird ein komplexes Modell von „Gewalt als einer der Schattenseiten von Individualisierung" entworfen. Als Auswirkungen von Individualisierung im schulischen Bereich werden vor allem die zunehmende Verschulung von Jugend und die Verschärfung der schulischen Konkurrenz gesehen. Wer nicht mithalten kann, wird schnell zum „strukturellen Verlierer der Wettbewerbsgesellschaft". Diese sind in bezug auf Gewalthandeln besonders gefährdet: Je unsicherer die Lebensbedingungen bzw. Lebensperspektiven und je weniger verläßlich die sozialen Beziehungen sind, desto größer wird die Wahrscheinlichkeit, daß darauf mit Gewalt reagiert wird.

Schule hat in gewaltpräventiver Hinsicht selbst verschiedene Möglichkeiten, *Desintegrationspotentiale abzubauen bzw. ihnen entgegenzuwirken.* Dies kann geschehen, indem Kindern und Jugendlichen in Problemsituationen Hilfe und Orientierung gegeben wird, indem sie stärker in den Unterrichtsprozeß und das Schulleben einbezogen werden, indem Gegenerfahrungen, solidarische Erfahrungen anstelle von Vereinzelungs- und Konkurrenzerfahrungen ermöglicht werden. Als weitere Folgerungen leiten sich u.a. ab: die große Bedeutung verschiedener Integrationsangebote für Kinder und Jugendliche, die zugleich deren Selbstwertgefühl stärken, das Praktizieren eines möglichst konsistenten Verhaltens gegenüber Kindern und Jugendlichen, die Thematisierung der Legitimationen für Gewalt usw. Ein wichtiger Ansatz ist dabei die Verstärkung der sozialen Orientierung der Schule, d.h. die soziale Öffnung der Schule und ihre Ausgestaltung als Lebenswelt.

1.4.2 Gewalt als Folge der anomischen Struktur von Schule

Böhnisch hat einen *schulbezogenen anomietheoretischen Ansatz* entwickelt, der struktur-funktionalistische und interaktionistische Perspektiven zu verbinden sucht (Böhnisch 1993, 1994). Seine These ist, daß Gewalthandeln von Kindern und Jugendlichen als „Anpassungsverhalten" an die anomische Struktur der Schule zu verstehen sei. Den Ausgangspunkt bildet die Anomietheorie von Merton, nach der sich Individuen, um handlungsfähig zu bleiben, an die Diskrepanzen zwischen der Sozialstruktur und den gesellschaftlichen Erwartungsstrukturen auf unterschiedliche Weise - von Konformität bis abweichendem Verhalten - anpassen (vgl. 1.2.1).

Anomische Tendenzen in der Institution Schule resultieren nach Böhnisch vor allem aus der traditionellen fragilen und widersprüchlichen gesellschaftlichen Struktur der Schule, „die gegenwärtig mehr denn je in ihren inneren Gegensätzlichkeiten aufbricht und von Schülern, Lehrern und Eltern individuell ausgehalten, ausbalanciert werden muß" (Böhnisch 1994a, S. 228f). Schule sei zum einen ein „funktionales" und zum anderen ein „soziales" System. Schule als funktionales System ist nach dem Leistungs- und Ausleseprinzip strukturiert, folgt institutionellen Schulordnungen und Curricula. Schule als soziales System meint die Gruppe der Schüler, deren Leben als Kinder und Jugendliche von den jugendkulturellen Besonderheiten des Aufwachsens gekennzeichnet ist. Da das funktionale System Schule gesellschaftlich dominant ist, werden die Probleme des sozialen Systems in Schulplanung und Praxis meist übergangen. Vielmehr wird stillschweigend vorausgesetzt, daß sich das Soziale dem Funktionalen anpaßt. Neben dieser „*Funktionsborniertheit*" *der Schule* besteht die zweite Quelle der Anomie in der Art der gesellschaftlichen Einbettung der Schule. Schule versteht sich als gesellschaftlicher Teilbereich, der von anderen Lebensbereichen relativ abgeschottet ist. Hierin kommt das reformpädagogische Dilemma der Unvereinbarkeit von Schule als Lebensgemeinschaft, als Kinder- und Jugendschule einerseits und Schule als Konkurrenz- und Auslesesystem andererseits zum Ausdruck.

Vor diesem Hintergrund werden *drei anomische Konstellationen* herausgestellt, die Bewältigungsprobleme hervorrufen: *Erstens* drückt sich das strukturelle Mißverhältnis von funktionalem und sozialem System in der *Diskrepanz von „Schülerrolle" und „Schülersein"* aus: So ist Schule von ihrer institutionellen Logik her zukunftsorientiert, während das Leben der Kinder gegenwartsorientiert ist. Dieses Spannungsfeld von aktuellem Leben und zukunftsorientierter Schule muß von den Kindern immer wieder emotional und sozial ausbalanciert, also „bewältigt" werden. Doch nicht bei allen Kindern können diese Spannungen von den Familien aufgefangen werden. Es gibt auch viele Kinder, die in desorganisierten Familien leben und in denen ihnen emotionale Energien abgezogen werden, die sie eigentlich bräuchten, um sich für die Schule zu regenerieren. Im Vordergrund stehen die institutionellen Anforderungen der Schule - was aber Leben für sich, was Eigenleben bedeutet, bleibt in der Schule weitgehend ausgeklammert. Schule orientiert sich an der Schülerrolle und nicht am Alltagsleben der Schüler. Für Schule ist die Rollenperspektive funktional: Kinder werden dadurch vergleichbar und im Sinne des Leistungs- und Auslesesystems in der Konkurrenz mit anderen bewertbar.

Schule ist zweitens zur umfassenden Lebensform für Jugendliche geworden, ohne daß sie mithilft, diese sozial auszugestalten. Böhnisch konstatiert, daß sich in den letzten zwanzig Jahren in der alten BRD und seit 1989/1990 auch in Ostdeutschland eine Umstrukturierung jugendlichen Erfahrungsfeldes von einer eher arbeitsbezogenen zu einer eher schulisch bestimmten Lebensform vollzogen hat. Dabei ginge der traditionelle Milieuaspekt der Solidarität in der schulischen Bildungskonkurrenz verloren. Das funktionale System der Schule beeinflußt also auch die Struktur der Lebensform Schule, ohne aber den Jugendlichen eine entsprechende Unterstützung zu vermitteln.

Die zunehmenden Individualisierungsprozesse auch in der Schule können schließlich *drittens* zu neuen Formen von Anomie führen, indem *Schule als „diffuser Sozialraum"* seitens der Schüler gesucht und provoziert wird. So ist die Tendenz sichtbar, daß die Schüler das Ungleichgewicht zwischen funktionalem System Schule und sozialer Lebensform auszubalancieren versuchen, indem sie die Institution Schule gleichsam „unterlaufen", z.B. durch das Auftreten von Schülerkulturen, was Böhnisch als „sozial induzierte Entstrukturierung" der Schule bezeichnet. Hier sieht er auch einen Ansatz der Kooperation von Schule und Jugendarbeit und zwar in der Ermöglichung von Orten (z.B. Schülercafes), wo sich diese Kultur ausleben kann. Umgekehrt seien Abschottungsversuche der Schule nach dem Motto „Schule muß Schule bleiben" untauglich, vielmehr sei Schule „unter der Hand" zur sozialräumlichen Szenerie geworden und müsse systematische Funktionalität und nicht intendierte, aber faktische Sozialräumlichkeit in eine Balance bringen. Beratungs- und Vertrauenslehrer seien heillos überfordert und selbst Schulsozialarbeit würde auf strukturelle Probleme stoßen, da diese meist verdeckt und systematisch etikettiert seien.

Eine Entschärfung des Dilemmas wird in einem stärkeren Austausch der Schule mit ihrer sozialen Umwelt gesehen. Das könnte dazu beitragen, daß sie sich selbst mehr als Sozialraum versteht und außerschulische Sozialprozesse mehr beeinflußt. Konkrete praktische Ansätze wären z.B. die Entwicklung der Grundschule zu einer „Sozialschule" (Schule als Lern- und Sozialort). Schule müsse sich im qualitativen Sinne sozial erweitern, sozialräumliche Elemente integrieren und selbst Bewältigungsangebote, d.h. in erster Linie plurale Selbstwertangebote, entwickeln. Daneben gehe es auch um Veränderungen in der Lehrerausbildung. So müsse diese eine „Sozialausbildung" mit einschließen, denn der Lehrerberuf sei auch zum Sozialberuf geworden. Hilfreich seien in diesem Zusammenhang auch konfliktsensibilisierende „Sozialpraktika".

Zusammenfassung und Folgerungen für die Gewaltprävention
Böhnisch wendet zentrale Aussagen der Anomietheorie auf die Schule an und kann mögliche Ursachenfelder für Gewalt aufzeigen, die in der Institution Schule selbst liegen. Individuelle Strategien zur Bewältigung der anomischen Struktur von Schule hängen von den jeweiligen Ressourcen und Unterstützungssystemen ab, sind also auch mit sozialen Ungleichheiten verbunden. Offen bleibt, wie im einzelnen diese Verarbeitungsprozesse ablaufen. Als *Folgerungen für die Gewaltprävention* läßt sich - auf institutioneller Ebene - vor allem die Notwendigkeit der Stärkung von Schule als „sozialem System" ableiten, indem z.B. sozialräumliche bzw. sozialpädagogische Elemente ausgebaut werden. Auf interaktioneller und individueller Ebene heißt das u.a., den Leistungsaspekt nicht zu verabsolutieren und die Persönlichkeits- und Selbstwertentwicklung der Schülerschaft ins Zentrum zu rücken.

1.5 Neuere kriminalsoziologische Erklärungsansätze

Bei den neueren kriminalsoziologischen Ansätzen wird ein Perspektivenwechsel vollzogen: Während bei den klassischen Theorien (vgl. Abschnitt 1.2) der Fokus auf der Tat und den Tätern lag, geht es bei den neueren Theorien vorwiegend um Prozesse der sozialen Kontrolle bzw. der sozialen Reaktionen. Die Veränderung des Betrachtungsstandpunktes, die bereits beim labeling approach erkennbar war, führt zu differenzierteren Einsichten. Von Interesse ist dabei die Frage, welche Konsequenzen sich aus der veränderten Betrachtungsperspektive für die Intervention und Prävention von Gewalt ergeben. Bei der Auswahl und Darstellung der neueren kriminalsoziologischen Ansätze konzentrieren wir uns auf den handlungstheoretischen Ansatz nach Haferkamp, das Konzept der Selbstkontrolle nach Gottfredson/Hirschi und die materialistisch-interaktionistische Kriminologie nach Smaus (vgl. Lamnek 1994).

1.5.1 Devianz als soziales Handeln

Der *handlungstheoretische Ansatz* geht davon aus, daß Menschen mit ihrem Handeln einen Sinn verbinden, wobei unter Sinn der subjektiv gemeinte Sinn zu verstehen ist (vgl. Weber 1984). Nach diesem Verständnis sind auch Abweichung und Konformität als zwei Seiten eines Handelns zu betrachten. Deviante Handlungen sind demnach spezifische Formen sozialen Handelns innerhalb eines Kontinuums, das sich von individuell abweichenden Verhaltensweisen bis hin zur organisierten Kriminalität zieht. Abweichendes Verhalten ist nicht automatisch Kriminalität - dazu bedarf es der Anwendung der Strafrechtsnormen:

In seinem handlungstheoretischen Ansatz versucht Haferkamp, das normative Paradigma (traditionelle devianztheoretische Ansätze) und das interpretative Paradigma (z.B. labeling-Theorien) miteinander zu verbinden, um einen Zusammenhang zwischen vier kriminalsoziologischen Ansätzen herzustellen: zwischen der Beschreibung kriminellen Verhaltens, der Erfassung sozialstruktureller Bedingungen (normativer Ansatz), der Aufdeckung von Kriminalisierungsprozessen (interpretativer Ansatz) und der Analyse sozialstruktureller Bedingungen der Kriminalisierung (materialistischer Ansatz). Seine Kernthese lautet, daß Menschen ihre Mangellage verarbeiten „durch den Aufbau materieller und bewußter, auf die Handelnden selbst bezogener sozialer Handlungen so, (...) daß sie ihre Existenz dauerhaft gewährleisten können" (Haferkamp zit. nach Lamnek 1984, S. 87). Im Kontext abweichenden Verhaltens, vor allem hinsichtlich der Normsetzung und Normanwendung, spielen - nach Haferkamp - *Macht und Herrschaft* eine entscheidende Rolle. Dies gilt nicht nur für die Festlegung von Normen, sondern auch für die Kriminalisierung. Kriminalisierung und Entkriminalisierung sind wirksame Instrumente im Konflikt sozialer Gruppen. Letztlich nähmen dadurch die Kriminalisierenden das Verhalten Kriminalisierter verzerrt wahr (vgl. Lamnek 1994, S. 114f). Die Interessenbedingtheit und Adressatenbestimmtheit von Normen werden deutlich. Aufgrund der Differenzierungen des sozialen Systems sind Produktion, Definition und Interpretation von Normen ungleich verteilt. Dadurch entstehen In- und Outgroups mit unterschiedlichen Verhaltenserwartungen. Die Handlungen und Verhaltenserwartungen einzelner Gruppen können - weil die Gruppen nicht unabhängig voneinander sind - von Dritten aufgrund von Macht- und Herrschaftsverhältnissen als abweichend definiert und sanktioniert werden. In der Normsetzung und Sanktionierung der Abweichung sind somit Macht-(erhaltungs)strategien erkennbar.

Zusammenfassung und Folgerungen für die Gewaltprävention

Aus dem handlungstheoretischen Ansatz kann gefolgert werden, daß abweichendes Verhalten als subjektiv sinnhaftes Handeln zu verstehen ist. *Aggression und Gewalt ist demnach soziales Handeln, um Mangellagen zu verarbeiten.* Gewalt ist deshalb nur im sozialen Kontext und als Interaktionsprodukt denkbar. Durch die Verknüpfung devianztheoretischer und interaktionistischer Ansätze wird der Prozeß der Entstehung und Stabilisierung von Devianz deutlicher. Fragen der Normsetzung und Normanwendung gehen dabei ebenso ein wie Aspekte von Kriminalisierung und Entkriminalisierung, welche jeweils sozialstrukturell determiniert sind und der Herrschaftssicherung dienen.

Bezogen auf *Schule und Jugendhilfe* heißt das u.a., daß mit Schritten sozialer Kontrolle, angefangen von der Normsetzung bis zu möglichen Sanktionen, sehr sensibel umgegangen werden sollte. Gerade an Schulen herrscht eine ungleiche Machtverteilung. Die Schülerschaft hat nur begrenzte Möglichkeiten, in Normsetzungs- und Definitionsprozesse einzugreifen. Daraus folgt, daß die Beteiligungsmöglichkeiten von Schülern, vor allem bei Entscheidungsprozessen, die die Schüler betreffen, z.B. zu Fragen der Normen, Regeln und Sanktionen, zu stärken und demokratische Prozesse an Schulen zu befördern sind. Lehrer sollten ihre Machtposition reflektieren und nicht auf Kosten einzelner „abweichender" Schüler versuchen, ihre Machtposition zu stärken. Als günstig erweist sich in dieser Hinsicht die Entwicklung eines partnerschaftlichen Sozialklimas. Zugleich können in einem demokratischen Aushandlungsprozeß die unterschiedlichen Erwartungshaltungen transparent gemacht und nach gemeinsamen tragfähigen Lösungen gesucht werden. Sozialstrukturell benachteiligte Kinder und Jugendliche unterliegen eher der Etikettierung und Stigmatisierung als andere, was Konsequenzen für pädagogisches Handeln haben sollte, z.B. hinsichtlich der Vermeidung von Etikettierungen bzw. Bereitstellung von Förderangeboten für benachteiligte Kinder.

1.5.2 Delinquenz als Folge mangelnder Selbstkontrolle

Gottfredson und Hirschi gehen bei ihrem *Konzept der Selbstkontrolle* von einem Menschenbild aus, wonach *menschliches Handeln immer von Kalkulation bestimmt* ist. Die Frage, warum sich ein Mensch für eine bestimmte Handlung entscheidet, wird lern- bzw. verhaltenstheoretisch beantwortet: Der Akteur wählt jene Handlung, die die größte Belohnung verspricht. Je schneller und sicherer eine Handlung Belohnung verspricht, desto erstrebenswerter sei sie (z.B. Risiko, Aufregung und Kick-Erlebnisse anstelle von monotonen Tätigkeiten). Anknüpfend an Kontroll- und Bindungstheorien[12] sehen Gottfred-

---

[12] Hirschis frühere Kontroll- bzw. Bindungstheorie (Hirschi 1969) geht vom Zusammenhang zwischen dem Grad der Einbindung des Individuums in die Gesellschaft und der Normenkon-

son und Hirschi den Kriminellen in Übereinstimmung mit dem Wesen der kriminellen Handlung. Danach ist der Täter nicht die „Bestie", sondern jemand, der eine geringe Kontrolle über seine individuellen Bedürfnisse hat, was sich in seinem Verhalten ausdrückt.

> „Treten nämlich kurzfristige Interessen mit langfristigen in Konflikt zueinander, dann orientieren sich diejenigen, denen es an Selbstkontrolle mangelt, in ihren Handlungen an den Bedürfnissen des Augenblicks, während Personen mit größerer Selbstkontrolle in ihren Handlungsentscheidungen eher die langfristig zu befürchtenden Sanktionen antizipieren (...). Verbrechen findet statt, wenn (B x E+) - (S x E-), wobei B das Ausmaß der Belohnung ist und E+ deren Eintrittswahrscheinlichkeit. S ist die Höhe der Sanktion und E- die Wahrscheinlichkeit der Sanktion" (Lamnek 1994, S. 139f).

Selbstkontrolle kommt in der Fähigkeit zum Ausdruck, auf unmittelbare aufwandslose Befriedigung verzichten zu können, wenn sie mit einer gewissen Verzögerung auch negative Effekte mit sich bringt. Kriminelles Verhalten ist demzufolge *ein* Indikator für mangelnde Selbstkontrolle. Mangelnde Selbstkontrolle führt dabei nicht automatisch zur Kriminalität. Die Entstehung von Selbstkontrolle wird aus dem Zusammenspiel von angeborenen Neigungen und Erziehung erklärt. Da angeborene mangelnde Selbstkontrolle durch Erziehung tendenziell kompensiert werden könne, liege die *Hauptursache in der Sozialisation*, wobei der Familie wesentliche Bedeutung zukomme. Für eine „angemessene", „effektive" (im Sinne einer die Selbstkontrolle fördernden) Erziehung werden drei Bedingungen als notwendig erachtet: erstens die Beaufsichtigung des kindlichen Verhaltens (verbunden mit elterlichem Bemühen um das Wohlergehen der Kinder), zweitens das Vermögen, deviantes Verhalten bei seinem Auftreten erkennen zu können (Bedeutung der Vorbildrolle der Eltern) und drittens ein effektives Bestrafen von derartigem Verhalten (weder zu hart noch zu weich, Disziplinverstöße können als Ausdruck mangelnder Selbstkontrolle und damit als ein möglicher Indikator für kriminelles Verhalten gedeutet werden). Neben der Familie gehöre auch die *Schule* zu den Sozialisationsinstanzen, die die Selbstkontrolle fördern könnten:

> „'The school restrains conduct in several ways: it requires young people to be at a certain place at a certain time; it requires them to do things when they are not under its direct surveillance; and it requires young people to be quiet, physically inactive and attentive often for long periods of time' (Gottfredson/Hirschi 1990, S. 162). Ein Schüler mit wenig Selbstkontrolle wird diese Belastung nicht auf sich nehmen wollen, da ihm spontane Befriedigung wichtiger ist als die verzögerte Belohnung. Dies kommt in seinen Zensuren und Absenzen zum Ausdruck. Während das

---

formität bzw. -abweichung aus. Die Existenz sozialer Beziehungen würde Delinquenz behindern, fehlende „Anbindung" sie dagegen begünstigen. Die Bindung enthält vier Elemente: attachment (emotionale Verbundenheit mit Bezugspersonen), commitment (Engagement für konforme Ziele), involvement (Eingebundensein in konforme Aktivitäten) und belief (Wertschätzung gesellschaftlicher Regeln und Normen). Abweichendes Verhalten wird dadurch als episodenhaft erklärt, als eine Art vorübergehende Lockerung der Bindung an gesellschaftliche Normen (vgl. Ohder 1992, S. 188ff und Heinz 1983, S. 20f).

Anomiekonzept davon ausgeht, daß der Schüler unter seinen schlechten Leistungen leidet, meint das Selbstkontrollkonzept, daß ihm diese gleichgültig sind. Während der Labeling Approach besagt, daß der Schüler etikettiert wird, geht das Selbstkontrollkonzept davon aus, daß dies zurecht geschieht, da es ihm an Selbstkontrolle fehlt und er diese nur in einem so aufgebauten Erziehungs- und Sanktionssystem entwickeln kann" (Lamnek 1994, S. 159).

Insbesondere die „Ablehnung von Schule" (z.B. die schlechten Schulleistungen, die Geringschätzung der Lehrer, womit die Gültigkeit verbindlicher moralischer Regeln in Frage gestellt werde) sei ein Prognosefaktor für kriminelle Handlungen. Als Hauptweg, etwas zu verändern und der Kriminalität wirkungsvoll zu begegnen, sehen Gottfredson und Hirschi die Herausbildung von Selbstkontrolle an.

Zusammenfassung und Folgerungen für die Gewaltprävention

Das Selbstkontrollkonzept ist ein Ansatz, der die Perspektive der (sozialen) Kontrolle aufgreift und soziale mit individuellen Bedingungen verknüpft. Es geht davon aus, daß jegliches Handeln von der Selbstkontrolle gesteuert wird und daß bei niedriger Selbstkontrolle Kriminalität wahrscheinlicher wird. Voraussetzung für die Entwicklung von Selbstkontrolle ist, daß kindliches Verhalten beaufsichtigt wird, daß deviantes Verhalten als solches erkannt und „effektiv" bestraft wird. Insbesondere die Schule sollte die Selbstkontrolle fördern, indem dort die Vorteile aufgeschobener Belohnungen gelernt und internalisiert werden. *Schule wird damit zu einer wichtigen Instanz der Einübung sozialen Verhaltens und der Entwicklung von Selbstkontrolle* (z.B. Normen akzeptieren lernen, Regeln einhalten, auf spontane Bedürfnisbefriedigung verzichten, auf spätere Belohnungen orientieren, Folgewirkungen bei Handlungen bedenken usw.). Da Selbstkontrolle schon frühzeitig erworben wird, kommt neben der Familie auch den Vorschuleinrichtungen große Bedeutung zu.[13]

1.5.3 Der materialistisch-interaktionistische Ansatz

Smaus hat versucht, eine materialistisch-interaktionistische Kriminologie zu entwerfen, indem sie den labeling approach mit einer sozialstrukturellen Komponente auf der Basis einer materialistischen Gesellschaftstheorie verbunden

---

[13] Das Selbstkontrollkonzept ist vor allem aufgrund seines ätiologisch-individualistischen Charakters und der tendenziellen Schuldzuweisung an die Familie und die Schule kritisiert worden. Böhnisch z.B. konstatiert, daß die psychosoziale Realität des Subjekthandelnden nicht erfaßt sei. Er verbindet deshalb den Ansatz mit der Theorie des Selbst, wodurch das Selbst*kon*troll- zum *Selbst*kontrollkonzept wird. Selbstkontrolle stellt in diesem Sinne eine interaktive Kompetenz dar, die auf dem Zugang zu den eigenen Gefühlen und dem Respekt vor anderen beruht. Die psychoanalytisch-interaktionistische Reformulierung des Selbstkontrollkonzepts betont nicht die erzwungene Anpassung, sondern die Entwicklung des Selbstwertes. Für den pädagogischen Umgang mit Kindern und Jugendlichen ergibt sich daraus die Konsequenz, vertrauensbildende Milieus aufzubauen, in denen man seine Gefühle zeigen kann und sich seiner Schwächen nicht schämen muß (vgl. Böhnisch 1998).

hat. Darüber hinaus integriert sie in ihren Ansatz eine feministische Perspektive[14] (vgl. Smaus 1986). Ihr Anliegen ist es, die „Theorielosigkeit" des interpretativen Paradigmas zu überwinden, indem sie zur Erklärung der Definitionsprozesse auch sozialstrukturelle Variablen heranzieht, wie die ungleiche Verteilung von Macht oder materieller Ressourcen. Erst dadurch könne geklärt werden, wie es zu der ungleichen Verteilung von Kriminalität nach den gesellschaftlichen Schichten komme. Darauf aufbauend könne der labeling approach die fortwährende Reproduktion der unterschiedlichen Kriminalitätsbelastung begründen. Auf Basis dieser sozialstrukturellen Grundlegung des labeling approach läßt sich auch der funktionalistische Bezug, den Smaus mit ihrer Deutung des „Sinns" der Kriminalität herstellt, erklären:

„Die gesellschaftlichen Machtinstanzen sorgen für eine Erhaltung der Funktionalität von Kriminalität. Die funktionalen Bezüge (Zusammenhänge) stellen sich nämlich nicht von selbst - im Sinne einer struktur-funktionalistischen Gleichgewichtsbeziehung - ein, sondern werden von mächtigen gesellschaftlichen Gruppen mit Hilfe von Definitions- und Zuschreibungsprozessen immer wieder neu geschaffen. So kann erklärt werden, warum es funktional ist, Arbeitsmoral und Eigentumsrespektierung innerhalb der unteren Schichten mit Hilfe der Kriminalitätsdrohung aufrechterhalten zu wollen: Müßte man statt der Drohung auf die Methode der Belohnung zurückgreifen - etwa indem man die unteren Schichten an den materiellen und sozialen Gratifikationen der Bessergestellten teilhaben läßt -, so wären, da materielle Güter knapp sind, damit die Besitzstände der oberen Schichten gefährdet" (Lamnek 1994, S. 200).

Zuschreibungsprozesse werden also von sozialer Ungleichheit und den gesellschaftlichen Machtverhältnissen beeinflußt. Kriminalisierung bekommt einen Sinn. Die Zuschreibung erfolge in Abhängigkeit von der (ungleichen) Verteilung der Produktionsmittel, vermittelt über die staatlichen Organe. Entscheidend dabei ist die jeweilige *Definitionsmacht*. Diese sei von ökonomischen Strukturen abhängig und gesellschaftlich ungleich verteilt. Die ökonomischen Strukturen werden daher in den Kriminalitätsstrukturen reproduziert, die ihrerseits die ökonomischen Verhältnisse stützen. Die Kriminalisierung (der Unterschicht) dient somit der Aufrechterhaltung der ökonomischen Gesellschaftsordnung.

Gesellschaftliche Strukturen konsequent zu berücksichtigen, heißt auch in Anwendung des Strukturierungsansatzes von Giddens[15], die Berechtigung ätiologischer Ansätze anzuerkennen. Kriminalität ist danach Resultat menschlicher Definition und reale Gegebenheit zugleich. In diesem Sinne gibt es ein

---

[14] Diese besteht vor allem in der Kritik patriarchalischer Strukturen im Familien- und Strafrecht und in der Aufdeckung des Wirkens zugeschriebener geschlechtsspezifischer Rollenstereotype als informelle soziale Kontrolle, die diese patriarchalischen Strukturen aufrechterhalten.
[15] Nach Giddens haben Strukturen insofern Objektqualität, weil sie Handeln überhaupt erst ermöglichen. Strukturen sind Voraussetzung und Ergebnis menschlichen Handelns zugleich (vgl. Giddens 1988).

„objektives" deviantes Verhalten. Demzufolge ist es legitim, nach den Ursachen eines solchen Verhaltens zu fragen. Durch die Verbindung der ätiologischen und der Definitionsansätze ist der materialistisch-interaktionistische Ansatz eine Bereicherung des labeling approach (vgl. Lamnek 1994, S. 201).

Zusammenfassung und Folgerungen für die Gewaltprävention
Der materialistisch-interaktionistische Ansatz nach Smaus verknüpft verschiedene Theorieelemente: Das marxistische Moment besteht darin, daß durch die gesellschaftlich-ökonomischen Strukturen Kriminalität und Kriminalisierung determiniert sind und so zur Systemstabilisierung beitragen; das interaktionistische Moment darin, daß Kriminalität durch die Zuschreibung und Aushandlung des kriminellen Status im Prozeß der Kriminalisierung erfolgt. Soziale Ungleichheiten führen zu einer ungleichen Definitionsmacht, die Aushandlung der Kriminalisierung erfolgt nicht gleichgewichtig und nicht gleichverteilt. Der Ansatz richtet den Blick auf die *sozialen Problemlagen Jugendlicher, wie Benachteiligung und Armut*, die auf Etikettierungsprozesse Einfluß haben. Es leiten sich ähnliche Konsequenzen wie beim Etikettierungs- und handlungstheoretischen Ansatz ab: Vermeidung von Etikettierung und Stigmatisierung, Förderung sozial benachteiligter Schüler, Reflexion der ungleichen Machtverhältnisse an Schulen, Verhinderung von Machtmißbrauch durch Demokratisierungsprozesse u.a. Allerdings werden auch die Grenzen präventiven Handelns deutlich: Weder werden sich Definitionsprozesse grundsätzlich vermeiden lassen, noch ist eine Gleichverteilung der Definitionsmacht realistisch. Dies schließt jedoch nicht aus, daß die Art und die Qualität der Etikettierungsvorgänge, vor allem im Bereich der Normsetzung, gesellschaftlich beeinflußt werden kann. Das gilt auch für den Bereich der Schule und der Jugendhilfe.

1.6 Integrative Erklärungsansätze

In den letzten Jahren wurden auch integrative Erklärungsansätze für Gewalt entwickelt. Als integrative Ansätze können wir jene Theoriemodelle bezeichnen, die verschiedene Theorien bzw. Theorieelemente aus unterschiedlichen Wissenschaftsdisziplinen und -traditionen kombinieren. Im folgenden sollen vier solcher Modelle vorgestellt werden: zunächst das *Zwei-Komponenten-Modell*, anschließend *geschlechtsspezifische Ansätze*, dann der *sozialisationstheoretische* und schließlich der *schulbezogene sozialökologische Ansatz*.

1.6.1 Aggression als Form der Bewältigung von Streß

Mit Hilfe dieses Ansatzes versucht der Geen verschiedene Theorieansätze (z.B. affektiv-kognitive, Attributions-, Auswahl- bzw. Entscheidungstheorien) in ein übergreifendes *Zwei-Komponenten-Interaktions-Modell* zur Erklärung von

Aggression zusammenzufassen. In dem Modell sind aktualgenetisch-situative Aspekte mit überdauernden sowie aktuellen Faktoren der Person in interaktiver Weise vereint (vgl. Kleiter 1997, S. 605f).

Den Ausgangspunkt bildet das Streß-Appraisal-Modell von Lazarus (1966). Dieses Modell ist ein kognitives Prozeßmodell und erklärt die Entstehung von Emotionen und von Copingverhalten in Streßsituationen. Danach reagiert eine Person in einer Gefahrensituation mit einer ersten Einschätzung der Lage. Hierbei wird geprüft, ob das Problem oder die Gefahr aus Sicht der eigenen Person überhaupt relevant ist. Wenn das nicht der Fall ist, wird die Situation nicht weiter beachtet. Im umgekehrten Fall erfolgt eine zweite Einschätzung, ob die Kompetenzen zur Bewältigung der Situation ausreichen. Wenn die Kompetenzen positiv eingeschätzt werden, wird versucht, das Problem zu lösen (instrumentelles Coping), möglicherweise auch in Verbindung mit Eustreß, also herausforderndem Streß. Falls die Kompetenzen negativ beurteilt werden, entsteht hier der Distreß, der belastende Streß. Dieser ruft verschiedene negative Emotionen, wie Furcht, Angst, Ärger usw. hervor. Die Person kann nun versuchen, die negativen Emotionen „herunterzuspielen" oder zu leugnen. Letzteres bezeichnet man als palliatives Coping. In einer nochmaligen Rückschleife erfolgt dann eine Neubewertung (reappraisal) der Situation (z.B. „Die Situation ist doch nicht so wichtig") und/oder der eigenen Kompetenz. Es wird deutlich, daß in diesem Modell die Emotionen eine Folge oder eine parallele Erscheinung von kognitiven Beurteilungen sind. Geen geht in seinem Modell von folgenden *zwei Komponenten* aus:

Komponente 1: Situationsvariablen (Hierzu gehören Verletzungen von Normen, Frustrationen, Angriffe auf die eigene Person, Familienkonflikte, Umweltstressoren u.a.)
Komponente 2: Person- bzw. Hintergrundvariablen (Hiermit sind vor allem der allgemeine Zustand der Person, ihr aktueller Erregungszustand sowie ihre generelle Aggressionsbereitschaft gemeint.) Dazu gehören auch biologisch-physiologische Merkmale, das Temperament, Persönlichkeitsmerkmale, soziokulturelle Erwartungen und beobachtetes Gewaltverhalten in der individuellen Lerngeschichte, z.B. auch konsumierte Gewalt in den Massenmedien. Ein hohes Aggressionspotential erhöht die Wahrscheinlichkeit der Entscheidung für aggressive Verhaltensweisen.

Zunächst wird in einer *ersten Einschätzung* die Situation danach beurteilt, ob der Angreifer dies in böswilliger Absicht getan hat oder nicht. Die entsprechenden Attributionen und Interpretationen können sowohl realistisch als auch unterstellt sein. Wird der Angriff als nicht absichtlich und nicht bösartig beurteilt, sondern eher als normal oder unvermeidlich, so wird relativ wenig Streß hervorgerufen. Im umgekehrten Fall entsteht hingegen Erregung als negativer Affekt sowie Distreß und Ärger. Daraufhin erfolgt eine *zweite Einschätzung*, ob andere nicht-aggressive konstruktive Verhaltensweisen zur Verfügung stehen. Sind diese nicht verfügbar, wird Aggression wahrscheinlich. Eine vollzogene Aggression kann zu einem Abbau der Erregung führen, was als Katharsis

Integrative Erklärungsansätze 55

von Feindseligkeit bezeichnet wird. Bei feindseliger Aggression können aber auch Schuldgefühle oder Angst ausgelöst werden oder sie kann als Mittel der Konfliktlösung und des Machtgewinns gelernt werden. Die Verbindung der beiden Komponenten „Situation" und „Person" erfolgt also erst in der zweiten Einschätzung, der Kompetenzeinschätzung, wobei die Situation in Form von Erregung, Distreß oder Ärger als Folge von Attributionen in die Interaktion eingeht. Die Beurteilung der Situation sowie die personalen Hintergrundvariablen sind dabei die zentralen Einflußfaktoren für die Auswahlwahrscheinlichkeit von Aggression (vgl. Kleiter 1997, S. 607f).

Zusammenfassung und Folgerungen für die Gewaltprävention
Das Zwei-Komponenten-Interaktions-Modell nach Geen integriert verschiedene Theorieansätze: In die Komponente „Person" gehen z.B. physiologische, ebenso kulturelle wie individualgeschichtliche und motivationale Elemente ein, in die Komponente „Situation" z.B. Frustrationen, Interaktionskonflikte und Normen. Entscheidend dabei ist, wie die entsprechende Streßsituation - auch in Abhängigkeit von den eigenen Kompetenzen und Ressourcen - interpretiert wird und welche Mittel zu ihrer Bewältigung zur Verfügung stehen. Die Betonung von Aggression als Interaktionsproblem sowie als situations- und ressourcenabhängigem Phänomen weist auf *pädagogische Handlungsmöglichkeiten* hin. Die Entwicklung von Fähigkeiten zur (Selbst)Reflexion und zum „intelligenten" Umgang mit eigenen Emotionen ist dabei ebenso angesprochen wie die Förderung von Kompetenzen zum rationalen, konstruktiven Umgang mit Konflikten. Zugleich stellt sich die Frage nach der Streßbelastung im Kindes- und Jugendalter (z.B. durch Schule) und nach schulischen und außerschulischen Möglichkeiten der Streßreduzierung. Daraus leitet sich u.a. ab, daß Kinder und Jugendliche Formen und Techniken des Umgangs mit Streß bzw. Konflikten möglichst frühzeitig erlernen sollten, damit Aggression und Gewalt nicht zu alternativen Bewältigungsformen von Streß- und/oder Konfliktsituationen werden.

1.6.2 Gewalt als Form männlicher Lebensbewältigung

Das Gewalthandeln von Mädchen und Jungen bzw. von jungen Frauen und Männern unterscheidet sich sowohl hinsichtlich des Ausmaßes als auch im Hinblick auf Erscheinungsformen und Ursachen. Zwar üben auch Mädchen Gewalt aus und sind in verschiedener Weise (z. T. auch anders als Jungen) in Gewalthandlungen verstrickt, dennoch ist Gewalt überwiegend ein „Jungenphänomen", hat also ein „männliches Gesicht". Insbesondere die körperliche Gewalt gilt als „gelebte Männlichkeit". Auch Gewalt unter Jugendlichen bzw. Gewalt an Schulen ist in erster Linie ein „Jungenphänomen". Während sich Aggression und Gewalt bei Mädchen eher nach innen richten und bei äußerer

Gewalt vor allem indirekte Formen bevorzugt werden, tragen Jungen ihre Aggressionen eher nach außen und demonstrieren Gewalt in der Öffentlichkeit (vgl. z.B. Popp 1997, Stenke u.a. 1998). An dieser geschlechtsbezogenen Gewaltphänomenologie setzen die *geschlechtsspezifischen Erklärungsmodelle* an. So fragt z.B. Böhnisch, was Jungen in die Gewalt treibt und warum ein Teil von ihnen ohne Gewalt nicht auszukommen scheint (vgl. Böhnisch 1994). Den Schlüssel zur Beantwortung dieser Frage sieht er im Kern des Gewaltbegriffs selbst angelegt, den er mit „Abwertung" umschreibt. Patriarchale Macht- und Herrschaftsstrukturen sind in diesem Sinne immer auch mit Abwertung und Mißachtung des Anderen (besonders von Frauen) verbunden. Mannsein führt zwar nicht automatisch zu Gewalt, aber in der historischen patriarchalen Konstruktion von Gesellschaft basieren Macht- und Herrschaftsstrukturen auf Abwertungsprozessen gegenüber Frauen und jüngeren Gesellschaftsmitgliedern. Jungen werden demzufolge in eine männliche Hegemonie hineinsozialisiert und lernen, was kulturell unter „Weiblichkeit" verstanden wird und daß die damit konnotierten Eigenschaften abzuwerten sind. So müssen z.B. Ängste und Hilflosigkeit verdrängt werden, weil sie mit den herrschenden Männlichkeitsvorstellungen nicht übereinstimmen. Solche Geschlechtsrollenstereotype werden im Laufe der Sozialisation erworben.

Kulturvergleichende Untersuchungen haben ermittelt, daß die Männlichkeitsfunktionen in Gesellschaften mit hegemonialer Männlichkeit im Erzeugen, Versorgen und Beschützen bestehen. Die entsprechenden Stützpfeiler maskuliner Identität sind vor allem das Zurschaustellen von Kampfesmut, ein aggressives Territorialverhalten, die Betonung echter „Männerfreundschaft" und bedingungsloser Verläßlichkeit, die Kompetenz bei der Handhabung von Maschinen (vor allem Motorfahrzeugen) und die Akzentuierung von heterosexueller Potenz (vgl. Möller 1995, Kersten o.J.). Aufgrund gesellschaftlicher Modernisierungsprozesse, die auch die traditionellen Geschlechterrollen ins Wanken bringen, scheint jedoch die männliche Identitätsbildung zunehmend erschwert zu sein. Durch das Fortschreiten der Emanzipation in vielen Bereichen fühlen sich männliche Jugendliche unter Druck gesetzt:

„Traditionellem Jungen- und Männerleben schwimmen die Felle weg. Wenn nun aber in dieser Situation keine Bezüge zu alternativen Männlichkeitsvorstellungen erkennbar werden, kann gerade ein Verlegen auf 'klassische Rollenbezüge' die empfundenen Verunsicherungen kaschieren helfen. Aus ihnen läßt sich eine Fassade vorgeblicher Gewißheiten konstruieren, mit der Identitätskriseleien und -krisen vorerst eingemauert werden können. Kaum anders läßt sich die Attraktivität entsprechender Vorbilder aus Werbung und Medien erklären. Sie gaukeln die Illusion einer Anknüpfungsmöglichkeit an traditionelle Stereotype männlicher Stärke vor, obwohl doch gerade sie in einer Welt technologischer Entwertung von körperlicher Kraftanstrengung sowie veränderter Geschlechtsbeziehungen als Leitbilder des Identitätsaufbaus und der Selbstbehauptung dysfunktional sein müssen. So gesehen ist die demonstrative reale und symbolische Männergewalt dieser Tage nichts anderes als eines der letzten Rückzugsgefechte im verzweifelten Abwehrkampf '(r)echter' Kerle gegen den Untergang des Patriarchats" (Möller 1995, S. 52).

Vor dem Hintergrund „hegemonialer männlicher Dominanzkultur" bzw. „hegemonialer Männlichkeit" kann *Gewalt* - aus individueller, „lebensweltlicher" Perspektive gesehen - zu einer *Form männlicher Lebensbewältigung* werden:

„Männliche Gewalt enthält nicht nur die patriarchalische Dimension von Macht über, Gewalt gegen und Abwertung von Frauen, Jüngeren und „Abweichlern", sondern auch eine individuelle Dimension: Für viele Männer scheint der Rückgriff auf sexistische Muster patriarchaler Männerbilder - z.B. betontes männliches Dominanzverhalten, Drohgebärden, direkte Gewalt - der scheinbar einzige subjektive Ausweg, in psychisch und sozial desolaten Situationen ein positives Selbstwertgefühl zu erlangen. Dabei ist Gewalt nicht einfach 'da', entsteht Männergewalt nicht aus dem Nichts. Vielmehr hat jede Gewalt prozeßhafte Züge. Gewalthandeln ist das Ergebnis von sozialen Entwicklungsprozessen" (Böhnisch/Winter 1993, S. 197).

Den grundlegenden Ansatz zur Veränderung der Situation sieht Böhnisch in einem radikal veränderten gesellschaftlichen Umgang mit dem Problem der menschlichen, insbesondere der männlichen Hilflosigkeit. Die Gesellschaft sollte erkennen, daß nicht die Abstraktion von menschlicher Hilflosigkeit Fortschritt bedeutet, sondern - umgekehrt - deren Anerkennung. Neben diesem gesamtgesellschaftlichen Ansatz wird vor allem eine *geschlechtsspezifische oder geschlechtsreflektierende Pädagogik* eingefordert (vgl. z.B. Möller 1997). Leitlinie sollte dabei sein, neue tragfähige Bezüge für männliche Identitätsbildung unabhängig von maskuliner Gewalt zu entwickeln und die Frage zu klären, wie man in dieser Gesellschaft die männliche Rolle jenseits von Aggressivität und Gewalt lernen kann. Auch bestehende Männerbilder sind kritisch zu hinterfragen und nach alternativen Leitbildern ist zu suchen.

Zusammenfassung und Folgerungen für die Gewaltprävention
Geschlechtsspezifische Erklärungsansätze für Gewalt haben in letzter Zeit im Zusammenhang mit der Diskussion um rechtsextremistische Gewalt deutlich an Einfluß gewonnen. Der Erklärungswert dieser Ansätze ist recht hoch. Sie basieren auf der Annahme der Abwertung des Weiblichen durch patriarchalische Macht- und Herrschaftsstrukturen. „Jungen lernen das zu verachten oder gar zu hassen, was aus ihrem Selbst kommt, da es sie hilflos macht, weil es ihnen von außen kulturell verwehrt wird" (Böhnisch 1994, S. 110). Wenn andere soziokulturelle Ressourcen nicht verfügbar sind, dann wird Gewalt als männliches Bewältigungsmuster wahrscheinlich. Die geschlechtsspezifische (insbesondere jungenspezifische) pädagogische Arbeit ist zweifellos ein erfolgversprechender präventiver, bisher jedoch noch wenig praktizierter Ansatz.

1.6.3 Gewalt als Form der „produktiven Realitätsverarbeitung"

Der *sozialisationstheoretische Ansatz* bezieht sich auf alle Theorien, die das Wechselverhältnis von Person und Umwelt betreffen. Die Grundannahme ist, daß sich die Entwicklung des Menschen in Form einer „produktiven Realitätsverarbeitung" vollzieht. Es wird davon ausgegangen, daß die notwendigen Handlungskompetenzen durch diese Realitätsverarbeitung und -bewältigung aufgebaut werden. Ob Sozialisation gelingt oder mißlingt, hängt davon ab, wie sich das Verhältnis von individuellen Handlungskompetenzen und gesellschaftlichen Handlungsanforderungen gestaltet. Eine Nichtübereinstimmung führt zu Belastungen, die sich in Streß- oder Krisenerscheinungen ausdrücken können. Entscheidend dabei sind die individuellen Bewältigungsstrategien und die sozialen Unterstützungspotentiale (vgl. Hurrelmann/Ulich 1991, Bründel/Hurrelmann 1996). Auch *Gewalt und abweichendes Verhalten können als Formen „produktiver Realitätsverarbeitung"* angesehen werden. Sie sind Ausdruck der Nichtübereinstimmung von individuellen Handlungskompetenzen und gesellschaftlichen Anforderungen. Ob und wann Gewalt auftritt, hängt sowohl von längerfristigen Sozialisationseinflüssen (z.B. Familie, Schule, peer-group, Medieneinflüsse u.a.) als auch von situativen Faktoren und gesellschaftlichen Bedingungen ab (vgl. Lösel 1995, Tillmann 1995):

Längerfristige Einflüsse auf die Gewaltbereitschaft:
- *Familie:* Aggressive und gewalttätige Kinder und Jugendliche werden nicht als solche geboren, sondern im Sozialisationsverlauf dazu „gemacht". Ein Schlüssel zum Verständnis liegt in der Familie als dem Bereich, in dem Gewalt entsteht und in dem sie sich manifestiert. Gewalttätige Menschen kommen überdurchschnittlich häufig aus schwierigen Familienverhältnissen, sind mitunter selbst Opfer familialer Gewalt gewesen („Kreislauf der Gewalt"). Ein hohes Risiko besteht bei der Kumulation ungünstiger Merkmale (fehlende Zuwendung, Erziehungsuntüchtigkeit, eheliche Konflikte, soziale Probleme, beeinträchtigtes Selbstwertgefühl der Eltern, z.B. bei Arbeitslosigkeit, desolaten Wohnbedingungen, sozialer Isolation der Familie, Alkoholmißbrauch usw.).
- *Schule:* Schule kann Fehlentwicklungen in der Familie nicht kompensieren - schulische Bedingungen haben aber Einfluß auf die Persönlichkeitsentwicklung (z.B. durch Schulklima und Lernkultur, das Lehrer-Schüler-Verhältnis). Ein besonderes Risiko für Gewalthandeln besteht bei der Kombination von Leistungsversagen des Kindes, überhöhten Erwartungen der Eltern, sozialer Stigmatisierung und Anschluß an deviante peer-groups.
- *Gleichaltrigengruppe:* Peer-groups haben für die Identitätsentwicklung wichtige positive Funktionen. Ein besonderes Risiko ist jedoch dann gegeben, wenn Jugendliche mit geringer familiärer Bindung und Kontrolle über Gewalthandeln Anschluß an „antisoziale" Subgruppen suchen, um dort Anerkennung und emotionale Befriedigung zu finden.
- *Massenmedien:* Gewalt gilt als eine „universelle Mediensprache". Dabei kann es schnell zu einer Spirale aus immer extremeren Angeboten kommen. Die negativen Auswirkungen gehäuften Gewaltkonsums bestehen dabei weniger in direkter, son-

dern eher in indirekter Art. Danach sind Gewaltdarstellungen mit einem bestimmten *Wirkungsrisiko* verbunden, das um so größer ist, je weniger eigene konkrete Erfahrungen mit der entsprechenden Alltagssituation vorliegen. Besonders jüngere Kinder werden durch Mediengewalt beeinflußt, so daß es zu Nachahmungs-, Gewöhnungs- und Abstumpfungseffekten, zur Trivialisierung von Gewalt als "normalem" Problemlösungsmittel sowie zur Gewöhnung an primitive moralische Muster (Freund-Feind-Bild, Rechtfertigung von Brutalität gegenüber Frauen, gegenüber Andersdenkenden und Andersartigen) kommen kann (vgl. Groebel 1995).

- *Persönlichkeitsmerkmale:* Persönlichkeitsunterschiede (z.B. Temperament, Charakter) sind bei sozialisationstheoretischen Annahmen ebenfalls von Bedeutung. Diese Merkmale werden jedoch weniger statisch, sondern eher entwicklungsbezogen gesehen. So kann es z.b. bei Kindern mit Hyperaktivitätsproblemen recht schnell zu problematischen Interaktionen mit den Eltern oder anderen Kindern und Jugendlichen kommen.

Situative Einflüsse:
Ob sich bio-psycho-soziale Dispositionen in Gewalthandlungen niederschlagen, hängt auch von der jeweiligen Situation ab. Zu solchen situativen Bedingungen gehören die Gruppendynamik, der Einfluß von Alkohol, eine mögliche verzerrte Situationswahrnehmung oder Ursachenzuschreibung (z.B. Fremde als Sündenbock), eine mögliche Gewalteskalation (z.B. durch Polizei), der Grad der sozialen Kontrolle und des Entdeckungsrisikos, die Reaktionen des Umfelds und der Öffentlichkeit u.a. Je günstiger die Gelegenheit für eine Gewalttat ist, d.h., wenn bei einer subjektiven Abschätzung von Gewinn und Verlust der Gewinn überwiegt, desto höher ist die Wahrscheinlichkeit für das Auftreten dieser Tat. Spürt der potentielle Täter, daß seine Tat entdeckt werden könnte und sie keine Zustimmung in seiner wichtigsten Bezugsgruppe findet, dann steigt die Wahrscheinlichkeit, daß er die Gewalthandlung nicht ausführt.

Gesellschaftliche und politische Einflüsse:
Hierbei geht es um die Frage, inwieweit gesellschaftliche Bedingungen und politische Defizite dazu beitragen, daß gewaltfördernde Einflüsse im mikrosozialen und psychischen Bereich verstärkt werden. Nur auf einige Faktoren soll verwiesen werden: ungünstige ökologische und ökonomische Lebenslage (z.B. Arbeitslosigkeit, Wohnungsnot, Armut), mangelnde soziale Integration, Labilisierung der materiellen Existenz in der gesamten Gesellschaft, Folgen von Modernisierungs- und Individualisierungsprozessen (vgl. z.B. Hurrelmann /Palentien 1995, Tillmann 1995). Auf die Vielfalt der Ursachen weisen auch Bründel/Hurrelmann hin, indem sie feststellen, daß Gewalt tief im Gewebe des sozialen Zusammenlebens verankert ist und somit eine „soziale Krankheit" der ganzen Gesellschaft darstellt. Durch Aggression und Gewalt spiegeln Kinder und Jugendliche den Erwachsenen den kulturellen Zustand der Gesellschaft lediglich wider (vgl. Bründel/Hurrelmann 1994, S. 18).

Zusammenfassung und Folgerungen für die Gewaltprävention

Sozialisationstheoretische Erklärungsansätze versuchen, verschiedene Theorien, die sich auf das Wechselverhältnis von Person und Umwelt beziehen, zu integrieren. Geht man davon aus, daß Gewalt eine „soziale Krankheit" und Gewalthandeln eine subjektiv produktive Form der Realitätsverarbeitung von Kindern und Jugendlichen darstellt, dann bedarf es vielfältiger Maßnahmen, um die Handlungskompetenzen von Kindern und Jugendlichen zu fördern. Gefragt sind deshalb - bezogen auf die familiale Sozialisation - vor allem mehr Hilfe und Unterstützung für (benachteiligte) Familien und eine Enttabuisierung von Gewalt in der Familie. In Hinblick auf den Freizeitbereich erhebt sich die Forderung nach der Förderung prosozialer Gruppenaktivitäten und Milieubildung. Beim Umgang mit den Gewaltdarstellungen in den Medien geht es um die Anerkennung des Problems auf allen Handlungsebenen (Politiker, Programmanbieter, Pädagogen, Eltern, Kinder). Auf all diesen Ebenen können dann Alternativen entwickelt werden, z. B. in der Pädagogik durch eine systematische Beschäftigung mit den Medien, durch Medienerziehung in Elternhaus und Schule und durch verstärkten Jugendschutz.

Für den *schulischen Bereich* heißt das u.a., daß Schule neben der Wissensvermittlung verstärkt auch zur wertorientierten und emotionalen Erziehung beitragen sollte (Schule als „sozial-emotionaler Erfahrungsraum"), daß sie Leistung fördern, Schulversagen verhindern und sich den Lebensproblemen der Schüler stellen sollte. Wichtig ist auch, die positiven Wirkungen der Schülerfreundschaften zu beachten und die Geschlechtersozialisation in den Blick zu nehmen, z.B. die Rolle männlicher Lehrer als Identifikationsmöglichkeit für männliche Schüler.

1.6.4 Schule als gewaltfördernder Faktor

Sozialökologische Theorieansätze sehen den Menschen als Gestalter seiner Entwicklung und als erkennendes und sich selbst reflektierendes Wesen (Bronfenbrenner 1976). So ist der Mensch Produkt und Gestalter seiner Umwelt zugleich. Die ökologische Perspektive betont insbesondere die Wechselbeziehungen zwischen dem Individuum und den Umweltsystemen. Durch Handeln, das sich in Interaktionen vollzieht, gelangt das Individuum zu Erkenntnissen und erwirbt Kompetenzen. Sozialökologische Ansätze knüpfen somit an interaktionistische Theorien an.[16]

Die Grundannahme ist, daß *Gewalt das Ergebnis der subjektiven Verarbeitung von Wechselbeziehungen zwischen innerschulischen Umweltbedingungen und individuellen Personenmerkmalen* ist (vgl. Holtappels 1997, Melzer 1998). Die Einflußfaktoren der schulischen Lern- und Sozialumwelt wer-

---

[16] Die folgenden Ausführungen basieren auf Holtappels 1997.

Integrative Erklärungsansätze 61

den dabei mit der subjektiven Verarbeitung in Beziehung gesetzt und unter interaktionistischer Perspektive betrachtet. Dem symbolischen Interaktionismus zufolge handeln Menschen (hier: Schüler) den Dingen (hier: Schule) gegenüber auf der Grundlage der Bedeutungen, die diese Dinge für sie besitzen. Die wahrgenommenen Strukturen und Erfahrungen innerhalb der Schule erscheinen somit als situationelle und interaktionelle Determinanten der Persönlichkeitsentwicklung. So können z.B. Sinndefizite, ein mangelndes Vertrauensverhältnis zwischen Lehrer und Schüler, ein schlechtes Schul- oder Klassenklima, Defizite im Lehrerhandeln, schulökologische Bedingungen u.ä. ein bestimmtes Schulinvolvement und die Identifikation mit Schule, ihren Normen und Werten beeinträchtigen und Aggression, Gewalt, Schuldistanz, Apathie oder andere Ersatzhandlungen befördern.

Im Rahmen der Entwicklung eines *Schulqualitätsindex* haben Melzer/ Stenke folgende Merkmale ermittelt, die die Qualität einer Schule maßgeblich beeinflussen können: Schul- und Klassenatmosphäre, Schulfreude, Gewaltvorkommen, räumliche Gestaltung, außerunterrichtliches Angebot, Lehrer-Schüler-Beziehung, Förder- und Integrationskompetenz der Lehrer, Partizipationsmöglichkeiten, Leistungsstatus, Schulangst, Unterstützung durch die Eltern. Diese aus Schülersicht wahrgenommenen Merkmale können durch Merkmale aus der Lehrerperspektive ergänzt werden (vgl. Melzer/Stenke 1996, S. 307ff, vgl. auch Forschungsgruppe Schulevaluation 1998, Tillmann u.a. 1999). Bezogen auf die Ausprägung abweichenden Verhaltens hat Holtappels vor allem folgende schulspezifischen Risikofaktoren herausgearbeitet: ein fehlender Lebensweltbezug von Lerninhalten, ein als problematisch empfundener Unterrichtsverlauf, ein niedriges pädagogisch-soziales Lehrerengagement sowie geringe Mitbestimmungsmöglichkeiten der Schüler. Diese Befunde wurden mit dem Fokus auf schulische Aggression und Gewalt durch neuere empirische Studien bestätigt bzw. modifiziert (vgl. Kapitel 2):

- „Unter einem einschränkend-disziplinierenden Erziehungsverhalten und praktizierten Formen sozialer Etikettierung der Missetäter neigen Jugendliche besonders stark zu physischer Gewalt wie psychischen Aggressionsformen. Das, was manche Schulen mit autoritär-strafenden Maßnahmen abzustellen hoffen, kann möglicherweise ins Gegenteil umschlagen und zur Verschärfung beitragen.
- Weniger physische und psychische Gewalt zeigt sich vor allem in einem Schulklima, das durch ein förderndes Lehrerengagement und gute Sozialbeziehungen mit hoher Integrationskraft und von Gruppenzusammenhalt unter den Schülern geprägt ist.
- Eine Lernkultur, die durch lebensweltbezogenes und schülerorientiertes Lernen gekennzeichnet ist sowie Leistungsüberforderung vermeidet und prinzipielle Lernerfolgschancen gewährt, scheint geeignet, gewalttätiges Verhalten zu mindern, vor allem was psychische Aggressionsformen anbetrifft" (Holtappels/Meier 1997, S. 58f).

Zusammenfassung und Folgerungen für die Gewaltprävention

Der schulbezogene sozialökologische Ansatz rückt die innerschulischen Umweltbedingungen, vor allem die Schul- und Lernkultur, die aufgrund individueller Personenmerkmale unterschiedlich verarbeitet werden, in den Mittelpunkt. Dabei interessiert auch der Zusammenhang zwischen der Qualität der sozialökologischen schulischen Umwelt und aggressiven bzw. gewaltförmigen Verhaltensweisen. Die erkenntnisleitende Annahme ist, daß eine problembegünstigende schulische Umwelt mit zur Entstehung von Aggression und Gewalt beiträgt. Insbesondere sind Belastungskonzentrationen und Kumulationseffekte in Rechnung zu stellen (z.B. schlechtes Sozialklima, mangelndes Lehrerengagement und unzureichende didaktische Kompetenzen, rigide Sanktionen, Etikettierungsprozesse).

Daß Schule durch eine spezifische Lern- und Erziehungsumwelt das Gewaltniveau beeinflussen kann, gilt mittlerweile als eine empirisch gut bestätigte Erkenntnis. Umgekehrt heißt das aber auch, daß Schule selbst durch eine entsprechende Gestaltung der Schul- und Lernkultur die Gewaltentwicklung in Schulen mehr oder weniger beeinflussen kann. Hier liegen vielfältige pädagogische Handlungsmöglichkeiten begründet, z.B. die Entwicklung des Klassen- und Schulklimas, die Gestaltung eines interessanten Schullebens, die Erweiterung der demokratischen Mitbestimmung durch die Schüler, die Förderung vertrauensvoller Lehrer-Schüler-Beziehungen, die Entwicklung sozialer Kompetenzen bei Schülern und Lehrern, die Vermeidung von Etikettierungen, die Verbesserung des Unterrichts und der Lernkultur, der Ausbau von Förderangeboten usw. *Der Zusammenhang von Schulqualität, Schulentwicklung und Gewaltprävention* wird hier besonders evident. Zugleich rücken auch Fragen der Entwicklung der Lehrerprofessionalität ins Blickfeld.

1.7 Resümee: Konsequenzen für die Gewaltprävention

In diesem Kapitel wurden verschiedene Theorien zur Erklärung von Aggression und Gewalt mit dem Ziel vorgestellt, daraus Konsequenzen für den Umgang mit Aggression und Gewalt für die Schule abzuleiten. Die Darstellung grundlegender Theorien und Erklärungsansätze machte deutlich, daß es nicht die *eine* Erklärung oder *die* Theorie gibt, sondern eine Reihe von Theorien bzw. Erklärungsansätzen für Aggression und Gewalt, die sich gegenseitig ergänzen bzw. die miteinander konkurrieren. Erst die Vielfalt der Perspektiven wird dem komplexen Phänomen „Gewalt" gerecht.

Gewaltphänomene können auf unterschiedliche Weise erklärt werden. *Jede* Theorie - als ein in sich widerspruchsfreies Aussagesystem - hat ihren *spezifischen Erklärungswert* und liefert in diesem Sinne auch wichtige Hinweise für die Gewaltprävention. Zwischen den Theorien gibt es nicht nur Unterschiede, sondern auch *viele Gemeinsamkeiten*. So spielen z.B. Lernprozesse bei verschiedenen Theorien ein Rolle: nicht nur in den Lerntheorien, sondern auch bei sozialisations-, individualisierungstheoretischen oder psychoanalytischen Ansätzen. Gleiches gilt für das Wirken anomischer Strukturen, was sowohl bei der Anomietheorie als auch beim individualisierungstheoretischen und sozialökologischen Ansatz von Bedeutung ist. Insgesamt geht die Entwicklung von eher einfachen Erklärungsansätzen (z.B. nur ein Ursachenfaktor wie der Trieb) hin zu *immer komplexeren Modellen*, in denen verschiedene, auch aus unterschiedlichen Theoriezusammenhängen stammende Elemente integriert werden.

Aus den verschiedenen Theorien und Erklärungsansätzen ergeben sich auch spezifische *Schwerpunkte für die Prävention und Intervention*. Neben den spezifischen Ansatzpunkten lassen sich aufgrund übereinstimmender bzw. analoger Erklärungsmuster auch eine Reihe gemeinsamer, übergreifender Handlungsansätze feststellen, die durch die Theorien mehrfach gestützt sind. Dabei geht es nicht um Rezepte, sondern um die Ableitung *allgemeiner Präventionsleitlinien*. Die immer differenzierter und komplexer werdenden Erklärungsmodelle von Aggression und Gewalt lassen auch auf einen Bedeutungszuwachs von zunehmend komplexeren Präventionsmodellen schließen. Nicht eine einzelne, kurzfristige Präventionsmaßnahme hat Aussicht auf Erfolg; erforderlich sind vielmehr *längerfristige, umfassende Präventionskonzepte bzw. -programme*. Ein solches umfassendes Präventionskonzept muß unterschiedliche Handlungsansätze - auch aus verschiedenen Forschungstraditionen - integrieren und deren unterschiedliche Ansatzpunkte und Reichweiten berücksichtigen.

Psychologische Präventionsansätze sind vor allem auf das Individuum und dessen Verhaltensmodifikation gerichtet, denn Aggression wird aus psychologischer Sicht vor allem durch innere, psychische Vorgänge einer Person bzw. durch Lernprozesse erklärt. Ihr theoretischer Leitbegriff ist dabei nicht „Gewalt", sondern „Aggression". Folglich steht hier der Umgang mit Aggressionen, ihre Steuerung und Kultivierung im Vordergrund. Aus *soziologischer Sicht* entsteht Gewalt zwar auch in der Person, wird aber durch gesellschaftliche Bedingungen (z.B. Familie, Schule, peer-group, soziale Strukturen) hervorgebracht. Zudem betonen soziologische Ansätze, daß eine Handlung erst durch die Existenz und Anwendung von Normen und Regeln zu „Gewalt" wird. Deshalb zielen *soziologische Präventionsansätze* immer auch auf gesellschaftliche Veränderungen, auf die Verbesserung der Lebensumstände, auf die Offenlegung von Interaktionsstrukturen sowie auf den Abbau von (Definitions-)Macht und Ungleichheiten. *Integrative Ansätze* versuchen, beide Sichtweisen miteinander zu verknüpfen.

In Tabelle 1.1 sind abschließend noch einmal die wichtigsten Ergebnisse des Kapitels zusammengefaßt. Die Tabelle enthält einerseits eine Kurzcharakteristik der relevanten Theorien und andererseits, ebenfalls in sehr knapper Form, die entsprechenden Konsequenzen für die Gewaltprävention.

Tab. 1.1: Theorien für Gewalt und Konsequenzen für die Gewaltprävention

Theorie	Kurzcharakteristik	Konsequenzen für die Prävention
Triebtheorien	Aggression wird auf spontane Impulse im menschlichen Organismus zurückgeführt	aggressive Impulse kanalisieren, Ausleben emotionaler Spannungszustände ermöglichen, Raum für Aktivitätsbedürfnisse geben
Frustrationstheorien	Aggression entsteht reaktiv durch Frustration	Verbalisierung von Ärgergefühlen, Veränderung der Interpretationsweisen, Entwicklung von Frustrationstoleranz und Affektkontrolle, Entspannungsübungen
Lerntheorien	Aggression beruht auf Lernvorgängen	Kritik an aggressiven Modellen, erwünschtes Verhalten bekräftigen, unerwünschtes hemmen, Erlernung alternativer, prosozialer Verhaltensweisen
Kognitive Motivationstheorie	Aggression als Folge der Interaktion von Person und Situation bzw. eines Aggressionsmotivs	Motive und Verlauf der Aggression rekonstruieren, für die Folgen von Aggression sensibilisieren
Psychoanalytische Theorien	Aggression als Ausdruck komplizierter Störungen der gesamten Persönlichkeit (z.B. Traumatisierungen in der Kindheit)	Erkennen der verborgenen Ängste, Einzelfallhilfe leisten, Vertrauen und Gefühl der Geborgenheit schaffen, Anerkennung fördern, Selbstwertverletzungen vermeiden
Soziobiologische Theorien	Aggression als Folge biologischer Vorgänge im Organismus	keine
Anomietheorie	Abweichendes Verhalten entsteht durch „Anpassung" an die widersprüchlichen kulturellen Ziele und sozialstrukturellen Verhältnisse	Verbesserung der Lebensumstände, Abbau sozialer Ungleichheiten, gerechte Chancenstrukturen, Förderung besonders für Benachteiligte
Subkulturtheorie	Abweichendes Verhalten als „Anpassung" an Anforderungen der Gesamtkultur und Subkultur	Herauslösen aus antisozialen Gruppen, alternative Integrationsangebote
Theorien differentiellen Lernens	Abweichendes Verhalten wird in Abhängigkeit von Bezugspersonen und Situationen erlernt	Einfluß negativer Lernmodelle reduzieren, positive Lernmodelle (Vorbilder) fördern
Etikettierungstheorien	Abweichendes Verhalten entsteht durch gesellschaftliche Definitions- und Zuschreibungsprozesse	Vermeidung von Etikettierungen, Verstärkung der positiven Seiten der Persönlichkeit
Entwicklungspsychologische Ansätze	Aggression ist abhängig vom kognitiven, moralischen und psychosozialen Entwicklungsstand	gezielte Förderung der sozio-moralischen Entwicklung von Kindern und Jugendlichen durch Schule und Jugendarbeit
Entscheidungstheorie	Aggression als Entscheidung für den Gebrauch von Zwangsgewalt	Erlernen von alternativen Formen der Konfliktlösung
Schulbezogener psychoanalytischer Ansatz	Gewalt als Folge gescheiterter schulischer Anerkennung	Identitäts- und Selbstwertentwicklung der Schüler fördern, z.B. durch Gestaltung positiver Interaktionsbeziehungen

Resümee

Individualisierungstheorie	Gewalt als Folge von Modernisierungsprozessen und damit verbundenen Erfahrungen von Desintegration und Verunsicherung	Schattenseiten von Individualisierung abfedern, Beratung und Hilfe, Mitsprache und Partizipation fördern, solidarische Erfahrungen und soziale Integration ermöglichen
Schulbezogener Anomieansatz	Gewalt als Folge der anomischen Struktur der Schule	Stärkung des Sozialen in der Schule, Schule als positiver sozio-emotionaler Raum
Handlungstheorie	Devianz als soziales Handeln, um Mangellagen zu verarbeiten	demokratischen Umgang mit Jugendlichen fördern, auf Macht verzichten
Selbstkontrollansatz	Delinquenz als Folge mangelnder Selbstkontrolle	Förderung der Selbstkontrolle in Familie und Schule durch soziale Kontrolle
Materialistisch-interaktionistischer Ansatz	Delinquenz als eine Folge von durch Macht beeinflußter Zuschreibung	Vermeidung von Etikettierung, Förderung sozial Benachteiligter
Zwei-Komponenten-Modell	Aggression als Form der Bewältigung von Streß	Entwicklung von Kompetenzen zur (Selbst)-Reflexion und friedfertigen Konfliktlösung
Geschlechtsspezifische Ansätze	Gewalt als Form männlicher Lebensbewältigung und als „gelebte Männlichkeit"	Abbau patriarchalischer Strukturen, Kritik herrschender „Männerbilder", geschlechtsreflektierende pädagogische Arbeit
Sozialisationstheoretischer Ansatz	Gewalt als Form „produktiver Realitätsverarbeitung", Nichtpassung von Kompetenzen und gesellschaftlicher Anforderungen	Verbesserung der Lebensbedingungen, Entwicklung sozialer Handlungskompetenzen, Schule als sozial-emotionalen Erfahrungsraum gestalten
Schulbezogener sozialökologischer Ansatz	Gewalt als Verarbeitungsform der Beziehungen zwischen schulischer Umwelt und Schüler	Gerechte Chancenstruktur, Entwicklung von Schulqualität, von Schul- und Lernkultur, Schulentwicklung als permanenter Prozeß

2 Bilanz der empirischen Gewaltforschung Folgerungen für die Gewaltprävention

Nachdem im ersten Kapitel eine Übersicht über Theoriemodelle zur Erklärung von Aggression und Gewalt gegeben und deren Relevanz für die Prävention untersucht wurde, geht es im folgenden um den *Beitrag der empirischen Forschung zur Gewaltprävention*. Im Mittelpunkt steht die Frage nach dem Ertrag der zahlreichen empirischen Studien, auch im Hinblick auf die Prävention, womit zugleich die Auseinandersetzung über die Ergebnisse der Gewaltdebatte in den neunziger Jahren weitergeführt wird. Unsere Darstellung konzentriert sich - ausgehend von methodologischen und methodischen Aspekten der Studien - auf empirische Befunde zu Ausmaß, Erscheinungsformen, Entwicklungstendenzen und Entstehungsbedingungen von Gewalt sowie zu Aussagen über Interventions- bzw. Präventionsmöglichkeiten (vgl. Schubarth 1998b).

2.1 Erkenntnisinteresse, Methodologie und Methodik der Studien

Die Basis unserer Analysen bilden über 80 empirische Studien, darunter auch zahlreiche eigene.[1] Eine Dokumentation der einbezogenen Studien ist im Anhang enthalten, wobei wir zwischen *Schulstudien*, d.h. Untersuchungen zu Gewalt an Schulen, und *sonstigen Jugendstudien*, bei denen Gewalt ein relevanter Untersuchungsgegenstand war, unterscheiden.[2] Bereits ein kurzer Überblick über die im Anhang dokumentierten empirischen Schulstudien macht eine Zweiteilung in der chronologischen Abfolge deutlich: Während für den Zeitraum bis zum Jahre 1990 nur wenige Studien vorliegen, ist in den neunziger Jahren ein wahrer *Forschungsboom* zu verzeichnen. Im letzten Jahrzehnt wurden im Vergleich zu den siebziger und achtziger Jahren mehr als viermal so viele Schulstudien zu Gewalt durchgeführt. Rechnet man die übrigen gewaltbezogenen Jugendstudien hinzu, wird die Zäsur noch deutlicher.

Wie ist der Forschungsboom in den neunziger Jahren zu erklären?
Warum bestimmte Probleme (z.B. Gewalt) erforscht werden und andere nicht, ist nicht leicht zu erklären. Es gibt im wesentlichen *drei Anlässe für Forschungen* (vgl. Friedrichs 1973, S. 50ff): erstens die Untersuchung eines sozialen Problems, um dadurch Veränderungen zu ermöglichen, zweitens Probleme

---

[1] Die Ergebnisse der im Rahmen der Forschungsgruppe Schulevaluation an der Technischen Universität Dresden (Leitung: Prof. Wolfgang Melzer) durchgeführten Untersuchungen sind ausführlich publiziert, so daß diese im folgenden nur im Sinne einer empirischen Gesamtbilanz einbezogen werden (vgl. z.B. Schubarth/Melzer 1995, Schubarth/Kolbe/Willems 1996, Holtappels u.a. 1997, Schubarth 1997a, Forschungsgruppe Schulevaluation 1998).

[2] Von den rund 80 in unsere Sekundäranalyse einbezogenen Studien, die in den neunziger Jahren durchgeführt wurden, beziehen sich etwa die Hälfte auf Gewalt an Schulen. Schwind u.a. führen 21 Untersuchungen an, Krumm hat 48 empirische Arbeiten zu Gewalt in der Schule „entdeckt" (vgl. Schwind u.a. 1995, S. 38f und Krumm 1997, S. 63).

der Theoriebildung (z.B. konkurrierende Erklärungsansätze oder unterschiedliche empirische Befunde) sowie drittens ein Auftrag, d.h. ein aus Perspektive eines Auftraggebers definiertes soziales Problem, um Handlungsmöglichkeiten zu dessen Lösung zu gewinnen. Ob nun die Gewalt zu Anfang der neunziger Jahre ein solch gravierendes soziales Problem darstellte, ist unklar. Sicher gab es zu dieser Zeit problematische Entwicklungen im Jugendbereich (z.B. die Eskalation fremdenfeindlicher Gewalt), entscheidend war jedoch die öffentliche Thematisierung durch die Medien. Im Sog der fremdenfeindlichen Gewalt Jugendlicher, die in dieser Zeit medienwirksam ins Bild gesetzt wurde, geriet bald darauf praktisch jedes gewaltauffällige Verhalten von Jugendlichen in den Fokus der Medien und ins Zentrum der öffentlichen Wahrnehmung: von „Jugendbanden" über „Jugendkriminalität" bis zu „Gewalt an Schulen". Die Medien hatten das Thema „Jugend und Gewalt" (wieder)entdeckt und zu einem Medienereignis gemacht. Insofern war der Forschungsboom an Studien weniger auf den fachwissenschaftlichen Diskurs oder die Problemdefinition durch Sozialforscher[3] zurückzuführen, sondern in erster Linie auf die Thematisierung, Dramatisierung und Skandalisierung von Gewalt durch die Massenmedien und den dadurch induzierten öffentlichen Druck (vgl. Schubarth 1999a).

Der von den Massenmedien erzeugte Druck zeitigte bald Folgen: Durch die öffentliche Diskussion gerieten Bildungspolitiker, Schulämter und Schulverwaltungen zunehmend unter Zugzwang und initiierten bzw. unterstützten die Durchführung von Schulstudien. So waren die ersten Untersuchungen Anfang der neunziger Jahre Auftragsstudien von Schulämtern und Schulverwaltungen (z.B. in den Großstädten Frankfurt a. M., Hamburg, Nürnberg). Diese stellten *Explorations- bzw. Erkundungsstudien* dar und dienten einer ersten Bestandsaufnahme zur Gewaltsituation an Schulen überhaupt. Es folgten *erste größere wissenschaftliche Projekte*, die über einzelne Städte hinausgingen und ganze Bundesländer erfaßten (z.B. Schleswig-Holstein, Sachsen-Anhalt, Sachsen, Hessen, Bayern). Diese Studien waren in der Regel an Universitäten oder anderen wissenschaftlichen Einrichtungen angesiedelt und wurden häufig von den Ministerien gefördert. Als letzte Etappe schlossen sich sehr *komplexe Untersuchungen* mit umfangreichen Instrumentarien und verschiedenen methodischen Verfahren an, die u.a. von Ministerien, der Deutschen Forschungsgemeinschaft oder Stiftungen finanziert wurden.[4]

---

[3] Diese konnten - wenigstens teilweise - von der mit steigendem öffentlichen Interesse verbundenen höheren Mittelzuweisung allerdings auch profitieren.

[4] Auch Tillmann unterscheidet drei Stufen der Thematisierung von Gewalt an Schulen: erstens die intensive Medienberichterstattung (Anfang der neunziger Jahre), zweitens die Thematisierung des Problems im Rahmen der pädagogischen Profession (ab 1992) und drittens die wissenschaftliche Thematisierung von Gewalt an Schulen (ebenfalls ab 1992), wobei er gleichfalls die Wechselbeziehungen zwischen den drei Stufen hervorhebt (vgl. Tillmann 1997b, S. 14).

Einen ähnlichen Entwicklungsverlauf nahmen auch unserer eigenen Untersuchungen im Rahmen der Forschungsgruppe Schulevaluation an der TU Dresden: Zunächst führten wir - im Forschungsverbund mit anderen Bundesländern[5] - eine Erkundungsstudie in Form einer vergleichenden Schulleiterbefragung durch (vgl. z.B. Schubarth/ Melzer 1995, Meier u.a. 1995, Schubarth/Kolbe/Willems 1996). Danach folgten - ebenfalls in Kooperation mit dem Bielefelder Forscherteam - eine repräsentative Schüler- und Lehrerbefragung sowie vertiefende Fallstudien (vgl. z.B. Holtappels u.a. 1997, Schubarth 1997a, Forschungsgruppe Schulevaluation 1998).

Neben der Stilisierung der Gewalt zu einem Medienproblem kommen noch weitere *Gründe für das Interesse am Thema „Schule und Gewalt"* zu Anfang der neunziger Jahre hinzu: zum einen die praktische Nichtexistenz von Forschungen zu diesem Thema in den Jahren zuvor, zum anderen die Tatsache, daß viele Lehrer, Erzieher, Eltern und andere Erwachsene aus ihrer Alltagserfahrung heraus zunehmend den Eindruck hatten, daß sich heute ein Teil der Jugendlichen roher und aggressiver verhielte, weshalb sich die Frage stellte, ob diese Wahrnehmung einer empirischen Überprüfung standhalten würde. Das im Schul- und Erziehungsalltag wahrgenommene „Gewaltproblem" wurde allerdings erst durch die Thematisierung in den Massenmedien zu einem „besonderen sozialen Problem" (vgl. Schubarth 1999a)

Was war Gegenstand der zahlreichen empirischen Studien?
Unsere Analysen ergaben, daß sich die rund 80 einbezogenen Studien zum Thema „Jugend und Gewalt" im wesentlichen auf *drei inhaltliche Fragestellungen* konzentrierten: Erstens ging es um *Ausmaß und Erscheinungsformen von Aggressions- und Gewaltphänomenen*. Anlaß und Legitimationsgrund war dabei häufig die öffentliche Diskussion, zu der die ermittelten Ergebnisse in Beziehung gesetzt wurden. Die Mehrzahl der Studien wollte zweitens auch *Ursachen und Bedingungen von Gewalt* aufspüren. Drittens wurde ebenfalls der *Präventions- und Interventionsaspekt* in vielen Studien angesprochen - häufig sogar als die wichtigste Begründung der Studie. Die Ableitung von Folgerungen für entsprechende Handlungsansätze auf der Basis einer durchgeführten Ursachen- und Bedingungsanalyse erfolgte jedoch nur bei einer Minderheit der Studien. Im Mittelpunkt stand eindeutig die Analyse, während Folgerungen für die Gewaltprävention und deren Umsetzung in die Praxis eher nachrangig waren.

Eine Sondierung der *methodologischen Ansätze* der vorliegenden Studien zeigte, daß vielen Untersuchungen keine nachprüfbaren Hypothesen bzw. theoretischen Konstrukte zugrundelagen. Durch fehlende Begriffsdefinitionen und Operationalisierungen bestand dadurch leicht die Gefahr einer Beliebigkeit von „interessanten" Fragen und die Tendenz zu bloßer Meinungsforschung.

---

[5] Zum Forschungsverbund gehörten neben der Forschungsgruppe Schulevaluation der TU Dresden eine Bielefelder Forschergruppe unter Leitung von Prof. Klaus-Jürgen Tillmann sowie Prof. Horst Weishaupt (PH Erfurt) und Dr. Fritz-Ulrich Kolbe (Universität Heidelberg).

Bereits vorliegende Untersuchungen wurden häufig nicht zur Kenntnis genommen, was Doppelarbeiten, fehlende Vergleichbarkeit u.ä. zur Folge hatte und einen tatsächlichen Wissenszuwachs erschwerte. Neben Mängeln in der Konzeptualisierung waren noch weitere Defizite festzustellen: So fehlten z.B. Angaben zum Auswahlverfahren der Stichprobe oder zur Rücklaufquote. Eine Repräsentativität der Stichprobe wurde nur in wenigen Studien angestrebt, wodurch die Reichweite der Ergebnisse begrenzt war. „Viele Daten, aber zuwenig Erklärung!" stellt Holtappels deshalb auch zu Recht fest. Zwar seien aggressions- und lerntheoretische Zugänge vorhanden, es bestehe aber ein Mangel an umfassenden sozialisations- und schultheoretischen Konzeptionen (vgl. Holtappels 1997, S. 28f). Aus diesem Grund plädiert er für eine Forcierung der Theorieentwicklung, wobei er folgende fünf soziologisch orientierte Ansätze und Forschungsperspektiven als produktiv ansieht: die modernisierungs- bzw. individualisierungstheoretischen, die anomietheoretischen, die sozialökologischen, die konstruktivistischen/ethnomethodologischen und die interaktionistischen Ansätze. Darüber hinaus müßten noch weitere wichtige Ansätze hinzukommen, wie der sozialkognitive Ansatz, das kognitionspsychologische Konzept von Rollenerwerb und Realitätsurteil oder auch Ansätze, die die Persönlichkeitsentwicklung und Identitätskrisen im Zusammenhang des jugendlichen Lebenszyklus sehen.

Ähnlich wie Holtappels konstatiert auch Krumm eine Vernachlässigung der Theorie (vgl. Krumm 1997). Selbst Forscher, die Ursachen und Interventionsmöglichkeiten untersuchten, würden ihre Konzeption nicht immer explizit theoretisch begründen. Krumm selbst vertritt in diesem Zusammenhang die Ansicht, daß es unter erziehungswissenschaftlichem Aspekt zweckmäßiger sei, das Thema mit „individualistischen" Handlungs-, Verhaltens-, Interaktionstheorien o.ä. anzugehen, als mit „soziologischen" Ansätzen. Dabei müßte vor allem die Suche nach jenen Bedingungen gewalttätigen Schülerverhaltens im Zentrum stehen, die von Lehrern leicht verändert werden könnten.[6]

Unter den angewandten *methodischen Zugängen* dominiert eindeutig die Methode der standardisierten Befragung. Nur wenige Studien sind qualitativ angelegt (vgl. Anhang). In der Regel wurden standardisierte Fragebögen mit geschlossenen Fragen und Antwortvorgaben eingesetzt, mitunter ergänzt durch offene Fragen. Dabei geht es vor allem um die Erfassung von Wahrnehmungen, Einstellungen, um Verhalten bzw. Erfahrungen als Opfer oder Täter, aber auch um allgemeine Angaben im schulischen und außerschulischen Kontext. Die Darstellung der Ergebnisse verbleibt in der Regel auf der Ebene der Häu-

---

[6] Insgesamt listet Krumm bei seiner methodenkritischen Analyse der schulischen Gewaltforschung über ein Dutzend Mängel und Defizite auf, darunter konzeptionelle Schwächen (z.B. Vernachlässigung der Theorie, einseitige Berücksichtigung des Forschungsstandes) und methodische Schwächen (z.B. einseitige Erhebungsverfahren, Operationalisierungsprobleme, Schwächen in der Berichterstattung, fragwürdige Interpretationen und Diskussionen) (vgl. Krumm 1997, S. 63ff).

figkeitsverteilungen, meist differenziert nach Geschlecht, Schulform und/oder Jahrgangsstufe. In einigen Studien wird auch mit bi- bzw. multivariaten statistischen Verfahren gearbeitet, vor allem um Zusammenhänge und Bedingungskonstellationen aufzuhellen. Längsschnittstudien fehlen dagegen fast völlig, so daß gesicherte Aussagen über die Gewaltentwicklung im Zeitverlauf kaum möglich sind. Darüber hinaus ist zu berücksichtigen, daß es sich immer um subjektive Sichtweisen der Probanden handelt, wann etwas z.b. als Gewalt angesehen wird und wann nicht.

Die *Erhebungsmethoden* der Studien ähneln sich meist: Bei den Schülerbefragungen wurden mehrere Klassen der Sekundarstufe I an verschiedenen Schulen und unterschiedlicher Schulformen im Klassenverband befragt. Einige Studien erfaßten auch mehrere Perspektiven (Schüler, Lehrer und/oder Schulleitungen). Bezogen auf die unterschiedlichen Schulformen galt die größte Aufmerksamkeit den allgemeinbildenden Schulen, wie Realschule, Hauptschule, Gymnasium und Gesamtschule. Dagegen blieben die Grundschule, die Berufsschulen und auch die Förderschulen unterbelichtet. Neben quantitativen Methoden wurden in letzter Zeit zunehmend auch *qualitative Methoden* angewandt, z.B. Einzel- und Gruppeninterviews, Beobachtung, Expertengespräche, Fallstudien, Modellversuche. Mit ihrer Hilfe konnten vor allem das Ursachen- und Bedingungsgefüge sowie bestimmte Entwicklungsverläufe und Wechselbeziehungen genauer analysiert werden, um im Einzelfall die beste Präventions- und Interventionsstrategie zu entwickeln. Generell gilt, daß auch für die Gewaltforschung das Prinzip der Methodentriangulation ein nach wie vor einzuforderndes Prinzip darstellt.[7]

Vor dem Hintergrund der Vielzahl von Schulstudien zu Gewalt in den neunziger Jahren ist die Frage von Interesse, welche Entwicklungen und Tendenzen sich im *Vergleich zu den Studien in den Jahren vor 1990* abzeichnen. Der auffälligste Unterschied ist die unterschiedliche Quantität der empirischen Studien zu Gewalt an Schulen. Das bedeutet aber nicht, daß Gewaltphänomene vor 1990 nicht existent hätten oder daß die Problematik überhaupt nicht bearbeitet worden wäre. Vielmehr wurden Aggressions- und Gewaltphänomene, die heute unter „Gewalt an Schulen" subsumiert werden, früher nicht immer als „Gewalt" definiert und im Kontext von Gewalt, sondern in anderen Forschungszusammenhängen untersucht. So untersuchten z.B. Psychologen vor allem Aggressionsphänomene, Soziologen und Kriminologen abweichendes Verhalten und Erziehungswissenschaftler Verhaltensauffälligkeiten und Unterrichtsstörungen. Mit der Debatte um Jugend und Gewalt Anfang der neun-

---

[7] Darüber hinaus trifft auch für die Gewaltforschung die Einschätzung Friedrichs zu: „Der Fehler vieler sozialwissenschaftlicher empirischer Untersuchungen liegt darin, daß Variablen unbegründet in die Studien eingehen (implizite Gesetze), daß über die Methode eher entschieden wird als über das Konzept, daß Daten erhoben werden und dann erst nach statistischen Prüfkriterien gesucht wird, daß die Auswertung relativ planlos, weil hypothesenlos erfolgt" (Friedrichs 1973, S. 55).

ziger Jahre wurden diese bisher getrennten Forschungsstränge zu einem eigenständigen Forschungsthema unter dem Etikett „Gewalt" zusammengeführt. Mit anderen Worten: In den neunziger Jahren wurden die *Begriffe „Aggression"* und *„Gewalt"* sowohl in der öffentlichen als auch in der fachlichen Diskussion zunehmend als gleichwertige Begriffe verwandt, wobei der Begriff „Gewalt" immer stärker als Oberbegriff gewählt wurde. Von der wissenschaftlichen Tradition her ist jedoch - umgekehrt - der Aggressionsbegriff der übergeordnete: Unter Gewalt werden in dieser Tradition besonders extreme, insbesondere körperliche Aggressionen verstanden. Demnach ist körperliche Gewalt eine Teilmenge von Aggression, nämlich die physische Aggression (angefangen von leichten Schlägen bis zu schweren Verletzungen). In der aktuellen Diskussion werden vor allem folgende Gewaltformen unterschieden: *physische Gewalt* (Schädigung und Verletzung eines anderen durch körperliche Kraft und Stärke), *psychische Gewalt* (Schädigung und Verletzung eines anderen durch Vorenthalten von Zuwendung und Vertrauen, durch seelisches Quälen und emotionales Erpressen), *verbale Gewalt* (Schädigung und Verletzung eines anderen durch beleidigende, erniedrigende und entwürdigende Worte) und *Vandalismus* (Beschädigung und Zerstörung von Gegenständen). Darüber hinaus wird in manchen Studien auch noch zwischen sexueller, frauenfeindlicher und fremdenfeindlicher bzw. rassistischer Gewalt unterschieden. Als Kriterium für Gewalt gilt dabei allgemein die intendierte Schädigung (vgl. Hurrelmann 1995a).

In den letzten Jahren fand somit eine *Ausdehnung des Gewaltbegriffs* auf bisher vorwiegend aus der Psychologie und Kriminologie stammende Begriffe bzw. Begriffssysteme (z.B. Verhaltensauffälligkeiten, Unterrichtsstörungen, Devianz, Delinquenz) statt. Problematisch daran war, daß bisher eher jugendtypische Phänomene (z.B. Unterrichts- oder Disziplinstörungen) die Qualität von „Gewalt" erhielten und daß dabei die Bezüge zu den Forschungstraditionen (z.B. Theorien abweichenden Verhaltens oder Aggressionstheorien) verloren gingen. Die teilweise Loslösung von bisherigen Forschungstraditionen ist auch auf *historische Veränderungen des Gewaltdiskurses* zurückzuführen: Während in den siebziger und achtziger Jahren das gewaltauffällige Handeln Jugendlicher als Reaktion auf erfahrene „strukturelle" Gewalt im Blickpunkt stand, also die Gewalt, die von Institutionen bzw. dem Staat insgesamt ausgeht, hat sich in den neunziger Jahren der Fokus auf die von den Jugendlichen bzw. den Schülern ausgehende Gewalt verlagert. Zu den veränderten historischen Bedingungen gehört auch die *engere Verzahnung von Medien- und Fachdiskurs* in den neunziger Jahren. So läßt sich an der Gewaltdebatte gut nachvollziehen, wie „auffälliges" Verhalten von Jugendlichen durch die Thematisierung in den Massenmedien unter dem Etikett „Gewalt" zu einem „sozialen Problem" in der öffentlichen wie fachöffentlichen Diskussion wurde (vgl. Schubarth 1999a).

Die Studien der neunziger Jahre weisen im Vergleich zu früheren Untersuchungen *weniger Schul- und Gesellschaftskritik* auf. Im Unterschied zu den großen Entwürfen und Fundamentalkritiken der Vergangenheit sowie einem weitreichenden Praxisbezug geht es heute eher um Veränderungen „im kleinen". Der für die Schulforschung insgesamt konstatierte Paradigmenwechsel von der empirischen Erforschung der Funktion und Wirkung von Bildungsinstitutionen hin zur „Entwicklung zunehmend autonomer werdender Einzeleinrichtungen" (vgl. Rolff 1995b, S. 12) gilt somit auch für die schulbezogene Gewaltforschung. Neben unterschiedlichen Akzenten gibt es aber auch eine ganze Reihe von *Gemeinsamkeiten in den Studien von vor und nach 1990:*

Das betrifft das Ausmaß von Aggressions- und Gewaltphänomenen. Gewalt und abweichendes Verhalten wurde vor 1990 ebenso wie in den meisten Studien danach nicht als das zentrale Problem an Schulen angesehen. Nach Brusten/Hurrelmann (1973) ist *Gewalt „eher ein randständiges Thema"*, nach Bach u.a. (1984) wird das Gesamtbild an Schulen eher von „alltäglichen Problemen des Schülerverhaltens" bestimmt und nach Holtappels (1987) sind abweichende Verhaltensweisen „völlig normale - in schulischen Interaktionssituationen sozial erzeugte - Phänomene". Weinreich (1987) konstatiert, daß aggressiv-gewalttätiges Verhalten nicht das Ausmaß angenommen hat, „das pessimistische Vorhersagen in den siebziger Jahren beschrieben hatten". Mitunter wird auch der beruhigende Vergleich mit den USA gezogen (vgl. z.B. Feltes 1990). Hinsichtlich der Differenzierung nach Schülergruppen und Schulformen wurde damals bereits der *große Einfluß des Geschlechts, der Schulform und des Alters* festgestellt: Jungen sind eher betroffen als Mädchen, Hauptschüler und Sonderschüler eher als Realschüler und vor allem Gymnasiasten; bis zur 8. Klasse nimmt die Auffälligkeit zu. Als weitere markante Merkmale der Gewaltakteure wurden u.a. ermittelt: eine größere Schuldistanz, ein niedriger Leistungsstatus, die Zugehörigkeit zur sozialen Unterschicht, eine geringe Zufriedenheit mit sich sowie mit Schule und Familie, keine hohen Berufserwartungen, eine starke Cliquenorientierung, das Aufwachsen in Großstädten und in sozialen Brennpunkten. Auch bei der *Ursachen- und Bedingungsanalyse* treten im Vergleich zu den neueren Schulstudien viele Ähnlichkeiten auf. So wurden als Ursachen für abweichendes Verhalten z.B. die fehlende affektive Integration, die unangemessene pädagogische Reaktion der Lehrerschaft, Altersgruppeneffekte, individuelle Verhaltensdispositionen, ungünstige Schulklimabedingungen, individuelle Schülerprobleme und schulische Kontroll- und Etikettierungsprozesse angeführt. Das Gleiche gilt auch für die *Vorschläge zur Prävention*: Schon damals wurde eine Stärkung des Erziehungsauftrages der Schule angemahnt. Zugleich wurde eine verbesserte Lehreraus- und -weiterbildung und eine verstärkte individuelle Förderung der Schüler eingefordert, ebenso Verbesserungen der Lehrer-Schüler-Beziehungen und der Mitsprachemöglichkeiten der Schüler.

Resümierend kann festgestellt werden, daß die Unterschiede in den Forschungen zu „Aggression und Gewalt an Schulen" im Vergleich der siebziger/achtziger und der neunziger Jahre (z.B. Quantität der Forschungen, Gewaltbegriff, theoretische Verortung, Wechselwirkungen mit den Medien, Schul- und Gesellschaftsbezug) vor allem gesellschaftlich und wissenschaftshistorisch bedingt sind. Zugleich ist erstaunlich, wie viele Ähnlichkeiten in den Forschungsergebnissen von damals und heute auftreten und wieviel interessante empirische Befunde bereits aus früheren Untersuchungen vorliegen. Daraus ergibt sich die Frage, warum die seit längerem vorliegenden Erkenntnisse bisher zu wenig in die Praxis umgesetzt wurden - eine Frage, der wir an anderer Stelle weiter nachgehen werden (vgl. Kapitel 3). Die Notwendigkeit eines Paradigmenwechsels von der Analyse hin zur Prävention und Intervention und zur Entwicklung der Einzelschule deutet sich bereits hier an.

2.2 Empirische Befunde zu Ausmaß, Entwicklung und Erscheinungsformen von Gewalt

Was haben die zahlreichen empirischen Schul- bzw. Jugendstudien an gesicherten Erkenntnissen über Ausmaß, Entwicklung und Erscheinungsformen von Aggression und Gewalt sowie über die Gewaltakteure gebracht?

Ein systematischer Vergleich der Studien ist aufgrund der unterschiedlichen methodologischen und methodischen Zugänge nur mit gewissen Einschränkungen möglich. So ist die Reichweite der Ergebnisse sehr unterschiedlich und reicht von einer einzelnen Schule (Diehl/Sudek 1995) über eine Stadt (vgl. z.B. Funk 1995, Schwind u.a. 1995) bis zu einem Bundesland (vgl. z.B. Niebel/ Hanewinkel/Ferstl 1993, Knopf u.a. 1994, Forschungsgruppe Schulevaluation 1998, Tillmann u.a. 1999) oder einer Region (vgl. Scherer 1996). Zu den unterschiedlichen konzeptionellen und methodischen Zugängen kommen noch unterschiedliche Interpretationen und Wertungen der Ergebnisse durch die Verfasser hinzu. Dennoch ist von Interesse, welches Gesamtbild die empirischen Befunde von der Situation an Schulen ergeben (vgl. Schubarth 1998b).

2.2.1 Gewaltbelastung und Gewaltentwicklung an Schulen

Die Erfassung der allgemeinen Gewaltsituation und der Gewaltentwicklung an Schulen war eines der zentralen Anliegen der Schulstudien in den neunziger Jahren. Fast übereinstimmend wurde festgestellt, daß das *Ausmaß der Gewalt an Schulen nicht dramatisch* und nicht so alarmierend sei, wie es die Medienberichte vermuten lassen. Gleichzeitig wurde aber auch betont, daß das Thema ernstgenommen werden müsse und nicht verharmlost oder bagatellisiert werden dürfe. So wurde bereits in einer der ersten Schulstudien festgestellt, daß es unangemessen scheint, generalisierend über „Gewalt an Schulen" zu sprechen (vgl. Freie und Hansestadt Hamburg 1992, S. 37). „Bei der Diskussion über Gewalt an Schulen bewegen wir uns auf einem Grat zwischen Bagatellisierung und Dramatisierung. Auch wenn wir keine Hinweise für eine allgemeine Gewaltzunahme an Schulen sehen, wollen wir keineswegs bagatellisieren" resümieren Greszik/Hering/Euler im Ergebnis ihrer Studie an Schulen in Kassel (Greszik/Hering/Euler 1995, S. 282). An anderer Stelle schreiben sie, daß die Annahme einer allgemeinen Brutalisierung der Schülerschaft anscheinend auf einer medienunterstützten modernen Wandersage gründet (vgl. ebd., S. 264). Fast alle Studien kommen zum Schluß, daß die öffentliche Diskussion um Schule und Gewalt viel zu dramatisch geführt wird (vgl. z.B. Niebel/Hanewinkel/Ferstl 1993, Böttger 1996, Fuchs/Lamnek/Luedtke 1996, Tillmann u.a. 1999). Vor Verharmlosung warnt dagegen insbesondere Scherer: „Die Situation an den untersuchten Schulen präsentiert sich zwar nicht als 'hochgradig belastet', dennoch tritt ein facettenreiches Erscheinungsbild schulischer Aggression und Konflikthaftigkeit zutage" (Scherer 1996, S. 122). Ähnlich fällt die Einschätzung von Schwind u.a. aus: „Zu Verharmlosungsparolen besteht jedenfalls (zumindest in Bochum) kein Anlaß" (Schwind u.a. 1995, S. 328). Dieses Balancieren zwischen Nicht-Dramatisieren und Nicht-Bagatellisieren (auch aus ethischer bzw. aus pädagogischer Verantwortung) verweist auf ein grundlegendes Problem der Studien und zwar das des Bewertungskriteriums. Es gibt keine objektiven Maßstäbe dafür, ab wann eine Gewaltsituation als „gravierend" oder als „besorgniserregend" zu bezeichnen ist. Das kann höchstens im Vergleich zu etwas anderem, z.B. zu anderen Schulen, zu anderen Ländern oder zu unterschiedlichen Situationen im Zeitverlauf beurteilt werden. Ansonsten unterliegen die Einschätzungen dem subjektiven Ermessensspielraum, sind also eher eine Frage der subjektiven Deutung auf Grundlage persönlicher Wertmaßstäbe. Diese Relativität in der Beurteilungsfähigkeit widerspricht nicht dem grundsätzlichen humanistischen Ansatz, daß jede Gewalttat eine zuviel ist und deshalb moralisch geächtet werden sollte. Auch ordnet sich hier das Anliegen von Pädagogik ein, daß jegliches pädagogische Bemühen darauf gerichtet sein sollte, Gewalt in ihrem komplizierten Bedingungsgeflecht zu verstehen und zu reduzieren bzw. ihr vorzubeugen.

Neben der Einschätzung einer „entdramatisierten Gewaltsituation" herrscht weiterhin Konsens darüber, daß sich die Schulen in ihrer Gewaltbelastung sehr stark voneinander unterscheiden. „Es gibt eine große Anzahl von Schulen, die von Gewalthandlungen in der Schülerschaft nicht betroffen ist; daneben gibt es Schulen, in denen Gewalt von Schülern ein gravierendes pädagogisches Problem darstellt" (Freie und Hansestadt Hamburg 1992, S. 37). Nach der Hamburger Studie sind es 15% der Schulen, die durch Gewalthandlungen erheblich belastet sind (vgl. ebd., S. 28). Schwind u.a. ermittelten unter Bochumer Schulen einen Anteil von ca. einem Drittel, die stärker belastet sind (vgl. Schwind u.a. 1995, S. 205). Bei der Untersuchung in Sachsen-Anhalt ergab die repräsentative Lehrerbefragung, „daß es an 66,9% der Schulen nie oder selten, an 28,4% gelegentlich und an 4,7% oft zu Gewalt kommt" (Knopf u.a. 1994, S. 23). Daß nur eine Minderheit der Schulen durch Gewaltprobleme in größerem Maße belastet ist, wurde auch durch unsere vergleichende Schulleiterbefragung in Sachsen, Hessen, Thüringen und Baden-Württemberg bestätigt: In Sachsen und Baden-Württemberg waren es jeweils 6%, in Hessen dagegen 15% der Schulen, die durch Aggression und Gewalt stärker belastet waren (vgl. Schubarth 1996, S. 41). Die Gewaltbelastung variiert auch stark innerhalb einer Schulform (vgl. z.B. Rostampour/Melzer/Schubarth 1998).

Die Untersuchungsergebnisse an bundesdeutschen Schulen bzw. deren Interpretation unterscheiden sich z.T. von den *empirischen Befunden in anderen Ländern*, z.B. in *Skandinavien*, in Spanien oder den USA. So kommt Olweus im Ergebnis seiner Studien zum Schluß, daß Gewalt ein „erhebliches Problem" an norwegischen Schulen sei (vgl. Olweus 1995, S. 26). Auch Forscher in anderen Ländern, die in Anlehnung an Olweus Bullying-Studien (Phänomene von Schikanieren, Mobbing) durchgeführt haben, gelangen zu ähnlichen Ergebnissen (vgl. z.B. Mooij 1997, Moreno 1997). Moreno konstatiert mit Blick auf die Situation in *spanischen* Schulen, daß eine neue Art von Gewalt ent-

Ausmaß, Entwicklung und Erscheinungsformen von Gewalt

standen sei, die eng mit der Schule und der dortigen Kultur verbunden ist (vgl. Moreno 1997). Auch in den *USA* wird bekanntermaßen die Situation als schwierig beurteilt. Zudem ist dort in den letzten Jahren wieder vermehrt der Eindruck entstanden, daß sich durch die häufigen Gewalttaten an den Schulen ein ernstzunehmendes Problem neuer Art entwickelt habe. „Der Blick auf die Gewaltszene in den USA zeigt uns nur, was in absehbarer Zeit auch auf uns und unsere Schulen zukommen könnte" (Dichanz 1997, S. 29f). Und auch in *Japan* ist Gewalt unter Schülern besonders unter dem Begriff „Schikane" in die Schlagzeilen geraten. Ausgelöst durch einige Selbstmorde und durch eine steigende Zahl registrierter Fälle ist das Problem zum Dauerthema in den Medien geworden (vgl. Erbe 1997, S. 221).

Bei der Frage nach der *Gewaltenwicklung* gibt es innerhalb der bundesdeutschen schulbezogenen Gewaltforschung zwar keinen völligen, aber doch einen weitgehenden Konsens: Die überwiegende Mehrzahl der Studien konstatiert insgesamt einen (meist) *leichten Anstieg von Aggression und Gewalt*. So sehen z.b. zwei Drittel der Hamburger Schulen eine Zunahme verbaler Aggressivität und ca. die Hälfte eine zunehmende Brutalität (vgl. Freie und Hansestadt Hamburg 1992, S. 32). Auch die Untersuchung in Schleswig-Holstein resümiert: „Das Ausmaß der Gewalt in den Schulen Schleswig-Holsteins ist in der Tendenz leicht steigend" (Niebel/Hanewinkel/Ferstl 1993, S. 797). In der Studie in Sachsen-Anhalt nahm ca. die Hälfte der Schulen an, daß die Häufigkeit und Intensität der Gewalttaten anstieg (vgl. Knopf u.a. 1994, S. 24). In Bayern sind es sogar über 90% der Lehrer (vor allem Hauptschullehrer, aber auch Realschullehrer), die von einer mehr oder minder deutlichen Gewaltzunahme ausgehen (vgl. Luedtke 1994b, S. 3, ähnlich auch Schwind u.a. 1995, Mölleken/Steinke-Schmickler/Harnischmacher 1995, Böttger 1996, Dettenborn/Lautsch 1993).

Vergleichbare Ergebnisse ermittelten wir auch in unseren Untersuchungen an sächsischen Schulen: Sowohl die Mehrzahl der Schulleiter als auch der Lehrer nahm einen tendenziellen Anstieg der Gewalt wahr, der allerdings stark von der jeweiligen Schulform abhängt: An Förderschulen sehen fast 90% der Lehrer eine Gewaltzunahme, an Mittelschulen ca. drei Viertel. An Gymnasien wird dagegen nur von ca. 30% eine Gewaltzunahme beobachtet, während die Hälfte keine Veränderungen feststellen kann (vgl. z.B. Schubarth 1996, S. 32ff, Schubarth 1997a, S. 70).

Diehl und Sudek haben die Unfallberichte eines Gymnasiums in Ingelheim am Rhein untersucht und stellen fest, „daß die Zahl und Schärfe solcher Auseinandersetzungen in den vergangenen Jahren angestiegen sind" (vgl. Diehl/Sudek 1995, S. 16). Auch knapp die Hälfte der Schüler dieser Schule (vor allem Jungen und ältere Schüler) vertrat diese Meinung. Das Institut für Schulentwicklungsforschung resümierte ebenfalls:„Das Ausmaß von Gewalt an Schulen ist steigend, aber weit davon entfernt, wie es in den Medien vermittelt wird (...) Zwar ist kein großer Zuwachs an aktiver Gewalt festzustellen, aber die Gewaltbereitschaft nimmt ständig zu und vor allem die Art von Gewalt hat sich verändert. Psychische Gewalt und zunehmende Brutalität sind ernstzunehmende Phänomene, die äußerst beunruhigend sind und die zukünftige Pädagogik und Schulpolitik fordern" (Hornberg/Lindau-Bank/Zimmermann 1994, S. 355f).

Würtz u.a. stellen auf Grundlage ihrer Grupppeninterviews fest, daß Schüler wie Lehrer „weniger einen generellen quantitativen Anstieg der Gewalt (sehen) als vielmehr qualitative Veränderungen gegenüber 'früher'". Vor allem die rechte Gewalt habe zugenommen. Unter *neuer Qualität der Gewalt* verstehen die Schüler und Lehrer die gestiegene Gewaltbereitschaft, die sich z.B. in einem „Absinken der Hemmschwelle", in der Zunahme scheinbar unmotivierter Aggressionen und Gewalttaten, in einer „großen Brutalität" und in „zunehmender Bewaffnung" ausdrückt (vgl. Würtz u.a. 1996, S. 90f). Auf qualitative Veränderungen hatten bereits die Umfragen in Frankfurt a.M. (1991) und Nürnberg (1992) verwiesen. Dort war die Rede von „latenten Spannungen", einer „größeren Gereiztheit und Gewaltbereitschaft", einer „niedrigen Hemmschwelle" bei Schülern und von einem bestimmten Eskalationsschema, nach dem harmlose Rangeleien und/oder verbale Provokationen übergangslos in brutale Schlägereien ausarten:

„Fußtritte, Würgegriffe, Faust- und Handkantenschläge werden ohne Tabus plaziert, selbst auf am Boden liegende wird rücksichtslos eingetreten. Die Akteure scheinen auszurasten und sind auch von Erwachsenen kaum auseinanderzubringen. Umstehende reagieren gleichgültig oder heizen die Stimmung an. Mitleid oder Reue berühren die 'Täter' nicht (...)" (Schul- und Kulturreferat der Stadt Nürnberg 1992, S. 4). Ähnlich auch Spaun, die den Berichten bayerischer Schulleiter entnimmt, „daß nach deren Ansicht in allen Schularten bei den Schülern eine allgemeine aggressive Grundhaltung herrscht, die sich in einer extremen Ich-Bezogenheit, in einem fehlenden Unrechtsbewußtsein und Schuldgefühl, in Rücksichtslosigkeit und Intoleranz, in einer zunehmenden Brutalisierung der Sprache und einem fehlenden Verantwortungsgefühl, auch Sachen gegenüber, äußert. (...), daß Schüler nicht mehr in dem Maße wie früher physisch und psychisch belastbar seien: sie 'rasten' nach Meinung vieler Schulleiter schneller aus, Leistungsverweigerung und demonstratives Ignorieren der Lehreranweisung sowie eine hohe physische Gewaltbereitschaft prägen vorrangig die Verhaltensmuster der heutigen Schülergeneration" (Spaun 1994, S. 3).

Greszik/Hering/Euler fanden dagegen „keine Bestätigung für die These einer allgemeinen Gewaltzunahme an Schulen, die aus einer angeblichen Gewaltzunahme der Gesellschaft in die Schulen schwappt". Sie vermuten eher, „daß weniger die Gewalt an Schulen als vielmehr die Sensibilität gegenüber diesem Problem zugenommen hat" (vgl. Greszik/Hering/Euler 1995, S. 282). Das Hauptproblem bei der Beantwortung der Frage, ob die Gewalt zugenommen hat, ist die unsichere Datenlage.[8] Es gibt nur wenige zuverlässige und zudem

---

[8] Eine ähnliche Situation ist auch für die Bullying-Forschung zu verzeichnen. So verweist z.B. Schuster darauf, daß die Frage nach einer Zunahme von Bullying empirisch gegenwärtig nicht zu beantworten sei. Dazu seien Studien nötig, in denen spezifisch das Bullying-Konzept operationalisiert würde und ein Vergleich über die Zeit hinweg vorgenommen werden könnte (vgl. Schuster 1999).

Ausmaß, Entwicklung und Erscheinungsformen von Gewalt 77

nur punktuelle *Analysen über einen längeren Zeitraum*. So ermittelte Hurrelmann im Ergebnis seines Vergleichs einiger Normverstöße aus Untersuchungen von 1972 und 1984 „eine leicht steigende Tendenz des Anteils für Normverstöße im Schulbereich von etwa 5%" (vgl. Hurrelmann 1993, S. 51). Der Konstanzer Forscher Dann konstatiert im Zeitraum von 1981 bis 1990 vor allem einen Anstieg verbaler Auseinandersetzungen. Über alle Aggressionsphänomene hinweg zeige sich aus Sicht der Lehrkräfte insgesamt in der Grundschule eine Verdopplung und in der Hauptschule eine Verdreifachung des Anteils symptombelasteter Schüler (vgl. Dann 1997, S. 352f). Mansel berichtet auf Grundlage von Analysen zu selbstberichteten Gewalttätigkeiten (z.B. jemanden absichtlich schlagen oder verprügeln) von deutlichen Steigerungsraten im Zeitvergleich von 1986 bis 1994, insbesondere von 1990 bis 1994. So habe sich der Anteil jugendlicher Mehrfachtäter im Vergleich 1986-1994 bei der 7. Jahrgangsstufe von 7,7% auf 11,6% und bei der 9. Jahrgangsstufe von 7,2% auf 14,9% erhöht. Dabei falle der Anstieg bei den Gymnasiasten höher aus als bei den Hauptschülern (vgl. Mansel 1995a, S. 106ff).

Auch Tillmann interpretiert die Ergebnisse seines Vergleichs selbstberichteter delinquenter Handlungen (z.B. eine Schlägerei mitgemacht haben und dabei jemanden zusammenschlagen oder arg zurichten, irgendwo einbrechen) im Zeitraum 1972-1995 als „einen deutlichen Hinweis darauf, daß 'abweichendes Verhalten' bei Schülern zwischen 13 und 16 Jahren in den letzten Jahren zugenommen hat" (Tillmann 1997, S. 22). Insbesondere Hauptschulen und Hauptschulzweige wiesen heute eine deutlich höhere Delinquenzbelastung auf. Tillmann führt dies vor allem auf den massiven Rückgang des Anteils von Hauptschülern an der Schülerschaft von etwa der Hälfte (1972) auf etwa ein Fünftel (1995) zurück, wodurch es zu einer Konzentration von „Problemschülern" gekommen sei. „Die subjektiven Wahrnehmungen vieler Hauptschullehrer(innen), das Konflikt- und Aggressionspotential in der Schülerschaft habe zugenommen, wird somit durch unsere Ergebnisse über selbstberichtete Devianz gestützt. Ähnliche Aussagen von Gymnasiallehrern, die ebenfalls nicht selten sind, finden in diesen Daten jedoch kaum Bestätigung" (Tillmann 1997, S. 24).

Insgesamt lassen die Studien den Schluß zu, *daß die Gewalt zugenommen hat, wenngleich auch nur leicht und nicht so dramatisch wie in den Medien dargestellt*. Von der Gewaltzunahme sind die verschiedenen Schulformen und Schülergruppen unterschiedlich stark betroffen. Als ein besonderer Schwerpunkt kristallisieren sich die Hauptschulen heraus. Allerdings sei nochmals darauf verwiesen, daß wir es bei der Erfassung von Gewalt mit Wahrnehmungs- und Deutungsphänomenen zu tun haben, die subjektiv gebrochen und vom öffentlichen Diskurs beeinflußt sind. Böttger spricht in diesem Zusammenhang von einem „Medien-Forschungs-Kreislauf".[9] Auch wenn ein solcher „Medien-Forschungs-Kreislauf" die Situation überzeichnet und die Rolle der Wissenschaft überhöht, so beschreibt er doch recht plastisch die Wechselwirkungen von Medieneinfluß und Wahrnehmung von Gewalt. Ein möglicher Weg, aus diesem methodischen Dilemma zur Erfassung der Gewaltentwicklung herauszukommen, sind zuverlässige Längsschnittuntersuchungen.

2.2.2 Ausmaß von Gewalthandlungen und Gewaltbereitschaft

Die Frage des Anteils aggressiver und zu Gewalt neigender Schüler („Täter") war eine der wichtigsten sowohl der schulbezogenen als auch nicht schulbezogenen Studien zu Gewalt. Einmütig stellten die Untersuchungen fest, daß die *überwiegende Mehrheit der Schüler bzw. Jugendlichen nicht „gewalttätig"* oder „gewaltbereit" sei. Nur eine relativ kleine Minderheit sei zum potentiellen „gewaltbereiten" Täterkreis zu zählen, der Gewalthandlungen „regelmäßig" begehe. Die Mehrheit der Schüler ist weder „regelmäßig Täter" im oben genannten Sinne noch „regelmäßig Opfer". So ermittelten Hurrelmann/ Freitag, daß 28% noch nie als Täter in Erscheinung getreten sind; zwei Drittel gaben gelegentliche und 7% regelmäßige (mindestens wöchentliche) Aggressionen zu. 6% sind mindestens einmal wöchentlich Opfer von Aggressionen seitens der Mitschüler (vgl. Hurrelmann/Freitag 1993). Auch Schwind u.a. konstatieren, daß der Kreis der Schüler, die durch intensives aggressives Verhalten auffallen, insgesamt relativ klein ist. Zum „harten Kern" könnten 11,4% (meist männliche) Schüler gerechnet werden (vgl. Schwind u.a. 1995, vgl. auch Todt/Busch 1994, Kirchhöfer/Steiner 1993).

Melzer/Rostampour zählen über alle Schulformen hinweg 16,3% der Schüler zur Gruppe der Täter, darunter ca. 5% Wiederholungstäter. Zugleich stießen sie auf enge *Wechselbeziehungen zwischen Täter- und Opferstatus*. Von den „Opfern" sind ca. zwei Drittel auch als Täter hervorgetreten. Umgekehrt ist auch eine Mehrheit der Täter schon einmal Opfer gewesen (vgl. Melzer/Rostampour 1995). Bei weitergehenden Verfahren mittels Clusterbildungen kristallisierten sich bei einer repräsentativen Stichprobe fünf unterschiedli-

---

[9] „Die Medien berichten aufgrund von subjektiven Beobachtungen Beteiligter von einer drastisch gestiegenen Gewaltkriminalität, die von Gruppen Jugendlicher ausgeht. Die Rezipienten dieser Medien nehmen dies mit Sorge und Angst zur Kenntnis, und diese Gefühle strukturieren in der Folge ihre Wahrnehmung. Sie behalten Gruppengewaltdelikte Jugendlicher, von denen sie erfahren, stärker in Erinnerung als bisher. Werden sie dann von Forschern angeschrieben oder interviewt, so geben sie aufgrund dieser selektiven Wahrnehmungen an, die Gruppengewalt habe nach ihrer Beobachtung tatsächlich stark zugenommen. Die Forscher publizieren dies als Ergebnis einer wissenschaftlichen Studie. Diese wiederum gelangt den Medien zur Kenntnis, die die Forschungsergebnisse dankbar aufgreifen und berichten, die Wissenschaft habe nun genau das bestätigt, was sie ja vor einiger Zeit hätten verlautbaren lassen" (Böttger 1996, S. 16).

Ausmaß, Entwicklung und Erscheinungsformen von Gewalt

che Typen von Schülern bzw. Schülergruppen heraus (vgl. Melzer/Rostampour 1997, Rostampour/Schubarth 1997, Forschungsgruppe Schulevaluation 1998).

1. „Täter" (8%),
2. „Täter-Opfer" (3,4%),
3. „Episoden-Täter" (25,8%),
4. „Opfer" (7%) und
5. „Unbeteiligte" (55,9%).

Gerade in der Tatsache, daß die Mehrheit der Schülerschaft nicht an Gewalthandlungen beteiligt ist, liegt ein starkes, aktivierbares Potential für mögliche Präventionsansätze. Die für Sachsen ermittelten Ergebnisse stehen im Einklang mit Untersuchungsbefunden unter bayerischen Schülern, bei denen 5% „Täter" („Bullies"), 2% „Täter/Opfer" bzw. „provokative Opfer" und 5% „Opfer" ermittelt wurden (vgl. Lösel/Bliesener/ Averbeck 1997, S. 146). Andere Untersuchungen verweisen ebenfalls auf den engen Zusammenhang von Tätersein und Opfersein (vgl. z.B. Dettenborn/ Lautsch 1993, S. 768f und Holtappels/Meier 1997, S. 53).

Die Bestimmung der *Größe des „Täterkreises"* hängt auch stark von der zugrunde gelegten Operationalisierung des Gewaltbegriffs und von der Interpretation des Forschers ab: Wenn man - wie z.B. Funk in seiner Nürnberger Studie - auch die „gelegentlichen Täter" und die verbale Aggression mit in die Interpretation aufnimmt, kommt man zu einem viel größeren „Täterkreis": Mittels Clusteranalysen ermittelt er vier Gruppen von Schülern: die „Gewaltverherrlicher" (8%), die „Gewaltbefürworter" (22%), die "Gewaltrealisten" (36%) und die „Gewaltablehner" (34%) (vgl. Funk 1995, S. 261). Mit dem gleichen Verfahren kam Scherer zu folgenden vier Gruppierungen: „weder Opfer noch Täter" (79%), „sowohl Opfer als auch Täter" (12%), „Opfer" (7%), „Täter" (2%). Außerdem ermittelte sie bei 5% eine Akzeptanz körperlicher Gewalt, Vandalismus und rassistisch motivierter Übergriffe und bei ca. einem Drittel Akzeptanz gegenüber schulischen Widerstandsformen (z.B. Unterrichtsstörungen und Beleidigen von Lehrkräften) (vgl. Scherer 1996, S. 87ff).

Vergleichbare Ergebnisse zum Ausmaß der „Täter" bzw. „Opfer" liegen auch aus anderen Ländern vor. So spricht z.B. Olweus von einem Anteil von 5-10% sowohl bei den „Tätern" als auch bei den „Opfern". 9% waren „Opfer" und 7% „Täter", d.h. regelmäßig gewalttätig. 2% der Gesamtheit und 17% der Opfer waren sowohl Opfer als auch Täter (vgl. Olweus 1995). Campart und Lindström berichten von 15% Mobbingopfern an schwedischen Schulen (vgl. Campart/Lindström 1997). Mooij ermittelte für die Niederlande, daß 15% der Schüler des Primarunterrichts bzw. 4% der Schüler des Sekundarunterrichts regelmäßig schikaniert werden und 14% bzw. 11% selbst regelmäßig schikanieren (vgl. Mooij 1997). Bei einer Befragung an spanischen Schulen gaben 27% der Schüler von Primarschulen und 5% der Schüler von Sekundarschulen an, sehr häufig schikaniert zu werden (vgl. Moreno 1997). Eine Untersuchung in der Schweiz ergab, daß etwa 10-15% der Kinder und Jugendlichen schon mindestens einmal als Opfer und Täter mit grober Gewalt konfrontiert wurden (vgl. Erziehungsdirektion des Kantons Zürich

1995). Insgesamt ist auch in anderen Ländern eine intensive Beschäftigung mit der Gewaltproblematik bei Schülern zu beobachten. Einen besonderen Forschungsschwerpunkt bildet dabei schon seit geraumer Zeit eine spezielle Form der Aggression, das Mobbing bzw. das Bullying, d.h. das systematische und wiederholte Schikanieren von Klassenkameraden. Dieses Thema gewinnt auch in Deutschland zunehmend an Bedeutung (vgl. z.B. Schuster 1997, Schäfer 1997, Schäfer/Frey 1999).

Die *Ergebnisse der nicht schulbezogenen empirischen Jugendstudien* bestätigen die Befunde aus den Schulstudien. Kuhnke stellt im Ergebnis einer Intervallstudie zur Gewaltentwicklung unter sächsischen Schülern fest, daß der Anteil der Jugendlichen, die mehrfach verschiedene gewalttätige Verhaltensweisen ausübten, während der drei Erhebungen in den Jahren 1991, 1992 und 1993 bei 5% (Jungen) bzw. bei 1% (Mädchen) liegt. Dabei ist allerdings die individuelle Fluktuation relativ groß, was als Ausdruck von noch nicht habitualisiertem Gewaltverhalten gewertet wird (vgl. Kuhnke 1995, S. 155ff). Eine ebenfalls unter sächsischen Schülern durchgeführte Untersuchung ergab, daß nur etwa die Hälfte aller Schüler Gewalt gegen Personen prinzipiell ablehnt (ca. 40% der Jungen und 60% der Mädchen); für Gewalt bei der Interessendurchsetzung sind 24% der Jungen und 7% der Mädchen; jeweils ca. 5% haben mehrmals „Sachen beschädigt" bzw. „hart geschlagen", weitere 10% haben das ein- oder zweimal getan; 2-3% haben mehrmals eingebrochen oder einen (kleinen) Raub begangen. Die Einstellung zu Gewalt hat sich - laut dieser Studie - im Vergleichszeitraum von 1990 bis 1994 kaum verändert (vgl. Leipziger Institut für praktische Sozialforschung 1995). Bei Untersuchungen in Brandenburg ließen sich im Zeitraum von 1993 bis 1996 folgende Veränderungen feststellen:

„Gewalt wird von einem zwar gleichbleibenden, jedoch nicht geringen Teil der brandenburgischen Jugendlichen akzeptiert, dabei haben aber sozialdarwinistische Aspekte dieser Gewaltakzeptanz bei den Jugendlichen gegenüber jugendzentristischen Aspekten an Einfluß gewonnen. Gleichzeitig ist die Bereitschaft zum Einsatz instrumenteller Gewalt, also von Gewalt zur Durchsetzung eigener Interessen, erkennbar gestiegen, und es berichten mehr Jugendliche als noch 1993, daß sie sich selbst an Schlägereien und anderen Gewaltaktionen beteiligen (...)" (Langner/Sturzbecher 1997, S. 207).

Untersuchungen von Heitmeyer u.a. erbrachten folgende Ergebnisse: 12,2% der Jugendlichen (West) bzw. 12,3% (Ost) haben in den letzten 12 Monaten jemanden absichtlich geschlagen oder verprügelt, etwa jeder zehnte Jugendliche in West und Ost hat in den letzten 12 Monaten eine Sachbeschädigung begangen. 7,7% bzw. 8,2% gaben an, einer anderen Person etwas mit Gewalt weggenommen zu haben (Raub), 3,4% bzw. 4,1% begingen einen Einbruch. Bei allen genannten Formen liegt der Anteil männlicher Jugendlicher höher (den höchsten Anteil weisen die männlichen Jugendlichen Ost, den niedrigsten die weiblichen Jugendlichen Ost auf). Nach Heitmeyer u.a. gilt für viele Jugendliche Gewalt als normal: Der Auffassung, daß im Zusammenleben von Menschen letztlich alles über Gewalt geregelt wird, stimmen 26,4% der Jugendlichen West und 29% der Jugendlichen Ost zu. Der Anteil der als militant einzuschätzenden Jugendlichen beträgt im Westen 3,1% (Jungen: 4,8%, Mädchen: 1,5%) und im Osten 6,6% (Jungen: 11%, Mädchen: 2,6%) (vgl. Heitmeyer u.a. 1995, 127ff). Schmidtchen ermittelte unter sächsischen Jugendlichen einen Anteil von 57%, die meinen, man müsse zur Gewalt bereit sein, um sich persönlich zu schützen. Bei immerhin einem Drittel der ostdeutschen Jugendlichen diagnostiziert er eine hohe Gewaltbereitschaft, womit diese deutlich über der für westdeutsche Jugendliche (ein Fünftel) liegt (vgl. Schmidtchen 1994, 1996, 1997). Wie zahlreiche andere Studien betonen auch die Studien im Auftrag des Bundesministeriums für Familie, Frauen und Jugend, daß die Mehrheit der Jugendlichen in den alten wie in den neuen Bundesländern Gewaltanwendung ablehnt: Nur 12% der west- und 11% der ostdeutschen Jugendlichen gehen davon aus, daß es in jeder demokratischen Gesellschaft Konflikte gibt, die mit Gewalt ausgetragen werden müssen. Diese Anteile waren im Jahre 1995 etwas geringer als noch im Jahre 1993 (vgl. Bundesministerium für Familie, Frauen und Jugend 1995).

Die meisten Jugendstudien beziehen nicht nur die eher unpolitisch motivierte Aggression und Gewalt ein, sondern auch die *politische und fremdenfeindliche Gewalt*. Auch hierbei handelt es sich um Minderheiten, die als „gewaltauffällig" oder „militant fremdenfeindlich" identifiziert werden können. Die Werte, die für die politische Gewaltakzeptanz ermittelt wurden, reichen von 2% (vgl. Jugendwerk der Deutschen Shell 1992) bis zu 10,3% (West) bzw. 15,8% (Ost) (vgl. Hoffmann-Lange/Schneider/Gille 1993). Veen u.a. verweisen darauf, daß nur bei einer Minderheit die Bereitschaft zu illegalen und gewalttätigen Aktionen vorhanden ist. Die Anteile für manifestes illegales Verhalten werden - entsprechend dieser Studie - in Ost wie West auf maximal 5% beziffert, die Bereitschaft dazu auf maximal 10%. Das Potential für Rechtsradikale sei ähnlich (vgl. Veen u.a. 1994). Schmidtchen nennt einen Anteil von 4% der Jugendlichen, die als „militant fremdenfeindlich" bezeichnet werden können (vgl. Schmidtchen 1994 und 1996).

Resümierend läßt sich feststellen, daß die Studien ein differenziertes Bild vom Gewalthandeln unter Jugendlichen zeichnen. Häufigere und härtere Gewalthandlungen werden danach nur von einer kleinen Minderheit begangen. Der Anteil dieses „harten Kerns" beträgt ca. 5 bis 10%, in manchen Studien auch etwas darüber.[10] Daneben gibt es aber ein Kontinuum, das größere Anteile von Schülergruppen aufweist, die verschiedene, meist weniger harte Gewalthandlungen gelegentlich begehen bzw. der Gewalt gegenüber billigend oder indifferent sind. Auch wenn eine eindeutige Klassifikation der Schülergruppen aufgrund der fließenden Übergänge nur bedingt möglich ist, kann

---

[10] Auch die verhaltenspsychologisch orientierte Aggressionsforschung verweist auf einen Anteil von sechs bis 16 Prozent bei männlichen Personen und zwei bis neun Prozent bei weiblichen Personen, bei denen sich „aggressives Verhalten" nachweisen läßt (vgl. Petermann u.a. 1997, S. 315).

man zwischen verschiedenen Gruppen („Täter", „Opfer", „Täter-Opfer", „Episodentäter" und „Unbeteiligte") unterscheiden, wobei zwischen „Tätern" und „Opfern" enge Wechselwirkungen bestehen. Auch die Befunde zur Größe des Anteils der „Opfer" liegen - ähnlich wie bei den „Tätern" - um die 5 bis 10%. Der Anteil der Opfer gelegentlicher und milderer Gewalthandlungen liegt jedoch höher. Im Hinblick auf die Entwicklung der Gewaltbereitschaft von Jugendlichen gehen die meisten Studien von einer steigenden Gewaltbereitschaft aus. Einen Anstieg der Jugendgewalt belegen auch neuere kriminologische Forschungen (vgl. z.B. Pfeiffer/Wetzels 1999).

2.2.3 Erscheinungsformen von Gewalt

Um welche Aggressions- und Gewaltphänomene handelt es sich und wie stark sind diese an Schulen und darüber hinaus verbreitet?

Die Antwort darauf hängt natürlich auch vom methodologischen und methodischen Zugang der jeweiligen Untersuchung ab. Bei den quantitativen Studien kann nur das gemessen werden, was auch erfragt wird. Was die jeweiligen Befragten unter den vorgegebenen Begriffen verstehen, ist zudem noch eine andere Frage. Dennoch zeichnen sich auch bei den Erscheinungsformen schulischer Gewaltphänomene einige generelle Tendenzen in den Befunden ab.

Unstrittig ist, daß *„verbale Aggressionen" die am stärksten verbreitete schulische Gewaltform* sind. Meist in Verbindung mit nonverbalen Provokationen auftretend, gehören beide Formen der psychischen Gewalt zum Schulalltag. Verbale Aggressionen werden als Form oder Vorform von Gewalt betrachtet, die häufig Ausgangspunkt weiterer, härterer Gewalthandlungen sind. Auf eine solche *Spirale bzw. Eskalation gewalttätigen Verhaltens* wird in vielen Studien hingewiesen: „Eine verbale Provokation oder Beleidigung wird - ohne Übergang - nonverbal/brachial mit großer Brutalität ausgetragen" (Staatliches Schulamt für die Stadt Frankfurt a.M. 1991, S. 9). „Insbesondere scheint der Übergang von der verbalen zur physischen Gewalt schneller zu erfolgen, die Hürde dazwischen nicht mehr hoch genug zu sein. Nach Meinung der Lehrer schlagen die Schüler bei Konflikten relativ schnell zu" (Lamnek 1994a, S. 11). Psychische Aggression bzw. Gewalt (z.B. Verrohung des Umgangstons oder Herabsetzen von Mitschülern) sind die wichtigsten Prädiktoren der Gewalt unter Schülern überhaupt (vgl. Niebel/Hanewinkel/Ferstl 1993).

Verbale Aggressionen sind nach Befunden der Mehrzahl der Studien nicht nur die Gewaltform, die am meisten verbreitet ist, sondern auch die Gewaltform, die - in der Wahrnehmung der Befragten - in den letzten Jahren am stärksten zugenommen hat (vgl. z.B. Freie und Hansestadt Hamburg 1992, ähnlich Dann 1997). Dies korrespondiert mit der Feststellung, daß der Umgangston der Schüler untereinander, aber auch gegenüber Lehrkräften rauher geworden sei und daß sich eine *Verrohung der Umgangsformen*, besonders der sprachlichen Auseinandersetzungen, vollzogen habe (vgl. z.B. Staatliches

Schulamt für die Stadt Frankfurt a. M. 1991, Lamnek 1994a). Mitunter wird sogar von einer aggressiven oder feindseligen Grundstimmung unter den Schülern gesprochen (vgl. Spaun 1994, Dettenborn/Lautsch 1993). Die verbale Aggression ist auch die am meisten *verbreitete Gewaltform gegenüber Lehrkräften*. So hat in der Schleswig-Holsteiner Untersuchung über die Hälfte der Schüler verbale Provokationen bzw. „Fertigmachen" seitens der Schüler gegenüber Lehrern erlebt; 13,5% haben sogar *körperliche Gewalt gegenüber Lehrern* beobachtet (vgl. Niebel/Hanewinkel/Ferstl 1993). An Kasselaner Schulen wurde unter der Lehrerschaft ein Anteil von 29% ermittelt, die Opfer verbaler Gewalt und 7%, die Opfer physischer Gewalt wurden (vgl. Greszik/Hering/Euler 1995). In der Bochumer Studie haben 6,3% der Schulleiter und 13,3% der Lehrer verbale Attacken gegenüber Lehrern häufiger beobachtet (vgl. Schwind u.a. 1995).

Während somit die verbalen (und nonverbalen) Aggressionen als Hauptformen schulischer Gewaltphänomene unstrittig sind, gibt es zur weiteren Rangfolge unterschiedliche Befunde. In Schleswig-Holstein wurde ermittelt, daß danach die körperliche Gewalt seitens der Schüler gegen Schüler, dann die Gewalt gegen Sachen und die Gewalt gegen Lehrer folgt. In Sachsen-Anhalt wurde festgestellt, daß Gewalt gegen Sachen und physische Gewalt in etwa gleichem Maße vorkommen, dagegen treten physische Gewalt gegen Lehrer und sexuelle Belästigungen sehr selten auf (vgl. Knopf u.a. 1994, ähnlich Funk 1995). An Schulen in Kassel wurde folgende Reihenfolge ermittelt: verbale Aggression/Gewalt, leichte physische Gewalt (z.B. Schlagen, Treten), leichter Vandalismus, sexuelle Belästigung/Bedrohung, grober Vandalismus und grobe physische Gewalt (Körperverletzung) (vgl. Greszik/Hering/Euler 1995).

Wie unsere repräsentative Schüler- und Lehrerbefragung an sächsischen Schulen ergab, stimmen Schüler und Lehrer in der Wahrnehmung schulischer Gewaltphänomene - mit wenigen Ausnahmen - überein. In der Wahrnehmung sowohl der Schüler als auch der Lehrer dominieren psychische, vor allem verbale Aggressionen. Mit deutlichem Abstand folgen körperliche Angriffe und Vandalismus, während z.B. sexuelle Belästigungen, Erpressungen und der Einsatz von Waffen ganz am Ende rangieren: So beobachten z.B. 56% der Schüler und 63% der Lehrer recht häufig Beschimpfungen und gemeine Ausdrücke. Aggressionen gegenüber Lehrpersonen beobachten des öfteren 23% der Schüler, jedoch nur 4% der Lehrer. Körperliche Angriffe werden von 11% der Schüler und 19% der Lehrer häufiger wahrgenommen. Bei Vandalismus betragen die entsprechenden Anteile 8% und 12%. Von sexuellen Belästigungen berichten 7% der Schüler, jedoch nur 2% der Lehrer, von Erpressungen jeweils 3% und über Waffeneinsatz 1% bzw. 2%. (vgl. Schubarth 1997a, Schubarth/Ackermann 1998).

Die Rangfolge der schulischen Erscheinungsformen von Gewalt, wie sie sich aus der Wahrnehmungsperspektive darstellt, entspricht im wesentlichen auch der aus der *Perspektive des Selbstreports der Schüler*. So berichten in der Untersuchung von Todt/Busch ca. 10% der Jungen über häufige Prügeleien und ca. 5% über häufige mutwillige Zerstörung (vgl. Todt/Busch 1994). Melzer/Rostampour ermittelten auf Grundlage eines Selbstreports für sächsische Schüler folgende Rangreihung: gegenseitige Beschimpfungen, Prügeleien, Vandalismus, Wegnehmen von Gegenständen sowie Bedrohung (vgl. Melzer/ Rostampour 1995). Auch die Bielefelder Studie verweist darauf, daß an der Spitze der Gewalthandlungen nicht spektakuläre Prügeleien stehen, sondern psychische Angriffe, besonders verbale Aggressionen (vgl. Holtappels/Meier 1997, Tillmann u.a. 1999).

Auffallend ist, daß bis auf wenige Ausnahmen die *Gewalt seitens der Lehrkräfte gegenüber den Schülern* ausgeblendet wird. Gewalt, vor allem in psychischer Form, gehört jedoch zum aktiven Handlungsrepertoire vieler Lehrer. Mitunter wird sogar die Ansicht vertreten, daß den Schülern von den Lehrern ebensoviel Kummer bereitet wird, wie ihn sich die Schüler untereinander mit ihren Gewalthandlungen zufügen (vgl. Krumm/Lammberger-Baumann/ Haider 1997, S. 267). Einer Untersuchung an österreichischen Schulen zufolge erlebten sich Schüler (7./8. und 11. Jahrgangsstufe) häufiger als Opfer von Lehrerangriffen als von Schülerangriffen. Die beobachtenden Mitschüler berichteten ebenfalls, daß Lehrer häufiger als Mitschüler Schüler beschimpfen, beleidigen bzw. ärgern. Zudem äußern die Schüler, daß sie Lehrer seltener angreifen als sie von Lehrern attackiert würden. Rund ein Drittel der Schüler berichtet, im vergangenen Monat eine oder mehrere Kränkungen durch Lehrer erlebt bzw. beobachtet zu haben, 23% (7./8. Jahrgangsstufe) bzw. 11% (11. Jahrgangsstufe) geben an, drei- oder mehrmals im Monat vom Lehrer unfair behandelt worden zu sein (vgl. ebd.). Auf ein nicht geringes Konfliktpotential in den Lehrer-Schüler-Interaktionen verweisen auch unsere eigenen Untersuchungen: Fast jeder vierte sächsische Schüler beobachtet öfter Beschimpfungen oder Beleidigungen gegenüber Lehrpersonen. Umgekehrt sind auch die Aggressionen der Lehrer gegenüber den Schülern nicht unbeträchtlich: So berichtet jeder dritte Schüler, daß es Lehrer gibt, „die einen vor der ganzen Klasse blamieren"; 9% sagen sogar, daß Lehrer auch „schon mal handgreiflich werden" (vgl. Schubarth 1997a, Schubarth/Ackermann 1998).

Neben den schulischen Gewaltformen haben einige Studien auch das Ausmaß der *Angst der Schüler vor der Gewalt* erforscht. Dabei wurden relativ hohe Werte ermittelt. So betrug z.B. der Anteil der Schüler, die Angst vor Gewalt in der Schule haben, in Schleswig-Holstein und Sachsen 30%, in Kassel 23% (Mädchen) bzw. 14% (Jungen), in Hannover und Umgebung 22% und in Worms gar über 50%. Die Untersuchung in Bochum ergab, daß sich ein Drittel der Schüler in Pause und auf dem Schulweg nicht sicher fühlt. Auch von den befragten Eltern hat jeder zweite Angst, daß sein Kind auf dem Schulweg angegriffen wird. Aufschlußreich ist weiterhin, daß sich - nach der Kölner Studie - 60% der Schüler durch ihre Lehrer nicht genügend geschützt fühlen (vgl. Mölleken/Steinke-Schmickler/Harnischmacher 1995).

In diesem Zusammenhang wird auch das *Verhalten der Lehrer bei auftretenden Gewalthandlungen* stark kritisiert. Viele Schüler fordern, daß Lehrer und andere Erwachsene nicht einfach wegschauen, sondern helfend eingreifen sollten. Zudem wird eine bessere Pausenaufsicht und ein „härteres Durchgreifen" angemahnt (vgl. Diehl/Sudek 1995, Wagner/Werz 1996). Die Bielefelder Studie konstatiert „Auf dem Schulhof mangelt es an Zivilcourage" (vgl. Holtappels/Meier/Tillmann 1996). Dies scheint insbesondere auch für Lehrer in den neuen Bundesländern zu gelten, wenn z.b. ein Drittel der Schüler meint, daß ihre Lehrer nur wenig oder gar nicht eingreifen (vgl. Schubarth/Ackermann 1998). Auch Scherer stellt fest, daß das Nichteingreifen von Lehrkräften auffällig häufig vorkommt, was auf indifferente und ängstliche Haltungen von Lehrern in Konfliktsituationen und auf „Flüchten aus Verantwortungsübernahme" hindeutet. Vier Konfliktmanagementstrategien ließen sich dabei identifizieren: Konfliktvermeidung - Rückzug (Übersehen gewaltsamer Situationen, Angst, einzugreifen, Sündenbocksuche), autoritäre Strategie - Gegengewalt (sofortige Bestrafung, Handgreiflichkeiten), deeskalierende Strategie (mit Worten stoppen) und Kooperation - Partnerschaft (vgl. Scherer 1996, S. 131).

Die Studien ermittelten weiterhin, daß viele Schüler auch aus Angst vor Gewalt bzw. um sich vor Angriffen zu schützen, *„Waffen"* bzw. *ein Abwehrmittel* mit in die Schule bringen. Zum Ausmaß des „Waffentragens" wurde eine Spannweite von 10% bis 50% ermittelt: So geben - laut Nürnberger Schülerstudie - 15% der Schüler an, „Verteidigungsgegenstände" mit in die Schule zu bringen, bei Jungen sind es ca. 20% (vgl. Funk 1995). Unter sächsischen Schülern besitzen 22% der männlichen Schüler eine Stich-, Hieboder Schußwaffe und 18% der Mädchen ein Abwehrspray (vgl. Leipziger Institut für praktische Sozialforschung 1995).Von den Bochumer Schülern war es jeder Vierte, der eine Waffe schon einmal mit in die Schule gebracht hat (vgl. Schwind u.a. 1995). Die Kölner Untersuchung ergab, daß jeder vierte Junge und jedes zehnte Mädchen bestimmte Verteidigungswaffen mit sich führt (vgl. Mölleken/Steinke-Schmickler/Harnischmacher 1995) und an Kasselaner Haupt- und Realschulen trägt jeder zweite männliche Schüler eine Waffe (Messer, Tränengas u.a.) (vgl. Greszik/Hering/Euler 1995). Während den Ergebnissen der Bielefelder Studie zufolge 11% der Schüler schon einmal „Waffen" (z.B. Messer, Reizgas) mit in die Schule gebracht hatten, 6% mehrmals im Monat (vgl. Holtappels/Meier 1997), ermittelte die Eichstätter Studie einen diesbezüglichen Anteil von 30%, wobei 12% zum Zeitpunkt der Befragung eine Waffe bei sich hatten (vgl. Fuchs/Lamnek/Luedtke 1996). Die am häufigsten anzutreffende Waffe war das Messer, mit größerem Abstand folgt das Reizgas. Waffenbesitz ist eine männliche Domäne. Mit steigendem Bildungsniveau werden weniger Waffen getragen. Das Waffentragen steigt mit der Jahrgangsstufe. In der Berufsschule ist der Anteil der Waffenbesitzer am größten. Zugleich erhöhe der Waffenbesitz die Wahrscheinlichkeit des Einsatzes von Waffen (vgl. Fuchs/Lamnek/Luedtke 1996). Bewaffnete Schüler sind auch häufiger Opfer von verbaler sowie nonverbaler Gewalt (vgl. Funk 1995). In einigen Untersuchungen wird auch nach dem *Einfluß von Banden und Cliquen* auf die Gewalttätigkeit an Schulen gefragt. So erwähnt fast ein Viertel der Schüler in Schleswig-Holstein einen solchen Einfluß (vgl. Niebel/Hanewinkel/Ferstl 1993). An Kölner Hauptschulen wird sogar ein Bandenproblem diagnostiziert (vgl. Mölleken/Steinke-Schmickler/Harnischmacher 1995), an bayerischen Schulen dagegen würde Gewalt von Gangs und Banden nur eine untergeordnete Rolle spielen (vgl. Fuchs 1994a). Nach der Eichstätter Studie sind nur 3,5% der Schüler Mitglieder von Gangs und Banden mit abweichendem Verhalten, dabei schwerpunktmäßig an Haupt- und Berufsschulen. Bandenmitglieder sind allerdings deutlich gewalttätiger als die übrigen Schüler (vgl. Fuchs/Lamnek/Luedtke 1996, S. 355). Auch Funk kann belegen, daß die Häufigkeit von Gewalthandlungen steigt, je gewalttätiger die eigene Gleichaltrigengruppe eingeschätzt wird (vgl. Funk 1995), ebenso die Bielefelder Studie, die einen sehr engen Zusammenhang von „Wertklima einer Gruppe" und der Einbindung in schulische Gewalthandlungen feststellt: „Gewaltaktive Jugendliche bewegen sich überwiegend in Cliquen, die einen aggressiven Umgang mit sich selbst und anderen pflegen" (Tillmann 1997, S. 17). Tillmann leitet daraus die pädagogische Forderung ab, im spannungsreichen Prozeß der Herausbildung von Jugendcliquen, bei dem sich Jugendliche mitunter auch im Grenzbereich zu Delinquenz und Kriminalität bewegen, ein solches „Abgleiten" zu verhindern.

Ein anschauliches Bild von der *Vielfalt und Differenziertheit schulischer Gewalt* vermitteln die offenen Umfragen, in denen über ganz konkrete Gewalthandlungen berichtet wird. Da ist z.B. die Rede von Fußtritten, Würgegriffen, Faust- und Handkantenschlägen, von rücksichtslosem Eintreten auf am Boden liegende Mitschüler, von Bedrohung, Demütigung und Erpressung von Geld sowie Sachwerten, sexueller Belästigung usw. Auch die Studie an einem Ingelheimer Gymnasium erfaßte solche differenzierten Formen, wie „Stoßen/Anrempeln", „Beleidigungen", „Bein stellen", „Treten", „Verprügeln", „Mobbing" und „Haare ziehen" usw. (vgl. Diehl/Sudek 1995). Als *Orte der Gewalt* werden in erster Linie der Schulhof genannt, dann der Schulweg (einschließlich Bahnsteige, Haltestellen, Bus), aber auch Schulkorridore, Klassenräume, Treppen und Toiletten, z.T. auch Sporthallen/Sportstätten. *Risikozeiten* sind eindeutig die Pausenzeiten, dann das Schulende und der Schulbeginn. Gewalthandlungen werden aber durchaus auch während der Unterrichtszeit begangen.

Insgesamt ergibt sich ein *differenziertes Bild von den Erscheinungsformen von Gewalt an Schulen*. Festzuhalten bleibt, daß verbale Aggressionen dominieren, gefolgt von physischen bzw. vandalistischen Gewalthandlungen und daß es zwischen ihnen enge Zusammenhänge gibt, während andere Gewaltformen (z.B. Erpressung oder sexuelle Belästigung) viel weniger verbreitet

Ausmaß, Entwicklung und Erscheinungsformen von Gewalt 87

sind. Dabei gilt: Je härter die Gewaltform, desto weniger tritt sie auf. In dieser allgemeinen Tendenz stimmen die Befunde sowohl aus der Wahrnehmungsperspektive der Schüler bzw. Lehrer als auch aus der Täter- und Opferperspektive weitgehend überein. Das große Ausmaß verbaler Aggressionen und deren wahrgenommene tendenzielle Zunahme wird z.T. in Verbindung gebracht mit dem Vorhandensein aggressiver Umgangsformen und einer sinkenden Toleranzbereitschaft unter der Schülerschaft insgesamt. Auch Gewalt von Schülern gegenüber Lehrern spielt eine nicht zu unterschätzende Rolle. Gleiches gilt für die Gewalt von Lehrern gegenüber der Schülerschaft, die bisher allerdings noch recht wenig untersucht wurde. Zu einigen anderen Gewaltphänomenen (z.B. Waffenbesitz) liegen ebenfalls erst wenige und z.T. unterschiedliche empirische Befunde vor.

Welchen Einfluß haben die Merkmale Geschlecht, Schulform oder Alter auf das Gewaltniveau?

Nahezu alle Studien kommen zu dem Schluß, daß das *Geschlecht* das zentrale Differenzierungskriterium bei Gewalt ist: Jungen sind für Gewalt anfälliger als Mädchen, sie billigen Gewalt eher, sind gewaltbereiter und üben auch eher Gewalthandlungen aus. Aufgrund ihrer stärkeren Verwicklung in Gewaltsituationen beobachten sie auch mehr Gewalt. Die Differenzen zwischen den Geschlechtern nehmen dabei mit der Härte der Gewalt zu. So sind die Geschlechterunterschiede bei physischer Gewalt, insbesondere bei schwerwiegenden Fällen, am größten. Gewalt in verbaler Form wird dagegen auch häufiger von Mädchen ausgeübt, so daß die Unterschiede hier relativ gering sind. Zudem gibt es Hinweise, daß Mädchen aufholen würden (vgl. z.B. Mansel 1995a). Als eine Erklärung für die weitaus geringere Anwendung physischer Gewalt bei Mädchen werden vor allem geschlechtsspezifische Verarbeitungsmuster angeführt: Jungen reagieren stärker mit nach außen gerichteten Aggressionen, Mädchen dagegen eher mit nach innen gerichteten Aggressionen (vgl. Hurrelmann/Freitag 1993). Körperliche Kraft und Auseinandersetzung gehört offensichtlich zur männlichen und nicht zur weiblichen Rolle. Viele Untersuchungen verweisen auch darauf, daß Jungen nicht nur eher Täter, sondern auch eher Opfer von Gewalt sind. Bei den indirekten und verbalen Viktimisierungen (z.B. Ausgrenzen, Schlechtmachen) weisen die Mädchen die stärkere Belastung auf. Trotz insgesamt geringerer Gewalterfahrung berichten Mädchen allerdings über größere Angst vor Gewalt (vgl. Lösel/Bliesener/ Averbeck 1997, vgl. auch Stenke/Bergelt/Börner 1998).

Nach dem Merkmal Geschlecht wird als zweithäufigstes Differenzierungskriterium für die Gewalt an Schulen die Rolle der *Schulform* herausgestellt. Die beiden Pole bilden auf der einen Seite die Förderschule/Sonderschule (Lern- und Erziehungshilfe) und die Hauptschule, die beide zu den stark problembelasteten Schulformen gehören, sowie auf der anderen Seite das Gymnasium, das am wenigsten mit Gewaltproblemen konfrontiert scheint. Massive

Gewaltprobleme treten insbesondere dann an Hauptschulen bzw. Sonderschulen/Förderschulen auf, wenn sie in sozialen Brennpunkten gelegen sind (vgl. z.B. Würtz u.a. 1996). Dabei ist allerdings in Rechnung zu stellen, daß die Grundschulen und die Berufsschulen in diesem Vergleich nicht angemessen berücksichtigt werden können, da sie nur in wenigen Studien erfaßt wurden. Zudem sind die Befunde zu den Grundschulen und Berufsschulen nicht einheitlich. Einige Untersuchungen lassen darauf schließen, daß die Berufsschulen eher zu den belasteten Schulformen zu zählen sind, wobei zwischen den Ausbildungsrichtungen differenziert werden muß (vgl. z.B. Ministerium für Bildung und Kultur in Rheinland-Pfalz 1993, Fuchs/Lamnek/Luedtke 1996). Bei den bisher ebenfalls wenig untersuchten Grundschulen wird insbesondere auf den hohen Grad der verbalen Aggression hingewiesen (vgl. z.B. Greszik/Hering/Euler 1995, Schwind u.a. 1995). Nur wenige Aussagen finden sich auch zu den Gesamtschulen (vgl. Dettenborn/Lautsch 1993). Am meisten untersucht sind hingegen die Unterschiede zwischen Realschulen (bzw. Sekundar- oder Mittelschulen) einerseits und Gymnasien andererseits, wobei meist deutliche Differenzen hervortreten.[11] Bei verbalen Aggressionen und Vandalismus fallen - unseren Analysen zufolge - die Schulformunterschiede jedoch recht gering aus, so daß sich folgendes vereinfachtes schulformspezifisches Profil ergibt: Für Förderschulen ist eher körperliche Gewalt kennzeichnend, für Gymnasien eher verbale Gewalt und Vandalismus, während für Mittelschulen alle drei genannten Formen eine Rolle spielen (vgl. Schubarth/Ackermann 1998).

In vielen Untersuchungen spielt auch das *Alter bzw. die Jahrgangsstufe* als Einflußgröße auf schulische Gewalt eine Rolle. Als ein erhöhtes Risikoalter kristallisiert sich dabei die Altersstufe der 12- bis 15jährigen, also die 7. bis 9. Jahrgangsstufe heraus. Der Kulminationspunkt scheint in der Jahrgangsstufe 8 zu liegen: In den Jahrgangsstufen davor steigt die Gewalt an, danach flaut sie wieder ab. Auch Tillmann sieht in der 8./9. Klasse die „Gewaltspitze" (vgl. Tillmann 1997, S. 16). Allerdings variieren die bevorzugten Gewaltformen in Abhängigkeit vom Alter. So scheint Gewalt gegen Personen eher von jüngeren, Gewalt gegen Sachen dagegen eher von älteren Schülern auszugehen (vgl. z.B. Diehl/Sudek 1995). Auch unsere Analysen zeigen, daß Erscheinungen von Vandalismus von der 6. zur 9. bzw. 10. Klasse eher zunehmen, während umgekehrt die körperliche Gewalt mit steigender Klassenstufe abnimmt (vgl. Schubarth/Ackermann 1998). Der wachsende Stellenwert von Vandalismus im Laufe der Schulzeit kann als Protest seitens der Schüler gegen die zugemutete

---

[11] Bei Funk/Passenberger wird der Einfluß der Schulform insofern relativiert, als sie im Ergebnis ihrer Mehrebenenanalysen feststellen, daß die Schulform, also Haupt-, Realschulen und Gymnasien, nicht unabhängig von den dort beschulten Schülern für das Gewaltniveau verantwortlich ist (vgl. Funk/Passenberger 1997, S. 260). Allerdings erhebt sich dann die Frage, was die Schulform sonst ausmacht, wenn man die spezifische Zusammensetzung der Schülerschaft ausblendet.

Ausmaß, Entwicklung und Erscheinungsformen von Gewalt

„institutionelle" bzw. „strukturelle Gewalt" der Schule gedeutet werden. Mit der Zerstörung von Schuleigentum (Vandalismus) meint man, die Institution Schule besonders gut zu „treffen" und seine aufgestauten Aggressionen am besten abzureagieren. Hier lassen sich auch Parallelen zur Schuldebatte in den siebziger und achtziger Jahren in den alten Bundesländern finden (vgl. z.B. Brusten/Hurrelmann 1973, Grauer/Zinnecker 1978, Holtappels 1987). Darüber hinaus wird vereinzelt auch auf eine Zunahme der Gewalt besonders unter den 9- bis 12jährigen hingewiesen (vgl. z.B. Ministerium für Bildung und Kultur in Rheinland-Pfalz 1993). Daß die größte Gewaltbelastung bei Jugendlichen im Alter zwischen 12 und 15 Jahre liegt, also in der Phase der Pubertät, weist auf entwicklungspsychologische Probleme und auf den komplizierten Prozeß der jugendlichen Identitätsfindung hin.

Einige Studien haben ermittelt, daß auch der *Leistungsstatus des Schülers* ein wichtiges Differenzierungskriterium darstellt. Schüler mit einer gewissen „Karriere" an Verhaltensverstößen, „schwierige Schüler" oder „Schulversager" gehören hauptsächlich zu den Gewaltakteuren, ebenso Schüler mit schulischen Defiziten, geringer Leistungsbereitschaft bzw. geringem Leistungsvermögen (vgl. z.B. Ministerium für Bildung und Kultur in Rheinland-Pfalz 1993, Kirchhöfer/Steiner 1993). Im Zusammenhang mit ihrem geringeren Leistungsstatus ist für die betreffenden Schüler auch eine *negative Einstellung zur Schule insgesamt* charakteristisch. Sie fühlen sich in der Schule weniger wohl, sind dort weniger beliebt und wenden sich bei schulischen Problemen eher an Freunde als an die Eltern oder Lehrer. Sie weisen eine größere Schuldistanz auf, gehen nicht gern zur Schule, sehen den Sinn des Lernens nicht ein, kritisieren Lehrer und Schule und sind stärker cliquenorientiert (vgl. z.B. Melzer/Rostampour 1995, Olweus 1995, Busch/Todt 1997).

Täter-Opfer-Analysen ergaben weiterhin, daß Täter eine hohe Aggressionsbereitschaft aufweisen und Gewalt als „normal" ansehen. Viele von ihnen sind auch nationalistisch und fremdenfeindlich eingestellt. Täter fühlen sich - im Unterschied zu den Opfern - nicht als Außenseiter oder als minderwertig. Wie stabil dieses demonstrierte Selbstbewußtsein der Täter ist oder ob sich hinter der Fassade nicht vielmehr Ängste und Unsicherheiten verbergen, bleibt allerdings in den quantitativen Studien offen. Hier ist vor allem der Einsatz qualitativer Methoden gefragt.Opfer sind im allgemeinen etwas kleiner und jünger. Ihre dominierenden Merkmale sind der Außenseiterstatus und ein geringes Selbstwertgefühl. Opfer zeigen eine hohe Schulangst und schätzen ihre Leistungen, z.T. unberechtigt, schlechter ein als andere. Qualitative Befunde verweisen in diesem Zusammenhang auch auf das unter Schülern recht verbreitete „Sündenbock-Phänomen", das mitunter Züge von Mobbing annimmt. Als Zielscheibe der Aggressionen dienen vor allem körperlich bzw. geistig „auffällige" oder fremd erscheinende Schüler (vgl. Schubarth u.a. 1997, Forschungsgruppe Schulevaluation 1998, Tillmann u.a. 1999, Schäfer/Frey 1999).

Als weitere charakteristische *Merkmale für die Gewaltakteure* wurde in den verschiedenen Schulstudien u.a. folgendes ermittelt: Die „Täter" verfügen über ein verstärktes „Schutzdenken" und „Schutzhandeln" (vgl. Dettenborn/Lautsch 1993); sie fühlen sich eher gereizt und provoziert, verharmlosen auch leicht Aggression und Gewalt; eine Konfliktlösung versuchen sie eher durch Einschüchterung und Gewalt zu erreichen (Todt/Busch 1994). Zur verbalen Konfliktlösung scheinen sie hingegen ungenügend befähigt zu sein. Der „harte Kern" präferiert Gewaltfilme, macht Erfahrungen mit Alkohol (vgl. Schwind u.a. 1995). Äußerlich sind keine Auffälligkeiten festzustellen, außer daß die Täter etwas stärker und die Opfer eher schwächer sind (vgl. Olweus 1995). Die „Täter" kommen häufiger aus schwierigen häuslichen und sozialen Verhältnissen. Es sind zum einen frustrierte und sozial benachteiligte Schüler, zum anderen verhaltensgestörte Kinder und Jugendliche, zunehmend aber auch Jugendliche aus dem „mittleren Leistungsbereich", aus „normalen" Familien (vgl. Würtz u.a. 1996). Lösel/Bliesener/Averbeck ermittelten bei ihrer Klassifizierung in „Bullies", „Täter/Opfer" und „Opfer" zusammenfassend folgende personale Charakteristika:

„Bullies" sind etwas älter als die unauffälligen Jugendlichen, haben ein wesentlich stärker belastetes Herkunftsmilieu (Kumulation von Risikofaktoren), weisen eine größere Antisozialität und schlechtere Schulleistungen auf. Sie sind sozial eher dominant, impulsiv, unaufmerksam, aber nicht ängstlich oder isoliert. Die meisten sind in eine Clique eingebunden. *„Täter/Opfer"* bzw. *„provokative Opfer,"* als die am stärksten mit psychischen Problemen belastete Gruppe, unterscheiden sich hinsichtlich der Aggressivität nicht von „Bullies". Sie sind weniger dominant, eher ängstlicher und sozial weniger akzeptiert. *„Opfer"* sind in der Klasse am meisten isoliert und unbeliebt. Sie kommen aus einem ähnlich belasteten familiären Milieu wie die „Täter", auch die Schulnoten sind ähnlich unterdurchschnittlich, sie sind tendenziell unsportlicher und jünger als die Täter (vgl. Lösel/Bliesener/Averbeck 1997, S. 145ff).

Nur wenige und noch keineswegs gesicherte Befunde lassen sich zum *Einfluß der Region, der Orts-, Schul- und Klassengröße* finden. Es gibt einige Hinweise, daß Gewalt an Schulen vor allem in Ballungsräumen und sozialen Brennpunkten vorkommt (vgl. z.B. Spaun 1995, Würtz u.a. 1996). Olweus kommt jedoch zum Schluß, daß Gewalt kein Phänomen großstädtischer Schulen ist und daß dort sogar mehr Problembewußtsein herrsche (vgl. Olweus 1995). Auch die Untersuchung in Schleswig-Holstein registriert die größte Belastung an Schulen in mittelgroßen Städten (vgl. Niebel/Hanewinkel/Ferstl 1993). Auf größere regionale Differenzen verweisen insbesondere die Umfragen in Rheinland-Pfalz und Hessen (vgl. Ministerium für Bildung und Kultur in Rheinland-Pfalz 1993, Meier u.a. 1995). Dagegen läßt sich kein eindeutiger Einfluß der Schul- und Klassengröße auf das Gewaltniveau nachweisen (vgl. z.B. Schwind u.a. 1995, Tillmann 1997). In der Nürnberger Studie finden sich jedoch Hinweise, daß besonders bei vandalistischen Handlungen die Größe der Schule, gemessen an der Schülerzahl, und das quantitative Lehrer-Schüler-Verhältnis durchaus bedeutsam sind: Je größer die Schülerzahl einer Schule bzw. je ungünstiger die quantitative Lehrer-Schüler-Relation ist, desto mehr Vandalismus wird wahrgenommen (vgl. Funk/Passenberger 1997, S. 259ff). Auch zum *Einfluß des Anteils ausländischer Schüler* auf die Problembelastung an Schulen liegen nur wenige und z.T. widersprüchliche Untersuchungsergebnisse vor. Funk hat ermittelt, daß sich deutsche und ausländische Schüler hinsichtlich der Gewaltphänomene nicht signifikant voneinander unterscheiden (vgl. Funk 1995). Andere Untersuchungen konstatieren in diesem Zusammenhang, daß die Gewalt zwischen deutschen und ausländischen (männlichen) Jugendlichen ein besonderes Problem sei (vgl. Spaun 1994). Weiterführende Analysen zu dieser Frage wurden im Rahmen der Eichstätter Untersuchung vorgenommen. Nach eingehender Prüfung kommt Fuchs zum Schluß, daß die These von einem ursächlichen Zusammenhang zwischen dem Ausländerstatus und der Gewalt an Schulen (vorläufig) verworfen werden muß. Seine Befunde belegen weder eine völlige Unterschiedslosigkeit deutscher und ausländischer Schüler noch eine eindeutig stärkere Involvierung nichtdeutscher Jugendlicher als Täter. Die zu beobachtende stärkere Gewalttätigkeit der Ausländer erachtet er dabei als wenig bedeutend (vgl. Fuchs 1997, S. 134f). Hinzu komme, daß man im Grunde nicht von „den" Ausländern sprechen könne. Vielmehr seien Differenzierungen zwischen, aber auch innerhalb der Nationalitäten geboten, was zugleich auf weitere Forschungsdesiderate hinweist.

Einige wenige Studien beziehen sich auf den *Ost-West-Vergleich*, d.h. auf den Vergleich der schulischen Gewaltbelastung in den alten und neuen Bundesländern. Dabei belegen die Vergleichsuntersuchungen sowohl in Ost- und Westberlin als auch in Nordrhein-Westfalen und Sachsen für die ostdeutsche Untersuchungspopulation zu Anfang der neunziger Jahre eine niedrigere Gewaltbelastung. Zugleich signalisieren diese Vergleichsstudien jedoch für die neuen Bundesländer eine größere Steigerungsrate (vgl. Dettenborn/Lautsch 1993, Steiner u.a. 1993, Hurrelmann/Pollmer 1994). Auch unsere im Forschungsverbund durchgeführten Untersuchungen, bei denen der Ost-West-Vergleich eine zentrale Rolle spielte, haben ergeben, daß die Gewaltbelastung an sächsischen Schulen im Vergleich zu der an hessischen Schulen niedriger war. Die Differenzen, die allerdings recht gering waren und vor allem die extremeren Gewaltformen (z.B. Prügelei, Vandalismus) betrafen, führten wir zum einen auf die Nachwirkungen der früheren Schul- und Erziehungskultur Ostdeutschlands (z.B. hoher Stellenwert von Erziehung, Disziplin, Kontrolle, Autorität) und zum anderen auf das Vorhandensein gewisser sozialer Elemente aus der DDR-Schule (z.B. Förder- und Freizeitangebote) zurück. Da in den unteren Jahrgangsstufen die Unterschiede im Gewaltniveau praktisch verschwunden waren, prognostizierten wir eine weitere Angleichung des Ostniveaus an das höhere Gewaltniveau im Westen. Dieser Angleichungsprozeß ist vor allem Ausdruck der Schattenseiten von Modernisierung und Individualisierung sowie eine Folge wachsender sozialer Ausdifferenzierung, die auch im

Osten immer stärker in Erscheinung treten. Bei der Entwicklung von Präventions- und Interventionsansätzen kann deshalb von den gleichen Grundprämissen in Ost und West ausgegangen werden; gleichwohl sollten regionale bzw. bundeslandspezifische Besonderheiten nicht außer acht gelassen werden (vgl. Schubarth/Ackermann 1998).[12]

Insgesamt betrachtet haben die aktuellen Schuluntersuchungen wesentliche Erkenntnisse aus früheren Studien bestätigt bzw. präzisiert. Das betrifft insbesondere die Rolle des Geschlechts, der Schulform, des Leistungsstatus, der Einstellung zur Schule, der Cliquenorientierung. In den neueren Studien werden diese bekannten Einflußmerkmale allerdings noch spezieller (z.B. hinsichtlich der verschiedenen Gewaltphänomene oder unter Einbeziehung unterschiedlicher Perspektiven) und in Wechselwirkung mit anderen Determinanten untersucht, so daß differenziertere Aussagen als bisher möglich sind. Fortschritte sind insbesondere bei der differenzierten Beschreibung der verschiedenen Schülergruppen, vor allem der „Täter" und „Opfer" zu verzeichnen, ebenso bei der Bestimmung des Einflusses der Schule. Auch einige neue Differenzierungskriterien tauchen auf, z.B. der Ausländeranteil, der Ost-West-Vergleich oder die Region. Unterbelichtet bleiben vor allem Aspekte der sozialen Ungleichheit, der unterschiedlichen Schichten/Milieus und der unterschiedlichen beruflichen Perspektiven. Das deutet bereits darauf hin, daß in den aktuellen Schulstudien der außerschulische Kontext insgesamt zu kurz kommt (vgl. dazu auch Heitmeyer/Ulbrich-Herrmann 1997).

Nicht zuletzt aus diesem Grunde ist von Interesse, welche Befunde die *nicht schulbezogenen Jugendstudien* zum Einfluß verschiedener Differenzierungsmerkmale auf Gewalt beisteuern. Wie unsere Sekundäranalyse ergab, werden die oben angeführten Befunde aus den Schulstudien zum Einfluß des Geschlechts, der Schulform und des Leistungsstatus durch andere Jugendstudien bestätigt. So betonen nahezu alle Jugendstudien, daß *Gewalt eher ein Problem von Jungen* ist (vgl. z.B. Böhnisch u.a. 1992 und 1994, Lange/ Schneider/Gille 1993, Stenke 1994, Schmidtchen 1996, Peiffer/Wetzels 1999). Einige Untersuchungen bestätigen auch, daß Jungen mehr Gewalterfahrungen als Mädchen haben (vgl. z.B. Langner/Sturzbecher 1997) und daß es geschlechtsspezifische Problemverarbeitungsformen gibt (vgl. Engel/Hurrelmann 1993). Auf gewisse Angleichungstendenzen zwischen den Geschlechtern verweist Mansel. Er ermittelte, daß sich die relativen Differenzen bei vergleichbaren Kohorten im Zeitverlauf von 1986 bis 1994 verringert hätten (vgl. Mansel 1995a).

---

[12] Das steht auch ganz im Einklang mit Ergebnissen der kriminologischen Forschung, die ebenfalls von einer niedrigeren Kriminalitätsbelastung in der DDR-Gesellschaft ausgeht, in der Mitte der neunziger Jahre jedoch besonders für einige Deliktformen (wie Raub, schwerer Diebstahl, Körperverletzung) für ostdeutsche Jugendliche höhere Steigerungsraten und Belastungsquoten ausweist (vgl. Kury/Obergfell-Fuchs 1995, Frehsee 1995).

Ausmaß, Entwicklung und Erscheinungsformen von Gewalt 93

Auch hinsichtlich der Rolle der *Schulform* wurden die bekannten Befunde bestätigt. Mehrere Jugendstudien heben z.b. hervor, daß Gymnasiasten deutlich weniger zur Gewalt neigen als Mittelschüler (vgl. z.B. Hurrelmann/Pollmer 1994). Auch Willems hat in seiner Täteranalyse Jugendliche mit überwiegend niedrigem bis mittleren Abschluß als „Problemgruppe" identifiziert (vgl. Willems 1993). Schmidtchen ermittelte in seinen Untersuchungen ebenfalls Jugendliche in formal niedrigen Bildungswegen, besonders die Gruppe der Hauptschüler, als „Problemgruppe" (vgl. Schmidtchen 1996). Daß Gewalt bei den unteren Bildungsgruppen bzw. in bestimmten Milieus stärker ausgeprägt ist, stellen auch Heitmeyer u.a. fest. Sie führen dies vor allem auf unterschiedliche ökonomische Chancenstrukturen und daraus resultierende unterschiedliche Desintegration zurück (vgl. Heitmeyer u.a. 1995, Heitmeyer/Ulbrich-Herrmann 1997). Wie kriminologische Analysen ergaben, liegt für Neuntkläßler, die Sonderschule, Hauptschule oder das Berufsgrundschuljahr besuchen, die Rate der Gewalttäter um fast das Dreifache über der Vergleichszahl für Gymnasiasten. Darüber hinaus wurde in Vergleichsstudien nachgewiesen, daß der in Europa festzustellende Anstieg der Gewalttaten junger Menschen primär Tätern mit niedriger Schulbildung zuzurechnen ist, deren gesellschaftliche Position von relativer Armut, sozialer Ausgrenzung und schlechten Integrationsperspektiven gekenzeichnet ist (vgl. Pfeiffer/Wetzels 1999). Umgekehrt wird in vielen Studien festgestellt, daß die allgemeine Gewaltakzeptanz mit steigendem Schulabschluß abnimmt. Mansel kommt in seinen zeitvergleichenden Untersuchungen allerdings zum Schluß, daß sich die traditionellen Schulformunterschiede im Hinblick auf Gewalt in den letzten Jahren z.T. verringert hätten (vgl. Mansel 1995a).

Als weitere „Problemgruppen", die in den Schulstudien kaum auftauchen, treten in den nicht schulbezogenen Jugendstudien die *Gruppe der Berufsschüler und die Gruppe der jungen Migranten* in Erscheinung. Berufsschüler bilden in verschiedener Hinsicht, z.B. in der Gewaltakzeptanz und im Gewaltverhalten, den Gegenpol zu den etwa gleichaltrigen Gymnasiasten (vgl. z.B. Förster u.a. 1993, Oesterreich 1993, Langner/Sturzenbecher 1997). Kriminologen haben mit Blick auf die Entwicklung der Jugendgewalt ermittelt, daß der Anstieg der Jugendgewalt in den neunziger Jahren überwiegend jenen jungen Migranten zuzurechnen ist, die sozial nicht integriert werden konnten. Ein besonderes „Problem" sind dabei solche jungen Zuwanderer, die seit längerem in Deutschland unter Bedingungen sozialer Benachteiligung aufwachsen (vgl. Pfeiffer/Wetzels 1999).

Einige Jugendstudien geben auch Aufschluß über die *Bedeutung des Leistungsstatus*, wobei die bekannten Zusammenhänge bestätigt werden. Kuhnke weist z.B. im Rahmen von Längsschnittuntersuchungen nach, daß gewalttätige Jugendliche eher leistungsschwächer sind. Als weitere Merkmale dieser Schüler ermittelte er folgende: Sie fühlen sich in der Klasse zwar wohl, sind aber mit der Schule als Institution und mit den Lehrern als deren Vertreter deutlich unzufriedener. Sie spüren von ihren Eltern starken Leistungsdruck; was ihre Beziehung zu den Eltern stark belastet. Wohl auch deshalb verbringen sie ihre Freizeit häufiger in Gruppen, haben eine stärker erwerbsbezogene Orientierung und sind mit ihrer finanziellen Lage eher unzufrieden (vgl. Kuhnke 1995). Die Bedeutung von mangelnden Leistungen bzw. Leistungsversagen wird auch in anderen Untersuchungen herausgestellt. Gerade Jugendliche, die die Leistungsideologie verinnerlicht haben, geraten bei Gefährdung ihrer schulischen Laufbahn schnell in Streßlagen und werden dann für Gewalt anfällig (vgl. Mansel/Hurrelmann 1991).

In diesem Zusammenhang sind auch die Analysen zum *Einfluß des sozialen Milieus* von Heitmeyer/Ulbrich-Herrmann aufschlußreich. So weist die Gefährdung von Lebenschancen durch schulische Mißerfolge nur in bestimmten Milieus (z.B. aufstiegsorientiertes Milieu, neues Arbeitermilieu und hedonistisches Milieu) einen positiven Zusammenhang mit gewaltförmigem Verhalten auf. Hier hat Gewalt in der Schule direkt mit Schule zu tun, weil die Anerkennung über individuelle Leistungen in Gefahr gerät. Bei anderen sozialen Milieus ist Schule inzwischen schon wertlos geworden, weil über sie keine Anerkennung mehr erwartet wird. Schule ist dann nur Gelegenheitsstruktur, um Anerkennung über körperliche Stärkedemonstration zu erzielen. „Schule produziert damit auch Gewaltursachen, deren Folgen sie gleichzeitig durch ihre Kontrollmechanismen 'auslagert' - und so für sich selbstberuhigend zum Verschwinden bringt" (Heitmeyer/Ulbrich-Herrmann 1997, S. 62).

Auf den *engen Zusammenhang von schulischer Gewalt und außerschulischer Delinquenz* verweisen unsere eigenen Schuluntersuchungen. Die in der Schule gewaltauffälligen Kinder und Jugendlichen begehen auch außerhalb der Schule erheblich mehr delinquente Handlungen (z.B. Einbruch, Prügelei, mit der Clique unerlaubte „Dinger drehen") als andere Gruppen. Es handelt sich also zum großen Teil um die gleichen Schüler, die sowohl innerhalb als auch außerhalb von Schulen Gewalthandlungen ausüben. Die betreffenden Schüler konsumieren auch überdurchschnittlich viel Alkohol, Zigaretten und illegale Drogen (vgl. Forschungsgruppe Schulevaluation 1998).

In bezug auf das *Alter* wird in vielen Studien das Jugendalter im engeren Sinne, also die Altersspanne von 14-18 Jahren, als besonderes Risikoalter hervorgehoben (vgl. z.B. Ohder 1992, Förster u.a. 1993), wobei mit zunehmendem Alter die Gewaltakzeptanz insgesamt tendenziell sinkt (vgl. Hoffmann-Lange/Schneider/Gille 1993). Dabei nehmen - so die Befunde der Längsschnittstudie von Kuhnke - mit steigendem Alter aber nur die Prügeleien ab, während Sachbeschädigung und Bedrohungen eher zunehmen (Kuhnke 1995). Auf die *große Rolle der Freizeitgruppen und gruppendynamischer Prozesse* bei der Anbahnung von Gewalttaten wird ebenfalls in verschiedenen Studien hingewiesen (vgl. z.B. Willems 1993, Korfes 1994).

Zum *Einfluß der politischen Orientierung* auf Gewalt wurde ermittelt, daß rechtsorientierte Jugendliche deutlich stärker zu Gewalt neigen, besonders in den neuen Bundesländern, und daß in solchen gewaltaffinen Gruppen, wie Faschos, Neonazis, Skins, Autonome u.a., eine ausgeprägte Gewaltbereitschaft vorherrscht (vgl. z.B. Förster u.a. 1993, Hoffmann-Lange/Schneider/Gille 1993, Willems 1993, Leipziger Institut für praktische Sozialforschung 1995).

Hinsichtlich des *Berufsstatus* und zum *materiellen Status* liegen unterschiedliche Befunde vor: Ein Teil der Studien ermittelte, daß Arbeitslose mehr gewaltbelastet (vgl. Mansel/Hurrelmann 1991, Willems 1993), ein anderer Teil hingegen, daß Arbeitslose und Jugendliche mit unsicherem Arbeitsplatz geringer belastet seien (vgl. z.B. Förster u.a. 1993). Ein Teil konstatiert, daß Kinder aus materiell schlechter gestellten Elternhäusern nicht gewalttätiger seien (vgl. Pollmer/Reißig/Schubarth 1992, Hurrelmann/Pollmer 1994), ein anderer Teil wiederum, daß die Gewaltakzeptanz bei Jugendlichen in ökonomisch schlechter oder bedrohlicher Situation am größten sei (vgl. Bundesministerium für Familie, Senioren, Frauen und Jugend 1994). Auch Krebs ermittelte für arbeitslose Jugendliche die höchste Devianzrate. Darüber hinaus gehen auch ausgeprägter Hedonismus sowie die wahrgenommene relative Deprivation mit einer höheren Devianzbereitschaft einher (vgl. Krebs 1995).

Insgesamt bestätigen die Jugendstudien viele Befunde aus den Schulstudien. Zugleich beleuchten sie aber auch viel stärker die außerschulische Lebenssituation (z.B. Herkunftsmilieu, sozio-ökonomische Lage, Freundesgruppe, Berufsstatus). Zudem beziehen sie meist ein breiteres Spektrum der Jugend bzw. des Jugendalters (z.B. Berufsschüler) und/oder andere Differenzierungskriterien (z.B. Wertorientierungen, Lebensziele, politische Orientierung, Fremdenfeindlichkeit) mit ein. Durch eine stärkere Integration von außerschulischen Lebenskontexten Jugendlicher könnte die schulbezogene Gewaltforschung ihre z.T. zu enge Fixierung auf die Institution Schule überwinden und dem komplizierten Gesamtprozeß jugendlicher Identitätsbildung im Wechselspiel von Schulischem und Außerschulischem besser gerecht werden.

2.3. Entstehungsbedingungen von Gewalt

Neben der Erforschung des Ausmaßes von Gewalt an Schulen ist die Frage nach den Ursachen für Gewalt der zentrale Schwerpunkt aller Studien zu Aggression und Gewalt. Entsprechend der inhaltlichen Zielsetzung und des methodischen Herangehens lassen sich verschiedene Tendenzen feststellen. So lag bei den ersten Studien der Schwerpunkt der Ursachensuche noch vorwiegend außerhalb der Schule. Zudem ging es meist um *vermutete Ursachen für Gewalt*. Als solche Ursachen wurden dabei vor allem folgende angenommen: grundlegende Veränderungen der Kindheit und der außerschulischen Sozialisation und damit zusammenhängende Probleme bzw. Defizite, wie z.B. Sozialisations- und Erziehungsdefizite, nachlassendes Unrechtbewußtsein, niedrige

Hemmschwellen gegenüber Gewalt, extreme Ich-Bezogenheit, allgemeiner Werteverfall, Ängste, soziale Probleme, insbesondere Arbeitslosigkeit, mangelnde Freizeitangebote, Medienkonsum, Freizeitcliquen, Umbruch im Osten, Fehler in der Politik, Vereinsamung und Verwahrlosung der Kinder, Perspektivlosigkeit für Kinder und Jugendliche usw. (vgl. z.B. Staatliches Schulamt für die Stadt Frankfurt a. M. 1991, Freie und Hansestadt Hamburg 1992, Ministerium für Bildung und Kultur in Rheinland-Pfalz 1993, Knopf u.a. 1994, Lamnek 1994a, Schwind u.a. 1995). Die meist implizite Annahme war dann, daß die *Gewalt von außen in Schulen* hineingetragen wurde, was als „Überschwapp-These" bezeichnet werden kann.

Daneben wurden aber auch *schulische Ursachen* angeführt, z.B. zu große Klassen, zu geringe Lehreranzahl, Überlastung der Lehrerschaft, fehlende Kompetenzen von Lehrern, geringe Autorität der Lehrer, hoher Leistungsdruck für Schüler, hoher Ausländer- bzw. Aussiedleranteil, Fehlen männlicher Lehrpersonen, schlechter Gebäudezustand usw. Insbesondere von Schülern wurden darüber hinaus folgende *Motive für Gewalt* genannt: Frustration in Schule und Familie, Geltungsstreben bzw. Angeberei, Lust bzw. Spaß an der Gewalt, Freude an der Angst der Anderen, Männlichkeitsideale (z.B. cool sein, seinen Mann stehen), Gruppendruck, Langeweile, politische Intoleranz und materielle Motive (vgl. z.B. Dettenborn/Lautsch 1993, Funk 1995, Würtz u.a. 1996).

Während diese genannten Ursachen vorwiegend auf Expertenbefragungen beruhten, mittels derer die Alltagstheorien der Betreffenden zwar erfaßt, meist aber empirisch nicht überprüft wurden, wurden in den letzten Jahren zunehmend Studien durchgeführt, die auf anspruchsvollen Forschungskonzepten basierten und verschiedene hypothetisch angenommene Bedingungsfaktoren für schulische Gewalt einer genauen empirischen Prüfung unterzogen. Bei diesen Untersuchungen ist insgesamt eine stärkere Einbeziehung schulischer Entstehungsbedingungen für Aggression und Gewalt zu registrieren. Andere Einflußfaktoren wurden deshalb aber nicht außer acht gelassen - im Gegenteil.

Aufgrund eines komplexen, multifaktoriellen Ansatzes konnten diese Studien überzeugend belegen, daß außerschulische Bedingungen großen Einfluß auf das Ausmaß von Schülergewalt haben. So wird in diesen Studien immer wieder die *zentrale Bedeutung der familialen Sozialisation* nachgewiesen: Gestörte Familienbeziehungen, Gewalterfahrungen in der Familie, ein gewalttätig sanktionierender Erziehungsstil fördern die Gewaltaffinität bei Kindern und Jugendlichen, vor allem bei Jungen. Als besonderer Risikofaktor im Bereich der Familie erweist sich ein restriktiver Erziehungsstil der Eltern, der vermehrt in einfachen sozialen Schichten (niedrigeres Bildungsniveau und prekäre Beschäftigungssituation) anzutreffen ist. Die Mehrheit der „Täter" ist in einem ungünstigen Erziehungsmilieus aufgewachsen, während drei Viertel der an Gewalt nicht beteiligten Schüler ein positives Erziehungsmilieu erfahren hat (vgl. Hurrelmann/Freitag 1993, Lamnek 1995b, Funk 1995, Forschungsgruppe Schulevaluation 1998, Tillmann u.a. 1999).

Auch der *Einfluß der peer group* ist beträchtlich: Hier erweist sich vor allem eine aggressive Werthaltung der Freundesgruppe als gewaltbegünstigend. Solche gewaltbejahenden Werthaltungen, die vermehrt in reinen Jungengruppen und Freundschaftsdyaden auftreten, stehen wiederum in einem engen Zusammenhang mit einem restriktiven Erziehungsstil der Eltern der Jugendlichen in diesen Gruppen. Als ein wichtiger außerschulischer Risikofaktor wird von einem Teil der Studien der *Einfluß der Medien* herausgestellt. Hier ist es besonders der Konsum von Horror-, Kriegs- und Sexfilmen, der in einem deutlichen Zusammenhang zur Schülergewalt, vor allem der physischen und vandalistischen Gewalt steht. Doch auch hierbei ist der enge Bezug zum elterlichen Erziehungsstil und zum sozialen Milieu offensichtlich: In unteren sozialen Schichten verfügen mehr Kinder über Video- und Fernsehgeräte und Konflikte um das Konsumverhalten werden stärker restriktiv ausgetragen. „Insgesamt erweist sich damit der familiäre Hintergrund als stark einflußgebend auf das aktuelle Verhalten der Schüler(innen); dies gilt sowohl für das Gewaltverhalten innerhalb der Schule als auch in der Auswahl der Freunde und im Umgang mit elektronischen Medien" (Tillmann u.a. 1999, S. 198, vgl. auch Fuchs/ Lamnek/Luedtke 1996, Funk/Passenberger 1997, Schulevaluation 1998).

Schließlich wird auch auf die Rolle von *Persönlichkeitsmerkmalen* verwiesen, z.B. auf die eigene Aggressionsbereitschaft, den Stimulationsbedarf und die mangelnde Gewissenhaftigkeit (vgl. Funk 1995). Personale Merkmale stehen mit anderen Einflüssen (z.B. familiale und schulische Erziehung) in enger Wechselbeziehung: Bei den „Tätern" handelt es sich „wahrscheinlich überwiegend um Jugendliche, bei denen sich schon seit der Kindheit bestehende Probleme in neuropsychologischen Funktionen der Handlungskontrolle und der familiären Deprivation durch eskalierende Reaktionen der sozialen Umwelt zu relativ persistenter Antisozialität (verfestigt haben)" (Lösel/Bliesener/Averbeck 1997, S. 152).

Funk macht in seiner Studie darüber hinaus auf den Stellenwert der *sozialen Integration* aufmerksam: Je größer die soziale Isolation ist, desto größer ist auch die Gewaltanfälligkeit (vgl. Funk 1995). Im Ergebnis seiner Mehrebenenanalysen hebt er neben dem Geschlecht, dem individuellen Stimulationsbedarf und den Beziehungen zu den Eltern auch die Rolle des Lehrer-Schüler-Verhältnisses und die starke Determinationskraft der Gleichaltrigengruppe hervor, wobei die Richtung dieser Beziehung (Kausalität) nicht eindeutig sei. Zwar könne eine gewalttätige Gleichaltrigengruppe die Gewaltaffinität der Jugendlichen erhöhen, umgekehrt sei jedoch auch denkbar, daß sich gewalttätige Jugendliche eher gewalttätigen peer groups anschließen (vgl. Funk/Passenberger 1997, S. 258f). Auch Olweus weist auf Gruppenmechanismen, vor allem auf die Gefahr der „sozialen Ansteckung" und auf mögliche Nachahmungseffekte hin. Zugleich hebt auch er die Rolle der Eltern, insbesondere ihrer emotionalen Grundeinstellung ihren Kindern gegenüber hervor. Als wichtige Erziehungsprobleme treten seiner Ansicht nach auf: zu wenig Fürsorge und zuviel „Freiheit" sowie „machtbetonte" Erziehungsmethoden. Von großer Bedeutung ist für ihn auch die Einstellung der Lehrkräfte gegenüber dem Gewaltproblem und ihr Verhalten in konkreten potentiell gewalthaltigen Konfliktsituationen, z.B. Anwesenheit und Verhalten während der Pausen (vgl. Olweus 1995).

Andere Untersuchungen, die schwerpunktmäßig auf die *Erforschung innerschulischer Faktoren für Gewalt* zielen, nehmen vor allem das funktionale System von Schule und die damit auftretenden Probleme für die Identitätsentwicklung der Schüler in den Blick. Die strukturellen Rahmenbedingungen für die Entstehung von Gewalt an Schulen bilden nach Hurrelmann/Freitag die *schulischen Konkurrenzerfahrungen*, welche mit negativen Folgen für die Leistungsschwächeren verbunden sind. Aggression und Gewalt ist demzufolge eine Reaktion auf Deprivation, Demoralisierung, auf das Gefühl, „struktureller Verlierer" der Wettbewerbsgesellschaft zu sein (vgl. Hurrelmann/Freitag 1993, vgl. auch Heitmeyer/Ulbrich-Herrmann 1997). Für Helsper ist Gewalt ein Mittel zur Sicherung eines desintegrierten, unsicheren Selbst gegenüber sozialer Anerkennungsverweigerung. Schule gefährdet bzw. unterstützt nur ungenügend die psychische Integrität der Heranwachsenden (vgl. Helsper 1995). Ganz ähnlich sieht auch Wexler in abweichendem Schülerverhalten defensive Kompensationsreaktionen auf Defizite in den sozialen Beziehungen in Schule und Gesellschaft, ein „Ich der Notwehr" (vgl. Wexler 1995). Auf unterschiedliche Motive für Gewalt an Schulen verweist Böttger im Anschluß an seine qualitativen Interviews: 1. Gewalt als starke affektive Entladung, 2. Gewalt zur Wiederherstellung eines als gerecht empfundenen Zustandes, 3. Gewalt zur Wiederherstellung der Ehre (die Motive 2 und 3 zielen auf Aufmerksamkeitsgewinn im Umfeld) und 4. Gewalt als Ausdruck sozialer Desintegration. Bei letzterem habe Schule allerdings kaum noch Einflußmöglichkeiten (vgl. Böttger 1997).

Unsere in Kooperation mit der Bielefelder Forschergruppe durchgeführten Untersuchungen konnten nachweisen, welchen *großen Einfluß schulische Bedingungen und Faktoren*, insbesondere die Schul- und Lernkultur, auf das Gewaltniveau haben. Relevante Einflußfaktoren sind dabei vor allem die Lehrerprofessionalität, das Lehrer-Schüler-Verhältnis, die Möglichkeiten zur Partizipation an Schulen, ein schülerorientierter Unterricht und außerunterrichtliche Angebote. Als Risikofaktor für Gewalt erweist sich dagegen ein „restriktives" Lehrerverhalten: Abwertendes, etikettierendes sowie manifest-aggressives Lehrerhandeln wirkt verstärkend auf Gewalt. Daneben stellt auch die Desintegration in der Schülergruppe einen wichtigen Risikofaktor dar, während die Akzeptanz durch Lehrkräfte gewaltmindernd wirkt. In Schulen und Klassen mit einer guten Lernkultur und einem guten Sozialklima gibt es auch weniger Gewalt, was den Einfluß sozialökologischer Aspekte auf das Ausmaß von Schülergewalt belegt. Allerdings zeigen komplexe statistische Auswertungsverfahren auch, daß Schule zwar „dämpfend" und „abfedernd" wirken kann - ihr Einfluß auf Gewalt ist jedoch begrenzt. Die Werte der Varianzaufklärung (ca. 15-20%) lassen darauf schließen, daß der größere Teil bei der Beeinflussung möglichen Gewaltverhaltens auf außerschulische Bedingungen bzw. individuelle Faktoren zurückzuführen ist. Zudem können schulische Bedingungen eher die weicheren als die härteren Gewaltformen beeinflussen (vgl. Tillmann u.a. 1999, Forschungsgruppe Schulevaluation 1998). Andere Untersuchungen ermittelten ähnliche bzw. weitere *schulische Risikofaktoren*, so z.B. ein hohes Ausmaß von Langeweile und Lärm im Unterricht, ein Gefühl der Unterforderung, das Desinteresse am Lernstoff und einen geringen Grad von Mitsprachemöglichkeiten der Schüler (vgl. z.B. Niebel/ Hanewinkel/Ferstl 1993). Je größer das Desinteresse am Lernstoff ist und je geringer die wahrgenommenen Mitgestaltungsmöglichkeiten sind, desto verbreiteter sind Gewaltbilligung, -bereitschaft und -tätigkeit, stellt auch Funk fest (vgl. Funk 1995). Dies unterstreicht erneut die große Bedeutung der *Qualität des Lehrer-Schüler-Verhältnisses*. Nach der Analyse von Melzer/ Rostampour begünstigt vor allem ein aggressives Verhalten der Lehrer (z.B. „Schreien im Unterricht", „abfällig über Schüler reden", „gegenüber Schülern handgreiflich werden") das Auftreten von Gewalt (vgl. Melzer/Rostampour 1995). Auch Holtappels/Meier betonen im Ergebnis ihrer Analysen, daß sozialökologische Aspekte der innerschulischen Lern- und Erziehungsumwelt für die Produktion und Stützung von Schülergewalt relevant sein können und daß umgekehrt eine förderliche Schulumwelt Gewalt mindern kann. Dazu gehören vor allem ein *Schulklima*, das durch ein förderndes Lehrerengagement und gute Sozialbeziehungen unter den Schülern sowie zwischen Schülern und Lehrern geprägt ist, eine *Lernkultur,* die durch lebensweltbezogenes und schülerorientiertes Lernen ohne großen Leistungsdruck gekennzeichnet ist und ein *Erziehungsverhalten* seitens der Schule, bei dem soziale Etikettierung und die Anwendung restriktiver Erziehungsmaßnahmen keinen Platz haben (vgl. Holtappels/Meier 1997, Meier 1997, Tillmann u.a. 1999).

Bei den zahlreichen *nicht schulbezogenen Jugendstudien* der neunziger Jahre, die Gewaltursachen erforschten, spielt die Schule als Ursachenfaktor ebenfalls eine Rolle. Viele Ergebnisse der Schulstudien zu den Entstehungsbedingungen von Gewalt werden dabei durch die Jugendstudien bestätigt. Mansel/Hurrelmann ermittelten mit Hilfe eines komplexen Untersuchungsmodells als die stärksten Prädiktoren für aggressive Verhaltensweisen die Konfliktdichte der familialen Interaktion und das Geschlecht, gefolgt von der Unzufriedenheit mit dem Schulabschluß bzw. der bisherigen Schullaufbahn und dem subjektiv als mangelhaft eingeschätzten Besitzstand (vgl. Mansel/Hurrelmann 1991 und 1994). Die familialen Bedingungen erwiesen sich dabei als die entscheidenden Faktoren. Für die Umsetzung von Gewaltbereitschaft in Gewalthandeln hat aber auch die Erfahrung, daß Gewalt ein probates Mittel zur Interessendurchsetzung sein kann, große Bedeutung. Gewalt wird zudem dann wahrscheinlicher, je weniger Mittel alternativ vorhanden sind oder je geringer die Effektivität alternativer Mittel eingeschätzt wird, das Ziel - nämlich Aufmerksamkeit - zu erreichen. Neben exteriorisierenden Formen der Belastungsregulation, wie z.b. Gewalt oder Drogenkonsum, wurden auch interiorisierende Formen (emotionale Anspannung, psychosomatische Beschwerden, Häufigkeit von Krankheiten) erfaßt, wobei signifikante geschlechtsspezifische Differenzen auftreten: Junge Frauen sind bei interiorisierenden Formen der Belastungsregulation eindeutig höher belastet als männliche Jugendliche. Umgekehrt ist es bei den genannten exteriorisierenden Formen. In der Tendenz werden Problemlagen von Jugendlichen somit entweder innen- oder außengerichtet verarbeitet (vgl. Mansel/Hurrelmann 1994).

In einigen Jugenduntersuchungen wird insbesondere das *Zusammenwirken von familialen und schulischen Bedingungsfaktoren* näher beleuchtet. Ein hohes Risiko für aggressives Handeln tritt vor allem dann auf, wenn die hochgesteckten elterlichen Erwartungen in die schulische Karriere ihres Kindes nicht erfüllt werden können (so etwa bei schulischen Versetzungsproblemen), das Kind aber das Erfolgsmotiv internalisiert hat (vgl. Engel/Hurrelmann 1993). Daß Anerkennung und Selbstwert in der Schule nur an Leistung und Konkurrenz gebunden ist und Schule deshalb kaum milieubildende Effekte, d.h. sozial-emotionalen Rückhalt, hervorbringen kann, stellen auch Böhnisch u.a. im Ergebnis ihrer Analysen kritisch fest (vgl. Böhnisch 1992, Böhnisch/Wolf 1995). Der enge Zusammenhang von negativer Schulkarriere und gewalttätigem Verhalten einerseits sowie von einem schlechten Eltern-Kind-Verhältnis und Gewalt andererseits wurde ebenfalls in einer Untersuchung von Hurrelmann/Pollmer nachgewiesen. Hinsichtlich der familialen Bedingungen war die emotionale Mangelsituation sogar relevanter als die materielle Mangelsituation (vgl. Hurrelmann/Pollmer 1994). Der zentrale Einfluß des Familienklimas und der Schulkarriere für die Akzeptanz von Gewalt, aber auch von Rechtsextremismus wird ebenso durch andere Studien belegt (vgl. z.B. Klein-Allermann u.a. 1995). Im Ost-West-Vergleich wurden dabei gewisse Differenzierungen festgestellt: So trete der Zusammenhang zwischen schulischen Leistungsproblemen und Gewaltbereitschaft bei ostdeutschen Jugendlichen deutlicher in Erscheinung. Komme dann noch ein auf extremistischen Ungleichheitsideologien basierendes Wertesystem dazu, so sei die Gefahr groß, daß versucht würde, berufliche oder schulische Probleme durch Gewalthandlungen gegenüber Schwächeren bzw. Fremden abzureagieren (vgl. Bundesministerium für Familie, Senioren, Frauen und Jugend 1994). Die Unterschiede in der Gewaltakzeptanz zwischen Jugendlichen mit verschiedenen formalen Bildungsabschlüssen führen Heitmeyer u.a. auf unterschiedliche ökonomische Chancenstrukturen und daraus resultierende unterschiedliche Desintegrationsgrade in Schule, Ausbildung und Beruf sowie auf unterschiedliche Verunsicherungs- und Gewaltpotentiale zurück (vgl. Heitmeyer u.a. 1995). Das steht auch mit Forschungsergebnissen von Engel/Hurrelmann im Einklang, die als Risikofaktoren Deprivationserfahrungen in bezug auf Güter der kommerzialisierten Jugendkultur, insbesondere bei starkem Einkommensgefälle in der Schulklasse, ermittelt haben. Gewalt und Delinquenz insgesamt ist dann vor allem aus den Wechselwirkungen von Prozessen kultureller und sozialer Integration heraus zu verstehen: Auf der einen Seite gibt es eine Internalisierung der Leistungs- und Erfolgskultur, auf der anderen Seite ungleich verteilte soziale und personale Ressourcen und Chancen, entsprechende Ziele zu realisieren (vgl. Engel/Hurrelmann 1993).

In seinen Untersuchungen unter gewaltaffinen Jugendgruppierungen zum Einfluß familialer und außerfamilialer Netzwerke, vor allem der Gleichaltrigengruppe, kommt Kühnel zum Schluß, daß vielfältige („multiplexe") Beziehungsnetzwerke sowohl zu Erwachsenen als auch zu Gleichaltrigen einen starken sozialen Ressourcenfundus bilden, so daß gewaltförmiges Risikohandeln dann lediglich als Episodenphänomen auftritt. Demgegenüber stehen Jugendliche mit einförmigen („uniplexen") Beziehungsnetzwerken (z.B. einseitig materielle/instrumentelle Unterstützung durch die Herkunftsfamilie), so daß dann der *peer group* eine kompensatorische Funktion für Desintegrationsprozesse zukommt, was letztlich die Gewaltneigung begünstigt (vgl. Kühnel 1995b). Auch für die schulische Devianz gelte: Jugendliche, die in vielfältigen und integrierten Beziehungen aufwachsen, weisen eine etwas geringere Devianzneigung in der Schule auf als andere Jugendliche (vgl. Kühnel/Matuschek 1997). Auch Ohder stellt als Motive für Jugendgruppengewalt heraus: die Funktion der Gruppe als „Ersatzfamilie" bzw. Notgemeinschaft", die Suche nach Anerkennung und Sicherheit, die Durchsetzung bestimmter Bedürfnisse und Forderungen, das Erzielen von Aufmerksamkeit oder Jugendgruppengewalt als Versuch, in Gruppen lebensweltliche Probleme zu bewältigen (vgl. Ohder 1992).

Neben - und im Zusammenhang mit - Veränderungen in den verschiedenen Feldern der Sozialisation werden als mögliche Ursachenfaktoren in vielen Studien auch *gesamtgesellschaftliche Wandlungsprozesse* angeführt. So resümiert Ohder, daß Gewalt durch Jugendgruppen die Folge allgemeiner gesellschaftlicher Verhältnisse und Ausdruck bestimmter Prozesse (z.B. Ausdifferenzierung sozialisatorischer Bereiche, Zunahme von Konkurrenzbeziehungen) sowie Ergebnis konkreter Erfahrungen (institutionell geprägte Erfahrungen, informelle Erfahrungsbereiche) sei (vgl. Ohder 1992). Mansel sowie zahlreiche andere Forscher betonen insbesondere die aus den Individualisierungsprozessen resultierenden Verunsicherungen sowie Erfahrungen von Desorientierung und Desintegration „und die fehlende intergenerationale Kommunikation über Norm- und Wertvorstellungen (vgl. z.B. Mansel 1995a). Der von ihm registrierte Gewaltanstieg sei darauf zurückzuführen, daß die Schere zwischen den Ansprüchen der Jugendlichen an ein erfülltes Leben und den Realisierungsmöglichkeiten zunehmend auseinanderklaffe, wobei die Wahrnehmung, Interpretation und subjektive Bewertung der eigenen Lebenssituation wichtige moderierende Faktoren darstellen. Ähnlich argumentieren auch

Pfeiffer/Ohlemacher im Anschluß an ihre kriminologischen Untersuchungen, wenn sie feststellen, daß die Armut sich zu den jungen Menschen verlagert habe. *Armut wiederum erhöhe die Wahrscheinlichkeit abweichenden Verhaltens junger Menschen*, da diese weniger Frustrationstoleranz und mehr Konsumwünsche als ältere Menschen haben. Kriminalität sei eine Konsequenz ökonomischer Deprivation. Zudem fehlten den Jugendlichen Perspektiven, wie sie aus eigener Kraft aus ihrer Notlage herauskommen können. In den letzten 15 Jahren habe sich die „Schere" zwischen Arm und Reich deutlich verschärft. Es entstünden verschiedene soziale Problemlagen, wodurch sich voneinander abgegrenzte Randgruppen herausbilden, die (z.T. gegeneinander) um die knappen Ressourcen von Arbeit, Wohnung und staatlicher Unterstützung konkurrieren (vgl. Pfeiffer/Ohlemacher 1995). In diesem Zusammenhang ist von einer „Winner-Loser-Kultur" die Rede, die für die Zunahme von Jugendgewalt verantwortlich sei. Kriminologische Forschungen haben ergeben, daß sich das Risiko der Entstehung von Jugendgewalt drastisch erhöht, wenn zwei von den folgenden drei Faktoren zusammentreffen: die Erfahrung innerfamiliärer Gewalt, gravierende soziale Benachteiligung der Familie und schlechte Zukunftschancen des Jugendlichen (Pfeiffer/Wetzels 1999).

Auch andere Studien belegen den Zusammenhang von sozialer Desorientierung, Verunsicherung und Anomie einerseits und Gewalt- bzw. Devianzbereitschaft andererseits. So begünstigt soziale Desorientierung bei ost- wie westdeutschen Jugendlichen den Rückgriff auf einfache Deutungsmuster im Sinne der Abwertung von Fremdgruppen und nationalen Dominanzgefühlen (vgl. Krebs 1995). Die Wahrnehmung relativer Deprivation hat allerdings nur im Westen einen deutlichen Anstieg der Devianzbereitschaft zur Folge. Daneben geht auch ausgeprägter Hedonismus mit hoher Devianzbereitschaft einher (vgl. ebd.). Verunsicherungen aufgrund subjektiv wahrgenommener gesellschaftlicher Veränderungen korrespondieren auch mit rechtsextremen Orientierungen (vgl. Klein-Allermann u.a. 1995).

Im Zusammenhang mit sozialen Wandlungsprozessen spielt bei der Ursachenforschung auch der *gesellschaftliche Umbruch im Osten Deutschlands* eine große Rolle. Wenn Böhnisch u.a. konstatieren, daß Gewaltakzeptanz auf Orientierungs- und Bewältigungsprobleme in sich rasch verändernden Milieus zurückzuführen ist, dann gilt das für die Situation in Ostdeutschland infolge des gesellschaftlichen Umbruchs in besonderem Maße (vgl. Böhnisch u.a. 1996). Analog interpretieren auch Korfes und Thiel *Gewalt als eine destruktive Reaktion auf die komplexen Veränderungen*. Eine gewaltfördernde Konstellation entsteht jedoch erst in einer Bündelung von makro- und mikrostrukturellen Faktoren in Verbindung mit der Integration in gewaltaffine Jugendkulturen, wobei in diesem Rahmen Kontrolle und Sanktion Bedeutung haben (vgl. Korfes 1994). Gerade in dieser Hinsicht sei auch die Situation an ostdeutschen Schulen durch Unsicherheit der Lehrer bei der Reaktion auf abweichendes Verhalten, durch fehlende (gesetzlich legitimierte) Verhaltensnormative und defizitäre Bedingungen einer effektiven Gegenreaktion gekennzeichnet (vgl. ebd.). Die Funktion von Gewalt als Bewältigungsform von Lebensproblemen kommt auch in anderen Studien zum Ausdruck. Heitmeyer u.a. ermittelten z.B., daß knapp 70% der ostdeutschen Jugendlichen (im Vergleich: 60% der westdeutschen) der Begründung für Jugendgewalt zustimmten, wonach diese als Reaktion auf alltäglich erfahrene Gewalt begriffen wird (vgl. Heitmeyer u.a. 1995). Schließlich wird auch in den Jugendstudien die *Rolle der Persönlichkeitsmerkmale* hervorgehoben. Langner/Sturzbecher verweisen sogar darauf, daß der Komplex „Persönlichkeit" den wichtigsten Erklärungsbeitrag für die Gewaltbereitschaft unter Jugendlichen leiste. Eine hohe Gewaltbereitschaft resultiere dabei vor allem aus einer hohen Erregbarkeit bei hohem Selbstvertrauen sowie Hoffnungslosigkeit und externalen Kontrollüberzeugungen: „Die höchste Gewaltbereitschaft zeigen 'unruhige' Jugendliche, die von sich und ihren Fähigkeiten überzeugt sind, jedoch zugleich nicht daran glauben, diese Fähigkeiten bei der Gestaltung des eigenen Lebens nutzbringend einsetzen zu können" (Langner/Sturzbecher 1997, S. 196).

Insgesamt ergänzen die Befunde der Jugendstudien die entsprechenden Ergebnisse aus den Schulstudien. Dies wird insbesondere ermöglicht durch die stärkere Verknüpfung von schulischen und außerschulischen Bedingungsfaktoren und durch die Einbeziehung anderer Formen abweichenden Verhaltens. Makrosoziale Faktoren (Individualisierung, Umbruch in Ostdeutschland, soziale Ungleichheiten u.a.) und mikrosozialer Faktoren (Familie, Schule, Gleichaltrigengruppe u.a.) sowie deren Wechselwirkungen werden durch die Jugendstudien z.T. differenzierter erfaßt, was erneut den Wert einer stärkeren Integration von Jugend- und Schulforschung unterstreicht.

2.4 Interventions- und Präventionsmöglichkeiten

Eines der grundlegenden Ziele der schulbezogenen wie nicht schulbezogenen Jugendstudien zu Gewalt war die Ableitung bzw. Entwicklung von Handlungsansätzen, um Aggression und Gewalt unter Kindern und Jugendlichen zurückzudrängen bzw. ihr vorzubeugen. In fast allen Untersuchungen wurden deshalb Präventions- und Interventionsvorschläge unterbreitet. Die Palette der Vorschläge ist groß, so daß eine Systematisierung nicht einfach ist.

Zur wissenschaftlichen Fundierung von Interventions- und Präventionsansätzen haben wir in unseren Untersuchungen im Rahmen der Forschungsgruppe Schulevaluation nicht nur gewaltfördernde und gewalthemmende Bedingungen erforscht, sondern zugleich auch eine Bestandsaufnahme der bestehenden Interventions- und Präventionspraxis an Schulen durchgeführt. Zur *Praxis der Gewaltintervention* wurde - auf Grundlage der vergleichenden Schulleiterbefragung in vier Bundesländern - u.a. ermittelt, daß die Schulen beim Umgang mit den „Tätern" vor allem auf pädagogische Gespräche mit den auffälligen Jugendlichen und deren Eltern setzen. Administrative Maßnahmen (z.B.

Umsetzung in eine Parallelklasse, Schulverweis) kommen selten vor. Die Jugendhilfe wird ebenfalls nur selten eingeschaltet, noch seltener die Polizei. Die Schulen sind also bestrebt, die auftretenden Konflikte innerhalb der eigenen Institution zu klären. Dies gilt für alte und neue Bundesländer gleichermaßen. Beim Ost-West-Vergleich fallen lediglich die höheren Quoten hinsichtlich der Überweisungen an Beratungsstellen für die westlichen Bundesländer auf, was auf das unterschiedliche Entwicklungsniveau der Jugendhilfestruktur zurückgeführt werden kann (vgl. Ackermann 1996, Schubarth 1998b).

Die *Situation der Präventionsarbeit* stellt sich - entsprechend den Befunden unserer vergleichenden Schulleiterbefragung - sehr unterschiedlich dar, sowohl zwischen den einzelnen Schulen als auch zwischen den verglichenen Bundesländern. Bei einem Teil der ostdeutschen Schulen war eine mangelnde Aufgeschlossenheit und ein Nachholbedarf in bezug auf die Gewaltproblematik zu registrieren. Während in Hessen und Baden-Württemberg jeweils ca drei Viertel der Schulen über Präventionsansätze berichteten, war es in Sachsen und Thüringen nur jeweils ein Drittel. Demnach war zum Zeitpunkt der Schulleiterbefragung (1993/94) der Stellenwert der Gewaltprävention in den alten Bundesländern höher; für die neuen Bundesländer wurde eine Vernachlässigung bzw. Verzögerung bei der Präventionsarbeit registriert. Die meisten Schulen, die Präventionsanstrengungen unternahmen, setzten auf außerunterrichtliche Angebote (z.B. Arbeitsgemeinschaften, Ganztagsangebote, Pausenaktivitäten, Projektwochen, gemeinsame Gestaltung von Schulräumen u.ä.). Große Bedeutung wurde auch der Elternarbeit beigemessen (z.B. Elterngespräche, Gesprächskreise zwischen Eltern und Lehrern, offener Brief an die Eltern u.ä.). Darüber hinaus verwiesen die Schulen in Baden-Württemberg und Hessen auf vielfältige Aktivitäten des Lehrerkollegiums bzw. der Schulleitung (z.B. Lehrerfortbildung, Beratungen des Kollegiums, pädagogische Tage, Fallbesprechungen, Änderungen der Schulorganisation, Reduzierung der Klassenstärken u.ä.). Maßnahmen zur Kontrolle und Bestrafung spielten vor allem in Sachsen und Baden-Württemberg eine große Rolle (z.B. Verstärkung der Aufsicht, Erarbeitung einer Hausordnung und deren konsequente Durchsetzung, regelmäßige Belehrungen über die Schulordnung, stichprobenartige Kontrolle auf Schundliteratur oder Waffen, Einrichtung von Schülerordnungsgruppen u.ä.). Weitere Präventionsschwerpunkte zielten auf eine Thematisierung von Aggression und Gewalt im Unterricht, auf den Einsatz von Beratungslehrern sowie auf eine enge Zusammenarbeit mit anderen Institutionen bzw. Partnern (z.B. Jugendamt, Ordnungsamt, Polizei, Suchtberatungsstellen, Schulpsychologen, Kirchen, Sozialpädagogen, Vereine, sonstige kommunale Einrichtungen u.ä.) (vgl. Ackermann 1996, Schubarth 1998b).

Im Verlaufe der neunziger Jahre ist eine *wachsende Sensibilisierung gegenüber Aggression und Gewalt unter der Lehrerschaft* eingetreten, gerade auch in den neuen Bundesländern. Die Befunde aus unserer Lehrerbefragung (1995/1996) zu den aus Lehrersicht geeigneten Präventions- und Interventionsmaßnahmen in bezug auf Aggression und Gewalt zeigen das breite und wachsende Spektrum möglicher Handlungsansätze. Die dominierende Form des Umgangs mit Aggression und Gewalt ist dabei nach wie vor die Aussprache mit den betreffenden Schülern. Große Bedeutung haben auch die Thematisierung im Unterricht und die Elternarbeit (z.B. Elterngespräche, Gesprächskreis zwischen Eltern und Lehrern, offener Brief an die Eltern). Daneben setzen die Lehrer auf Sanktionen und auf die außerunterrichtliche Arbeit. Als wichtig werden zunehmend die Aktivitäten des Lehrerkollegiums (z.B. Fortbildungen, Fachbesprechungen) sowie das persönliche Engagement jedes einzelnen Lehrers erachtet (z.B. für Schülerprobleme offen sein, Schüler akzeptieren, ihnen Vertrauen entgegenbringen). Eine geringere Rolle spielen die Zusammenarbeit mit anderen Institutionen (z.B. Jugendamt), ebenso der Einsatz der Beratungslehrer bzw. die Überweisung an eine Beratungsstelle sowie die Umsetzung in eine andere Klasse bzw. Schule (vgl. Schubarth 1998b).

Im *Vergleich mit der Schulleiterbefragung* zwei Jahre zuvor ist im Hinblick auf die Gewaltprävention vor allem ein Bedeutungszuwachs bei der Thematisierung von Gewalt im Unterricht festzustellen. Das Gleiche gilt für die Aktivitäten des Lehrerkollegiums in diesem Bereich. Dies zeugt von einem wachsenden Bewußtsein der Lehrer, sich mit der Thematik auseinanderzusetzen. Eine mögliche Ursache für die intensivere Beschäftigung mit der Thematik seitens der Lehrerschaft könnte aber auch der gestiegene Problemdruck sein, so daß ein Teil der Schulen nicht umhin kam, sich dem Problem zu stellen. Ein Bedeutungsrückgang ist dagegen bei der außerunterrichtlichen Arbeit zu verzeichnen, was auf zunehmende Probleme der Belastungskapazität der Lehrer sowie auf mögliche Akzeptanzprobleme dieser Angebote bei den Schülern hinweist. Verstärkte Bemühungen sind auch bei der Zusammenarbeit mit anderen Institutionen nötig (vgl. Forschungsgruppe Schulevaluation 1998, Darge 1998, Schubarth 1998b).

Aus den Täter-Opfer-Analysen von Melzer und Rostampour ist die Schlußfolgerung zu ziehen, daß das Changieren des Täter- und Opferstatus in der Präventionsarbeit stärker berücksichtigt und eine Stigmatisierung der betreffenden Schüler als „Abweichler" vermieden werden muß. Wichtig seien klare Regeln und eine Zurechtweisung der Täter einerseits und Verständnis für die Außenseiterrolle der Opfer andererseits. Letzteren kann vor allem durch eine stärkere Integration in den Klassenverband oder in Schülergruppen und durch die Gestaltung eines guten Klassen- und Schulklimas geholfen werden (vgl. Melzer/Rostampour 1995). „Die Konsequenz für Prävention und Intervention lautet, daß eine Doppelstrategie erfolgen muß, die einerseits auf eine Optimierung von Schulqualität im Bereich von Unterricht und Schule insgesamt zielt und geeignete Kommunikationsformen mit auffälligen Schülern einschließt, andererseits opferbezogene Maßnahmen einbeziehen muß, die eher auf der Individual- und der Klassenebene anzusiedeln sind" (Melzer/Mühl/Ackermann 1998, S. 214).

Im Ergebnis der Analysen der mit uns kooperierenden Bielefelder Forschergruppe werden folgende zusammenfassenden Empfehlungen zur Gewaltprävention bzw. -intervention gegeben:

- die Lernkultur entwickeln: differenzierte Arrangements für Lernen und Erfahrung entfalten, Leistungsdruck vermeiden, gerechte Chancenstruktur schaffen, Leistungschancen fördern, Schulversagen verhindern
- das Sozialklima entwickeln: Gemeinschaft fördern und soziale Bindungen herstellen, Konfliktverhalten der Lehrkräfte verbessern, soziale Kompetenzen der Jugendlichen erweitern
- Regeln etablieren und Grenzen setzen: Klassenregeln einführen, bei Gewalthandlungen eingreifen, Absprachen im Kollegium treffen
- Hilfestellungen beim reflexiven Erwerb der Geschlechterrolle geben: gezielte Jungenarbeit betreiben, Jungen und Mädchen stärken, sensibilisieren
- Medienerziehung betreiben bzw. verstärken
- im Umgang mit schwierigen Schülern Etikettierungen vermeiden: entstigmatisierendes Verhalten zeigen, die diagnostischen und interaktiven Kompetenzen der Lehrkräfte stärken
- die Kooperation im Stadtteil suchen: mit der Jugendhilfe zusammenarbeiten, die Schule zum Stadtteil öffnen
- Prävention als Entwicklung der Schulkultur

Für alle Schulen wird dabei *primäre Prävention* empfohlen. Diese ist identisch mit der pädagogischen Entwicklung von Einzelschulen. Für Schulen mit einer gewissen Problemlage (z.B. erste Gewalttendenzen) sind Maßnahmen der *sekundären Prävention* sinnvoll, d.h. solche kontext- und individuumsbezogenen Maßnahmen wie Verhaltenstraining mit Schülern und Lehrern, Erarbeitung von Verhaltensregeln, gezielte Jungenarbeit, Schulsozialarbeit u.a. Für die Minderheit von stark gewaltbelasteten Schulen ist *tertiäre Prävention* angezeigt, d.h. korrektiv-personale Interventionen, die auf Verhaltensmodifikationen bei Kindern und Jugendlichen setzen (z.B. Trainingsprogramme, Verfahren der Konfliktschlichtung, Täter-Opfer-Ausgleich), die aber auch die Schule (z.B. Initiierung eines schulinternen Schulentwicklungsprozesses) sowie das schulische Umfeld (z.B. Stadtteilkonferenz) in den Interventionsprozeß einbeziehen (vgl. Tillmann u.a. 1999, S. 302ff).

Ähnlich wie in den eben angeführten Untersuchungen werden auch in anderen Studien zahlreiche Vorschläge zur Intervention und Prävention unterbreitet. Zu den am häufigsten genannten *Vorschlägen der Schulstudien* gehören *Verbesserungen im Lehrer-Schüler-Verhältnis*, gefolgt von verbesserten Mechanismen der Kontrolle, Sanktion bzw. Norm- und Konfliktregelung sowie Möglichkeiten der Förderung und Integration der Schüler. Nicht so dominierend, aber dennoch weit verbreitet sind auch solche Vorschläge, wie Gespräche mit den betroffenen Schülern, Beratungen bzw. Fortbildungen im Lehrerkollegium, Fragen der inneren Schulreform (z.B. Verstärkung des sozialen

Lernens, Öffnung von Schule, Schaffung von außerschulischen Angeboten), Aktivierung der Schülermitbestimmung, Verstärkung der Zusammenarbeit mit den Eltern, Intensivierung der Kooperationsbeziehungen zu anderen Institutionen. Recht zahlreich sind auch Vorschläge, die auf Veränderungen in der ganzen Gesellschaft, insbesondere in der Sozialpolitik, zielen. Weniger Verbreitung erfahren hingegen solche Vorschläge, wie z.B. Umgestaltung des Stundenrhythmus, Veränderungen des unmittelbaren Schulumfeldes, Möglichkeiten des Täter-Opfer-Ausgleichs, Thematisierung von Gewalt im Unterricht, konkrete Anti-Gewalt-Programme, Trainingsprogramme für Schüler oder Lehrer, Einzelfallhilfen bzw. -betreuung.

Im Vergleich dazu spielt bei den *Vorschlägen der nicht schulbezogenen Jugendstudien* das gesamte soziale Umfeld, inbesondere die Lebens- und Berufsperspektiven der Jugendlichen, eine größere Rolle. Gleiches gilt für die Entwicklung sozialer Kompetenzen bei Kindern und Jugendlichen, die in Gestalt von Trainingsprogrammen, Rollenspielen usw. sehr häufig vorgeschlagen wird. Einen höheren Stellenwert als bei den Schulstudien nehmen auch Fragen der Partizipation Jugendlicher, der Einzelfallhilfe und der Wiedergutmachung (z.B. Täter-Opfer-Ausgleich) ein, während der Schulaspekt meist nur eine untergeordnete Rolle spielt. Die Jugendstudien zielen insgesamt stärker auf die ganzheitliche Entwicklung der jugendlichen Persönlichkeit und auf die Vermeidung von Desintegrations- und Stigmatisierungsprozessen.

Die Vorschläge zur Intervention und Prävention haben sich im Laufe der neunziger Jahre dahingehend verändert, daß zunehmend versucht wurde, die Analyse der Ursachen für Gewalt mit der Ableitung von Folgerungen zu verbinden. Dies ist allerdings in sehr unterschiedlichem Maße gelungen. So leiten z.B. Dettenborn/Lautsch aus ihren Motivbefragungen bei Schülern die Forderung nach Frustrationsminderung (Mißerfolgsbetreuung, Berufschancen verbessern) und nach Hilfe bei der Bewältigung von Frustrationserlebnissen im Sinne des sozialen Lernens ab (vgl. Dettenborn/Lautsch 1993). Aufgrund des ermittelten engen Zusammenhangs von verbaler und physischer Gewalt fordern Niebel/Hanewinkel/Ferstl im Ergebnis ihrer Untersuchung in Schleswig-Holstein, bei der Form und Sprache der sozialen Interaktion aller Beteiligten anzusetzen (vgl. Niebel/Hanewinkel/Ferstl 1993).

Die Interventions- und Präventionsvorschläge sind auf *unterschiedliche Adressatengruppen und Bereiche* ausgerichtet. Entsprechend ihres eher struktur-funktionalistischen Erklärungsansatzes, der das Potential für die Gewalt vor allem bei den „strukturellen Verlierern" der Wettbewerbsgesellschaft ansiedelt, fordern Hurrelmann/Freitag die Integration einer „von Isolierung und Stigmatisierung bedrohten Schülerschaft" (Hauptschüler) durch Entkopplung dieses Bildungsgangs von der Schulform. Neben diesen bildungspolitischen Empfehlungen schlagen sie auch eine Reihe pädagogischer Maßnahmen vor: Intensivierung der Leistungsförderung, des sozialen Lernens, klare Regeln bei der Leistungsbeurteilung, Verbesserung des Betriebsklimas und der Beteiligungsmöglichkeiten für Schüler und Lehrer, Kooperation mit anderen Einrichtungen, Lehrerfortbildung, Supervision (vgl. Hurrelmann/Freitag 1993). Ihre Vorschläge richten sich somit sowohl an eine bestimmte Schülergruppe (Hauptschüler) als auch an die Schule (Schüler und Lehrer) insgesamt. Eine besondere Schwerpunktsetzung beinhaltet der Vorschlag von Kirchhöfer/Steiner, wenn sie spezielle Maßnahmen der Krisenintervention an *Schulen in sozialen Brennpunkten*, z.B. Freizeitangebote, Einsatz von Sozialpädagogen, Verkleinerung von Klassen, fordern (vgl. Kirchhöfer/Steiner 1993). Eine spezielle Akzentsetzung bei der Gewaltprävention nehmen auch Todt/Busch vor, indem sie eine Konzentration auf „*wirksame Gegenspieler* der Manifestation von Aggression", die durch schulische Maßnahmen gestärkt werden können, vorschlagen. Die Maßnahmeprogramme müßten auf die einzelne Schule ausgerichtet sein und folgende Punkte beinhalten: Thematisierung der Wahrnehmung und Interpretation des Verhaltens, Aufstellen von Verhaltensregeln, Verbesserung des Klassenklimas, verbesserte soziale Integration der „Bullies", um deren Reizbarkeit zu vermindern; Konfrontation mit Aggressionsfolgen und Ansätze des Täter-Opfer-Ausgleiches. Prosoziale Konfliktlösungsstrategien sollten eingeübt (z.B. durch Rollenspiel) und Freizeitinteressen als Alternativen zu devianten Cliquenaktivitäten entwickelt werden (vgl. Todt/Busch 1994, Busch 1998).

Eine solche Analyse einer konkreten Einzelschule haben Diehl/Sudek durchgeführt und entsprechende Vorschläge zum Umgang mit Gewalt seitens der Gymnasialschüler erfragt. Diese schlagen u.a. vor: eine stärkere Beachtung und Thematisierung von Gewalt, Veränderungen in den Bereichen Medien, Politik und Gesellschaft, mehr Partizipationsmöglichkeiten, Entwicklung von Strategien zur Prävention sowie zur Problem- und Konfliktbewältigung, stärkere Einhaltung bestimmter Werte und Normen, konsequente Ahndung von Gewalt (z.B. in der Schulpause), mehr soziales und interkulturelles Lernen, gute Klassengemeinschaften mit „Teamgeist", kleinere Klassen, mehr außerunterrichtliche Aktivitäten, Informationen und Anregungen für die elterliche Erziehungsarbeit, besseres und entspannteres Verhältnis zwischen Lehrern und Schülern sowie zwischen jüngeren und älteren Schülern, lebendiger und interessanter Unterricht. „Sie plädieren aber vor allem anderen für eine Schule, die sich durch Lehrer auszeichnet, die ihren Beruf umfassend, nicht nur von ihrem Fach, sondern auch von ihren Schülern und dem Erziehungsauftrag der Schule her verstehen und dadurch als Autorität und in ihrer Vorbildfunktion von Schülern anerkannt sind" (Diehl/Sudek 1995, S.70).

Ähnlich umfangreich ist auch der *Maßnahmekatalog*, den Würtz u.a. im Ergebnis ihrer Gruppengespräche erstellt haben, wobei sie auf Unterschiede in den Vorschlägen zwischen Schülern und Lehrern verweisen. Schüler nennen u.a. Verbesserung der Freizeitinfrastruktur, Perspektiven schaffen, effektive Sozialarbeit, Gespräche sowie restriktive Formen der Prävention (z.B. häufiger Kontrollen machen). Lehrer setzen dagegen bei internen Verbesserungen der

Schulstruktur und -organisation an: Defizite in der Schulstruktur (Zeitdruck, System des 45-Minuten-Taktes, Klassengröße, Fortbildungsmaßnahmen u.ä.), Lehrerrolle, Abstimmung mit anderen Institutionen, Erziehungsfunktion von Schule, Wirksamkeit schulischer Sanktionen, Elternarbeit, Verbesserung der Schulatmosphäre. Ansatzpunkt, so folgern Würtz u.a. müssen die Wohnquartiere sein, in denen sich Problemgruppen sammeln (Gemeinwesenarbeit). Daneben muß der Entwicklung von Negativkarrieren und ihrer Kumulation in Hauptschulen und Sonderschulen entgegengewirkt werden. Soziales Lernen darf sich allerdings nicht auf den Vormittag beschränken; zumindest für die Zehn- bis Vierzehnjährigen sollten feste Freizeitgruppen angeboten werden (vgl. Würtz u.a. 1996).

Ein recht *umfangreiches Interventions- und Präventionsprogramm*, das von der Analyse der Risikofaktoren der konkreten Schule ausgeht, schlagen Knopf u.a. vor. Ihr Programm, zu dem auch erste Ergebnisse einer Evaluation vorliegen, umfaßt sowohl innerschulische Empfehlungen (z.B. sozialpädagogische und psychologische Betreuung bei Einzelfällen, verstärkte Zusammenarbeit zwischen kommunalen Institutionen, der Familie und der Schule, Lehrerfortbildung vor allem zur Entwicklung sozialer Kompetenzen, Stärkung der Eigenverantwortung der Schulen, fachdidaktische Fortbildung, Öffnung der Schule u.a.) als auch außerschulische Empfehlungen (verbesserte Freizeitangebote, Reduzierung aggressiver Modelle in Schule und Gesellschaft). Schwerpunkt dabei soll die langfristige Prävention sein (vgl. Knopf u.a. 1994, vgl. auch Erziehungsdirektion des Kantons Zürich 1995).

Ein *komplexes Maßnahmeprogramm*, das ebenfalls den Interventionsaspekt stark betont, haben auch Schwind u.a. im Anschluß an ihre Bochumer Studie erarbeitet. Zu ihren Vorschlägen gehören konkrete Maßnahmen, wie stärkere Aufsicht während der Schulpausen und auf dem Schulweg, sinnvolle Pausenaktivitäten, verstärkte Rollenspiele, deutliches Entgegentreten bei verbalen Aggressionen, ebenso wie längerfristige Empfehlungen, z.B. Verbesserung von Klassen- und Schulklima durch Verbesserung des Wir-Gefühls, pädagogische Konferenzen, Übertragung von Verantwortung. Zu letzterem gehört auch die Unzufriedenheit der Schüler abzubauen, indem ihr Selbstwertgefühl gestärkt (z.B. durch die Förderung von leistungsschwächeren Schülern), eine stärkere Erlebnisorientierung an den Schulen betrieben und ein handlungsorientierter Unterricht entfaltet wird. Zugleich sollten Lehrer aus ihrem Einzelkämpferdasein herausgeführt und Angebote unterbreitet werden, wie sie mit der veränderten Lehrerrolle besser umgehen können (vgl. Schwind u.a. 1995).

Die Notwendigkeit der *Entwicklung eigenständiger Konzepte an den Schulen* betont Scherer bei der Erarbeitung ihrer Handlungsvorschläge. Schwerpunkt ihres Präventionsansatzes ist die Überwindung der Dominanz der Leistungsschule. Notwendig seien Erfahrungsräume der eigenen Kompetenz als Schüler jenseits der Schulnoten und Leistungsbeurteilung sowie eine aufklärende Elternarbeit. An die Adresse der Lehrer gerichtet fordert sie mehr

Selbstreflexion hinsichtlich eigener gewaltsamer Interaktionen sowie Aktionen gegen „soziale Taubheit" und Gleichgültigkeit. Lehrkräfte müßten fähig sein, in ausreichende Distanz zu provozierendem und emotional irritierendem Interaktionen von Schülern zu treten, die ihnen genügend Sicherheit zu adäquaten, angst- und ressentimentfreien, verhandlungsorientierten Interventionen gibt (z.B. kooperative Team-Unterrichtsmethoden, konzeptionelle Zusammenarbeit mit Schulsozialarbeit, Weiterbildung, Supervision). Schwerpunkt ist die Entwicklung einer familialen Konfliktkultur und einer Schulökologie durch Auflösung des Wertemonopols von Konkurrenz und Leistung nach innen und durch Öffnung der Schule gegenüber dem sozialen Umfeld der Schüler sowie durch Einmischung in die bildungspolitische Debatte (vgl. Scherer 1996).

Im *Vergleich zu den siebziger und achtziger Jahren* haben sich bei den aktuellen Schulstudien einige neuere Entwicklungstendenzen ergeben. Das betrifft insbesondere die *verstärkte Orientierung auf die Erarbeitung von differenzierten Maßnahmeprogrammen und -konzepten und die Betonung der Einzelschule*. Die Forderung nach der Ausarbeitung von Maßnahmeprogrammen wurde allerdings in sehr unterschiedlichem Maße realisiert. Zudem stoßen die entwickelten Programme bei ihrer Umsetzung auf viele Probleme und Widerstände. Als eine weitere Akzentverschiebung fällt die stärkere Betonung des Interventionsaspektes auf (z.B. klare Regeln, Kontrollen). Gleichwohl lassen sich auch viele *Gemeinsamkeiten zu früheren Studien* finden. Schon in den siebziger und achtziger Jahren war von einer Stärkung des Erziehungsauftrages der Schule die Rede bzw. wurde vor einer „Entpädagogisierung der Schule" gewarnt (vgl. Bach u.a. 1984). Auch eine verbesserte Lehreraus- und weiterbildung und eine verstärkte individuelle Förderung der Schüler wurde eingefordert. Veränderungen der räumlichen Umwelt wurden damals bereits ebenso thematisiert wie die Lehrer-Schüler-Beziehung, die Mitsprachemöglichkeiten der Schüler und die Entwicklung der Kooperation mit dem Elternhaus. Dies sind offenbar „zeitlose" Aufgaben im Kontext von Schule, an deren Bewältigung ständig zu arbeiten ist. Darüber hinaus wurde in früheren Schulstudien stärker als in den aktuellen Untersuchungen die Notwendigkeit einer Reform der gesellschaftspolitischen Rahmenbedingungen, insbesondere die Verbesserung der Lebenschancen für Kinder und Jugendliche und der Abbau sozialer Ungleichheiten, angesprochen. Insofern ist insgesamt ein Nachlassen gesellschaftskritischer Auseinandersetzungen zu verzeichnen.

Bei den *Folgerungen bzw. Vorschlägen in den nicht schulbezogenen Jugendstudien* richtet sich das Hauptaugenmerk vor allem auf die Stabilisierung der Persönlichkeitsentwicklung, indem Voraussetzungen und Hilfen zur Lebensbewältigung thematisiert werden. Sozialpolitische Forderungen sind dabei ebenso zentral wie die Förderung sozialer und kommunikativer Kompetenzen. Weit verbreitet ist in diesem Zusammenhang auch die Forderung nach stärkerer Beteiligung Jugendlicher an Entscheidungsprozessen bzw. nach erweiterten Möglichkeiten Jugendlicher zur Selbstbestimmung. Die Schule spielt in den Folgerungen der aktuellen Jugendstudien eine recht unterschiedliche Rolle: Manche Untersuchungen beziehen sich mit ihren Vorschlägen direkt auf die Schule. So fordern Mansel/Hurrelmann eine soziale Unterstützung beim Statusübergang vor allem durch die Schullaufbahn- und Berufswahlberatung. Zugleich plädieren sie für die Verbesserung der Beziehungsqualität zwischen

Interventions- und Präventionsmöglichkeiten 111

Lehrern und Schülern und für den Einsatz eines Vertrauens- und Beratungslehrers für jede Klasse (vgl. Mansel/Hurrelmann 1991). Der Statusübergang von der Schule in den Beruf soll so gestaltet sein, daß Jugendliche realistische Möglichkeiten erhalten, berufliche Optionen zu realisieren, was eine ausgewogene Chancenstruktur und eine Vielfalt von beruflichen Angeboten voraussetzt: „Jugendliche brauchen ein gewisses Maß an Sicherheit, was ihre persönliche Zukunftsplanung betrifft (...) damit Ungewißheiten und Verunsicherungen, die die Jugendlichen heute in starkem Maße schon lange vor dem eigentlichen Statusübergang belasten, auf ein erträgliches Maß reduziert werden" (Mansel/Hurrelmann 1994, S. 175). Distanz, Sinnverlust und Entfremdungserscheinungen in schulischer wie beruflicher Ausbildung könnten z.B. durch die stärkere Einbeziehung von Kindern und Jugendlichen in Entscheidungsprozesse der Schule und des Unterrichts abgebaut werden, wodurch zugleich akzeptable zwischenmenschliche Interaktionen eingeübt werden, aber auch strukturelle Beschränkungen insbesondere beim Eintritt in das Erwerbsleben erkannt und somit eher realistische Ansprüche und Erwartungen entwickelt bzw. Enttäuschungen reduziert werden.

Bezogen auf das *Verhältnis von Schulischem und Außerschulischem* bedarf es nach Böhnisch u.a. vor allem vermittelnder Orte zwischen Schule und außerschulischem Raum, z.B. 'Jugendcafes' oder 'Schülercafes', in denen sich eine 'Schülerkultur' zwischen Schulstruktur und außerschulischem Jugendraum entwickeln kann. Insgesamt plädieren sie für ein jugendpädagogisches Programm der Milieubildung, in dessen Pluralität sich jugendkulturelle Gruppierungen produktiv und ohne Abwertung anderer entfalten können (vgl. Böhnisch u.a. 1992, Böhnisch/Wolf 1995).

Ein umfangreiches Maßnahmeprogramm, das ebenfalls schulische und außerschulische Aspekte umfaßt, schlagen Engel/Hurrelmann vor: Neben langfristigen sozialpolitischen Maßnahmen, die das Familienleben fördern und der biographischen Bedeutung der Schule im Alltagsleben Jugendlicher besser gerecht werden sollen, fordern sie eine Beeinflussung der Verhaltensweisen Jugendlicher, um Risikoverhalten zurückzudrängen, insbesondere durch Wissensvermittlung und die Entwicklung von Einstellungen und Fähigkeiten zur Bewältigung von problematischen Lebenssituationen. Die Handlungsmöglichkeiten der Schule sehen sie vor allem in der Verbesserung des sozialen Schulklimas, in einer transparenten und gerechten Chancenstruktur, im Ausbau der Partizipationsmöglichkeiten, in gezielter Leistungsförderung, in der spezifisch pädagogischen Reaktion von Schule auf Konflikte sowie in der Verhinderung von Stigmatisierungs- und Etikettierungsprozessen. Konkrete Präventionsmaßnahmen im Bereich Aggression/Delinquenz sind: Sensibilisierung der Eltern, Lehrer, Erzieher und Sozialarbeiter in der Weiterbildung für Zusammenhänge zwischen ihrem Verhalten und aggressivem Verhalten der Kinder und Jugendlichen, Einübung friedlicher Konfliktlösungsstrategien, Verbesserung der Kommunikation, Erweiterung des Handlungsrepertoires,

Thematisierung von Gewalt in Schule und Jugendeinrichtungen, z.B. durch den Einsatz von Trainingsprogrammen. Auch die Jugendarbeit habe bei der Gewaltprävention eine herausragende Rolle, insbesondere die mobile Jugendarbeit. Der Entwicklung der Kooperation aller für Jugendliche relevanten Institutionen komme deshalb ein hoher Stellenwert zu (vgl. Engel/Hurrelmann 1993, vgl. auch Mansel 1995a).

Aus der Vermischung von allgemeinen Formen des Jugendprotests mit rechtsradikaler Gewalt - so konstatiert der Neunte Jugendbericht - ergibt sich die *Unausweichlichkeit einer präventiven Jugendhilfe*, die auf strukturelle Integrationsmaßnahmen für und durch Jugendliche zielt. Präventive Jugendhilfe soll zugleich ein Normalangebot für Normaljugendliche sein: „Jugendhilfe ist diesseits spektakulärer Aktionen aufgerufen, den Jugendlichen beim Aufbau ihrer selbstbestimmten Biographie zu helfen und zur Ermöglichung einer angemessenen (würdigen) Lebensführung beizutragen" (Bundesministerium für Familie, Senioren, Frauen und Jugend 1994, S. 205). Da (fremdenfeindliche) Straftaten meist auch einen engen Lokalbezug haben, muß der sozialökologische Nahraum als Interventionsbereich einbezogen werden. Als wichtig erachtet werden dabei intervenierende Angebote, die den Aktionsdrang Jugendlicher nach eher körperlichen Ausdrucks- und Artikulationsformen auffangen (z.B. durch sportliche Angebote).

Willems stellt im Anschluß an seine Analysen zur fremdenfeindlichen Gewalt ein ganzes *Maßnahmepaket* zusammen, das sowohl präventive wie interventive Aspekte beeinhaltet. Zu seinem Programm gehört z.B. die Forderung nach einer vernünftigen Einwanderungs-, Arbeitsmarkt- und Integrationspolitik, die Konkurrenzverhältnisse entschärft und Solidaritätserfahrungen über ethnische Grenzen hinweg zum Ziel hat ebenso wie sicherheitstechnische Maßnahmen zum Schutz von ausländischen Mitbürgern und Asylbewerbern und die Verbesserung der polizeilichen Kontrolle sowie der Zusammenarbeit zwischen Polizei und Bevölkerung. Einen besonderen Schwerpunkt sieht er in der sozialpädagogischen Jugendarbeit mit gewaltaffinen Gruppen und Subkulturen und in der Schaffung von Angeboten zur Integration (in feste Gruppen), besonders für die 10-14jährigen (z.B. über Erlebnispädagogik). Zugleich hält er eine Neubewertung der Grund- und Hauptschulen sowie der Berufsschulen für erforderlich. Zu verstärken sei die Einübung sozial-kognitiver Kompetenzen und von Verstehensbereitschaft sowie das Erlernen allgemeiner demokratischer Verfahren und die Entwicklung demokratischer Formen der Konfliktbearbeitung und Kooperation (vgl. Willems 1993).

Auf die *Notwendigkeit der Zusammenarbeit der beteiligten Institutionen*, vor allem auf die verstärkte Kooperation von Familie und Schule, verweisen die Ergebnisse von Kühnel/Matuschek und Langner/Sturzbecher:

„Die Ergebnisse legen nahe, daß eine einseitige Ursachenzuweisung, ganz gleich ob an die Jugendlichen, ihre Familie oder an die Schulen verfehlt ist. Vielmehr scheinen alle diese Bereiche miteinander im Zusammenhang zu stehen, wenn es um die Erklärung de-

Interventions- und Präventionsmöglichkeiten 113

vianten Verhaltens in den Schulen geht. Lösungsstrategien, die nur an einem Punkt ansetzen, sind daher begrenzt. Als eine wichtige Bedingung müssen dabei die sozialen Beziehungen der Jugendlichen berücksichtigt werden. Unterstützung und der Aufbau vielfältiger sozialer Beziehungsnetzwerke, mit denen Jugendliche hinreichende soziale Handlungs- und Beziehungskompetenzen im Umgang mit der individualisierten Welt entwickeln können, ist eine wichtige Aufgabe von Eltern und Schule gleichermaßen" (Kühnel/Matuschek 1997, S. 279).

Nach Langner/Sturzbecher sollten die Eltern den Heranwachsenden bei der Suche nach Orientierung helfen und deren Identitätsentwicklung fördern, „indem sie diese Suche gestatten und zuweilen auch 'aushalten' sowie als vertraute Partner zur Verfügung stehen; nicht restriktiv, jedoch aufmerksam. Die Schule muß Lerninhalte anbieten, in denen Jugendliche Anregungen zur Verwirklichung ihrer Interessen in der Gesellschaft erkennen und diesbezügliche Kompetenzen erwerben können. Dies wie auch ein stimulierendes, kooperatives Lehrmanagement wird zu einer höheren Schulmotivation und weniger Schulverweigerung führen, die beide zusammen mit dem schulischen Gewaltklima wichtige Einflußfaktoren auf Jugendgewalt sind" (Langner/Sturzbecher 1997, S. 208).

Die Kriminologen Pfeiffer und Wetzels ziehen im Ergebnis ihrer Analysen mit Blick auf die Gewaltprävention das Fazit, daß kriminalpolitische Strategien, die auf vermehrte Repression setzen, nicht erfolgversprechend sein können. Repression bedeute für die meisten gewaltgefährdeten Jugendlichen nur mehr von demselben, was sie in ihrer Biographie bislang ohnehin schon erdulden mußten. Anstelle von Zuwendung, Anerkennung und Förderung hätten sie schon in ihren Familien nicht selten Ausgrenzung, Ablehnung und Gewalt erfahren. Darum fordern die Autoren folgendes:

„Unsere Gesellschaft ist insoweit aufgefordert, das Aufwachsen von jungen Menschen so zu gestalten, daß sie Selbstwertgefühl und soziale Kompetenz entwickeln, sich in unsere Gesellschaft eingebunden fühlen und Verantwortung und Gemeinschaftssinn entfalten können. Bei vielen Kindern und Jugendlichen sind derzeit dafür die Rahmenbedingungen zumindest als ungünstig zu bezeichnen. Hinsichtlich der familiären Situation ist die Abschaffung des elterlichen Züchtigungsrechts überfällig (...) Hier sind ferner alle Professionen aufgefordert, ihren Beitrag zu leisten, um die Angebote in Kindertagesheimen, Schulen, Beratungsstellen und Jugendhilfeeinrichtungen so miteinander zu verzahnen und nötigenfalls zu ergänzen, daß eine wirksame Früherkennung gesichert und effektive Hilfe möglich ist. Angesichts der Lage der jungen Migranten sind in den Bereichen Schule, Berufsausbildung, Familienberatung, Sport und Freizeitgestaltung verstärkte Bemühungen der sozialen Intergration erforderlich (...)" (Pfeiffer/Wetzels 1999, S. 22).

Insgesamt zeigt sich, daß eine Fülle von Vorschlägen zur Gewaltprävention und -intervention vorliegt. Auch wenn die Konkretheit und die Reichweite dieser Vorschläge sehr unterschiedlich sind und ihre empirische Überprüfung z.T. noch aussteht, so ergibt sich doch ein recht anschauliches und plausibles Bild von dem, was gegen Aggression und Gewalt innerhalb der Schule und darüber hinaus getan werden kann. Was jedoch weitgehend fehlt, sind Programme, die solche unterschiedlichen Aspekte, wie Prävention und Intervention, Schule und Außerschulisches, Förderung und Kontrolle, Hilfe für alle und Einzelfallhilfe, miteinander verbinden. Leider liegen bisher kaum Ergebnisse von Evaluationsstudien zu konkreten Maßnahmen bzw. Maßnahmeprogrammen vor, so daß deren Wirksamkeit und Effektivität nur schwer zu beurteilen ist. Ziel künftiger Studien sollte es deshalb vor allem sein, konkrete Präventionsprogramme zu erarbeiten und diese in die Praxis schrittweise umzusetzen (vgl. nachfolgendes Kapitel).

2.5 Resümee: Konsequenzen für die Gewaltprävention

Welche Konsequenzen lassen sich aus den angeführten empirischen Befunden für die Gewaltprävention in Schule und Jugendhilfe ableiten?

Unsere Analysen haben - kurz zusammengefaßt - folgendes deutlich gemacht:
- Die Ergebnisse der Studien liefern *vielfältige Ansatzpunkte für die Prävention*. Entsprechend dem empirisch nachweisbaren Einfluß einer Reihe sehr verschiedener Bedingungsfaktoren existiert auch eine *Vielzahl von möglichen Präventionsansätzen*.
- Aufgrund der Komplexität des Ursachen- und Bedingungsgefüges greifen Einzelmaßnahmen zu kurz. Gefragt sind *umfassende Konzepte und Programme*, die Prävention und Intervention, Schulisches und Außerschulisches, Förderung und Kontrolle, Einzelfallhilfen wie Hilfen für alle gleichermaßen berücksichtigen. Darüber hinaus sollten solche Konzepte verschiedene Ebenen (personale, Klassen-, Schul- und Gesellschaftsebene) einbeziehen.
- Da sowohl außerschulische als auch schulische Bedingungen als Risikofaktoren für Gewalt in Erscheinung treten, muß eine erfolgversprechende Prävention stets beide Bereiche erfassen. Dies erfordert vor allem eine *intensivere Zusammenarbeit der Institution Schule mit anderen Institutionen, insbesondere der Jugendhilfe*. Für eine stabile Identitätsentwicklung von Kindern und Jugendlichen bedarf es vor allem eines engen Zusammenwirkens der Sozialisationsfelder Familie und Schule.
- *Schulische Prävention muß bei den Interaktionsbeziehungen ansetzen und die sozialen Kompetenzen von Schülern und Lehrern stärken*. Neben der Entwicklung eines guten Lehrer-Schüler-Verhältnisses wird auch die gezielte Leistungsförderung als notwendiger Bestandteil von Präventionsmaßnahmen gesehen. Zugleich wird immer wieder die Forderung nach konsequenter Einhaltung von Normen und Regeln erhoben, wobei jedoch Prozesse von Etikettierung und Stigmatisierung vermieden werden sollten. Auch der Bedarf von Ansprechpartnern für Kinder und Jugendliche (z.B. Beratungs- oder Vertrauenslehrer) wird häufig thematisiert.
- *Der großen Bedeutung der peer group sollte ebenfalls Rechnung getragen werden*, indem z.B. die Jugendarbeit intensiviert und sinnvolle Frei-

zeitangebote sowie Alternativen für jugendliche Lebensstile und Identifikationsmöglichkeiten entwickelt werden. Insbesondere in sozialen Brennpunkten bedarf es dazu einer verstärkten mobilen Jugendsozialarbeit.

- *Prävention muß die konkreten Bedingungen vor Ort berücksichtigen und adressatenbezogen sein.* Gleichwohl dürfen die gesellschaftlichen Rahmenbedingungen, insbesondere die Verbesserung der Lebensbedingungen für Kinder und Jugendliche (z.B. die Verminderung von Desintegrationserfahrungen) nicht aus dem Blick geraten.

- Die Untersuchungsergebnisse bestätigen insgesamt - und dies ist wohl eines der Hauptergebnisse -, daß *Fortschritte bei der Schul- und Jugendhilfeentwicklung als Gewaltprophylaxe* gewertet werden können. Anders gesagt: Eine „gute Schule" und eine präventive Jugendhilfe, die eine angemessene Lebensführung für alle Kinder und Jugendlichen ermöglicht, sind die beste Gewaltprävention.

Darüber hinaus weist die häufige Wiederholung von bestimmten Präventionsvorschlägen in den Studien darauf hin, daß es anscheinend einen gesicherten Grundbestand an Präventionsmöglichkeiten gibt. Dieser Grundbestand ist abgeleitet aus den *Kernelementen humanistischer Bildung und Erziehung* und weist viele Ähnlichkeiten mit Ansätzen, wie sie aus der Reformpädagogik bekannt sind, auf. Wenn in der Gewaltforschung vieles hinsichtlich der Ursachen und Prävention seit längerem bekannt ist, so erhebt sich die Frage, warum das einmal Erkannte nicht bzw. nicht schneller umgesetzt wird. Zunächst ist in Rechnung zu stellen, daß sich das einmal Bekannte nicht automatisch durchsetzt, sondern ständiger Überzeugungs- und Aufklärungsarbeit bedarf. Außerdem ist die Durchführung von Präventionsmaßnahmen auch an kompetente Personen, bestimmte Sachmittel und vor allem an politische Interessen gebunden, womit Fragen der Weiterbildung, der (politischen) Prioritätensetzung und der finanziellen Ressourcen angesprochen sind. Allerdings dürfen gewisse Entwicklungsfortschritte in Teilbereichen auch nicht übersehen werden, wenn man z.B. an die vielfältigen Anstrengungen und zahlreichen Modellprojekte an verschiedenen Schulen oder in der Jugendarbeit denkt. Darüber hinaus ist auch zu bedenken, daß gerade gesamtgesellschaftliche Maßnahmen auf einen längeren Zeitraum gerichtet sind und den demokratischen Legitimation bedürfen.

Vergleicht man die aus den empirischen Studien abgeleiteten Folgerungen für die Gewaltprävention mit denen, die aus den Theorien entwickelt wurden, so zeigen sich viele Gemeinsamkeiten. *Theoretische Ansätze und empirische Befunde führen zu ähnlichen Folgerungen für die Gewaltprävention.* Viele Präventionsansätze können sich also auf theoretisch und empirisch gesicherte Erkenntnisse stützen. Gemeinsam ist auch die Tendenz zu mehr Differenziertheit und Komplexität: Die komplexen theoretischen Erklärungsmodelle entsprechen auf der empirischen Ebene den differenzierteren Analysemodellen und auf der Präventionsebene den komplexen Präventionsprogrammen.

Als Fazit läßt sich weiterhin festhalten, daß durch die vielen Studien in der ersten Hälfte der neunziger Jahre ein *reichhaltiges empirisches Material* zum genannten Problemkreis vorliegt, womit auch wesentlich zu einer *Versachlichung der Gewaltdebatte* beigetragen werden konnte. Der Wert dieser Studien besteht darüber hinaus sowohl in ihrem Beitrag zur Entwicklung der pädagogischen Praxis (z.B. in Form der Gewaltprävention) als auch in ihrem Beitrag zum fachwissenschaftlichen Diskurs. Mit wissenschaftlichem und praktisch-pädagogischem Ertrag ist nicht nur die aktuelle, empirisch fundierte Zeitdiagnose gemeint, sondern auch die Bereicherung des wissenschaftlichen bzw. interdisziplinären Diskurses (vgl. Tillmann 1997, S. 15). In dieser Hinsicht sind vor allem folgende Befunde und Erkenntnisse von Bedeutung:

1. Unter *sozialisationstheoretischer Perspektive* verweisen die Befunde der empirischen Gewaltforschung auf die Grenzen der Sozialisationsinstanz Schule beim Umgang mit Gewalt. Schule (in ihrer heutigen Gestalt) kann entsprechende Erziehungsdefizite - wenn überhaupt - nur teilweise kompensieren. Andere Einflußfaktoren, vor allem die Herkunftsfamilie, wirken stärker. Daraus ergibt sich die Notwendigkeit, das Verhältnis von Schule und außerschulischen Institutionen mit Blick auf die Sozialisation von Kindern und Jugendlichen neu auszutarieren und die Kooperation zwischen ihnen auszubauen. Das gilt insbesondere für die beiden pädagogischen Institutionen Schule und Jugendhilfe, die als gleichberechtigte Institutionen ihren Platz in einem Netz von Sozialisationsfeldern neu zu bestimmen haben. Dabei werden sowohl von der Institution Schule als auch von der Institution Jugendhilfe verstärkte Erziehungsleistungen abverlangt werden.
2. Aus den Befunden der empirischen Gewaltforschung kann unter *schultheoretischer Perspektive* gefordert werden, das Verhältnis von schulischer Selektion und sozialer Integration neu auszubalancieren und Prozesse der Persönlichkeitsentwicklung und Identitätsbildung stärker in den Vordergrund zu rücken. In Zeiten zunehmender Individualisierung bedarf es vor allem ich-starker Jugendlicher, die es gelernt haben, mit Problemen und Konflikten, auch mit eigenen Aggressionen umzugehen und die es nicht nötig haben, ihre Identität durch Gewalt gegenüber Schwächeren zu behaupten.
3. Die Ergebnisse der Gewaltforschung haben unter der *Schulentwicklungsperspektive* die Theorie und Praxis der Entwicklung der Einzelschule in verschiedener Hinsicht befruchtet und den engen Zusammenhang von Gewaltprävention, Schulqualität und Schulentwicklung deutlich gemacht. Auch wenn außerschulische Einflüsse groß sind, so sind - wie mitunter behauptet - die Schulen der Gewalt nicht hilflos ausgeliefert. Die vielen identifizierten gewaltfördernden bzw. gewalthemmenden Bedingungen innerhalb der Schule belegen vielmehr, daß Gewaltprävention auch innerhalb

der Institution Schule möglich ist. Erfolgreiche Schulentwicklung ist in diesem Sinne immer zugleich auch Gewaltprävention. Und umgekehrt: Schulische Gewaltprävention kann langfristig nur gelingen, wennn sie Elemente von Schulentwicklung aufnimmt.

Schließlich ist es durch die Gewaltdebatte und die Forschungen zur Gewalt in den neunziger Jahren (zumindest teilweise) gelungen, unterschiedliche Forschungsstränge, wie Jugendforschung, Schulforschung und Jugendhilfeforschung, zusammenzuführen. Dadurch wurde deutlich, daß Ursachen und Entstehungsbedingungen für Gewalt in sehr verschiedenen Sozialisationsfeldern zu suchen sind, was entsprechende komplexe Präventionsstrategien erfordert. Zugleich muß jedoch auch einschränkend festgestellt werden, daß - trotz der angeführten Fortschritte - die *Bilanz der empirischen Gewaltforschung zwiespältig* ausfällt: Einerseits haben die zahlreichen Untersuchungen zwar viel zur Analyse der Gewaltphänomene beigetragen und etliche Interventions- und Präventionsmöglichkeiten aufgezeigt, andererseits bleiben die Forscher in der Regel bei der Analyse stehen und interessieren sich kaum für die Realisierung ihrer Vorschläge und Empfehlungen. Die Annahme einer gewissen Praxisferne der Forschung ist deshalb - vor allem aus Sicht der Praktiker - durchaus verständlich. Der Frage des Verhältnisses von Wissenschaft und Praxis bzw. von Gewaltforschung und Präventionspraxis werden wir im folgenden dritten Kapitel weiter nachgehen.

3 Gewaltprävention in Schule und Jugendhilfe
Präventionsdiskurs und Präventionspraxis

Nachdem in den vorangegangenen Kapiteln theoretische Erklärungsansätze und empirische Befunde zu Aggression und Gewalt dargestellt und nach ableitbaren Konsequenzen für die Gewaltprävention befragt wurden, geht es im folgenden um eine Bestandsaufnahme der schulischen und außerschulischen Gewaltprävention. Dabei soll ein Überblick sowohl über den Präventionsdiskurs als auch über den Stand der gewaltpräventiven Konzeptentwicklung und deren Realisierung in der Schul- und Jugendhilfepraxis gegeben werden. Da die Ergebnisse der Gewaltforschung nicht unmittelbar zu einer verbesserten Präventionspraxis führen (können), soll zunächst in einem Exkurs auf grundlegende Fragen des Verhältnisses von Wissenschaft bzw. Theorie und Praxis eingegangen werden.

3.1 Exkurs: Zum Problem des Theorie-Praxis-Transfers

Inwiefern können die in den ersten beiden Kapiteln gewonnenen Erkenntnisse für die Gewaltprävention genutzt werden? Können theoretische Erkenntnisse überhaupt praxiswirksam sein? Wie gestaltet sich das Verhältnis von Wissenschaft und Praxis und welche Konsequenzen ergeben sich daraus? Diesen Fragen soll im folgenden nachgegangen werden, um Möglichkeiten und Grenzen eines Theorie-Praxis-Transfers sichtbar zu machen.[1]

Zur Theorie-Praxis-Problematik gibt es seit den siebziger Jahren intensive Debatten (vgl. z.B. Beck/Bonss 1989a, König/Zedler 1989a, Moser 1995), die vor allem von zwei grundlegenden Prämissen ausgehen:

1. Die Wissenschaft ist genau wie jeder andere Bereich (z.B. solche Praxisbereiche wie Schule und Jugendhilfe) ein relativ autonomes Subsystem, das eigenen Regeln folgt. Die Brüche und jeweiligen Eigenlogiken des Wissenschaftssystems und des Praxissystems haben zur Folge, daß eine Übertragung von Wissenschaft - in Form wissenschaftlichen Wissens - auf die Praxis im Verhältnis von 1:1 nicht möglich ist.

---

[1] Wir beziehen uns dabei auf die bundesdeutsche Diskussion, denn im Unterschied dazu galt das Theorie-Praxis-Verhältnis in den Gesellschaftswissenschaften der DDR angeblich als grundsätzlich geklärt: Von der Praxis zur Theorie und wieder in die Praxis war der stark propagierte, zentrale Leitgedanke, der allerdings im Alltag des Realsozialismus zur 'Diktatur' der Theorie (Ideologie) pervertiert wurde. Ausgehend von einer prinzipiellen Plan- und Gestaltbarkeit jeglicher gesellschaftlicher Verhältnisse, einschließlich von Bildungs- und Erziehungsprozessen, herrschte ein ideologisch begründeter Pädagogismus vor, der mit einem naiven Anwendungs- und Fortschrittsoptimismus sowie mit strenger Wissenschaftsgläubigkeit verbunden war: Mehr Wissen sollte zu mehr sozialistischem Bewußtsein und letztlich zu einer besseren, fortschrittlichen Praxis im Sinne der Ideologie des Sozialismus/Kommunismus führen (vgl. kritisch dazu am Beispiel der politischen Bildung Schubarth 1992a, S. 21ff).

Exkurs: Theorie-Praxis-Transfer

2. Wissenschaft ist als Teil der Gesellschaft nicht Selbstzweck. Sozialwissenschaft hat demzufolge auch die Funktion, Wissen über soziale Zusammenhänge bereitzustellen und zur Lösung sozialer Probleme beizutragen. Entdeckungs- und Verwertungszusammenhang sollten deshalb eine Einheit bilden, wobei unter Verwertungs- bzw. Wirkungszusammenhang die Effekte einer Untersuchung verstanden werden, d.h. ihr Beitrag zur Lösung des anfangs gestellten Problems (vgl. Friedrichs 1973, S. 54).

Anwendungsorientierte Wissenschaft sollte sich deshalb in den Fragestellungen und Präsentationsformen auch auf die Praxis beziehen, wie umgekehrt eine professionalisierte Praxis sich auf wissenschaftliche Ergebnisse stützen und Forschung zur Selbstreflexion nutzen sollte. Bezogen auf das Thema der Gewaltprävention bedeutet das, daß die theoretischen und empirischen Forschungsergebnisse zu Aggression und Gewalt nicht einfach in die Praxis übertragen werden können. Auch die in den neunziger Jahren entfachte Gewaltdebatte führte nicht automatisch zu Verbesserungen in der Gewaltprävention. Hier zeigt sich die relative Unabhängigkeit von Wissenschaft und Praxis.

Das Verständnis des Theorie-Praxis-Verhältnisses hat sich in den letzten Jahren im Anschluß an die sogenannte Verwendungsforschung stark gewandelt. *Drei Phasen des Theorie-Praxis-Diskurses* lassen sich unterscheiden (vgl. z.B. Beck/Bonss 1989b, Backes-Haase 1992):

Bis in die sechziger Jahre hinein war ein „*Anwendungsoptimismus*" kennzeichnend. Es herrschte die Vorstellung, daß Wissenschaft allen anderen Wissensformen überlegen sei. Mit der Überlegenheitsannahme war zugleich eine spezielle Defizitannahme verbunden, nach der die Praxisprobleme mit einem Defizit an sozialwissenschaftlichem Wissen zusammenhängen: Mehr Wissen sollte zu mehr sozialen Reformen, zu festen Orientierungspunkten („neue Sicherheiten"), zu mehr Versachlichung und Konsens in der Gesellschaft führen. Dem „Anwendungsoptimismus" folgte in den siebziger und achtziger Jahren eine Phase des „*Anwendungspessimismus*". Im Bereich der Erziehungswissenschaft zeigte sich dies z.b. darin, daß sich die Hoffnung, durch Bildungsplanung und Bildungsforschung eine umfassende Bildungsreform zu realisieren, als Illusion erwies. Der Verbleib des in dieser Zeit stark angehäuften Wissens (z.B. in Enzyklopädien) blieb ungeklärt. Erziehungswissenschaftler klagten über die praktische Folgenlosigkeit ihres Tuns. Mittlerweile zeichnet sich jedoch eine „*realistische Wendung*" in der Diskussion ab, erkennbar an selbstkritischen Bestandsaufnahmen, in denen mögliche Beiträge dieser Wissenschaften für eine Definition, Analyse und Lösung praktischer Probleme evaluiert werden, und bei denen auch versucht wird, die für eine problemspezifische Integration von Forschungen konzeptionelle Grundlage zu schaffen.

Zu einem realistischen Theorie-Praxis-Verständnis haben u.a. die folgenden Ergebnisse der sozialwissenschaftlichen Verwendungsforschung beigetragen:

1. „Während in den Diskursen über die Praxis wie selbstverständlich von einer 'Überlegenheit' des wissenschaftlichen Wissens ausgegangen wird, zeigen die konkreten Analysen, daß die Differenz zwischen beiden Seiten nicht *hierarchisch*, sondern *qualitativ* zu denken ist. Wissenschaft liefert nicht notwendig ein besseres, sondern zunächst einmal ein anderes Wissen. Anders insofern, als wissenschaftliche

Analysen die je konkreten Handlungszwänge der Praxis eher zum Gegenstand als zur Grundlage haben. Gerade deshalb können sie 'ungewohnte' Zusammenhänge herstellen und die Wirklichkeit als 'auch anders möglich' beschreiben - eine Sichtweise, die von der Praxis *so* gar nicht übernommen werden kann. Notwendig sind vielmehr Reinterpretationen, die darauf abzielen, die aus wissenschaftlicher Perspektive erarbeiteten Informationen so kleinzuarbeiten, daß sie für die Praxis 'anschlußfähig' werden, wobei es auch immer darum geht, die 'Grenze' zwischen wissenschaftlicher und praktischer Wahrnehmung neu zu ziehen. Die Differenz der Perspektive zwischen Wissenschaft und Praxis wird hierdurch nicht aufgehoben (...).
2. Umgekehrt sind aber auch die Wissenschaftsansprüche und -wahrnehmungen der Praxis unzureichend. So werden oft nur jene Erkenntnisse als verwendungsrelevant bezeichnet, die streng objektiv, sprich: unerschütterlich seien (...). Was (...) auffällt, sind große, oft sogar zu große Autonomiespielräume aller Instanzen der praktischen Verwendung gegenüber den jeweiligen Wissensangeboten. Dies reicht vom 'Ergebnispflücken und -picken' bis zur Umkehrung und Unkenntlichmachung soziologischer Ergebnisse im Zuge ihrer Nutzung (...)" (Beck/Bonss 1989b, S. 9f).

Die Nichtbeachtung der *qualitativen Differenz zwischen Wissenschaft und Praxis* resultiert aus einer Blickverengung, indem die Praxis vorrangig aus der Perspektive der Wissenschaft betrachtet wird. Diese „*wissenschaftszentrierte" Wahrnehmung von Praxis* sei gerade für Sozialwissenschaften unangemessen, „denn nicht Sozialwissenschaftler bringen die Sozialwissenschaft in die Praxis (dies ist die Ausnahme), sondern Nichtwissenschaftler, die gesellschaftlichen Akteure selbst. Die Art der Verwendung vollzieht sich nicht maschinelltechnisch, sondern immer in Form von langen, meist örtlich, zeitlich und sozial versetzten Interpretationsprozessen, im Wechsel zwischen Sprachformen, in einer aktiven, die Ergebnisse im Horizont praktischer Erwartungen und Erfahrungen über viele Instanzen und längere Zeiträume neu deutenden und nach eigenen Regeln herstellenden 'Umgangsform'. Verwendung ist also nicht 'Anwendung', sondern ein aktives *Mit*- und *Neu*produzieren der Ergebnisse, die gerade dadurch den Charakter von 'Ergebnissen' verlieren und im Handlungs-, Sprach-, Erwartungs- und Wertkontext des jeweiligen Praxiszusammenhangs nach immanenten Regeln in ihrer praktischen Relevanz überhaupt erst geschaffen werden" (Beck/Bonss 1989b, S. 11).

Wissenschaft unterscheidet sich von der Praxis dadurch, daß die Interpretation der Wirklichkeit handlungsentlastend, d.h. ohne den für die Praxis konstitutiven Handlungs- und Entscheidungszwang, vorgenommen werden kann. Während es im Praxissystem um Intervention und Veränderung, um flexibles Handlungswissen und Lösungen für den konkreten Einzelfall geht, ist Wissenschaft an Abstraktionen, Generalisierungen und an der Aufdeckung von Regelhaftigkeit interessiert, was sie wiederum ungeeignet macht, konkrete Handlungsanleitungen für spezifische Handlungskontexte vorzugeben. Wissenschaft rekonstruiert, überprüft und strebt durch die Entwicklung von Hypothesen und Theorien ein Annäherung an „Wahrheit" an, wobei sie allerdings stets das zugrundeliegende Erkenntnisinteresse und den Verwertungszusammenhang reflektieren muß (vgl. Moser 1995, S. 70ff, Gaiser 1996).

Exkurs: Theorie-Praxis-Transfer

Die Verwendungsforschung konnte nachweisen, daß die Sozialwissenschaften keineswegs für die Praxis so irrelevant sind, wie mitunter angenommen wird. Die praktische Wirksamkeit sozialwissenschaftlicher Interpretationsangebote verweist jedoch weder auf eine bruchlose Einlösung alter Aufklärungshoffnungen noch auf die Durchsetzung einer perfekten Sozialtechnologie. Was sich stattdessen zeigt, ist eine „*Dialektik von Verwissenschaftlichung*": Die Praxisbedingungen von Sozialwissenschaft haben sich wesentlich verändert. *Verwissenschaftlichung* meint dabei nicht nur die sozialwissenschaftliche Politikberatung, sondern auch die *institutionelle, berufliche und alltägliche Verwendung von wissenschaftlichem Wissen* (vgl. Beck/Bonss 1989b, S. 11f):

- Unter institutioneller Verwendung versteht man die *Verwissenschaftlichung institutioneller Entscheidungen und öffentlicher Diskurse*, das heißt, Entscheidungen von Instanzen, Gruppierungen usw. werden durch Rückgriff auf wissenschaftliche Argumentationen begründet.
- Berufliche Verwendung betont den Aspekt der *Professionalisierung*, also die wissenschaftlich fundierte Aus- und Fortbildung und die wissenschaftliche Begründung für die Alltagspraxis.
- Hinzu kommt die alltägliche Verwendung, d.h. das Eindringen sozialwissenschaftlicher Interpretationsmuster in die Alltagswelt, einschließlich der Begrifflichkeiten (z.B. „Risikogesellschaft", „Individualisierung"). Daran haben vor allem die Massenmedien einen erheblichen Anteil.

Durch diesen Strukturwandel kann die Verwendung wissenschaftlichen Wissens nicht mehr in Form einer „Missionierung" oder "deduktiv" angenommen werden. Verwendung muß als ein Prozeß des induktiven *Umgangs mit handlungsentlastet produzierten Deutungsangeboten* aufgefaßt werden. Damit wissenschaftliches Wissen praktisch werden kann, „müssen die Argumentationen vielmehr 'verwandelt', das heißt ihrer sozialwissenschaftlichen Identität entkleidet und nach Maßgabe der Bedingungen der Handlungspraxis 'neu' konstituiert werden" (Beck/Bonss 1989b, S. 27). Dies hat Rückwirkungen auf die Wissenschaft selbst, denn die Übernahme sozialwissenschaftlicher Deutungsmuster führt zu Lerneffekten, die sowohl die Praxis als auch die Wissenschaft selbst verändern. Die moderne Gesellschaft muß dabei mit einem Paradoxon leben: Das für eine „entzauberte" Gesellschaft konstitutive Anwachsen der Nachfrage nach Wissen geht mit einer Entwertung dieses Wissens einher.

Insgesamt belegen die Ergebnisse der Verwendungsforschung, daß sozialwissenschaftliche Forschung nicht per se praxisrelevantes Wissen erzeugt. Ob etwas in der Praxis Verwendung findet oder nicht, ist von seiten der Wissenschaft nicht vorhersehbar und hängt auch nicht von der Qualität des Wissens ab. Die Praktiker nutzen sozialwissenschaftliches Wissen autonom. Nach Lüders/Santen ergibt sich die Relevanz des angebotenen Wissens allein aus den Leistungen der Nutzer und aus den institutionell vorgegebenen Selektionsmechanismen und Anschlußmöglichkeiten (vgl. Lüders/Santen 1996, S. 75). Praxisrelevanz sei dann gegeben, „wenn situativ eine Passung zwischen dem vorliegenden wissenschaftlichen Wissen und den Interessen der Praxis zustande kommt" (ebd.). Das bedeutet jedoch nicht, von der Praxis- und Anwendungs*orientierung* der Wissenschaft abzurücken. Wissenschaft bezieht einen Teil ihrer Legitimation aus ihrem Beitrag zur Untersuchung und Mitgestaltung gesellschaftlicher Verhältnisse (vgl. Moser 1995, S. 12). Sozialwissenschaften können nach Offe ihre intellektuelle Substanz nur dann bewahren, wenn sie sich „wieder als Krisenwissenschaft zu begreifen beginnen, die bewußt und mit Absicht der Bewußtseinsbildung mehr Probleme aufwerfen und beim Namen nennen, als die Eliten in Politik und Verwaltung zu verkraften, geschweige denn zu 'lösen' imstande sind" (Offe 1982, S. 112). Wissenschaft sollte ihr kritisches Potential nutzen und auf die hinter dem jeweiligen sozialen Problem liegenden krisenhaften gesellschaftlichen Entwicklungen hinweisen.

In besonderer Weise stellt sich das Theorie-Praxis-Problem in der *Erziehungswissenschaft*. Die Erziehungswissenschaft hat sich von jeher als Handlungswissenschaft, d.h. als Wissenschaft *für* die Praxis, verstanden mit dem Anspruch, notwendiges und nützliches Wissen für die pädagogische Praxis bereitzustellen. Damit war zugleich das Erfolgsversprechen verbunden, daß eine wissenschaftliche Reflexion von Erziehungsproblemen grundsätzlich zu einer „verbesserten" Praxis führen würde. Unter den heutigen Verhältnissen zunehmend komplexer werdender institutionalisierter Erziehungsverhältnisse stellt die Erziehungswissenschaft vor allem ein (potentiell produktives) *Irritationsmedium für die Praxis* dar. „Irritationen" können jedoch nur dann eine produktive Wirkung entfalten, wenn der Praktiker bereit ist, sich auf einen (gleichberechtigten) Dialog mit der Wissenschaft einzulassen. Darüber hinaus hat die Erziehungswissenschaft selbst verschiedene Möglichkeiten, Bildungs- und Erziehungsprozesse zu beeinflussen. Neben der direkten Beeinflussung der Bildungspolitik sind dies vor allem folgende drei Formen:

1. *Probleme zu bildungspolitischen Themen machen*: Wissenschaft sollte Defizite aufzeigen und tabuisierte Fragen öffentlich machen, also auf die „Tagesordnung" setzen. Dazu müssen ihre Analysen aber von relevanten Gruppen aufgegriffen und in der politischen Arena vertreten werden.
2. *Pädagogische Modelle entwickeln und unterstützen*: Neben der analytischen und evaluativen Seite hat Erziehungswissenschaft auch eine konstruktive Seite, indem sie - meist in Kooperation mit Praktikern - an pädagogischen Neuerungen (mit)wirkt. Erziehungswissenschaftliches Arbeiten (z.B. in Modellprojekten) ist insbesondere dann bildungspolitisch wirksam, wenn pädagogisch überzeugende Lösungen bzw. Alternativen entwickelt werden.
3. *Kontinuierlich Interpretationswissen schaffen*: Da sich Bildungspolitik immer wieder auch mit „alten" Problemen zu beschäftigen hat, bedarf es auch kontinuierlicher Forschungen zu Entwicklungstendenzen von institutionalisierter Bildung. Deren Ergebnisse (z.B. als „Schulentwicklungsforschung" oder als „Bildungsberichterstattung") fließen - längerfristig gesehen - im Sinne „kognitiver Landkarten" in die öffentliche Debatte ein (vgl. Tillmann 1995c, S. 133ff).

Exkurs: Theorie-Praxis-Transfer 123

Erziehungswissenschaft sollte anstelle direkter Verwertungshoffnungen auf ein langfristiges Programm von *Analyse, Aufklärung und pädagogischer Entwicklung* setzen. Auch reformorientierte und politiknahe Fragestellungen haben in einem solchen Programm Platz, ohne sie mit bildungspolitischen Umsetzungs-Versprechungen zu überlasten (vgl. Tillmann 1995c, S. 139).[2] In ähnlicher Weise hat Müller den konkreten *Beitrag von Wissenschaft zur Jugendhilfepraxis* umrissen. Seine Hauptthese - entsprechend einem „Selbststeuerungsmodell"[3] - ist, daß die Wissenschaft der Jugendhilfepraxis keine Normen liefern kann, die sagen, was sie tun soll, sondern Selbstbeobachtungs-Fähigkeiten, die unentbehrlich sind, wenn aus Praxis lernende Praxis werden soll. Dabei geht es um *Beschreibungen, Focussierungen, Reformulierungen, Selbstevaluationen und Selbstbegrenzungen*:

- „*Beschreibungen*: Wissenschaft kann genaue Beschreibungen liefern - was PraktikerInnen tun, was ihre Adressaten tun und was sie gemeinsam bewirken oder verfehlen. Genaue Beschreibungen sagen nicht, wie es besser geht, aber sie sind eine Voraussetzung dafür, es herauszufinden.
- *Focussierungen*: Wissenschaft kann einseitige Blickrichtungen auf Praxis methodisch ausarbeiten und die Fähigkeit vermitteln, sie einzunehmen (...). Einseitige Betrachtungsstandpunkte zeigen immer nur Ausschnitte der Wirklichkeit, aber die lassen sie klarer ins Auge treten (Fernglaseffekt).
- *Reformulierungen*: Wissenschaft kann der Jugendhilfepraxis helfen, ihre eigenen Annahmen über die Wirklichkeit, ihre Arbeitsmethoden und ihre Handlungsprioritäten besser zu verstehen, sofern diese Annahmen, Methoden und Prioritäten unklar oder unreflektiert angewandt werden (...).
- *Selbstevaluationen*: Wissenschaft kann der Jugendhilfepraxis Methoden und Instrumente der Selbstevaluation liefern bzw. mitentwickeln (z.B. im Rahmen von Teamentwicklung, Modellversuchen, kleinräumiger Jugendhilfeplanung, Verbesserung von Hilfeplanverfahren) (...).
- *Selbstbegrenzungen*: Wissenschaft kann der Jugendhilfepraxis helfen, die Grenzen ihrer Möglichkeiten, zur Lösung von Problemen beizutragen, schärfer zu sehen. Informationen über die Tatbestände, an denen Jugendhilfe wenig oder nichts ändern kann (z.B. über Ursachen von Jugendgewalt) sind praktisch gerade deshalb wichtig, weil sie der Jugendhilfepraxis zu der nötigen Bescheidenheit verhelfen können, die Voraussetzung ihrer Wirksamkeit ist" (Müller 1997, S. 103).

Auch in der Politik tritt wissenschaftliches Wissen mittlerweile in „veralltäglichter" Form auf. Dabei werden Aussagen der Jugendforschung mitunter

---

[2] Die darin zum Ausdruck kommende „In-Beziehung-Setzung" von deskriptiven und normativen Aussagesystemen im Rahmen der empirischen erziehungswissenschaftlichen Forschung wird z.b. auch von Meyer vehement eingefordert: „Wissenschaft muß beide Aussagesysteme vernetzen, sonst verkommt sie entweder zur positivistischen Erbsen-Zählerei oder zur bloßen Tagträumerei" (Meyer 1997, S. 243).

[3] „Selbststeuerungsmodell" meint, daß über Orientierungsfragen immer nur praktisch entschieden werden kann und zwar auf der Grundlage der systematisch organisierten Selbstbeobachtung der Praxis, also organisierter Lernfähigkeit. Wissenschaftler können dabei insofern hilfreich sein, als sie Instrumente der Selbstbeobachtung, eine Art Spiegel, liefern (vgl. Müller 1997, S. 102).

aus deren Entstehungszusammenhang herausgerissen, hochgradig selektiv rezipiert und bis zur Unkenntlichkeit entstellt. In diesem Sinne spricht man von einer „Verwertungsfalle" (Böhnisch 1983, S. 257). Einerseits kann kein Politiker mehr auf jugendtheoretisches Wissen verzichten, anderereits kann kein Forscher aufgrund konkurrierender Informationsangebote erwarten, daß gerade seine Vorschläge von der Politik geteilt werden. Im Kern ginge es in Politik und Verwaltung immer um die Symbolisierung von Handlungsfähigkeit, was zur Folge habe, daß alle Problemstellungen in für das politisch-administrative System „bearbeitbare" Gegenstände transformiert werden müßten. So ist zu erklären, daß jugendtheoretisches Wissen in hohem Maße situationsspezifisch, strategisch und interessenbezogen rezipiert werde. Im Mittelpunkt steht die Frage, welches 'Kapital' aus den Ergebnissen für die politische Auseinandersetzung geschlagen werden kann (vgl. Lüders 1990, S. 210ff). Jugendforschung sei in diesem Sinne eine Art kostenfreier Selbstbedienungsladen. Der Umgang mit jugendtheoretischem Wissen ist letztlich durch die internen Handlungsbedingungen des politisch-administrativen Systems bestimmt.

Das gilt auch für die im Auftrag der Bundesregierung durchgeführten *Jugendberichte*, deren Wirkungen eher gering sind. In den Stellungnahmen zu diesen Berichten ließen sich - nach Hornstein - vor allem folgende Muster beobachten: Verstärkung und Umakzentuierung von Aussagen, die das eigene politische Programm stützen bzw. bestätigen, Darlegung konkurrierender sozialwissenschaftlicher Deutungen von Problemen und problemverursachenden Momenten, Umformulierung politisch erzeugter oder zumindest zugelassener Probleme in pädagogische Aufgaben (politische Versäumnisse werden z.B. zu Aufgaben der Jugendhilfe umformuliert) und Verweis auf die eigene Unzuständigkeit (mangelnde Problemlösungskapazität wird zu einem Zuständigkeitsproblem umdefiniert) u.ä. (vgl. Hornstein 1996).

Was die Wirkungen der Jugendberichte dagegen in der Fachöffentlichkeit und Fachdiskussion betrifft, so zieht Hornstein eine überaus positive Bilanz. Jugendtheoretisches Wissen erfreut sich besonders im *Bereich der Jugendarbeit* einer erhöhten Wertschätzung. Dies vor allem auch deshalb, weil sich im Zuge des Brüchigwerdens eines wohlfahrtsstaatlichen Jugendbildes die Frage nach der Funktion und dem Selbstverständnis der Jugendarbeit zunehmend verschärft hat, wozu es vermehrt Wissen über die heutige Lebenslage Jugendlicher bedarf. Jugendarbeiter sind jedoch nicht nur Konsumenten von Jugendforschung, sondern nicht selten auch Produzenten, die einen bestimmten Typus jugendtheoretischen Wissens erzeugen (vgl. Lüders 1990, S. 215). Dabei spielt auch die „Versozialwissenschaftlichung" der Ausbildung eine große Rolle.

Bei der Popularisierung von Erkenntnissen aus Wissenschaft und Forschung kommt - unter den Bedingungen der Mediatisierung der Gesellschaft - den *Medien* eine herausragende Bedeutung zu. Durch Publikationen, Nachrichten, Talkshows, Interviews, Wissenschaftssendungen, Reportagen usw. tragen sie zur „Versozialwissenschaftlichung" des Alltags bei. Jedoch haben die Medien - bei aller Verschiedenheit - auch eine Eigenlogik, eigene Regeln und Interessen, die sich nur z.T. mit denen der Wissenschaft decken. Nach Luhmann haben Systeme keinen direkten Zugang zu ihrer Umgebung (vgl. Luhmann 1996). Die Welt werde nur erkennbar, wenn Systeme eigene Konstruktionen an der Realität ständig überprüfen. Auch Nachrichten würden nicht einfach in der Welt spazierengehen, sondern nach den Regeln der Massenmedien gemacht. Ein Vorgang werde erst dann zu einer meldungswürdigen Neuigkeit, wenn ein Redakteur ihn dafür hält. Dieser hat aufgrund bestimmter Vorerfahrungen bestimmte Vorstellungen (Konstruktionen) im Kopf, was den Leser, Hörer, Seher beeindrucken könnte, um so Resonanz (und damit Absatzchancen, Auflagenhöhe, Einschaltquoten) bei den Adressaten zu erreichen. So erklärt sich, daß Berichte über Skandale, Sex and Crime in den Medien dominieren, während über Erfolge in der Gewaltprävention kaum berichtet wird.

Die *Rolle der Medien bei der Karriere sozialer Probleme* hat Schetsche herausgearbeitet (vgl. Schetsche 1996). Über Erfolg oder Mißerfolg einer Problemwahrnehmung und damit auch über deren politische Wirksamkeit entscheidet die massenmedial beherrschte Öffentlichkeit. Medien haben dabei sowohl eine Transfer- als auch eine Selektionsfunktion: Zum einen sind sie die Institution, die Problemmuster an die Bevölkerung und staatlichen Instanzen weitergibt, und zum anderen sind sie der Filter der öffentlichen Aufmerksamkeit. Ohne die Vermittlung der Medien gäbe es keine „Problemfokussierung", denn öffentliche Aufmerksamkeit ist ein knappes Gut, um das konkurriert werden muß. Der Kampf der Themen um Aufmerksamkeit wird über Diskursstrategien ausgetragen. So sind z.B. Dramatisieren, Moralisieren, Emotionalisieren und Mythenproduktion wichtige Durchsetzungs- und Absicherungsstrategien. Dabei geht es immer auch um die Gunst der Rezipienten, um das antizipierte Konsumenteninteresse. Für den Nachrichtenwert von Themen gelten vor allem folgende Kriterien: Überraschung und Aktualität des Ereignisses, Vertrautheit des thematischen Bezugsrahmens, Einfluß und Prominenz der Akteure, Konflikt, Schaden oder Normverletzung, geographische und kulturelle Nähe (vgl. Schetsche 1996, S. 115, Schubarth 1994b). Je mehr diese Kriterien zutreffen, desto wahrscheinlicher ist es, daß über ein Thema berichtet wird. Themen, bei denen etliche dieser Publizitätsfaktoren zutreffen, haben es in den Massenmedien leichter (z.B. politische Gewalt, Kriminalität, sexueller Mißbrauch, satanische Kulte), andere Themen (z.B. Selbstmord, Obdachlosigkeit, Tod, Behinderungen) dagegen schwer.

Das Verschwinden von Problemwahrnehmungen aus der Öffentlichkeit ist weitgehend unabhängig davon, wie erfolgreich oder erfolglos die Bekämpfungsstrategien sind und wie sich der tatsächliche Sachverhalt entwickelt. Problematisierungen würden vielmehr durch neue Themen abgelöst, wenn diese die psychischen Bedürfnisse des Publikums auch nur annähernd gleich gut zu befriedigen versprechen. Aufgrund ihres größeren Neuigkeitswertes hätten sie eine erhöhte Chance, Aufmerksamkeitspriorität zu erzeugen. Mitunter erscheint auch die Lösung eines Problems aufgrund der bereitzustellenden Ressourcen wenig wahrscheinlich. Dann gibt es (vor allem beim politisch-administrativen System) auch die Tendenz, durch die Verschiebung des Bewertungsmaßstabes aus dem Problem einen Normalzustand zu machen, der keiner Abhilfe bedarf. Die mit der Thematisierung erzeugte Hoffnung auf Veränderung kann dann bei den Betroffenen in Enttäuschung und Abkehr umschlagen. Interesse für dieses Thema zu wecken, ist dann über einen längeren Zeitraum nicht mehr möglich, weil man das Thema nicht mehr hören mag (vgl. Schetsche 1996, S. 104f).

Bezieht man diese Ausführungen auf „Jugend und Gewalt", so wird augenfällig, daß dieses Thema aufgrund seiner zahlreichen „Publizitätsfaktoren" geradezu ideal für eine konjunkturelle Medienberichterstattung ist. Zugleich werden wesentliche Merkmale der Karriere des Gewaltthemas im Rahmen eines übergreifenden Konjunkturzyklus' sozialer Probleme umrissen (vgl. ausführlich Schubarth 1998b und 1999a).

Zum Abschluß des Exkurses zum Theorie-Praxis-Transfer soll ein *Resümee* gezogen und einige Folgerungen für die Wissenschaft abgeleitet werden:

1. Zwischen Theorie und Praxis besteht ein spannungsreiches und fragiles Verhältnis. Die Thematisierung dieses Verhältnisses ist wichtig, um einseitige Auffassungen (z.b. naive Erfolgsversprechungen oder wissenschaftszentrierte Vorstellungen) erkennen und überwinden zu können.
2. Die Praxiswirksamkeit von Wissenschaft wird zunehmend realistischer beurteilt. Dem Anwendungsoptimismus ist ein skeptischer Realismus gefolgt. Sozialwissenschaftliches Wissen findet in vielen Praxisfeldern Verwendung (z.B. Schul- und Jugendhilfepraxis). Praxisrelevanz ist das Ergebnis eines Transformationsprozesses, der die Verwandlung und ggf. Neuproduktion des (wissenschaftlichen) Wissens einschließt.
3. Voraussetzung für das Gelingen eines Dialogs zwischen Theorie und Praxis ist die Anerkennung der strukturellen Theorie-Praxis-Differenz und die gegenseitige Akzeptanz des anderen Subsystems. Davon können beide Seiten profitieren, da sie als notwendiges Korrektiv der jeweils anderen aufgefaßt werden können. Die Wissenschaft kann Sachverhalte ohne Entscheidungs- und Handlungsdruck analysieren und so den Praktikern helfen, die eigene Praxis mit anderen, fremden Augen zu sehen. Umgekehrt kann die Praxis den Blick der Wissenschaft auf aktuelle Probleme lenken. Die Leistung der Wissenschaft liegt dabei vor allem in ihrer Eigenschaft als „Irritationsmedium", die Selbstgewißheit der Praxis zu verunsichern und analytische Aspekte in den Vordergrund zu rücken (vgl. Moser 1995).
4. Praxisbezogene Forschung geht zwar von den Bedürfnissen der Praxis aus, ihre Ergebnisse sind jedoch primär auf den Wissenschaftsdiskurs und den Wahrheitsanspruch ausgerichtet. Um zwischen Wissenschaft und Praxis zu vermitteln, bedarf es deshalb Anschlußmöglichkeiten und einer entsprechenden Übersetzungsarbeit. Dabei ist es hilfreich, mit dem jeweiligen Referenzsystem, mit dessen Sprache, Regeln und Interessen vertraut zu sein (z.B. Wissenschaftler mit Erfahrungen von Lehrern oder Sozialarbeitern, Weiterbildung für Praktiker, regelmäßige Kontakte; Praktiker ihrerseits mit dem wissenschaftlichen Diskurs). Will Wissenschaft ihrer gesellschaftlichen Funktion gerecht werden, muß sie den Dialog mit der Praxis intensivieren, ohne dabei ihre Identität aufzugeben. Hinsichtlich der Zusammenarbeit zwischen Forschern und Praktikern lassen sich im Bereich

der Sozialwissenschaften insbesondere folgende Ansätze hervorheben: *Praxisuntersuchungen, Evaluationsforschung und Aktionsforschung.*[4]

5. Die Ergebnisse von Wissenschaft und Forschung werden in der Öffentlichkeit nicht selten selektiv oder verzerrt rezipiert und instrumentalisiert. Die Medien und der Politikbereich verwerten wissenschaftliche Ergebnisse nach eigenen Kriterien, z.B. antizipiertes Konsumenteninteresse, politische Interessen. Die öffentliche Karriere von Themen sind häufig Medieninszenierungen. Journalisten berichten lieber über Dinge, an denen die Öffentlichkeit interessiert scheint, als über Dinge, die im öffentlichen Interesse liegen. Eine kritische Diskursanalyse, die Rekonstruktion von Meinungsbildungsprozessen und die Versachlichung von Debatten scheint deshalb als permanente Aufgabe von Wissenschaft angeraten zu sein.

6. Wissenschaft hat immer auch eine politische Dimension. Die Durchsetzung bestimmter Problemdefinitionen wird von Macht und Politik bestimmt. Die Wissenschaftler sollten deshalb ihre eigene oder die ihnen zugedachte politische Funktion reflektieren. Dazu gehört auch ein entsprechendes forschungspolitisches Engagement, d. h., sich um Verwertungszusammenhänge von Wissenschaft zu kümmern, die forschungspolitische Kommunikation der Forscher voranzutreiben und die Handlungsbedingungen des politischen Systems kritisch in den Blick zu nehmen.

3.2 Präventionsdiskurs und Präventionsforschung

Vor dem Hintergrund der Überlegungen zum Theorie-Praxis-Transfer soll in den folgenden Abschnitten verschiedenen Aspekten der Gewaltprävention und Gewaltintervention nachgegangen werden. Zunächst wird ein Überblick über den Präventionsdiskurs gegeben. Anschließend werden Tendenzen in der gewaltpräventiven Konzeptentwicklung, auch anhand von bereits erprobten Präventionsmodellen in Schule und Jugendarbeit/Jugendhilfe, dargestellt und der Stand der Präventionspraxis diskutiert. Dabei wird auch das Theorie-Praxis-Problem am konkreten Gegenstand der Gewaltprävention wieder aufgegriffen.

---

[4] Bei den *Praxisuntersuchungen* geht es darum, bestimmte Praxisprobleme aus der Distanz mit Hilfe wissenschaftlicher Verfahren zu erforschen. Die *Evaluationsforschung* hat die Aufgabe, die Wirkungen eines Projektes oder Vorhabens zu messen und zu beurteilen. Bei der *Aktionsforschung* schließlich findet sich die engste Beziehung zwischen Forschern und Praktikern, eine kooperative Zusammenarbeit. Praxisforschung stützt sich neben dem Instrumentarium empirisch-analytischer Forschung vor allem auf qualitative Methoden der Sozialforschung und entsprechende Überlegungen zu einer Rekonstruktion von Handlungszusammenhängen (vgl. Moser 1995, S. 86ff, zur Rolle der drei Forschungsrichtungen in erziehungswissenschaftlichen Arbeitsfeldern, insbesondere im Schul- und Jugendhilfebereich, vgl. ausführlicher z.B. Rolff 1995b, Altrichter u.a. 1997, Horstkemper 1997, Lüders 1997, Prengel 1997).

3.2.1 Begrifflich-theoretische Grundlegungen der Präventionsforschung

„*Gewaltprävention*" - obgleich ein schillernder Begriff, der in der öffentlichen wie fachöffentlichen Diskussion seit einiger Zeit Verbreitung gefunden hat - ist in der Fachliteratur ein noch nahezu unbeschriebenes Blatt. Als Produkt der Gewaltdebatte in den neunziger Jahre in Anlehnung an Wortbildungen wie Drogenprävention und Aidsprävention entstanden, figuriert er eher als Schlagwort denn als klar definierter Terminus. In einschlägigen Wörterbüchern ist er (noch) nicht zu finden. Selbst in der ca. 500 Seiten umfassenden Dokumentation „Jugend und Gewalt" des Informationszentrums Sozialwissenschaften (Bonn), fehlt der Begriff. Allerdings sind dort rund 150 Titel unter dem Thema „Handlungsansätze zur Prävention und Intervention" aufgeführt, die von A (Argumente gegen Haß) bis S (Streetwork) reichen (vgl. Informationszentrum Sozialwissenschaften 1995). In jüngster Zeit findet der Begriff allerdings auch in der Fachliteratur zunehmend Verwendung (vgl. z.D. Dalser/Schrewe/Schaaf 1997, Böllert 1997).

Im Unterschied zu „Gewaltprävention" hat der Begriff „*Prävention*" bereits seit längerem in den Medien, der Politik sowie in der Fachöffentlichkeit Hochkonjunktur, ist gleichsam zu einem Modewort geworden (vgl. Gaiser/ Müller-Stackebrandt 1995). So diskutiert z.B. die UNO über neue Präventivmaßnahmen angesichts globaler Bedrohungen, die Weltgesundheitsorganisation entwickelt einen Gesundheitsbegriff, der sich auf die gesamte Gesellschaftspolitik bezieht, das Kinder- und Jugendhilfegesetz in Deutschland versteht sich explizit als „Präventionsgesetz", die Familienpolitik definiert ihre Politik zur Ermöglichung von Entwicklungschancen für Kinder und Jugendliche vor allem als präventiv und auch auf kommunaler Ebene sind präventive Maßnahmen stark nachgefragt, z.B. Kriminalpräventive Räte, Suchtprävention usw. Unter Prävention wird dabei im Alltagsbewußtsein eine innovative und sachgerechte Politik zur „Problemvorbeugung" verstanden. Diese Ausweitung des Präventionsbegriffs macht ihn jedoch auch zunehmend unscharf, inhaltsleer und für wissenschaftliche Zwecke schwer handhabbar.

Der allgemeinen Akzeptanz des Präventionsgedankens in vielen Bereichen steht ein Defizit an praktischer und inhaltlich-theoretischer Auseinandersetzung gegenüber. Obwohl z.B. der präventive Charakter von Jugendhilfe allgemein anerkannt sei, beklagt z.B. Lüders Tendenzen von Stagnation und Resignation bei der Realisierung dieser Einsicht:

„Weil alle, wenn es um Prävention geht, inzwischen beifällig nicken (ohne daß freilich sich in der Sache viel bewegt), fehlt es an Reibeflächen, konzeptionellen Herausforderungen und sozial- bzw. professionspolitisch zündenden Ansätzen. So greift das Desinteresse mittlerweile auch innerhalb der Fachdiskussion um sich (...) Fast scheint es, aufs Ganze gesehen, als sei der Präventionsgedanke in der Jugendhilfe mittlerweile unverbindliches Allgemeingut geworden und nur noch in einigen Teilbereichen einer näheren fachlichen Auseinandersetzung wert. So sieht man sich in sozialpolitischen Debatten und gegenüber der Verwaltung bzw. den Haushaltsausschüssen immer wieder genötigt, die bekannten Argumente zu wiederholen, aber es bleibt bei der folgenlosen Formulierung programmatischer Ansprüche und des ungedeckten Versprechens, daß sich eine Reihe von Problemen der Jugendhilfe zwanglos lösen ließen, wenn man nur präventiv handeln könnte" (Lüders 1995, S. 42f).

Lüders fordert eine systematische Beschäftigung mit der Frage, was Prävention in den jeweiligen Praxisfeldern und unter den aktuellen Bedingungen bedeuten könnte bzw. wie die vorfindbaren institutionellen Bedingungen reformiert werden müßten, um präventiven Angeboten mehr Chancen zu eröffnen. Für die Karriere des Präventionsbegriffes in den letzten Jahren (von einem gesellschaftskritischen, reformorientierten Gegenkonzept hin zu einer zentralen Strukturmaxime der Jugendhilfe) sind seiner Ansicht nach vor allem zwei Prozesse verantwortlich zu machen:[5] zum einen der wohlfahrtsstaatliche Lebensentwurf mit seinen normativen Standards, der Vor- bzw. Eingriffe hinsichtlich möglicher künftiger Entwicklungen legitimiert und zum anderen ein spezifisches Wissenschaftsverständnis, nach dem Wissenschaft als Instanz gilt, die soziale Probleme analysieren und Strategien der Problemlösung entwickeln kann. Doch mittlerweile sind beide Voraussetzungen brüchig geworden, was Konsequenzen für das traditionelle Verständnis von Prävention hat: Die Grenzen des Wohlfahrtsstaates werden immer deutlicher, die normativen Standards lösen sich mehr und mehr auf und auch das verläßliche wissenschaftliche Wissen ist unter Zweifel gestellt, weil die Hoffnungen auf „objektive" Problemdiagnosen und darauf aufbauende Lösungsstrategien enttäuscht wurden und die Diskrepanzen zwischen Erkenntnis und Gestalten eher zunahmen. Der Verlust bisheriger Gewißheiten läßt strukturelle Probleme des Handlungskonzeptes Prävention deutlicher hervortreten.

Prävention hat - wie jedes andere pädagogische Handeln - eine paradoxe Struktur, indem es z.B. einen Prozeß gestalten soll, der sich der Gestaltung weitgehend entzieht und bei dem die Effekte ungewiß sind. Hinzu kommt, daß Prävention soziale Probleme bekämpfen will, bevor diese als solche sichtbar werden. Um sich diesen Strukturproblemen zu entziehen, wurde in der Vergangenheit zwischen *strukturbezogener* und *personenbezogener Prävention* unterschieden. Auch eine Ausdehnung des Präventionsbegriffs in den sozialpolitischen Raum wurde vorgenommen, so daß Prävention mit der sozialpolitischen Gestaltung von Lebenslagen zusammenfiel, was eine Entgrenzung und damit Entleerung des Begriffes zur Folge hatte (vgl. Lüders 1995, S. 44ff). Lüders mißt dem Präventionsbegriff nach wie vor eine wichtige Funktion bei, so etwa bei der Auseinandersetzung um eine lebenslagenbezogene Öffnung der Institutionen der Jugendhilfe, den Ausbau gemeindenaher, niedrigschwelliger

---

[5] Über die Verwendung des Präventionsbegriffes in den Gesellschaftswissenschaften der DDR ist wenig bekannt. Man kann vermuten, daß die „wissenschaftlich begründete" Politik der SED als eine Art Generalprävention galt, so daß eine spezielle Prävention nicht nötig war. Da z.B. Gewalt - in der öffentlichen Darstellung - kein soziales Problem darstellte, „erübrigte" sich demzufolge auch eine Gewaltprävention.

Angebote und der verstärkten Förderung lebensweltlicher Unterstützungsnetze. Für seine *Definition des Präventionsbegriffes* ist der Verweis auf den möglichst frühen Zeitpunkt und die institutionelle bzw. personelle Zurechenbarkeit zentral:

„Mit Prävention in der Jugendhilfe werden alle institutionell bzw. personell zurechenbaren Maßnahmen bezeichnet, die darauf abzielen, möglichst frühzeitig sich entwickelnde Problemlagen bzw. deren Zuspitzung zu verhindern bzw. zu entschärfen" (Lüders 1995, S. 47).

Zur Aufrechterhaltung der Präventionsidee seien aber Standards und Kriterien für präventive Maßnahmen nötig, insbesondere sei zu klären, was in konkreten Situationen als verhinderungswürdig anzuerkennen ist und was nicht. Dabei müßten präventive Ansätze im Sinne einer Demokratisierung auch stärker den Aspekt der Beteiligung der Adressaten berücksichtigen (z.B. Maßnahmentransparenz, Erhöhung der Beteiligungschancen, Orientierung an Interessen, Bedürfnissen, Lebenslagen und Ressourcen der Beteiligten).

Der Sonderforschungsbereich (SFB) 227 „Prävention und Intervention im Kindes- und Jugendalter" an der Universität Bielefeld stützt sich bei seinen Forschungen auf eine Definition von Prävention und Intervention, die die zeitliche Dimensionierung der Begriffe „Prävention" und „Intervention" betont:

„Prävention bezeichnet Maßnahmen zur Verhinderung oder Minderung von zukünftigen Störungen, Beeinträchtigungen oder Schädigungen der Entwicklung von Kindern und Jugendlichen. Intervention bezeichnet Maßnahmen zur Minderung oder Beseitigung von bestehenden Störungen, Beeinträchtigungen oder Schädigungen der Kinder und Jugendlichen" (SFB 227 1985, S. 21). „Die Forschungsprojekte unterscheiden bei den Maßnahmen zwischen solchen, die eingreifen, um bei bereits bestehenden Schwierigkeiten in der psychischen, sozialen und körperlichen Entwicklung Hilfe zu leisten. Hierfür steht der Begriff der 'Intervention'. Im Gegensatz dazu beschreibt die 'Prävention' Maßnahmen, die einsetzen, um Probleme bereits im Vorfeld zu vermeiden, so daß es gar nicht erst zu Störungen in der Entwicklung kommt. Die Ansätze der Intervention und der Prävention werden hierbei als gleichberechtigt verstanden" (SFB 227 o.J., S. 6).

In der sozialmedizinischen Tradition wird außerdem zwischen „primärer", „sekundärer" und „tertiärer" Prävention unterschieden (vgl. Caplan 1964). *Primäre* Prävention zielt dabei auf strukturelle, gruppenbezogene und individuelle Maßnahmen zur Verhinderung von etwas (z.B. von Krankheiten), *sekundäre* Prävention zielt auf vorbeugende Maßnahmen bei identifizierten Risikogruppen und *tertiäre* Prävention soll einer Verschlechterung eines (Krankheits-) Zustandes, z.B. durch rehabilitative Maßnahmen, vorbeugen.

Wichtig für das Verständnis des Präventionsbegriffes ist seine *Ausrichtung auf einen fiktiven bzw. sozial konstruierten Normalzustand*, ohne den sich Abweichungen, Störungen o.ä. nicht feststellen lassen (vgl. Flösser 1995, S. 62). Das gilt nicht nur für den kriminologischen Bereich (das moderne Strafrecht versteht sich als Präventionsstrafrecht sowohl mit Spezial- als auch Generalprävention, vgl. z.B. Kube/Koch 1992, Albrecht 1995), sondern auch für andere Bereiche. Für den Bereich der sozialen Arbeit hat dies z.B. Herriger deutlich gemacht, wenn er die Normdurchsetzung bzw. -wiederherstellung als Ziel jeglicher Prävention deklariert (vgl. Herriger 1986, S. 6). Eine solches Ziel verliert allerdings in einer pluralen Gesellschaft, in der „Normalität" zunehmend über Aushandlungsprozesse hergestellt wird, immer mehr an Schärfe.

Im Zusammenhang mit der Diskussion um die normative Orientierung von Prävention sind auch die *Instanzen sozialer Hilfe und Kontrolle* sowie die *Leistungsfähigkeit der beauftragten Institutionen* stärker ins Blickfeld gerückt. So entwickeln z.b. Trabant/Wurr ein Konzept institutioneller Prävention, das seine Wirkungen durch innovatives und professionelles Handeln entfalten soll. Prävention wäre demnach in erster Linie Organisationsentwicklung, Personalplanung und -entwicklung und Dezentralisierung durch Professionalisierungsprozesse (z.b. neue Kooperationsstrukturen, ambulante und teilstationäre Dienste, neue Finanzierungsmodelle) (vgl. Trabant/Wurr 1989, S. 7f). Die Überlegungen zur sozialen Hilfe bzw. Kontrolle von Institutionen haben insgesamt zu einer stärkeren interventionstheoretischen Akzentuierung der Auffassungen von Prävention und Intervention auch im Rahmen des SFB 227 geführt, wobei präventives Handeln als eine Subqualität intervenierender Maßnahmen mit deutlichen Bezügen zu jugend-, familien-, jugendhilfe-, schul- oder rechtspolitischen Konsequenzen thematisiert wird:

„Interventionen werden als Eingriffshandeln in vorbeugender, helfender, unterstützender, kontrollierender und korrigierender Absicht verstanden. Ihr Ziel ist es zum einen, in den Prozeß der Entstehung von Abweichung, Auffälligkeit, Beeinträchtigung und Benachteiligung einzugreifen, um ihn nicht zur (vollen) Entfaltung kommen zu lassen, also bevorstehende Störungen der Entwicklung zu vermeiden ('Prävention' als Intervention in vorbeugender Art), und zum zweiten, bereits bestehende Auffälligkeiten der Entwicklung zu mindern oder möglichst wieder zu beseitigen ('Intervention' korrektiver, kurativer und rehabilitativer Art) (...)" (SFB 227 1994, S. 23f).

Ziel der Forschungsarbeit des SFB sei es deshalb, nach neuartigen Realisierungsformen für notwendige Hilfen und Unterstützung zu suchen, die „keine entmündigenden, freiheitseinschränkenden, kontrollverschärfenden oder andere kontraproduktive und konterkarierende (Neben-)Effekte mit sich bringen". Dies sei besonders dann möglich, wenn eine Stärkung sowohl der personalen als auch der sozialen Ressourcen von Kindern und Jugendlichen erfolge, weshalb die Maßnahmen auf eine Förderung der individuellen und der kollektiven Verarbeitungs- und Bewältigungskapazitäten, einschließlich der Kapazitäten der eigenen Interessenvertretung und Selbstorganisation, gerichtet sein sollten. Voraussetzung dafür ist eine Umstellung weiter Bereiche der staatlichen Interventionspolitik von der direkten zur indirekten, moderierenden Eingriffshandlung, von der unmittelbaren Hilfe auf 'Hilfe zur Selbsthilfe'. Eine solche Interventionspolitik wird offenbar einer komplexen und demokratisch strukturierten Gesellschaft und den konkreten Lebensbedingungen von Kindern und Jugendlichen am ehesten gerecht.

Eine Belebung erfuhr die Diskussion um Prävention und Intervention zweifellos auch durch den gesellschaftlichen Transformationsprozeß in den neuen Bundesländern, da der radikale Wandel in allen Bereichen drängende Fragen nach bewährten und praktikablen Präventionskonzepten aufwarf (vgl. z.B. IX. und X. Kinder- und Jugendbericht und die Arbeiten der Kommission für die Erforschung des sozialen und politischen Wandels in den neuen Bundesländern, KSPW[6]). Die „Zauberformel Prävention" (vgl. Otto 1993) verspricht zudem Legitimität - und damit ggf. auch finanzielle Unterstützung - für den Einsatz von Programmen und Konzepten in den verschiedensten Bereichen, z.B. in der Sucht- und Gewaltprävention, bei Familienförderung, Berufshilfen, Jugendarbeit usw. (vgl. Flösser 1995, S. 62).

Nicht nur in der Jugendhilfe(forschung) und Sozialpädagogik/Sozialen Arbeit ist der Präventionsbegriff weit verbreitet, sondern z.B. auch in der Kriminologie, der Psychologie, Psychiatrie, Gesundheitsforschung (vgl. z.B. Stark 1992, Bründel 1993, Hesse 1993, Kardorff 1995). Dagegen spielt er im *Schulbereich* (außer bei Drogen) bisher nur eine geringe Rolle. Im „Wörterbuch der Schulpädagogik" taucht „Prävention" nur einmal und zwar im Zusammenhang mit Erziehungsschwierigkeiten auf. Danach käme bei der Prävention von Erziehungsschwierigkeiten den Ursachen, die durch die Institution Schule, den Unterricht und den Lehrer bedingt sind, besondere Bedeutung zu, denn „schließlich ist die Reduzierung der Auftretenswahrscheinlichkeit von Erziehungsschwierigkeiten vorteilhafter als deren nicht immer gelingende Bewältigung" (Keck/Sandfuchs 1994, S. 98). Der Präventionsbegriff gehört demnach - im Gegensatz zur Sozialpädagogik - nicht zum klassischen Vokabular der Schule/Schulpädagogik, was sich aus den unterschiedlichen Traditionslinien und Funktionsbestimmungen erklärt. Während die Sozialpädagogik ihre Legitimation vor allem aus ihrem Beitrag zur Lebensbewältigung und zur Stabilisierung der Identität der Individuen bezieht, also die Perspektive des Individuums betont, akzentuiert die Schule in Form ihrer Integrations- und Selektionsfunktion stärker die gesellschaftliche Sicht. Die strukturfunktionalistische Dominanz der Institution Schule hat also zur Folge, daß problematische Entwicklungen, die den Einzelnen betreffen, systematisch ausgeblendet bzw. vernachlässigt werden (vgl. Böhnisch 1993, Schubarth 1998a). Dennoch hat der Präventionsbegriff in den letzten Jahren auch für die Institution Schule an Attraktivität gewonnen. Es ist allerdings kritisch zu prüfen, ob es sich dabei nicht um ein verkürztes Präventionsverständnis im Sinne der Normorientierung und Normanpassung handelt, sondern um ein Verständnis von Prävention, das auf notwendige Hilfen und Unterstützung im Kontext von Familie, Schule und Jugendhilfe zielt.

---

[6] Allein im Rahmen der KSPW entstanden von 1992 bis 1996 ca. 150 Kurzstudien, 60 größere Projekte und 120 Expertisen (vgl. Buhlmann 1997). Fragen von Aggression und Gewalt spielten dabei allerdings eine eher untergeordnete Rolle.

3.2.2 Ergebnisse der Präventionsforschung

Trotz der Karriere des Präventionsbegriffs ist die Präventionsforschung eine Forschungsrichtung, die noch ziemlich am Anfang steht. *Mit Präventionsforschung können alle Forschungen bezeichnet werden, die sich mit der Entwicklung, Konzeptualisierung und Installierung von Präventionsmaßnahmen sowie der Erforschung ihrer Wirkungen beschäftigen.* In diesem Sinne ist sie theoriegeleitete Praxisforschung und Wirkungsforschung gleichermaßen. Bisherige Aussagen zur Präventionsforschung basieren allerdings eher auf der Kritik vorhandener Präventionsmodelle als auf systematischen Analysen und Darstellungen. Ausnahmen bilden einige Arbeiten im Bereich der sozialen Arbeit und der Suchtprävention (vgl. z.B. Herriger 1986, Trabant/Wurr 1989, Hesse 1993, Böllert 1995).

Kardorff kritisiert z.B. die vorhandenen Präventionskonzepte wegen ihrer vorherrschenden normativ-politischen Vorstellungen und wegen ihrer Expertendominanz („medizinisches Modell"). Als ein besonderes Problem von Präventionsforschung sieht er den Nachweis der spezifischen Wirksamkeit und des zielbezogenen Verhältnisses von Aufwand/Kosten und Nutzen der Präventionsmaßnahmen an. Als problematisch würden in dieser Hinsicht sowohl allgemeine und relativ unspezifische Präventionsangebote als auch hochgradig spezifische Angebote beurteilt werden. Des weiteren beklagt er ein generelles gesellschaftstheoretisches Defizit der Präventionskonzepte und den weitgehend sozialtechnisch geführten wissenschaftlichen Präventionsdiskurs. Gleichzeitig sieht er bei der Konzeptualisierung zwei parallele Entwicklungen: Im Bereich der *medizinischen, psychologischen und z.t. kriminologischen Forschung* dominieren individualisierende Zugangsweisen (Risikogruppen, Täterpersönlichkeit) und die Verfahren zur Identifikation möglicher Träger von Risiken oder Risikomerkmalen mit entsprechenden Konsequenzen für die Kontrolle und Verhaltensbeeinflussung. Im Bereich der *Sozialpädagogik, der Gemeindepsychologie und der Public-Health-Projekte* hingegen werden auf der Basis sozialwissenschaftlicher Theoreme (Lebensstile, Lebenswelt) pädagogische und gemeindemedizinische Konzepte entwickelt, die auf die Stärkung von Ressourcen und Kompetenzen durch Empowerment, Kommunikation, Selbsthilfe, Selbstorganisation und Partizipation setzen. Dabei habe sich die neuere Diskussion auch vom Ziel der „Verhinderung" in Richtung auf „Gestaltung" verlagert: So gehe es z.B. nicht mehr um Krankheitsverhinderung, sondern um Gesundheitsförderung und auch nicht mehr um Gewaltvermeidung, sondern vor allem um gewaltfreie Problemlösung (vgl. Kardorff 1995, S. 8ff).

Zur sozialwissenschaftlichen Fundierung der Präventionsmaßnahmen könnten seiner Ansicht nach neuere Forschungsergebnisse viel beitragen; so z.b. die Lebensstilforschung und der Lebensweltansatz zur Klärung mangelnder Akzeptanz von Präventionskonzepten, die Lebenslagenforschung zum Problem der sozialen Selektion, die Netzwerkforschung und die Soziologie der

Emotionen zur Frage der Verankerung präventiver Konzepte in lokalen sozialen Milieus, die Analysen sozialer Bewegungen und Konzepte des Mentalitätswandels zum Problem säkularer Trends sowie Sozialstaatsanalysen zur Frage der Attraktivität des Konzepts „Prävention". Da die bisherigen Erfahrungen mit Präventionsprogrammen zeigen würden, daß Prävention nicht gegen die Individuen, sondern nur mit ihnen erfolgreich sei, schlägt er die folgenden Strategien zur Behebung demokratischer Defizite bisheriger Präventionsarbeit vor:

- Strategien des „Empowerment": Transparenz von Ziel und Inhalt der Maßnahmen
- Partizipation statt bloßer Motivation: aktive Mitgestaltung der Ziele
- Unterstützung bei der (Wieder)Aneignung der unmittelbaren sozialen Umwelt
- Vernetzung präventiver Aktivitäten mit sozialen Bewegungen und Initiativen
- Einbindung präventiver Strategien in andere Bereiche lokaler Politik und Lebensgestaltung (z.b. soziokulturelle Arbeit, Stadtplanung usw.) (vgl. Kardorff 1995, S. 8f, ähnlich bei Stark 1992, S. 565f).

Aus der *Gesundheitsforschung*, einem Bereich, in dem die Präventionsforschung eine besondere Rolle spielen sollte, liegen zahlreiche empirische Ergebnisse über die Wirksamkeit von Programmen der Gesundheitsförderung vor. Diese zeigen u.a., daß die Reichweite von Maßnahmen auf der Basis schulischer Interventionen recht gering ist. Der große Einfluß anderer Faktoren wie familiäre und gesellschaftliche Bedingungen wurde bisher zu wenig berücksichtigt (vgl. Freitag 1994, S. 86). Die Studien ermittelten weiterhin, daß die Unterschiede in den Wirkungen zwischen traditionellen Interventionsstrategien (Informationsvermittlung und affektive Komponenten) und den innovativen Strategien (handlungssteuernde und -auslösende Motive) kurzfristig zugunsten der innovativen sehr groß sind, sich langfristig jedoch abschwächen. Zudem wurde deutlich, daß z.b. schulische Gesundheitserziehung nur dann erfolgreich ist, wenn sie frühzeitig einsetzt, jugendspezifisch ausgerichtet ist und langfristig implementiert wird. Dabei spielt die Anleitung und Fortbildung der Lehrer eine entscheidende Rolle. Erste Schlußfolgerungen für eine „gesunde Schule" im Rahmen eines sozialökologischen Kontextes wurden gezogen (vgl. Hesse 1993, S. 238ff, Hurrelmann 1995b).

In diesem Zusammenhang wird auch der ungenügende Stand der Präventionspraxis und Präventionsforschung hinsichtlich der Gewalt gegen Kinder kritisiert. Aufgrund des hohen Ausmaßes von Gewalt gegen Kinder und Jugendliche (jährlich werden 100.000 bis 400.000 Opfer als wahrscheinlich angesehen) fordern z.B. Freitag/Frey dringend präventive Maßnahmen. Die wenigen heute bestehenden Projekte würden den Ansprüchen an eine umfassende Prävention nicht genügen oder wären hinsichtlich ihrer Wirksamkeit nicht ausreichend abgesichert (vgl. Freitag/Frey 1994).

Für die *Jugendhilfeforschung* sieht Lüders mit Blick auf die Prävention vor allem vier Aufgabenfelder: Erstens sollten die Entstehungsbedingungen jener (neuen) Problemlagen analysiert werden, denen präventiv begegnet werden soll. Zweitens sollten die Ressourcen, die institutionellen und personalen Voraussetzungen und Bedingungen für die Prävention geklärt werden (z.b. setzen viele Präventionskonzepte eine Vernetzung voraus, die meist nicht gegeben ist). Drittens bedarf es einer systematischen Rekonstruktion der präventiven Arbeitsformen in der Praxis und einer Evaluation ihrer Effekte, denn erst auf der Basis des Wissens um bewährte oder gescheiterte Präventionsmaßnahmen gibt es eine Weiterentwicklung. Viertens schließlich sind die Grenzen präventiver Angebote in den Blick zu nehmen (vgl. Lüders 1995, S. 48).

Für den Bereich der *sozialen Arbeit* hat Flösser einige Mindestanforderungen an ein Präventionskonzept formuliert: Präventionsmodelle müßten u.a. Antwort auf die zugrundegelegte Funktionsbestimmung sozialer Arbeit geben, die Ziele von Hilfe- und Unterstützungsleistungen benennen, die Produktionslogik und -bedingungen von Angeboten in Relation mit den intendierten Zielen setzen und Klassifikationskriterien für die Einordnung von Maßnahmen als präventiv orientiert bzw. intervenierend angeben (vgl. Flösser 1995, S. 64).

Dieser kurze Überblick zeigt, daß eine Intensivierung der Präventionsforschung sowohl im Hinblick auf eine stärkere theoretisch-begriffliche Fundierung und praktische Umsetzung von Präventionskonzepten als auch hinsichtlich der Rekonstruktion und Evaluation von Präventionsmodellen in der Praxis erforderlich ist. Dabei kann die Präventionsforschung auch auf Ergebnisse der bisherigen Praxisforschung zurückgreifen (vgl. z.B. Moser 1995).

3.2.3 Gewaltprävention und gewaltpräventive Forschung

Im folgenden soll der Frage nachgegangen werden, welche Konsequenzen sich aus dem Präventionsdiskurs und den Ergebnissen der Präventionsforschung für die begrifflich-theoretische Grundlegung der Gewaltprävention ergeben. Dabei ist eine bloße Übertragung der Erkenntnisse der Präventionsforschung auf den Bereich der Gewaltprävention unzulässig, da der Gewaltbereich ein viel zu spezielles und sensibles Themenfeld ist.

Ausgangspunkt unserer vergleichenden Betrachtung ist die These, daß die bisherige Diskussion über die Gewaltprävention der sonstigen Präventionsdiskussion (z.B. zur Gesundheit oder zur Sucht) hinterherhinkt. Zwar gibt es eine Reihe von Vorschlägen und ausgearbeiteten Konzepten zur „Gewaltprävention", *ein Diskurs über begriffliche und theoretische Grundlagen der Gewaltprävention existiert aber faktisch nicht*. Dies zeigt sich z.B. daran, daß der Begriff meist ohne Definition und recht beliebig verwendet wird. Der Begriff „Gewaltprävention" hat sich im Gewaltdiskurs noch nicht etabliert. Selbst in Ratgebern zum Umgang mit Gewalt fehlt er mitunter (vgl. z.B. Preuschoff/ Preuschoff 1992, 1994, Gratzer 1993, Huber 1995). Manche Autoren verzichten auf den Begriff oder verwenden andere, semantisch ähnliche Begriffe, z.B. Gewaltprophylaxe, Gewalteindämmung, Gewaltreduktion, Vorbeugungsprogramme, Anti-Gewalt-Orientierung (vgl. Hurrelmann/Palentien/Wilken 1995,

Koch/Behn 1997). Andererseits werben gerade praxisorientierte Materialien mit diesem Begriff. Ungeachtet seiner Abstraktheit und Unschärfe scheint der Begriff somit wichtige Zeitsignaturen zu benennen und einem aktuellen Bedarf in der Praxis zu entsprechen.

Einen Höhepunkt in der Diskussion um die Gewaltprävention stellte die Arbeit der „*Anti-Gewaltkommission*" im Auftrag der Bundesregierung dar, deren Ergebnisse unter dem bezeichnenden Titel „Ursachen, Prävention und Kontrolle von Gewalt" zusammengefaßt wurden (vgl. Schwind/Baumann u.a. 1989, 1990). In den vier Bänden mit über 2500 Seiten sind *158 Vorschläge zur Prävention* von verschiedenen Gewaltformen (politisch motivierte Gewalt, Gewalt auf Straßen und Plätzen, im Stadion, in der Schule, in der Familie, in den Medien), einschließlich der Adressaten des Vorschlagskataloges, aufgeführt. An einigen Stellen wird auch explizit auf den *Begriff der Gewaltprävention* eingegangen. So wird darauf verwiesen, daß der Begriff für eine Fülle von Maßnahmen verwendet wird, von denen angenommen wird, daß sie dazu beitragen, das Auftreten von Gewalthandlungen zu reduzieren,

„wobei es sich in der Regel um die Beschreibung einer Intention und nicht um methodisch zuverlässig nachweisbare Wirkungen handelt. Eine große begriffliche Unschärfe besteht darin, daß es bei vielen Maßnahmen nicht um Vorbeugung im eigentlichen Sinne geht, sondern bereits bestehende Gewaltprobleme kontrolliert oder beseitigt werden sollen" (Schwind/Baumann u.a. 1990, Bd. II, S. 23).

Des weiteren wird festgestellt, daß es nicht immer möglich sei, Gewaltprävention von anderen Interventionsansätzen zu unterscheiden. Auch die Trennung von primärer, sekundärer und tertiärer Prävention sei unscharf. Dennoch wäre es sinnvoll, schwerpunktmäßig die primäre Prävention im Blickfeld zu haben, die anderen Ebenen aber nicht außer acht zu lassen. Auch sei es nach dem derzeitigen wissenschaftlichen Erkenntnisstand sehr schwierig, die Wirksamkeit der verschiedenen Ansätze zu beurteilen:

„Denn verschiedene Theorien der Gewalt sind zwar als empirisch mehr oder weniger gut bewährt einzuschätzen, sie beziehen sich aber teilweise auf unterschiedliche Gewaltphänomene und sind überwiegend in der Grundlagenforschung in speziellen Kontexten geprüft. Aus den jeweiligen Theorien läßt sich nicht eine bestimmte Maßnahme in allen ihren Aspekten ableiten, sondern Gewalttheorien sind für die Vorbeugung nur ein Hilfsmittel unter anderen (z.B. methodischen Überlegungen, praktischem Know-how, institutioneller Erfahrung). Für die Entwicklung und Auswahl konkreter Maßnahmen der Gewaltprävention ist eine eigene problem- und technologieorientierte Forschung erforderlich, insbesondere in Form der empirischen Wirkungsevaluation" (Schwind/Baumann u.a. 1990, Bd. II, S. 24).

An einer solchen Evaluationsforschung würde allerdings ein deutlicher Mangel bestehen. Forschungen zur Wirkungsevaluation müßten jedoch berücksichtigen, daß es keine eindeutige Priorität unter den verschiedenen Konzepten der Gewaltverhütung gäbe, da es sich nicht um voneinander unabhängige oder alternative Maßnahmen handelt, sondern um ein zusammenhängendes System der sozialen Beeinflussung. Gerade die Pluralität von Mechanismen der Gewaltverhütung würde extreme Entwicklungen in der Gesellschaft verhindern. Dennoch wird eine längerfristige Institutionalisierung und Koordinierung von Bemühungen um ein derart komplexes System der Gewaltprävention als sehr notwendig erachtet. Eine Hoffnung, die in jüngster Zeit, z.B. in Form von kommunalen und regionalen Präventionsräten, wieder Auftrieb erhalten hat.

In den beiden Gutachten zur „Gewalt in der Schule" im Rahmen der „Anti-Gewaltkommission" wird das Thema „Gewaltprävention" recht unterschiedlich behandelt. Während Feltes in seinen Abhandlungen „Zu schulinternen Möglichkeiten der Prävention" unter dem Präventionsbegriff vor allem Ursachenfaktoren für Gewalt innerhalb der Schule benennt, entwickelt Hurrelmann „Ansatzpunkte der Intervention in der Schule" (vgl. Feltes 1990, S. 338ff, Hurrelmann 1990, S. 370ff). Dabei klassifiziert Hurrelmann die Interventionsansätze nach vier Typen, die sich jeweils wiederum nach zwei Kriterien unterscheiden lassen: einmal dem Stadium, in dem die Intervention ansetzt (präventiv, korrektiv) und zum zweiten der Zieldimension, auf die die Intervention abstellt (personale, soziale Ressource). Präventive Intervention setzt ein, bevor aggressives oder gewaltförmiges Verhalten deutlich erkennbar wird, im Unterschied zur korrektiven Intervention, die einsetzt, nachdem das aggressive Verhalten eingetreten und identifiziert ist (vgl. Tab. 3.1).

Tab. 3.1: Vier Interventionstypen bei Gewalt in der Schule

Stadium	Zieldimension personale Ressourcen	Zieldimension soziale Ressourcen
präventiv	A A 1 Leistungsförderung A 2 Soziales Kompetenztraining A 3 Beratung	C C 1 Verbesserung des Schulklimas C 2 Transparente Chancenstruktur C 3 Ausbau der Partizipation
korrektiv	B B 1 Verhaltensmodifikation B 2 Therapie	D D 1 (Re)Konstruktion der Netzwerke D 2 Schulsozialarbeit

(Quelle: Hurrelmann 1990, S. 370)

Analoge Klassifikationsmodelle gibt es auch für andere Bereiche, so z.B. für die Jugendarbeit und Jugendhilfe. Primäre Gewaltprävention besteht dann darin, diejenigen gesellschaftlichen Bedingungen zu entdecken und zu verändern, die gewalthaltige Beziehungen fördern, und die Lebenskompetenzen zu stärken. Sekundäre Prävention dient der Verhinderung gewalttätigen Verhaltens z.B. durch besondere Programme und Interventionen, tertiäre Prävention der Verhinderung von Rückfall und der Resozialisierung, wobei es in der Praxis nicht immer möglich ist, die Bereiche voneinander zu trennen. Wichtig ist es jedoch, sich über die jeweilige Ebene seines pädagogischen Handelns klar zu sein (vgl. Tab. 3.2).

Tab. 3.2: Präventionsebenen in der Jugendarbeit

Präventionsebene	Zielgruppe	Ziel	Akteure/Ansatz
primär	alle Kinder und Jugendlichen	Lebenskompetenzförderung	Pädagogen, erwachsene Bezugspersonen
sekundär	gefährdete Kinder und Jugendliche	Verhinderung von gewalttätigem Handeln durch Programme und Interventionen	fortgebildete, ausgebildete Pädagogen, Jugendhilfe, Streetwork, Polizei
tertiär	straffällig gewordene Kinder und Jugendliche	Verhinderung von Rückfall, Resozialisierung	Streetwork, Polizei, Straffälligenhilfe, Therapie

(Quelle: Landesinstitut Schleswig-Holstein für Praxis und Theorie der Schule u.a. 1995, S. 13)

Seit der Arbeit der „Anti-Gewaltkommission" sind zahlreiche Präventionskonzepte für Schule und Jugendhilfe entworfen worden. Demgegenüber hat sich die Diskussion über deren theoretische Grundlagen und reale Wirkungen nur wenig entwickelt. So stellt z.B. Dann für die schulische Gewaltprävention fest:

„Bei der Sichtung von Vorschlägen zur Prävention aggressiver Umgangsformen in der Schule steht man vor einer nahezu unübersehbaren Vielfalt von Möglichkeiten (...) Sowohl die Ratgeberliteratur für Lehrkräfte als auch die wissenschaftliche Fachliteratur ist in dieser Hinsicht ausgesprochen unübersichtlich; die meisten Vorschläge erscheinen durchaus plausibel, wenn auch beliebig ausgewählt oder unzureichend begründet. Auch begriffliche Unterscheidungen zwischen Prävention und Intervention, zwischen präventiven und korrektiven Maßnahmen oder zwischen kontextbezogenen und personenbezogenen Ansätzen sind allenfalls akzentuierend möglich; zudem werden manche dieser Begriffe uneinheitlich verwendet" (Dann 1997, S. 354f).

Unter kontextbezogenen Ansätzen werden solche verstanden, die nicht in erster Linie auf Risikogruppen abzielen, sondern das gesamte soziale Gefüge der Schule verbessern sollen. Schwerpunktmäßig seien dies primärpräventive Maßnahmen, d.h. Maßnahmen im Sinne einer Vorbeugung, aber unter Einbeziehung der fließenden Übergänge zu sekundärpräventiven Maßnahmen, die eine Ausweitung und Verfestigung verhindern sollen. Tertiärpräventive Maßnahmen schließlich stellen eine Intervention bei massiven Problemen zur Verhütung der Rückfälligkeit und zur Resozialisierung problembelasteter Personen dar. Dieser aus der Sozialmedizin und Kriminologie stammende Klassifikationsversuch ist allerdings nicht trennscharf. So zielen z.B. auch Interventionsprogramme darauf ab, bestehende Gewaltprobleme an Schulen zu reduzieren und zugleich die Entwicklung neuer Probleme zu verhindern. Gezielte Auseinandersetzungen mit gewaltförmigen Interaktionen der betreffenden Personen haben nicht nur tertiärpräventive, sondern zumindest auch sekundärpräventive Effekte. In diesem Sinne ist eine gute Intervention zugleich auch eine gute Prävention. Allerdings warnt Dann davor, das gesamte soziale Leben an der Schule aus der Perspektive der Prävention zu sehen. Die Frage nach dem Sinn von Präventionsmaßnahmen sei immer auch eine soziale Beurteilung, in

Präventionsdiskurs und Präventionsforschung

die Wissen und Überzeugungen, normative Festlegungen und persönliche Bewertungen mehr oder weniger reflektiert eingingen (vgl. Dann 1997, S. 351).

Aus den bisherigen Darlegungen zum Diskurs über „Prävention und Gewaltprävention" läßt sich mit Blick auf die Aufgaben der gewaltpräventiven Forschung thesenhaft folgendes *Resümee* ziehen:

- Die Begriffe „Prävention" und „Gewaltprävention" bedürfen (ähnlich wie der Gewaltbegriff selbst) aufgrund ihrer Vieldeutigkeit und ihrer unterschiedlichen disziplinären Verankerung einer Klärung und theoretischen Einordnung. Der *Diskurs über begrifflich-theoretische Grundlagen* von Gewaltprävention sollte weitergeführt werden, wobei auch neuere Forschungsansätze (z.B. Lebensweltansatz, Netzwerkforschung) fruchtbar gemacht werden könnten. Dies würde zugleich der Gefahr einer Entgrenzung bzw. einer Entleerung des Präventionsgedankens entgegenwirken.

- Neben theoretisch-begrifflichen Auseinandersetzungen und Untersuchungen zu den Entstehungsbedingungen der verschiedenen Gewaltphänomene sind vor allem *empirische Wirkungsforschungen* (Evaluationen) erforderlich, um Reichweiten und Grenzen der Maßnahmen zu bestimmen. Zugleich besteht erheblicher Bedarf an der Klärung der institutionellen und personalen Bedingungen für die jeweiligen Präventionsansätze, ebenso an der systematischen Rekonstruktion und theoretischen Durchdringung der gewaltpräventiven Formen in der Praxis.

- Gewaltprävention als eine bereichsspezifische Prävention hat im Vergleich zur allgemeinen Prävention einige Besonderheiten (z.B. Postulat der körperlichen Unversehrtheit als normative Grundlage), dennoch gelten die *Forderungen der allgemeinen Präventionsforschung* analog auch für die gewaltpräventive Forschung. Das betrifft z.B. die stärkere Berücksichtigung der Kontexte, die Notwendigkeit eines Diskurses über Kriterien und normative Standards, die stärkere demokratische Partizipation der Betroffenen (demokratische Legitimation), die Gewährleistung von Transparenz, die Vermeidung sozialtechnischer Kontrolle sowie von Stigmatisierung.

- Gewaltpräventive Forschung sollte auch das Verhältnis von primärer, sekundärer und tertiärer Prävention berücksichtigen. Präventionsmaßnahmen sollten nicht zu allgemein, aber auch nicht zu speziell sein. Prävention muß frühzeitig beginnen und auf Langfristigkeit angelegt sein. Auch Fragen der *Leistungsfähigkeit der Institutionen, der Professionalisierung und Organisationsentwicklung* stellen in diesem Zusammenhang wichtige Themenfelder dar. Letztlich geht es um die längerfristige Institutionalisierung und Koordinierung von Bemühungen um ein *komplexes System der Prävention*, das auch die Einbindung und Vernetzung mit anderen Aktivitäten und Präventionsstrategien gewährleistet.

3.3 Stand und Entwicklungstendenzen in der Gewaltprävention Praxismodelle für Schule und Jugendhilfe

Die in den neunziger Jahre geführte Diskussion um „Jugend und Gewalt" hat nicht nur zu einem Boom an Gewaltforschung, sondern auch zu verstärkten Bemühungen beim Umgang mit Aggression und Gewalt geführt. Als prototypisch kann dafür das „Aktionsprogramm der Bundesregierung gegen Aggression und Gewalt" (AgAG) gelten (1992-96); aber auch für den Schulbereich sind zahlreiche Handlungsansätze und Praxismodelle zur Gewaltprävention entwickelt worden. Für die *Akzentverschiebung der Gewaltdebatte in Richtung Prävention* lassen sich folgende drei Gründe anführen:

1. Zum einen entspricht die Entwicklung von Konzepten und Modellen zur Gewaltprävention einem tatsächlichen *Bedarf in der Praxis*. Mit speziellen Maßnahmeprogrammen wird versucht, auf die in der Praxis bestehenden Probleme zu reagieren. In diesem Sinne sind die entsprechenden Programme eher Interventionsprogramme, die aber auch präventive Wirkungen haben. Zum anderen ist die Einsicht gewachsen, daß gegen Gewalt nur *längerfristige und komplexe Maßnahmen* Aussicht auf Erfolg haben, so daß der Schwerpunkt zunehmend auf die Gewalt*prävention* gelegt wurde.
2. Der in der Sozialpolitik/Sozialpädagogik geführte Präventionsdiskurs legt nahe, den Perpektivenwechsel zur *Prävention auch kritisch zu begleiten* und zu fragen, ob damit nicht auch Tendenzen einer Loslösung des Sozialstaates von traditionellen Interventionskonzepten verbunden sind. Gewaltprävention könnte demnach Rückzug aus anderen Bereichen bedeuten. Zu fragen ist auch, ob mit mehr Prävention nicht die Intention einer stärkeren *Kontrolle und Normierung von Kindern und Jugendlichen* verbunden ist.
3. Um den genannten Gefahren zu begegnen, gibt es bei der Entwicklung von Konzepten zur Gewaltprävention verstärkte Bemühungen, den Blick zu weiten und von einem eng begrenzten Gegenstand der Prävention bzw. Intervention zu einer *kontextbezogenen Prävention* zu gelangen. Gewaltpräventive Konzepte zielen dann über den unmittelbaren Abbau bzw. die Vermeidung von Gewalt hinaus auf eine Verbesserung der Bedingungen des Aufwachsens in verschiedenen Bereichen (z.B. Schule, Jugendarbeit). Gewaltprävention wäre in diesem Sinne in erster Linie Anlaß bzw. Katalysator für angestrebte Verbesserungen der Lebenslagen und Entwicklungschancen von Kindern und Jugendlichen.

Will man die Fülle der in den letzten Jahren entstandenen und verbreiteten Präventionsansätze und -konzepte überblicken, ordnen oder gar bewerten, steht man vor einer kaum lösbaren Aufgabe. Erschwerend kommt hinzu, daß häufig nicht zwischen Konzepten bzw. Programmen und Strategien, Handlungsansätzen, Vorschlägen bzw. Empfehlungen, Ratschlägen und Tips unterschieden werden kann. Neben den speziellen Konzepten und Programmen, die sich auch als solche verstehen, gibt es darüber hinaus auch noch unzählige Vorschläge und Hinweise in Monographien, Sammelbänden, Zeitschriften, Zeitungen, Ratgebern, Handreichungen, Dokumentationen, Praxishilfen usw. Die Zahl reduziert sich jedoch bereits erheblich, wenn man sich nur auf den Kreis der Handlungskonzepte und -programme konzentriert. Für den *Schulbereich* haben z.B. Schwind u.a. in ihrer Übersicht sechs Programme für Schüler, zehn Programme für Lehrer und fünf schulumfassende Programme, also insgesamt 21 Handlungsprogramme aufgelistet (vgl. Schwind u.a. 1995, auch Darge 1998). Nicht alle halten dabei einer genaueren Prüfung in Hinblick auf Konzeptualisierung stand, ein Teil besteht vielmehr in Zusammenstellungen von Empfehlungen und/oder Projektideen oder hat ein anderes Modell als Grundlage. Für *den Bereich der Jugendarbeit/Jugendhilfe* haben Vahsen u.a. eine Darstellung aktueller Handlungsansätze auf dem Gebiet der gewaltpräventiven Jugendarbeit vorgenommen und 14 Handlungsansätze und 19 Handlungsprojekte aufgeführt (vgl. Vahsen u.a. 1994).

Um eine Bilanzierung der Gewaltprävention in Schule und Jugendhilfe vornehmen zu können, bedarf es vor allem zweier Voraussetzungen: zum einen einer Klärung der normativen Erwartung an Qualität und Quantität solcher Konzepte und zum anderen einer Analyse verbreiteter Präventionskonzepte. Als Mindestanforderungen können angesehen werden: die theoretische Einbettung und Fundierung des Konzepts, das Vorhandensein eines in sich weitgehend geschlossenen Systems von Maßnahmen, die Entwicklung einer inneren Logik (Zielsetzung - Entwicklungsarbeit/Arbeitsschritte - Ergebnisse) und die Abgrenzbarkeit gegenüber anderen Konzepten. Im folgenden sollen - mit Blick auf eine Gesamtbilanz - grundlegende Präventionskonzepte und Handlungsansätze für die Bereiche Schule und Jugendarbeit/Jugendhilfe vorgestellt und diskutiert werden. Als Grundlage dienen dabei die Analysekriterien Ziele und Adressaten, theoretische Bezüge, Arbeitsschritte, Ergebnisse und Wirkungen.

3.3.1 Praxismodelle für die Schule

Im Vergleich zur beinahe unüberschaubaren Menge von Vorschlägen und Hinweisen zum Abbau bzw. zur Vorbeugung von Gewalt ist die Zahl der *Präventionskonzepte und -modelle* für den Schulbereich recht klein. Von den von Schwind u.a. angeführten 21 Handlungsprogrammen können nur weniger als die Hälfte im o.g. Sinne als Konzepte bzw. Modelle angesehen werden. Nach unserer Analyse sind es vor allem elf Konzepte bzw. Programme, die als schulische Präventionskonzepte und -modelle gelten können (vgl. Tab. 3.3). Diese Konzepte, die auch in der (Fach-)Öffentlichkeit und Schulpraxis größere Resonanz gefunden haben, sollen im folgenden - entlang der genannten vier Kriterien - kurz dargestellt werden (vgl. auch Schubarth/Ackermann 1998).

Tab. 3.3: Präventionskonzepte für die Schule

Programme für Schüler und/oder Lehrer	Schulumfassende Programme
• Streit-Schlichter-Programm • Sozialtraining in der Schule • Trainingsprogramm mit aggressiven Kindern • Gordon - Konflikttraining • Programm „Soziales Lernen" • Konstanzer Trainingsmodell (KTM)	• Interventionsprogamm (Olweus) • Schulinterne Lehrerfortbildung zu Gewalt (SchiLF) • Konzept „Lebenswelt Schule" • Konzept „Gestaltung-Öffnung-Reflexion" • Community Education

Streit-Schlichter-Programm (Walker bzw. Jefferys-Duden)

Die methodischen und theoretischen Grundlagen für dieses Konzept liegen in *Interaktionsspielen, im sozialen Lernen und in der Friedenserziehung*. Jamie Walker hat Modelle der Intervention und Prävention, die sich in den USA und Großbritannien bewährt haben, übernommen und Ende der achtziger/Anfang der neunziger Jahre an Berliner Schulen mit Erfolg erprobt. Im Mittelpunkt des Konzepts stehen *Spiele und Übungen*, die regelmäßig ein- bis zweimal pro Woche durchgeführt werden. Die Spiele und Übungen sollten flexibel gehandhabt werden.

Ziele sind die Vermittlung von sozialen Fähigkeiten und die Erziehung der Kinder zur gewaltfreien Konfliktfähigkeit. *Zielgruppe* sind Schüler der ersten bis achten Klasse. Ein wichtiger Aspekt dabei ist, daß es keine Verlierer bei den Spielen geben soll, sondern daß alle lernen und gewinnen können. Voraussetzungen für den Beginn der Arbeit mit den Schülern sind Achtung vor sich selbst und anderen, Bereitschaft zum Zuhören und zum Verständnis, Einfühlungsvermögen, Selbstbehauptung, Zusammenarbeit in der Gruppe, Aufgeschlossenheit, kritisches Denken, Phantasie, Spaß und Kreativität. Die Spiele und Übungen werden in verschiedene Themenbereiche unterteilt: Kennenlernen und Auflockerung (z.B. Namensspiele, Kennenlernspiele, Auflockerungsspiele, Übungen zur Entspannung und Sensibilisierung), Förderung des Selbstwertgefühls (z.B. Auseinandersetzung mit der Schule und der Rolle von Schülern und Lehrern, Kommunikation, Kooperation, geschlechtsbezogene Interaktionen durch getrennte Spiele von Jungen und Mädchen, gewaltfreie Konfliktaustragung (Konflikte verstehen, Konfliktverhalten von Jungen und Mädchen unterscheiden, Streitschlichtung).

Streitschlichtung in der Schule, insbesondere wenn Schüler Streit zwischen Schülern schlichten (Peer-Mediation), ist ein umfassendes *Konzept des sozialen Lernens* und sollte nach Walker und Jefferys-Duden institutionell an Schulen eingeführt werden. Grundvoraussetzung ist, daß sich die Schulen für

Praxismodelle für die Schule 143

dieses Konzept öffnen, es bekannt gemacht wird und die Lehrer dieses umsetzen. Eine Lösung des Konflikts wird mit Unterstützung eines Streitschlichters (Mediator) ausgehandelt und dann schriftlich festgehalten. Das Schlichteramt wird dabei von einem Schüler übernommen. Der Mediator ist verantwortlich für den Prozeß, der zu einer Lösung führt, er ist nicht verantwortlich für den Inhalt der Vereinbarung. Außerdem muß er die Gesprächsregeln beachten. Den Schülern wird damit Verantwortung für das Zusammenleben in der Schule, einschließlich bei der Lösungsfindung bei Konflikten, übertragen. Der Vorteil dieser gewaltfreien Konfliktlösung liegt darin, daß es keine Verlierer gibt, daher muß niemand mehr eine Gelegenheit suchen, um „Rache" zu nehmen, weil die Angst voreinander genommen wurde.

Der *Leitfaden für die Streitschlichtung* gliedert sich in vier Schritte: Schlichtung einleiten (Vereinbarung der Gesprächs- und Schlichtungsregeln), Standpunkte vortragen (Darstellung des Konflikts aus der Sicht der beteiligten Parteien), Bearbeitung des Konflikts im Gespräch und Lösungen bzw. Verständigung finden, Vereinbarung schriftlich festhalten (Ergebnisprotokoll, Übereinkunft hinsichtlich der späteren Umsetzung).

Jefferys-Duden hat ein sehr praktikables *Programm zur Mediatorenausbildung* entwickelt. Diese besteht aus sechs Unterrichtseinheiten und einem Anhang, einschließlich zahlreicher Arbeitsblätter und Beobachtungsbögen. Die Themen der Unterrichtseinheiten sind: Einführung in die Schlichtung, Konfliktlösungen, Schlichterkenntnisse und -fähigkeiten, Gefühle erkennen, benennen, vergleichen, Schlichtungsablauf, Erfolgskontrolle. Die *Arbeitsblätter* geben die wichtigsten Punkte des Streit-Schlichter-Programms wider, z.B.:

Was ist Schlichtung? Schlichtung ist ein Konfliktgespräch mit Hilfe einer neutralen Person. Neutral heißt unabhängig, unparteiisch, sich nicht auf eine Seite ziehen lassend. *Ziel der Schlichtung* ist, eine Brücke zwischen den Streitenden zu bauen, auf der die Streitenden sich entgegenkommen, wenn der Konflikt zu einem Graben geworden ist, den die Streitenden allein nicht überwinden können. Die Streitenden bauen die Brücke. Die Schlichter helfen dabei. *Was haben Schlichter gelernt?* Schlichter müssen neutral sein, auf Regeln hinweisen, auf die Einhaltung der Regeln achten (ausreden lassen, wiederholen, was der andere gesagt hat, höflich sprechen), zuhören, Vertraulichkeit bewahren, durch Fragen helfen, Lösungen zu finden. *Wie kommt Schlichtung zu Stande?* Die Streitenden wünschen eine Schlichtung. Mitschüler oder Lehrer empfehlen eine Schlichtung. Schlichter bieten ihre Hilfe an. Schlichtung mitmachen ist freiwillig. *Wo findet Schlichtung statt?* In der 'Friedensecke' eines Klassenraums oder des Schulhofes während der großen Pausen; in besonderen Fällen in einem Schlichtungsraum nach der Pause. *Wie bzw. wann kann man Schlichtung anbieten?* a) Schlichter sehen einen Streit, gehen auf die Streitenden zu und bieten ihre Hilfe an. b) Mitschüler oder Lehrer sehen einen Streit und rufen die Schlichter herbei. c) Schlichter warten in der 'Friedensecke' auf dem Schulhof, bis die Streitenden kommen. d) Schlichter bieten einen Termin im Schlichtungsraum an (vgl. Jefferys-Duden 1999).

Folgende *Erfahrungen* haben Schulen gemacht, die das Programm durchgeführt haben: Auf Klassenebene wurde das Zusammengehörigkeitsgefühl gestärkt, auch Rollenkonflikte mit der Klassenleitung konnten thematisiert werden. Die Schüler lassen sich auf die Schlichtungsgespräche ein und Schüler, die an einem Schlichtungsgespräch teilgenommem haben, geraten seltener in erneute ernsthafte Schwierigkeiten (vgl. Walker 1991, 1995a, 1995b und Jefferys/Noack 1995, Jefferys-Duden 1999).

Sozialtraining in der Schule (Petermann/Jugert/Tänzer/Verbeck)

Das Trainingsprogramm „Sozialtraining in der Schule", das an das Training mit aggressiven Kindern angelehnt ist, wurde mit dem Ziel entwickelt, das soziale Verhalten bei Schülern der dritten bis sechsten Klasse zu fördern. Im Unterschied zum Training mit aggressiven Kindern ist es kein therapeutisches, sondern ein *präventives Programm*, das verschiedenen Verhaltensstörungen wie Aggression, soziale Unsicherheit/Angst und Hyperaktivität entgegenwirken soll. Zum Aufbau sozial kompetenten Verhaltens bedarf es sowohl grundlegender *kognitiver Fähigkeiten* (Wahrnehmung, Interpretation, Suche nach und Bewertung von Handlungsalternativen) als auch bestimmter *sozialer Fertigkeiten*. Die Ziele des Sozialtrainings sind im einzelnen:

- differenzierte soziale Wahrnehmung
- Erkennen und Ausdrücken von Gefühlen (um Körpersignale sicher zu interpretieren)
- angemessene Selbstbehauptung (um eigene Interessen und Bedürfnisse angemessen durchzusetzen)
- Kooperation als Alternative zu aggressivem, sozial isoliertem, ängstlichem Verhalten
- Einfühlungsvermögen im Sinne einer Neubewertung der Folgen des eigenen Handelns aus Sicht des Gegenübers

Das Sozialtraining basiert auf der Theorie der sozial-kognitiven Informationsverarbeitung, nach der Informationen aus der Umwelt wahrgenommen, gespeichert sowie interpretiert werden und auf dieser Grundlage Handlungsmöglichkeiten gesucht, bewertet und ausgewählt werden. Gerade Kinder mit Verhaltensstörungen nehmen soziale Informationen verzerrt wahr. Sie neigen z.B. dazu, ihre Aufmerksamkeit selektiv auf bedrohlich eingestufte Handlungen zu richten oder anderen eine feindliche Absicht zu unterstellen. Sie kennen auch weniger alternative Konfliktlösungen und bewerten aggressives Verhalten eher als positiv. Durch Rollenspiele, Verhaltensregeln, Entspannungsübungen, Reflexion, Selbstbeobachtungs- und Selbstkontrolltechniken u.ä. sollen Verhaltensmodifikationen erreicht werden. Von den Autoren wird empfohlen, auf mehreren Ebenen gleichzeitig Präventionsmaßnahmen zu ergreifen:

- auf Schulebene: Projektwochen, Fortbildungen, Arbeitsgruppen zur Verbesserung des Schulklimas
- auf Klassenebene: Klassengespräche und die Durchführung des Sozialtrainings
- auf individueller Ebene: Einzelgespräche mit Schülern und Eltern

Die Anwendung des Programms setzt die expertengeleitete Einführung in die Handhabung des Manuals und den angemessenen Umgang mit den Methoden voraus. Zudem wird eine begleitende Supervision empfohlen. Nicht zuletzt hängt der Erfolg des Programmes auch von der aktiven Kooperation mit den Eltern ab. Das gesamte Programm umfaßt einen Zeitraum von zehn Wochen mit einer jeweils 90minütigen Trainingssitzung pro Woche. Die einzelnen Phasen der Sitzungen lassen sich wie folgt beschreiben:

1. Einleitungsphase: Spielvorschlag zum „warming up" (mit Rückmeldung)
2. Vereinbarung von zwei Regeln (aus dem Manual), die während der Sitzung einzuhalten sind (z.B.: Jeder darf ausreden! oder: Jeder darf etwas sagen!)
3. Entspannungsphase: Vorbereitung auf das soziale Lernen (z.B. „Kapitän-Nemo-Geschichten")
4. Arbeitsphase: Rollen- und Interaktionsspiele zur Erarbeitung des Leitthemas der Stunde (differenzierte Fremd- und Selbstwahrnehmung, Einfühlungsvermögen) mit alternativen Materialien, Rollenspiele im Sinne des regelgeleiteten sozialen Lernens
5. Abschlußphase: Rückmeldung unter Einsatz von Signalkarten
6. Ausklang: kurzes Spiel

Erste Evaluationen zeigen, daß das Sozialtraining eine erhöhte Aggressionsbereitschaft der Schüler deutlich reduziert. Weitere Effektkontrollen sind jedoch erforderlich, bevor eine Gesamteinschätzung der Wirkung des Trainings vorgenommen werden kann (vgl. Petermann/Jugert/Tänzer/Verbeck 1997).

Trainingsprogramm mit aggressiven Kinder (Petermann/Petermann)

Handlungskompetenz im Arbeits- und Sozialbereich zu fördern und Kindern und Jugendlichen die Erfahrung von Selbstwirksamkeit zu vermitteln, sind die globalen *Ziele* dieses Trainings. Um dieses zu erreichen, müssen von Jugendlichen unterschiedliche Teilfertigkeiten eingeübt werden, mit deren Hilfe sie dann besser in der Lage sind, private und/oder schulische Belastungen zu bewältigen. Das heißt, die Jugendlichen sollen lernen, Probleme in Schule und Freizeit sowie Konflikte mit Gleichaltrigen, den ersten Partnern und Eltern zu erkennen und sie konstruktiv zu lösen und nicht mit Apathie, Vermeidungsverhalten, Aggression oder Delinquenz zu reagieren. Diese zu erlernenden Teilfertigkeiten sind:

- Selbst- und Fremdwahrnehmung,
- Selbstkontrolle und Ausdauer,
- Umgang mit dem eigenen Körper und Gefühlen,
- Selbstsicherheit und stabiles Selbstbild,
- Fähigkeit, sich in andere einzufühlen,
- Annahme von Lob, Kritik und Mißerfolg.

Das Programm gliedert sich in Einzel- und Gruppentrainings mit vier oder fünf Jugendlichen. Das Einzeltraining besteht aus dem Erstkontakt und mindestens fünf Sitzungen, das Gruppentraining aus zehn bis elf zweistündige Sitzungen. Im *Einzeltraining* stehen die ersten beiden Ziele Selbst- und Fremdwahrnehmung sowie Selbstkontrolle und Ausdauer im Vordergrund. Da dafür ein hohes Maß an Selbstreflexion vorausgesetzt wird und dies bei vielen Jugendlichen häufig nicht vorhanden ist, werden bildgetragene Materialien wie Cartoons, Spiele und Fotos eingesetzt, um den Jugendlichen den Zugang zu erleichtern. Als weitere Vorgehensweisen werden Diskussionen, Rollenspiele und Tagebücher eingesetzt. Die einzelnen Aufgaben sind vielfältig und wechseln zwischen Anforderungen, die ein hohes Maß an Konzentration verlangen und solchen, die als angenehm empfunden werden.

Im *Gruppentraining* steht das Einüben neuer Verhaltensweisen mit Rollenspielen im Vordergrund, wobei vom Trainer das Thema, die Lösung bzw. anzustrebendes Zielverhalten, Rollenverteilung und Struktur der Auswertung vorgegeben werden. Um die fünf oder sechs Gruppenteilnehmer aktiv zu beteiligen, werden mehrere thematische Rollenspiele durchgeführt. In der Phase der Auswertung wird das Rollenspiel verbal reflektiert. Die inhaltlichen Schwerpunkte in den Gruppenstunden sind im einzelnen:

- Argumentieren lernen
- mit Gefühlen und Körperhaltungen umgehen
- Vorstellungsgespräche einüben
- Einfühlungsvermögen entwickeln
- Selbstsicherheit im Umgang mit anderen erwerben
- Lob und Anerkennung äußern und annehmen
- Außenseiter akzeptieren
- Umgang mit Mißerfolgen und Kritik
- Rückmeldung zum Training

Der langfristige Erfolg eines Trainings hängt vor allem davon ab, ob sich die Bedingungen auf den Alltag übertragen lassen. Dafür ist für das Training „Wirklichkeitsnähe" und für den Alltag eine „erhöhte Strukturierung" notwendig. Durch *gezielte Erfolgserlebnisse und den Einsatz von Selbstkontrolle* kann die Belastungsfähigkeit des Jugendlichen allmählich gesteigert werden, wobei Selbstkontrolle schon im Einzeltraining erlernt werden kann. Selbstkontrolle läßt sich sofort auf den Alltag übertragen. Sozialpädagogische Maßnahmen können dazu beitragen, den Alltag des Jugendlichen zu strukturieren, z.B. durch gezielte Freizeitangebote. Empfehlenswert ist auch, das Training an die Situation des Jugendlichen, z.B. in der Schule, anzubinden.

Das Anti-Aggressionstraining mit Kindern und Jugendlichen ist in der Lage, vor allem auf aggressives Verhalten durch Abbau des Problemverhaltens und Aufbau neuer Verhaltensweisen einzuwirken. Bisher durchgeführte *empirische Überprüfungen* lassen den Schluß zu, daß vor allem das Gruppentraining eine große Bedeutung für Verhaltensänderungen hat und das Einzeltraining dazu geeignet ist, auf die Gruppentrainings vorzubereiten. Gerade in der Gruppe erlebt der Jugendliche viele Situationen mit unterschiedlichem Schwierigkeitsgrad, in denen er neues und effektives Verhalten anhand von altersbezogenen Bedingungen einüben und eigene Selbstwirksamkeit erfahren kann (vgl. Petermann/Petermann 1993).

Gordon - Konflikttraining

Die Zielgruppe für das Gordon-Training ist nicht begrenzt: Es ist sowohl bei *Schülern und Lehrern als auch bei Eltern* einsetzbar. *Ziel* ist die Entwicklung von Fähigkeiten zur gewaltfreien Konfliktlösung. Es wird davon ausgegangen, daß Konflikte im Alltagsleben normal sind, darum sollten diese gewaltfrei ausgetragen werden und nicht in einen Machtkampf münden (z.B. zwischen Lehrern und Schülern oder Eltern und Kindern). Es sollten Kompromisse gefunden werden, die von den beteiligten Seiten angenommen werden können. Eine solche Methode der Konfliktbewältigung ist die *„niederlagenlose" Methode*. Sie stellt eine Form der Konfliktlösung dar, die zu Kompromissen führt und bei der beide Seiten ihr Gesicht wahren können. Insbesondere für Kinder und Jugendliche ist diese Methode sehr hilfreich, um ihnen das Gefühl zu vermitteln, daß die getroffene Lösung auch ihre Entscheidung gewesen ist. Außerdem werden das Argumentations- und Denkvermögen der Kinder und Jugendlichen geschult und Feindseligkeiten abgebaut (vgl. Abb. 3.1).

Abb. 3.1: Die „niederlagenlose" Methode (nach Gordon)

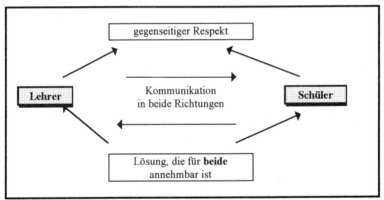

Bei der Anwendung seiner Methode empfiehlt Gordon sechs Schritte:
1. den Konflikt identifizieren und definieren
2. mögliche Alternativlösungen entwickeln
3. die Alternativlösungen kritisch bewerten
4. sich für die beste annehmbare Lösung entscheiden
5. Wege zur Ausführung der Lösung ausarbeiten
6. spätere Überprüfung der Lösung

Eine zentrale Rolle spielen dabei die *ICH- und DU-Botschaften*. Statt z.B. das Kind anzugreifen, ihm Schuld für etwas zu geben, sollten in der ICH-Form die eigenen Empfindungen und Gefühle ausgedrückt werden. Für Erwachsene ist es oftmals leichter, die Empfindungen hinter einer DU-Botschaft zu verbergen, die dem Kind die Schuld zuschiebt, anstatt über sich selbst Auskunft zu geben. Es bedarf also eines gewissen Mutes, um ICH-Botschaften zu senden. Der

Sender der ICH-Botschaft läuft Gefahr, daß er sich offenbart, was möglicherweise als Zeichen von Schwäche gewertet werden könnte. Die Vorzüge von ICH-Botschaften sind offenkundig: Sie wirken weniger bedrohlich für das Kind bzw. den Jugendlichen. Der Angesprochene wird nicht „in die Ecke gedrängt", gerät nicht sofort unter Rechtfertigungszwang, muß sich nicht wehren und „zurückschlagen". ICH-Botschaften führen zu mehr Ehrlichkeit und Offenheit und fördern Vertrauen. Sie erhöhen auch die Bereitschaft, die Botschaft des anderen anzunehmen und sich zu ändern (vgl. Abb. 3.2).

Abb. 3.2: ICH- und DU-Botschaften (nach Gordon)

DU-Botschaften		ICH-Botschaften
DU sollst nicht immer ...	besser:	ICH bin verärgert, weil ...
DU darfst nicht ...		MIR gefällt nicht, daß ...

Wichtig ist, daß die Kommunikation durch eine „Sprache der Annahme" gekennzeichnet ist. Eine solche Sprache verdeutlicht, daß man den anderen so annimmt, wie er ist. Annahme und Akzeptanz können auf verschiedene Weise übermittelt werden: wortlos (z.b. Gesten, Körperhaltung, Gesichtsausdruck), Nichteinmischung, passives Zuhören oder verbal übermittelte Annahme. Lehrer, die Schülern aktiv zuhören, verweisen vor allem auf folgende *Erfahrungen*: Aktives Zuhören hilft Schülern, mit intensiven, negativen Gefühlen fertig zu werden. Sie lernen, daß sie keine Angst vor ihren eigenen Gefühlen zu haben brauchen. Aktives Zuhören regt an, über die Sache nachzudenken und sich auszusprechen. Aktives Zuhören verbessert die Beziehung zwischen Lehrern und Schülern. Sie hilft, sich in die Position des anderen zu versetzen und Ausschnitte der Welt aus einer anderen Perspektive zu sehen. Gordon-Kurse wollen keine Rezepte geben, auch nicht die persönlichen Probleme der Betroffenen lösen - sie wollen aber Angebote für die Arbeit an den eigenen Einstellungen (z.B. gegenüber den Kindern, den Schülern) und an eigenen Fähigkeiten machen (vgl. Gordon 1990a, 1990b).

Programm „Soziales Lernen" (Lerchenmüller)

Anfang der achtziger Jahre entwickelte Lerchenmüller ein Unterrichtsprogramm *für Schüler*, mit dem *Ziel*, auf die zunehmenden Probleme von Kindern und Jugendlichen zu reagieren. Diese Probleme sind nach ihrer Auffassung psychosozialer Natur und durch allgemeine strukturelle Veränderungen der Gesellschaft, Leistungsdruck, Konsumorientierung, Beziehungslosigkeit usw. bedingt. Die Kinder und Jugendlichen seien oft nicht in der Lage, diese Probleme zu bewältigen oder sozial positiv und legal zu lösen; sie handeln und reagieren sozial auffällig, aggressiv und z.T. gewalttätig. Da Schule im Leben der Kinder und Jugendlichen eine zentrale Sozialisationsinstanz darstellt, hat sie auch die Aufgabe, soziales Lernen zu ermöglichen. Dies erfordert, daß die Schüler ihre Kompetenz erweitern und lernen, in Konflikt- und Problemsituationen sozial positive und für sie selbst befriedigende Lösungsstrategien zu entwickeln. Wesentliche *Merkmale sozialen Lernens* sind Handlungsorientierung, der Bezug zur Erfahrungswelt der Schüler und die Berücksichtigung einer affektiven Auseinandersetzung mit Lerninhalten. Dabei sollen folgende Fähigkeiten erworben werden: Urteilsfähigkeit, Beziehungs- und Empathiefähigkeit, kommunikative Kompetenz, Rollendistanz und Ambiguitätstoleranz.

Das Unterrichtsprogramm, das für die Sekundarstufe I gedacht ist, soll das soziale Lernen in der Schule in Form eines offenen Curriculums ermöglichen. Dabei versteht sich das Programm als *kontextbezogener Ansatz*, d.h., das gesamte soziale Gefüge der Schule, der gesamte Klassenverband werden einbezogen. Besonders das Lernklima in den Klassen und die Qualität der Lehrer-Schüler-Beziehung sollen verbessert werden. Das Programm hat vor allem eine *delinquenzprophylaktische Absicht*, d.h., durch die während des Programms erworbene soziale Handlungs- und Problemlösungskompetenz wird delinquentem Verhalten vorgebeugt.

Insgesamt wurden *26 Unterrichtsbausteine* entwickelt, die sich einzelnen Themenbereichen zuordnen lassen: Vorurteile und Diskriminierung von Minderheiten, Beziehung zur Erwachsenenwelt, Konflikte mit Autoritätspersonen, Konflikte in der Gleichaltrigengruppe, jugendliches Entscheidungsverhalten, Hintergründe und Folgen einer Straftat. Ein Unterrichtsbaustein umfaßt meist die Dauer einer Doppelstunde. Den Schülern werden Themen als offene Problemsituationen in Form von Videos, Bildgeschichten oder Kurzgeschichten vorgegeben. Die Schüler sollen dann durch Gespräche, Kleingruppenarbeit oder Rollenspiele adäquate Konfliktlösungen erarbeiten. Dabei werden auch häufig Bildgeschichten einbezogen. So sollen z.B. die Schüler ermutigt werden, sich auch gegen den Druck der Gleichaltrigengruppe zu entscheiden. Sie sollen lernen, ihre Entscheidungen vor der Gruppe zu vertreten und die Folgen von unbedachten delinquenten Gruppenaktivitäten für sich und andere zu begreifen. Neben solchen thematischen Unterrichtsbausteinen sind im Lernprogramm auch „Meckerstunden" vorgesehen, welche die Schüler selbst gestalten. In diesen „Meckerstunden" werden Klassenprobleme, persönliche Schwierigkeiten usw. aufgegriffen. Dem Schülertraining steht eine begleitende Beratung des Klassenlehrers zur Seite, die auch durch Gruppensitzungen zum Erfahrungsaustausch ausgebaut werden kann.

Das soziale Lernprogramm wurde in den achtziger Jahren in 8. Klassen von Haupt- und Realschulen erprobt. Dabei wurden ein halbes Jahr lang wöchentlich zwei Unterrichtsstunden vom Klassenlehrer gehalten. Im Ergebnis zeigten sich vielfältige *soziale Lerneffekte*: Das Klassenklima verbesserte sich, viele Schüler schätzten ihre Empathiefähigkeit, ihre kommunikative Kompetenz und ihre Konfliktlösungsfähigkeit nach dem Schülertraining höher ein. Allerdings zeigte sich auch: Wirkungsvoll ist soziales Lernen nur dann, wenn es dauerhaft in der Schule ermöglicht und integriert wird. Die Verwirklichung von sozialem Lernen in der Schule erfordert eine große Bereitschaft und ein Sich-Einlassen auf neue Formen und Themen im Unterricht. Soziales Lernen in der Schule sollte außerdem nicht nur auf ein Trainingsprogramm beschränkt bleiben, sondern in den Unterricht insgesamt stärker integriert werden und bereits in der Grundschule beginnen. Dann würde auch die beabsichtigte delinquenzprophylaktische Wirkung des Programms besser zum Tragen kommen (vgl. Lerchenmüller 1986, 1987).

Konstanzer Trainingsmodell (KTM)

Das Konstanzer Trainingsmodell (KTM), das an der Universität Konstanz Ende der achtziger/Anfang der neunziger Jahre erarbeitet wurde, ist durch zwei Merkmale gekennzeichnet: Es ist erstens ein *Selbsthilfeprogramm für Lehrer*, die Probleme mit aggressiven und störenden Schülern haben, und zweitens eine umfangreiche *Sammlung von Trainingselementen* mit kurzer theoretischer Darstellung. Das KTM bietet Wissen und praktisch anwendbare Methoden, die in Auseinandersetzung mit der Schulpraxis entwickelt und erprobt wurden.

Das KTM verfolgt vor allem folgende *Ziele*: die Erhöhung der pädagogischen Kompetenz durch den Aufbau eines reflektierten und angemessenen Handlungsrepertoires, den Abbau von Störungen und Aggressionen in der Klasse zugunsten von kooperativen Umgangsformen, die Verminderung von zwischenmenschlichen Belastungen und die Steigerung des schulischen Wohlbefindens von Schülern und Lehrern. Weiterhin bezieht sich das Training auf Schüler-Schüler-Konflikte und Schüler-Lehrer-Konflikte. Das KTM versucht durch die Einbeziehung der Schülersichtweise, ausschließlich auf den Lehrer abgestimmte Problemlösungen zu vermeiden.

Im Mittelpunkt des Programms stehen die *subjektiven Alltagstheorien der Lehrer über die Aggressions- und Störungsproblematik*. So werden ausgehend von den Erklärungen der Lehrer für aggressives Verhalten die entsprechenden Interventions- und Präventionsmaßnahmen ausgewählt. Ein analoges Vorgehen gibt es z.B. auch für den Umgang mit den eigenen Gefühlen des Lehrers gegenüber störenden oder aggressiven Schülern. Das Training wird in der Regel im Dialog mit einem Trainingspartner durchgeführt: Zwei oder mehr Kollegen bilden ein 'Trainingstandem', auch die Schüler können mit einbezogen werden. Die Partner trainieren wechselweise, unterstützen sich dabei gegenseitig, besuchen den Unterricht des Trainingspartners und protokollieren Entstehung und die Lösungsversuche einer Konfliktsituation. Im Gespräch wird diese Situation rekonstruiert, die Reaktion des Lehrers wird analysiert. Alternativen werden durchgespielt. Der nächste Schritt ist dann die Umsetzung des Gesprächsergebnisses, die Überprüfung der Alternativen im Unterricht - wiederum unter der Beobachtung durch den Trainingspartner. Die Anwesenheit des Kollegen oder der Kollegin führt schließlich zur Schärfung der eigenen Beobachtungsgabe. Im Kern geht es also darum, das bereits vorhandene Wissen und die bestehenden Routinen und Erfahrungen im Umgang mit Unterrichtsstörungen gezielt zu aktivieren und mit konkreten Anregungen positiv weiterzuentwickeln.

Der *Inhalt des KTM* soll im folgenden an einem Beispiel erläutert werden: Lehrer A betritt das Klassenzimmer und sieht, wie sich zwei Schüler prügeln. Er geht auf die beiden zu, trennt sie und bleibt zwischen ihnen stehen. Die anderen Schüler sehen von ihren Plätzen aus zu.

Phase I: Situationsauffassung
Aufgrund seiner kurzen Beobachtung (Prügeln, gegenseitige Beschimpfungen) erkennt Herr A die Störung als Gewalttätigkeit der beiden Schüler. Für die Ursache hat Herr A eine Vermutung: Er kennt die beiden, weiß, daß sie sehr hitzköpfig sind und schon öfter miteinander gestritten haben. Herr A enthält sich einer Erklärung oder gar Ursachen- oder Schuldzuschreibung. Er hat folgende Ziele: allmähliche Entspannung und Beruhigung der aggressiven Situation, Klärung des Vorfalls aus Sicht der beiden Jungen. Dem Lehrer ist wichtig, einen Zusammenhang zwischen seinen Zielen herzustellen, um deren Angemessenheit zu gewährleisten.

Phase II: Handlungsauffassung
Herr A fragt sich nun, über welches Handlungsrepertoire er für die Lösung des Falles verfügt. Er erinnert sich an bisher erfolgreiche Interventionen. Er steht nicht unter dem Druck, sofort zu handeln (mit Ausnahme des Trennens der beiden „Kämpfenden"), befreit sich also vom Reaktionsdruck, durch die die „Fehlerquote" steigen würde. Aus dieser Gelassenheit heraus, ist Lehrer A nun in der Lage, Vor- und Nachteile seiner Handlungsmöglichkeiten abzuwägen und angemessene Entscheidungen zu treffen. Er hat gelernt, daß es keinen Sinn hat, unter Druck und in Hektik Entscheidungen zu treffen. Aus seiner Trainingszeit mit dem KTM steht Lehrer A folgendes Repertoire zur Verfügung:

a) Gesprächsverhalten (wie führe ich am besten ein klärendes Gespräch, ohne eine Seite zu benachteiligen und ohne weitere Aggressionen heraufzubeschwören)
b) Handlungsstrategien: unerwünschtes Verhalten hemmen (Entzug von Bekräftigungen, Vermeiden von Erfolgserlebnissen für den/die auffälligen Schüler); negative Anregungen vermindern (Auslöser oder Hinweisreize vermeiden); positive Anregungen anbieten; persönliche Bewertungen und Sichtweisen verändern; erwünschtes Verhalten fördern (Bekräftigung disziplinierten und kooperativen Verhaltens, insbesondere durch systematische Einübung).

Phase III: Handlungsausführung
Herr A hat bereits eine Handlungsstrategie „unerwünschtes Verhalten hemmen" hinter sich, indem er zwischen die Kämpfenden getreten ist, und handelt nun aufgrund seiner Ziele folgendermaßen: Er steht ruhig und gelassen zwischen den beiden Jungen. Dadurch ermöglicht er bei den Beteiligten Entkrampfung und Entspannung. Aus der angespannten wird insofern eine (relativ) entspannte Situation, als daß die beiden Jungen nun ihre eigenen Sichtweisen mitteilen können. Der Lehrer versteht sich als Vermittler und sorgt dafür, daß Anklagen und Schuldzuweisungen unterbleiben. Andere aus der Klasse können ggf. ihre „Sicht der Dinge" mitteilen, so daß ein gemeinsames Meinungsbild des Vorfalls und der Hintergründe entsteht. Auch der Lehrer äußert seine Meinung und zeigt „Spielräume" und Grenzen auf. Nach dieser kurzfristigen Intervention erarbeitet Lehrer A mit der Klasse mittel- und langfristige Handlungsalternativen bei Meinungsverschiedenheiten, Streitereien und möglichen gewaltsamen Ausschreitungen.

Phase IV: Handlungsergebnisauffassung
Bereits während seiner Intervention reflektiert Lehrer A immer wieder seine Handlungen nach Erfolg und Mißerfolg, nach Angemessenheit und Wirkung und ebenso nach der Unterrichtsstunde bzw. im Verlauf der mittel- und langfristigen Aktion. Dabei spricht er auch mit den Schülern und mit Kollegen, die in dieser Klasse unterrichten.

Das Konstanzer Trainingsmodell hat sich seit den achtziger Jahren in vielen Schulen (aber auch in anderen Bereichen) bewährt. Folgende *Wirkungen und Effekte* des KTM wurden vor allem aufgrund subjektiver Erfahrungsberichte festgestellt: Die Lehrer fühlen sich kompetent im Umgang mit Aggression und Gewalt; sie haben mehr Selbstvertrauen. Sie schauen deshalb bei Konfliktsituationen auch weniger weg, greifen mehr ein. Zugleich werden weniger rigide und strafende Maßnahmen getroffen. Die Schüler verringern ihr störendes und aggressives Verhalten, sie sind mehr an Schule interessiert, ihre Leistungsbereitschaft wird erhöht. Da die Schüler weniger Mißerfolge erleben, treten auch weniger Frustrationen auf. Das Klassenklima verbessert sich, ebenso das Klima innerhalb des Kollegiums (vgl. Tennstädt/Krause/Humpert/Dann 1991).

Interventionsprogramm (Olweus)

Der norwegische Psychologe Olweus entwickelte in den achtziger Jahren im Anschluß an umfangreiche Längsschnittuntersuchungen ein *schulumfassendes Programm zur Gewaltintervention*. Mittlerweile wird es auch in anderen Ländern, so in Deutschland, mit Erfolg angewandt.

Ziele des Programms sind vor allem eine deutliche Verminderung mittelbarer und unmittelbarer Gewalt und die Verbesserung der Beziehungen unter den Schülern. Es sollen Bedingungen geschaffen werden, die sowohl Opfern als auch Tätern ein besseres Auskommen miteinander innerhalb und außerhalb der Schule möglich machen. Dabei wird eine Steigerung ihrer sozialen Kompetenz angestrebt. Weiterhin soll eine allgemeine Verbesserung des Schulklimas und des Zusammenhalts erreicht werden. Bevor mit dem Programm begonnen werden kann, sollten zwei *Rahmenbedingungen* erfüllt sein: Zum einen muß ein entsprechendes *Problembewußtsein* entwickelt sein, d.h., der momentane Zustand des Gewaltproblems an der Schule muß von Lehrern und Eltern erkannt worden sein. Zum anderen bedarf es eines „*Betroffenseins*", d.h., eine Änderung des Zustandes muß von Lehrern und Eltern selbst ernsthaft angestrebt werden. Der Start des Programms erfolgt in drei Schritten: Zunächst sollte eine *Fragebogenerhebung* stattfinden, in der alle Schüler der jeweiligen Schule den Ist-Zustand des Gewaltproblems einschätzen. Die Ergebnisse der Befragung bilden die Grundlage für alle weiteren Maßnahmen. Dann sollte ein „Pädagogischer Tag" durchgeführt werden. Er dient dazu, die Fragebogenergebnisse auszuwerten und Maßnahmen vorzubereiten. Ein langfristiger Handlungsplan sollte aufgestellt werden. Daran schließt sich die Schulkonferenz an, auf der das Interventionsprogramm verabschiedet werden soll.

Praxismodelle für die Schule

Den *Kern des Programms* bilden die Maßnahmen auf der Schul-, der Klassen- und der persönlichen Ebene. Der Schwerpunkt liegt dabei auf der Klassenebene. Hier geht es vor allem um die Einführung von Klassenregeln, an deren Erarbeitung die Schüler beteiligt sein sollen. Olweus schlägt drei Regeln vor, die den Mittelpunkt bilden sollten:

1. Wir werden andere Schüler nicht mobben.
2. Wir werden versuchen, Schülern, die gemobbt werden, zu helfen.
3. Wir werden uns Mühe geben, Schüler einzubeziehen, die ausgegrenzt werden.

Parallel zur Erarbeitung dieser Klassenregeln sollte die Erarbeitung von *Konsequenzregeln* stattfinden. Konkrete Strafen für das Nicht-Einhalten der Klassenregeln sollen festgelegt werden. In wöchentlichen Klassengesprächen wird die Einhaltung der Klassenregeln ausgewertet. Im folgenden sollen die wichtigsten *Maßnahmen auf den drei Ebenen* vorgestellt werden.

Schulebene

Zu den Maßnahmen auf Schulebene gehören die schon genannte Fragebogenerhebung, der Pädagogische Tag und die Schulkonferenz. Hinzu kommt die *verbesserte Aufsicht* auf dem Schulhof und während des Mittagessens. Diese Maßnahme dient der Unterstützung und Sicherung der Regelarbeit auf Klassenebene. Ein schnelles und entschlossenes Eingreifen in gewalthaltigen Situationen signalisiert den Tätern, daß Gewalt nicht geduldet wird. Den Opfer wird eine gewisse Sicherheit vermittelt. Passiven Zuschauern wird von vornherein die Motivation genommen, sich auf die Seite des Täters zu stellen oder selbst Gewalt auszuüben. Als weitere Maßnahme wird die Einrichtung eines *Kontakttelefons* vorgeschlagen, an dem eine Vertrauensperson der Schule Ansprechpartner für Fragen im Umgang mit Gewalt sein sollte. Das Telefon soll allen Beteiligten - Schülern, Eltern und auch Lehrern - zur Verfügung stehen und demzufolge auch bekannt gemacht werden, etwa durch Elternbriefe und Aushänge in der Schule. Ein weiterer wichtiger Punkt des Programms ist die *Zusammenarbeit von Lehrkräften und Eltern*. Die Eltern müssen von den geplanten Veränderungen an der Schule unterrichtet werden. Außerdem sollen sie aufgefordert werden, aktiv an den Bestrebungen der Schule mitzuarbeiten und ständig Kontakt zu halten, besonders im Falle von auftretenden Schwierigkeiten. Diese Kooperation läßt sich z.B. durch einen Elternabend zum Thema „Gewalt" einleiten. Auch die Einrichtung von *Lehrergruppen zur Verbesserung des Sozialklimas* an der Schule wird als wichtige Maßnahme genannt. An diesen Gruppen sollten nach Möglichkeit alle Lehrer mitarbeiten und dabei einen einheitlichen Standpunkt zum Umgang mit gewalttätigen Auseinandersetzungen erarbeiten. Aufgabe dieser Gruppen ist auch die gegenseitige Unterstützung, vor allem die konkrete Hilfe derjenigen Lehrkräfte, die in ihren Klassen oft Gewaltprobleme zu lösen haben. Als letzte Maßnahme auf Schulebene sind die *Arbeitsgruppen der Elternbeiräte* zu nennen. In diesen Arbeitsgruppen sollen sich besonders engagierte Eltern aus den Klassen- und Schulelternbeiräten zusammenfinden, um abzusichern, daß die Haltung gegenüber Gewalthandlungen nicht nur unter den Lehrern, sondern auch unter den Eltern einheitlich ist.

Klassenebene

Zu den Maßnahmen auf Klassenebene gehören die schon erwähnten *Klassenregeln*, die den eigentlichen Kern des Programmes bilden. Als weiteres Mittel gegen Gewalt in den Klassen führt Olweus *Lob und Strafen* an. Dabei ist es wichtig, daß der Lehrer sein Augenmerk auf die potentiellen Täter richtet. So kann er feststellen, daß es durchaus Gelegenheiten gibt, auch diese zu belobigen. Lob ist z.b. auch angebracht, wenn ein Schüler versucht, einen Streit zu schlichten oder andere, ausgegrenzte Mitschüler in Aktivitäten einzubeziehen. Die in den Klassengesprächen erarbeiteten *Konsequenzregeln* sollen zur Anwendung kommen, wenn es darum geht, einen Schüler für aggressives, regelbrechendes Verhalten zu bestrafen. Die jeweilige Strafe sollte dem Alter, dem Geschlecht und der Persönlichkeit des Schülers angepaßt sein. Unter Umständen ist es auch notwendig, die Eltern vom Verhalten ihres Kindes in Kenntnis zu setzen. Auf die Bedeutung der *wöchentlichen Klassengespräche* wurde schon verwiesen. Der Wochenrückblick kann besonders jene aggressiven Schüler unter eine Form von Gruppendruck stellen, der sie dazu bewegt, ihr Verhalten zu ändern.

Persönliche Ebene

Zu den wichtigsten Maßnahmen auf der persönlichen Ebene zählen die *Einzelgespräche* mit den Betroffenen: ernsthafte Gespräche mit den Gewalttätern, Gespräche mit den Opfern und Gespräche mit den Eltern beider Parteien. Gespräche mit den Tätern haben das Ziel, die Botschaft zu übermitteln: „Gewalt wird bei uns an der Schule nicht akzeptiert und es soll dafür gesorgt werden, daß sie aufhört." Strafen müssen auferlegt, aber auch begründet werden. Gespräche mit den Opfern, die sich mitunter schwierig gestalten, haben das Ziel, das Vertrauen des Schülers zu gewinnen und ihm zu versichern, daß ihm geholfen wird. Gespräche mit den Eltern sind ratsam, wenn es zu ernsthaften Auseinandersetzungen unter Schülern gekommen ist. Der Plan zur Entspannung der Situation muß von den Eltern gemeinsam mit dem Lehrer erarbeitet werden. Der Einfluß, den Eltern nach einem solchen Gespräch auf ihr Kind ausüben, kann hilfreich sein, sein schulisches Verhalten zu verbessern. Als letzte Möglichkeit wird ein Klassen- oder Schulwechsel vorgeschlagen, wobei nach Möglichkeit der Täter versetzt werden sollte.

Die *Wirkungen und Effekte* des schulumfassenden Programms sind überaus positiv: Olweus berichtet von einem deutlichen Rückgang des Gewaltproblems um etwa 50 Prozent. Dieser Rückgang betrifft sowohl die mittelbare und die unmittelbare Gewalt als auch antisoziales Verhalten (z.B. Schulschwänzen) insgesamt. Eine „Verlagerung" des Gewaltproblems konnte ausgeschlossen werden, da keine Zunahme der Gewalt außerhalb der Schule, etwa auf dem Schulweg, registriert wurde. Zugleich verbesserten sich das soziale Klima und die Lernhaltung der Schüler, ebenso ihre Zufriedenheit mit dem Schulleben. Auch das in Anlehnung an Olweus' Konzeption in Schleswig-Holstein im Zeitraum von 1994 bis 1996 durchgeführte Gewaltinterventionsprogramm zeitigte eine Reihe positiver Wirkungen, vor allem an Grundschulen und in der Sekundarstufe I (vgl. Olweus 1995, Hanewinkel/Knaack 1997).

Schulinterne Lehrerfortbildung zur Gewaltprävention (SchiLF)

Von Schulinterner Lehrerfortbildung (SchiLF) wird dann gesprochen, wenn sich ein Kollegium einer Schule gemeinsam mit einem Thema (z.B. Gewalt) mit dem *Ziel* auseinandersetzt, über die gemeinsamen Lernerfahrungen den Auftrag von Schule kompetenter und professioneller erfüllen zu können. Dabei sollen Kenntnisdefizite und Unsicherheiten abgebaut und eine gemeinsame kollegiale Handlungsbasis entwickelt werden. SchiLF ist ein *systematisch didaktisch strukturierter Arbeitsprozeß*, bei dem sowohl Konzepte und Methoden der Organisationsentwicklung als auch der Bildungs- und Erziehungtheorie zum Tragen kommen. Durch SchiLF werden Lehrer und Schüler, aber auch Eltern angesprochen, aktiv die Schule mitzugestalten und eine demokratisch Schulentwicklung voranzutreiben. Das SchiLF-Konzept läßt sich auf viele Probleme im Schulalltag anwenden. Zentrales Anliegen ist es, daß Probleme, die die gesamte Schule betreffen, auch von allen angegangen werden.

Entschließt sich ein Lehrerkollegium, eine *Schulinterne Lehrerfortbildung zur Gewaltprävention* zu machen, wird zunächst eine *innerschulische Arbeitsgruppe* gebildet, die durch das Mandat der Lehrerkonferenz legitimiert ist. Diese Arbeitsgruppe sollte sich mit einem *externen Moderationsteam* (Lehrerfortbildner, Wissenschaftler) in Verbindung setzen. Die gemeinsame Arbeitsgruppe erarbeitet einen Lösungsvorschlag. Dabei bringen die Lehrer ihre pädagogischen und unterrichtlichen Kompetenzen und Erfahrungen mit ein. Das Moderationsteam liefert das nötige theoretische Hintergrundwissen und begleitet den Arbeitsprozeß.

Wenn Lehrer, Schüler und Eltern ein Programm zur Gewaltprävention und -intervention für ihre Schule entwickeln und dieses in den Schulalltag umsetzen wollen, sollten zunächst Fragen nach der Wahrnehmung von Gewalt an der Schule, nach Deutungs- und Erklärungsversuchen und nach Wegen für gemeinsames Handeln geklärt werden. Dabei sollte vorerst eine Laufzeit von einem halben Jahr festgelegt werden. Dieser Vorschlag wird nun der Lehrer- und Schulkonferenz zur Beratung und Abstimmung unterbreitet. Hat man sich auf Vorstellungen geeinigt, die von allen getragen werden können, geht es im nächsten Schritt darum, die oben angesprochenen Fragen - *Wahrnehmen - Deuten - Handeln* (pädagogischer Dreischritt) - zu klären. Dies kann z. B. mit einer *Fragebogenaktion* bei Lehrern, Schülern und Eltern geschehen. Der Fragebogen sollte inhaltlich zumindest folgende Fragen beinhalten:

1) Wie erlebst Du/erleben Sie Gewalt an unserer Schule?
2) Was sollte an unserer Schule anders sein?
3) Welche Wege können wir dazu gemeinsam gehen?

Die Auswertung der Befragung kann im Rahmen eines Projekttages geschehen. Die Ergebnisse der Umfrage sollten dann von Lehrern, Schülern und Eltern diskutiert werden, so daß am Ende dieses Schrittes mehrere verschiedene Lösungsansätze erstellt sind. Das Moderationsteam bringt auch hier wieder verschiedene Theorien, Untersuchungen, Konzepte ein. Im weiteren finden sich zu den einzelnen Ansätzen bzw. Aspekten *gemischte Kleingruppen* (Lehrer, Schüler, Eltern) zusammen, die jetzt Ziele abstecken, konkrete Handlungsvorschläge erarbeiten und einen Zeitrahmen für deren Umsetzung entwerfen. Es sollte genau darauf geachtet werden, wer zur Gruppe gehört und welche Verantwortlichkeiten für die Termine und die Organisation getroffen werden. Während der Umsetzung der Vorschläge stellt das Moderationsteam Querverbindungen her, koordiniert die Arbeit und hilft bei inhaltlichen, motivationalen, technischen und gruppendynamischen Schwierigkeiten. Im Abstand von zwei bis drei Monaten sollten wieder folgende Fragen beantwortet werden:

1) Bilden die verschiedenen Einzelansätze ein wirksames Gesamtkonzept?
2) Welche Korrekturen, Ergänzungen oder Abstimmungen sollten vorgenommen werden?
3) Werden die Vorschläge noch von allen getragen, gibt es Vorbehalte oder Distanzierungen?
4) Wie sieht unser weiterer gemeinsamer Zeitplan aus?

Kommt es in diesem Rahmen zu einer positiven Bewertung, kann das Projekt abgeschlossen werden; das Anliegen „Gewaltprävention" sollte jedoch weiterverfolgt werden. Es können aber auch andere Fragen zum Thema eines SchiLF-Projektes gemacht werden (z.B. Fremdenfeindlichkeit, Schulklima, „Gute Schule"). Die Anwendung des SchiLF-Konzepts hat den Vorteil, daß Entwicklungsstrategien aus den Bereichen von Wirtschaft, Management oder Therapie, deren Wirkungen in der Schule sehr umstritten sind, nicht einfach übernommen werden. Stattdessen ist es ein *Konzept mit pädagogischem Eigensinn*, das dem spezifischen Bildungs- und Erziehungsauftrag der Schule entspricht. Zudem zeigt es den Weg zu einer *demokratischen und partizipativen Schulentwicklung* (vgl. Blasczyk/Priebe 1995, Priebe 1995). Auch wenn konkrete Evaluationsbefunde noch ausstehen, so kann das SchiLF-Konzept aufgrund seiner engen Verflechtung von Gewaltprävention und Schulentwicklung als ein tragfähiges Präventionskonzept angesehen werden.

Konzept „Lebenswelt Schule" (Hensel u.a.)

Ziel dieses Projektes ist es, die Tragfähigkeit des Konzeptes „Lebenswelt Schule", das seit 1993 im Rahmen eines Modellprojekts an zwei Berliner Grund- und Hauptschulen in benachteiligten Regionen erprobt wird, für die Schulentwicklung und die Gewaltprävention zu prüfen.

Ausgangspunkt des Konzepts ist der Begriff der *Lebenswelt* und ein erweitertes Verständnis des Erziehungsauftrages. Entwicklungen im Jugendalter vollziehen sich vor allem durch Mit-Machen, Mit-Erleben und Mit-Fühlen. Die Lebenswelt „Schule" will Erlebnis- und Handlungsfelder schaffen, um den Schüler nicht nur als lernendes Wesen zu behandeln, sondern neben dem Fördern auch das Fühlen zuzulassen. Mit der Betonung der Schule als Lebenswelt soll verdeutlicht werden, daß die Schule nicht mehr nur Wissen vermitteln will, daß sie nicht nur getrennt kognitive, psychische und physische Teilaspekte der Kinder und Jugendlichen wahrnehmen will, sondern daß die erzieherischen Absichten des Konzepts von einer *ganzheitlichen Wahrnehmung des Schülers* geleitet werden. Schule wird als ein Ort betrachtet, in den Erfahrungen und Prägungen aus anderen Lebenswelten mit eingebracht werden und in dem auf allen Ebenen der Persönlichkeit Erfahrungen gemacht werden können. Mit einem erweiterten Verständnis des Erziehungsauftrages kann auf die-

Praxismodelle für die Schule 157

se Erfahrungen pädagogisch reagiert werden. So rücken dann auch familienergänzende Aufgaben und die Gestaltung des Übergangs unterrichtlicher und außerunterrichtlicher Prozesse stärker in den Blickpunkt. Der Lebensweltansatz ist in seiner Ganzheitlichkeit nur zu verwirklichen, wenn die folgenden Komponenten in Handlungsansätze umgesetzt werden:

a) *soziale und räumliche Gestaltung der Schulen* (orientiert an Schülerbedürfnissen),
b) *Lebendigkeit* der Schulen durch Projekte, Aktivitäten und vielfältige Anlässe, in die Kinder und Jugendliche einbezogen werden,
c) *Erweiterung* der Schulen: über den Unterrichtsbetrieb der Halbtagsschule hinaus Handlungs- und Erfahrungsräume anbieten, die in Verbindung mit der Freizeit der Schüler und der nachbarschaftlichen Umgebung stehen,
d) *Integrationsvermögen* der Schulen, wodurch Erziehung für unterschiedlich befähigte junge Menschen möglich ist und die Chancengleichheit gewährleistet wird.

Die Umsetzung dieser Komponenten muß auf mehreren Ebenen erfolgen: dem kommunalen Bezug, der internen Schulorganisation, in der Kommunikation, im Unterricht, in der Erziehung und in der außerunterrichtlichen Schulgestaltung. Jede einzelne Schule soll auf die spezifischen regionalen Bedingungen und Erfordernisse reagieren und dabei ihr ganz spezielles Klima und unverwechselbares Gesicht erhalten. So muß auch nicht jede Maßnahme an allen Schulen umgesetzt werden. Im folgenden werden die *wichtigsten Einzelziele und die entsprechenden Maßnahmen* angeführt:

- Erhöhung des beschädigten *Selbstwertgefühls* von Schülern mit wenig Schulerfolg und schlechten Chancen: differenzierender Unterricht (integrative Pädagogik), Phasen offenen Unterrichts und Projektunterricht, erlebnispädagogische Elemente u.ä., Lernwerkstätten, Schulstation als Rückzugs- und Schutzraum, reflektierende Koedukation, Mädchenarbeit, Problembearbeitung mit ausländischen Schülern, Elternarbeit, Übernahme pädagogisch-therapeutischer Ansätze (Entspannungs- und Konzentrationsübungen, psychomotorisches Lernen u.a.)
- *Identifikation* von Schülern, Lehrern und Eltern mit ihrer Schule: wohnlichere, gemeinsame Gestaltung der Schule und des Hofs, Partizipation auch von Schülern und Eltern an Entscheidungen, Bezug zum Kiez, Feste, Feiern, Einrichtung von „Schulinstitutionen" (z.B. Schulband, Theater)
- Entwicklung *sozialer Handlungskompetenz* bei allen am Schulleben Beteiligten: Beratungszentrum der Schule, Konflikttraining, Regeln, Rituale, entsprechende Unterrichtsthemen und -materialien, Nutzung von Erfahrungen in außerunterrichtlichen Erlebnisfeldern; zusätzlich für die Lehrer: Fortbildungen und Supervision
- Stärkung des Status' von Schülern bei friedlicher *Konfliktbewältigung*: Konflikttraining, Mediation, Konfliktlotsenpraxis (Schlichtung durch Schüler)
- Angebote und Maßnahmen im *Übergang zum außerunterrichtlichen Bereich*: Aktionen, Aktivitäten, Feste auch mit und für Eltern; Cafeteria, Schulband, Bühne, Schulstation, AG's, Interessengruppen, Essenversorgung, Aktionen mit Ehemaligen

Hinsichtlich der *Ergebnisse und Wirkungen* läßt sich festhalten, daß die Gewaltbereitschaft an den vier Modellschulen unter ein kritisches Niveau gesunken ist. Die Erfahrungen bestärkten die Lehrer in ihrem Selbstverständnis auf dem Weg zu einer „guten Schule" und zu weniger Gewalt. Prinzipiell ist das präventive Konzept „Lebenswelt" auf jede Schule übertragbar, da es an die schulspezifischen Bedingungen (Aggressions- und Gewaltsituation und deren Ursachen, Schulklima, Schulidentifikation) angepaßt werden kann. Jedoch begrenzen Kraft, Zeit, Geld und Raum eine flächendeckende Umsetzung. Für die Realisierung des Konzepts sind weitreichende Umstrukturierungen systemischer Art, erhebliche personelle und materielle Ressourcen sowie sehr engagierte Lehrkräfte und Mitarbeiter erforderlich. Realistischer scheint daher eine Konzentration auf „Brennpunkte" zu sein (vgl. Hensel 1995, Senatsverwaltung für Schule, Berufsbildung und Sport 1995).

Das Konzept „Gestaltung-Öffnung-Reflexion" (Schirp)

Ziel des Konzepts ist es, auf der Grundlage theoretischer Erklärungsansätze von Gewalt und schulstruktureller Problemfelder die drei Einzelansätze „Gestaltung des Schullebens", „Öffnung von Schule" und „Reflexion und Urteilskompetenz" in ein *Gesamtkonzept zur Gewaltprävention* zu integrieren. Als Basis dienen die folgenden drei theoretischen Konzepte:

1. Soziale Integration: Gewalt als Folge von Entwurzelung und Orientierungslosigkeit
2. Modell-Lernen: Gewalt als Ergebnis eines erlernten Verhaltensmodells
3. Urteilskompetenz-Defizit: Gewalt als ein Verhalten, das stärker durch spontane und emotionale Faktoren gesteuert wird als durch eine moralisch-kognitive Reflexion, die das eigene Handeln begründet und sich an überindividuellen Werten und Prinzipien orientiert (Urteilskompetenz)

Diese drei Erklärungsansätze sind nach Schirps Ansicht für die Bildungs- und Erziehungsarbeit besonders geeignet, weil sie auf Probleme und Konflikte im Kontext von Gewalt verweisen, die durch Lernen und Auseinandersetzung mit Erfahrungen bearbeitbar werden. Zudem würden sie gut ineinander „passen". Die drei Erklärungsmodelle setzt er mit *drei schulstrukturellen Problemen*, die Einfluß auf die Gewaltentstehung haben, in Beziehung:

- Schule ist (noch) nicht der *Lebens- und Erfahrungsraum*, in dem die Schüler modellhaft die Ausbalancierung von Interessen sowie Möglichkeiten friedlicher Konfliktlösung erfahren können.
- Schule trägt nur bedingt zur *sozialen Integration* bei, berücksichtigt ungenügend die tatsächlichen Lebenszusammenhänge der Schüler und nutzt die Institutionen und Organisationen des schulischen Umfeldes, die eine soziale Integration unterstützen könnten, zu wenig.
- Schule ist (noch) nicht der Ort, an dem Schüler über die Notwendigkeit und die Tragfähigkeit von *Normen und Werten* nachdenken und Konsequenzen, z.B. für eine demokratische Mitgestaltung von Schule und Unterricht, ziehen könnten.

Aus den drei Theoriemodellen und Strukturproblemen leitet Schirp *drei pädagogische Teilkonzepte* ab: *„Gestalten-Öffnung-Reflexion"*, die er in ein Modell vereinigt. Darauf aufbauend formuliert er *zwölf Leitideen für die gewaltpräventive Arbeit* in Schule und Unterricht: Authentizität von Erfahrungen, Ernstcharakter des eigenen Lernens und Arbeitens, Kontinuität, Identitätsfindung, Kooperation, Orientierung, Handlungsmöglichkeiten, Verantwortung, Aufarbeitung aktueller Problem- und Konfliktbereiche, Umgang mit Multikulturalität, Ganzheitlichkeit, Auseinandersetzung mit Begründungen und Modellen sozialen Handelns. Diese Leitideen stellen die Gemeinsamkeiten dar, die in den drei nachfolgend skizzierten pädagogischen Teilkonzepten enthalten sind.

1. *Gestaltung des Schullebens oder: Schule und Unterricht als Modelle lebensweltlicher und sozialer Orientierung:* Hierbei geht es um die Entwicklung sozialer Orientierungsmuster, die als Modelle des Miteinander-Umgehens fungieren können: Morgenkreis, Freiarbeit und Wochenplanarbeit, soziale und sachliche Helfersysteme, Kooperationsarbeiten, projektorientierte Arbeitsformen, Rollen- und Simulationsspiele, erlebnisorientierte Initiativen.
2. *Öffnung von Schule oder: Die Einbindung von Lernen in die Lebenswirklichkeit der Schüler:* Schule braucht zur Aufarbeitung des Komplexes „Gewalt" Partner (z.B. die Eltern, Jugendgruppen, Jugendhilfe, Ansprech- und Kooperationspartner in der Kommune), die ihre Aktivitäten abstimmen und aufeinander beziehen sollten.
3. *Reflexion und Urteilskompetenz oder: Erziehung zur Verantwortung:* Kinder und Jugendliche müssen lernen, sich selbst über ihr Verhalten und deren Begründbarkeit Rechenschaft abzulegen. Reflexion bedeutet, den Sinn und die Tragfähigkeit von Regelungen, Werten und Normen zu verstehen. Es geht somit um die moralkognitive Entwicklung, d.h. um Begründungen für wertorientierte Entscheidungen und ein darauf aufbauendes Verhalten (z.B. Artikulation von Interessen und Bedürfnissen, Thematisieren von Folgen). Langfristig kann sich eine „Streitkultur" entwickeln, in der das Nachdenken über bessere, sozialverträgliche Lösungen auch zu einer Ächtung von Gewalt führt (vgl. Schirp 1996).

Community Education

Unter Community Education wird eine *Erziehung zum gemeinsamen Miteinander* verstanden. Es ist ein *gemeinwesenorientierter Ansatz* der Vernetzung und Zusammenarbeit innerhalb eines überschaubaren Rahmens, z.B. innerhalb eines Stadtteils, einer Gemeinde oder benachbarter Ortschaften.

Mit Community Education den Problemen von Aggression und Gewalt zu begegnen, führt zu einer „Öffnung" von Schulen, Freizeitzentren, Jugendämtern, Vereinen, Verbänden, Allgemeiner Sozialer Dienste, Kirchen, Ortsämtern, Polizei und anderen ortsansässigen öffentlichen Einrichtungen. *Ziel* ist es, gemeinsam die anfallenden Probleme zu bearbeiten und dabei *vorhandene Kompetenzen zu nutzen*. Die Praxis zeigt jedoch, daß sich besonders Schulen schwer tun, sich nach außen hin zu „öffnen" (z.B. aus Angst vor Imageverlust oder wegen starrer struktureller und inhaltlicher Vorgaben). Dennoch gibt es mittlerweile eine Reihe von Beispielen, wie Schulen erfolgreich mit ihrem Umfeld kooperieren können (so z.B. im Lübecker Stadtteil Moisling). Es finden z.B. Stadtteilkonferenzen statt, an denen Schulen, das Schulamt, die Elternvertretungen, der Schulpsychologische Dienst, das Jugendfreizeitheim, der Sozial- und Jugenddienst, der Mädchen- und Frauentreff, die Kindertagesstätte, die Polizei, die Ortsverbände der Parteien, Sportvereine usw. teilnehmen.

Community Education geht davon aus, daß sich Schule nicht nur als ein Ort der Wissensvermittlung verstehen darf. Schule muß sich vielmehr als ein *sozialer Lebensraum* des Stadtteils begreifen, als ein Ort, der geprägt ist von den Menschen, die in ihm leben, die wiederum von ihrem Umfeld beeinflußt werden. Die Schule kann und darf sich nicht isolieren, sie muß ihr Umfeld und das Lebensumfeld ihrer Mitglieder mit einbeziehen und ihr spezifisches Profil, ihr „Gesicht" entwickeln. Der *Stadtteil* wird dabei als ein Raum zum Leben und Erleben aufgefaßt, in dem man sich wohlfühlen kann, wo es Menschen gibt, die einen unterstützen, in dem Orte der Begegnung und Kommunikation sind, wo man das Gefühl hat, dazuzugehören und in dem man Zukünftiges mitgestalten kann. Schulen, Jugendclubs, Freizeitzentren und die Gemeinde sind Knotenpunkte der Kommunikation im Stadtteil - ihnen kommt daher auch eine besondere Bedeutung bei der Stadtteilarbeit zu. Gemeinsame Ziele der Arbeit könnten im Rahmen von Stadtteilkonferenzen erarbeitet und ausgewertet werden. Voraussetzung dafür ist, *daß Schule sich „öffnet"* und zwar in inhaltlicher, methodischer, institutioneller und personeller Sicht:

- inhaltlich:
  Stadtteil- und lebensweltbezogene Themen werden mit in den Unterricht einbezogen und so die Schüler in die Gestaltung des Stadtteils integriert. Wichtig wäre dabei auch eine generationenübergreifende Arbeit, um das Gemeinschaftsgefühl zu stärken und Isolation und Unverständnis zwischen den Generationen aufzubrechen.
- methodisch:
  Die Unterrichtsmethoden sollten vielfältiger gestaltet werden, nicht jedes Fach braucht den Frontalunterricht. Bei der Planung des Unterrichts sollten außerschulische Angebote berücksichtigt werden, z.B. vorhandene Beratungsstellen, Theater, öffentliche oder freie Träger, Vereine und Verbände, die in ihrer Arbeit mit dem jeweiligen Unterrichtsthema zu tun haben. Dies ist eine Chance, den Unterricht lebendiger und lebensnaher zu gestalten und den Schulalltag in Form von Projektunterricht lebensrelevanter anzulegen.
- institutionell:
  Die Schule muß sich als Institution öffnen, Zuständigkeiten erweitern, wie z.B. die Organisation und Durchführung von Freizeit- und Feriengestaltung. Aber Schule sollte sich auch räumlich öffnen - als Treff- und Versammlungspunkt, als Begegnungszentrum für alle im Stadtteil, als Kulturzentrum oder auch als ein Ort sportlicher Aktivitäten für alle Stadtteilbewohner.
- personell:
  Dazu gehört vor allem die Erweiterung der Lehrertätigkeit über die Wissensvermittlung hinaus. Der Lehrer sollte zu einem Partner für Kinder und Jugendliche werden. Die Kompetenzen des Lehrers sollten auch für die Arbeit im Stadtteil genutzt werden. Die Mitarbeit des Lehrers bei außerschulischen Geschehnissen vermittelt Transparenz und stärkt die Lehrer-Schüler-Beziehung und das Gefühl eines gemeinsamen Lebensortes, für dessen Gestaltung alle gemeinsam verantwortlich sind.

Die Öffnung der Schule zu anderen, im Lebensraum der Kinder wichtigen Unterstützungsquellen bietet gute Möglichkeiten, Aggressivität zu reduzieren. Gerade in Zeiten zunehmender Individualisierung und Vereinzelung kann Gemeinwesenarbeit eine notwendige und wirksame Gegenbewegung sein (vgl.

Herz 1995, Hopf 1992). Auch in den neuen Bundesländern finden diese Ansätze deshalb zunehmend Anklang. Ähnlich wie bei den beiden vorangegangenen Konzepten handelt es sich auch bei diesem Konzept nicht um ein spezielles „Anti-Gewalt-Konzept", sondern um einen allgemeinen Ansatz zur Schulentwicklung, der jedoch auch für die Gewaltprävention nutzbar ist.

3.3.2 Diskussion schulischer Präventionsmodelle

Die Darstellung der elf Präventions- bzw. Interventionskonzepte gibt insgesamt einen Einblick in den Stand der schulbezogenen gewaltpräventiven Konzeptentwicklung. Sie zeigt vor allem, daß es in den letzten Jahren - auch im Zusammenhang mit der Gewaltdebatte - eine *Intensivierung der Entwicklungsarbeit* in diesem Bereich gegeben hat. Alle angeführten Programme wurden erst seit den achtziger Jahren entwickelt bzw. erprobt, die meisten davon Ende der achtziger/Anfang der neunziger Jahre. Durch diese pädagogische Entwicklungsarbeit, einschließlich der Adaption internationaler Modelle sowie der Konkretisierung allgemeiner Schulentwicklungskonzepte für die Gewaltprävention, ist es zumindest teilweise gelungen, den Anschluß an internationale Entwicklungstrends herzustellen (vgl. Olweus 1993, Lim/Deutsch 1996).[7]

Die Übersicht macht aber auch die *Vielfalt der Präventionskonzepte* deutlich. Es gibt nicht das *eine* Konzept, das für alle Zwecke oder für alle Situationen geeignet wäre, sondern es gibt sehr unterschiedliche *Ansätze mit verschiedenen Adressaten und Zielebenen*: So lassen sich Programme für Schüler, Lehrer und schulumfassende Programme unterscheiden. Ebenso ist eine Differenzierung nach den Ebenen, z.B. zwischen individueller, Klassen-, Schul- und kommunaler Ebene möglich, wobei es in der Praxis allerdings fließende Übergänge gibt. Das gilt auch für die Differenzierung zwischen Prävention und Intervention. Auch wenn die vorgestellten Programme - mit Ausnahme des Programms von Olweus - eher als Präventionsprogramme konzipiert sind, so enthalten sie doch in der Regel auch viele interventive Momente. Prävention und Intervention gehen ineinander über, ergänzen sich beide und werden erst in ihrem Zusammenwirken voll wirksam.

Ungeachtet der Vielfalt der Ansätze verfolgen alle Präventionskonzepte *gleiche oder ähnliche Ziele*: In allen Konzepten geht es um die Entwicklung von sozialen Kompetenzen, vor allem um Kompetenzen der Wahrnehmung, der Kommunikation, der Reflexion, des Urteilens. Eine besondere Rolle spielen dabei Fähigkeiten zum Umgang mit eigenen Emotionen, die Schulung der eigenen Gefühle. Dazu bedarf es veränderter Wahrnehmungen bzw. Einsichten, Kenntnis verschiedener Methoden und Verfahren sowie der Einübung in

---

[7] Als Vorreiter und Wegbereiter können insbesondere die skandinavischen Länder sowie Großbritannien gelten, in denen insbesondere im Rahmen der Bullyingforschung Fragen der Gewaltprävention und -intervention schon seit längerem ein hoher Stellenwert zukommt (vgl. z.B. Olweus 1993, Smith/Sharp 1994).

alternative Verhaltensweisen unter Anleitung, einzeln oder gemeinsam in der Gruppe bzw. im Kollegium. Letztlich sollen die Konzepte auch der Ausbildung von Handlungskompetenzen im Sinne von Lebensbewältigung dienen - meist mit dem Verweis auf entsprechende schulische Defizite. Gewaltprävention wäre in diesem Sinne also auch der Versuch, schulstrukturell bedingte Defizite abzubauen. Dabei ist die Frage der Entwicklung pädagogischer Kompetenzen und der Professionalisierung der Lehrertätigkeit von zentraler Bedeutung. Darüber hinaus zielt ein Teil der Programme auf eine Aktivierung des gesamten Schulentwicklungsprozesses, darin eingeschlossen die „Öffnung" der Schule und ihre Vernetzung im Gemeinwesen.

In Abhängigkeit von den Zielen werden in den verschiedenen Konzepten auch unterschiedliche *inhaltliche Schwerpunkte* gesetzt. Folgende fünf Schwerpunkte lassen sich dabei identifizieren:

- Kommunikations- und Interaktionsprozesse innerhalb der Schule
- Kommunikations- und Interaktionsprozesse zwischen der Schule und dem Umfeld (Eltern, Jugendhilfe, Gemeinwesen)
- Identitätsbildungsprozesse (Ganzheitlichkeit)
- Unterrichtsprozesse
- Schulentwicklungsprozesse

Den dominierenden und übergreifenden Schwerpunkt bilden Prozesse der innerschulischen Kommunikation und Interaktion. Hierzu gehören Aspekte der Schulkultur, des Schul- und Klassenklimas, des Lehrer-Schüler-Verhältnisses ebenso wie Fragen der Entwicklung von Wahrnehmungs- und Kommunikationskompetenzen. Damit im Zusammenhang stehen meist auch Maßnahmen, die auf die Persönlichkeits- und Identitätsbildung insgesamt gerichtet sind und insbesondere das Selbstwertgefühl der Schüler stabilisieren und entwickeln sollen. Diese Betonung *sozialpädagogischer Dimensionen für die Schule* kann wiederum mit der Vernachlässigung entsprechender Angebote durch die Schule und/oder mit veränderten Sozialisationsbedingungen von Kindern und Jugendlichen erklärt werden. Hierbei wird mitunter auch auf die großen erzieherischen Potenzen der didaktisch-methodischen Gestaltung des Unterrichts verwiesen. Daß in neueren Konzepten auch Schulentwicklungsprozesse und die Kooperation mit außerschulischen Institutionen eine große Rolle spielen, ist eine Indiz für die Einsicht, daß Gewaltprävention nur dann Aussicht auf Erfolg hat, wenn sie langfristig angelegt und in den gesamten schulischen und außerschulischen Bildungs- und Erziehungsprozeß eingebettet ist.[8]

---

[8] Zu ähnlichen Ergebnissen kommen Balser/Schrewe/Schaaf bei ihrer Synopse von 21 schulischen Gewaltpräventionsprojekten. Sie resümieren, „daß der Ausbau der Kommunikation und Kooperation in der Schule der am häufigsten vorkommende Schwerpunkt von Gewaltpräventionsprojekten ist. Danach kommt in zweiter Linie die Organisationsentwicklung der Schule durch regionale Vernetzung von Kooperationspartnern. Der dritte Schwerpunkt ist die Entwicklung von Unterricht (...)" (Balser/Schrewe/Schaaf 1997, S. 178).

Praxismodelle für die Schule 163

Bei der Begründung der verschiedenen Konzepte spielen *Theoriebezüge* eher eine untergeordnete Rolle, nur bei einem Teil (z.B. bei Petermann u.a., Schirp, Tennstädt u.a.) sind die theoretischen Zusammenhänge explizit erläutert. Es dominieren insgesamt psychologische Theoriemodelle (z.B. Lerntheorie). Ein bedeutender Stellenwert kommt auch Ansätzen zur Organisationsentwicklung zu. Verwiesen wird zudem auch auf Bezüge zur Handlungstheorie, Interaktionstheorie, Kommunikationstheorie, Individualisierungstheorie und Informationsverarbeitungstheorie sowie auf Forschungsansätze zur Lebenswelt, zur Sozialräumlichkeit, zur Gruppendynamik u.a. Nur ein Konzept bezieht fundierte empirische Untersuchungen ein (Olweus), ein anderes stützt sich auf schulinterne Umfragen (SchiLF) und ein weiteres knüpft an die subjektiven Alltagstheorien der Lehrer an (KTM).

Die verschiedenen Präventionskonzepte weisen einen *sehr unterschiedlichen Abstraktionsgrad* auf. Die Palette reicht von abstrakten Leitlinien und Empfehlungen über methodische Verfahren und Anleitungen bis hin zu konkreten Arbeits- und Unterrichtsmaterialien und praktischen Tips. Diese Vielfalt unterschiedlicher Handlungsdimensionen hat auch Auswirkungen auf die konkrete Umsetzung des jeweiligen Konzepts: Manche Konzepte sind recht konkret und praktikabel ausgearbeitet (z.B. Olweus. Petermann u.a.), andere hingegen eher abstrakt oder als Sammlungen von möglichen Ansätzen angelegt (z.B. „Lebenswelt Schule", „Gestaltung-Öffnung-Reflexion"). Ein Teil ist mit weniger Aufwand zu betreiben (z.B. KTM), andere erfordern demgegenüber größere materielle und personelle Ressourcen.

Nahezu alle Konzepte betonen das *Prinzip der demokratischen Partizipation* der Beteiligten und das Prinzip der Freiwilligkeit. Die Umsetzung von Konzepten läßt sich nicht verordnen. Immer wieder wird deshalb auch auf *Fragen von Qualität von Schule und der Schulentwicklung* hingewiesen. Schulbezogene Präventionskonzepte sehen ihre Hauptansatzpunkte innerhalb der Schule, wollen aber auch ihr Umfeld, vor allem die Eltern, mit einbeziehen. Dabei sollte jede Schule die Konzepte für sich konkretisieren bzw. ihr eigenes Konzept entwickeln. Dies steht ganz im Einklang mit Bestrebungen zur Stärkung der Einzelschule und von Schulautonomie. In diesem Sinne plädierte auch eine bundesweite Tagung zur Vernetzung schulischer Gewaltpräventionsprojekte für eine soziale Öffnung der Schule und für eine Schulentwicklung von unten nach oben (vgl. Balser/Schrewe/Schaaf 1997, S. 173).

Resümierend kann festgestellt werden, daß eine Reihe interessanter schulischer Präventionskonzepte und -programme existiert. So plausibel diese Konzepte auch sind, ihre tatsächlichen Wirkungen sind - mit Ausnahme der Programme von Olweus und Lerchenmüller - kaum erforscht. Auch wenn alle Programme auf positive Erfahrungen verweisen können, so steht die Evaluation von Präventionskonzepten erst am Anfang. Die Weiterentwicklung von gewaltpräventiven Konzepten ist eng mit einem Bedeutungszuwachs von *Evaluationsforschung* verknüpft. Die Notwendigkeit einer verstärkten schulischen Präventionsforschung in Form von Evaluationsforschung wird auch in der Fachliteratur betont (vgl. z.B. Schwind/Baumann u.a. 1990, Mansel 1995, Schwind u.a. 1995, Lerchenmüller-Hilse 1996, Dann 1997, Funk 1997).

Die Ergebnisse unserer Analysen stimmen mit denen von Dann überein, der *fünf Grundprinzipien wirksamer Aggressionsprävention* herausstellt (vgl. Dann 1997). Zu diesen Prinzipien gelangt man sowohl auf deduktive Weise (ausgehend von den theoretischen und empirischen Analysen) als auch auf induktive Weise (ausgehend von konkreten Maßnahmen). Die einzelnen Prinzipien lassen sich durch vielfältige Forschungsergebnisse begründen. Zwischen ihnen seien Synergie- und Interaktionseffekte denkbar. Darüber hinaus sollten unter systemischen Gesichtspunkten, die verschiedenen Gestaltungsebenen einbezogen werden: Da kontextbezogene präventive Maßnahmen nicht in allen Fällen ausreichen würden, seien beim „harten Kern" personenbezogene interventive Trainings- und Therapiemaßnahmen unerläßlich:

1. *Qualität der Lehrer-Schüler-Beziehung entwickeln:* Hierbei geht es u.a. um Interesse und Engagement der Lehrkräfte, um Wertschätzung, emotionale Wärme, um einen angemessenen Kommunikationsstil, um einen partnerschaftlichen, diskursiven und reversiblen Interaktionsstil zwischen Schülern und Lehrern. Dieses Prinzip läßt sich z.B. belegen durch Ergebnisse der Erziehungsstilforschung, der Schulklimaforschung, der Schulaggressions-, Schulvandalismusforschung sowie der familialen Sozialisations- und Kommunikationsforschung.
2. *Ermöglichen von sozialem Lernen*: Ziel ist hier ein akzeptabler Umgang der Schüler mit Frustrationen, eigenen Gefühlen und den Gefühlen anderer, mit Meinungsverschiedenheiten und Konflikten, eine gewaltfreie Auseinandersetzung, Konsensbildung, soziale Handlungskompetenz, Entwicklung prosozialer, kooperativer Einstellungen und Handlungsweisen z.b. durch entsprechende Handlungsmuster der Lehrkräfte im Schulalltag als positive Modelle. Begründungen dafür ergeben sich z.B. aus der Forschung zum sozial-kognitiven Lernen, der Aggressionsforschung, der Bullyingforschung und der Forschung zum kooperativen Lernen.
3. *Schaffung eines gemeinsamen Grundwerte- und Normensystems:* Dazu gehört ein gemeinsames Bemühen um einen elementaren Grundkonsens hinsichtlich sozialer Werthaltungen und verbindlicher Verhaltensnormen, die Thematisierung der Gewaltproblematik im Unterricht, Richtlinien für den Umgang mit Übertretungen (im Sinne von Einsichtsentwicklung, Schadensbegrenzung, Täter-Opfer-Ausgleich) sowie eindeutige Regeln im Leistungs- und Leistungsbeurteilungsbereich. Bei Gewaltanwendung darf es kein Wegschauen geben, vielmehr sind klare Grenzen zu setzen und einzufordern. Belege lassen sich bei der sozial-kognitiven Lernforschung und der Bullyingforschung sowie der Gerechtigkeitsforschung finden.
4. *Vermittlung eines positiven Leistungs- bzw. Selbstkonzeptes:* Dies soll realisiert werden durch die Betonung der individuellen Lernfortschritte eines jeden Schülers, die Verbesserung des Leistungsvermögens durch Förderung der fachspezifischen und allgemeinen Leistungsfähigkeit in verschiedenen Unterrichtsfächern, handlungsorientierte Unterrichtsformen und entdeckendes Lernen. Erfolge müssen für alle Schüler möglich sein; die Entwicklung der persönlichen Form von Tüchtigkeit des Schülers sollte gefördert und somit ein positives Selbstkonzept, Selbstachtung und Selbstvertrauen aufgebaut werden. Die Selbstkonzeptforschung und die Lern- und Leistungsmotivationsforschung liefern hierfür Begründungen.

5. *Ermöglichung von sozialer Identität:* Die Schule muß Möglichkeiten für den Aufbau und die Pflege von Gruppenbeziehungen bieten. Zugleich ist durch Partizipation und Übertragung von Verantwortung die Identifikation mit der eigenen Schule zu entwickeln, wodurch emotionale Bindungen an Gemeinschaften und gemeinsame Ziele geschaffen werden können. Begründungen hierfür liefern u.a. die interkulturelle Sozialisationsforschung, die Selbstkonzeptforschung und die sozialpsychologische Forschungen zur Intra- und Intergruppendynamik (vgl. Dann 1997, S. 360ff).

Vor dem Hintergrund der bisherigen Analysen und Argumentationen sind - mit Blick auf die Präventionskonzepte und Präventionsprinzipien - vor allem *folgende Erkenntnisse* festzuhalten:

- Die Präventionskonzepte und Präventionsprinzipien zielen nicht direkt auf Gewaltreduktion, sondern wirken eher indirekt, durch längerfristige Veränderungen der Lern- und Lebensumwelten von Kindern und Jugendlichen. Eine große Rolle spielt dabei auch die Auseinandersetzung mit der Qualität von Schule.
- Die Präventionsprinzipien stehen für ein Konzept der ganzheitlichen Persönlichkeitsentwicklung, bei dem schulische (z.B. Leistungsentwicklung) und sozialpädagogische Ansätze (z.b. Aufbau einer stabilen Identität) eine Einheit bilden.
- Den Präventionsprinzipien liegt ebenso wie den meisten Präventionskonzepten das Bild einer demokratischen Schule zugrunde, in der Schüler und Lehrer gemeinsam das Schulleben und das Lernen nach demokratischen Regeln gestalten.

Darüber hinaus können die Präventionsprinzipien als wichtige Vermittlungsglieder zwischen der Theorie und der Praxis im Bereich der Gewalt und Gewaltprävention angesehen werden. Sie stellen einerseits Folgerungen aus theoretischen und empirischen Analysen zur Gewalt dar, sie haben sich andererseits aber auch in der Praxis als geeignete allgemeine pädagogische Handlungsansätze erwiesen.

3.3.3 Praxismodelle für die Jugendhilfe

War es bereits für den Schulbereich nicht einfach, einen Überblick über die gewaltpräventive Konzeptentwicklung zu gewinnen, so fällt dies für den Bereich der Jugendarbeit/Jugendhilfe noch schwerer. Das erklärt sich zum einen dadurch, daß die Jugendarbeit/Jugendhilfe ein im Vergleich zur Schule sehr viel breiteres Aufgabenspektrum aufweist und damit auch über mehr bzw. vielfältigere Wirkungspotenzen verfügt. Zum anderen sind die Konzepte im außerschulischen Bereich meist allgemeiner angelegt und stellen in diesem Sinne eher generelle (sozial-)pädagogische Handlungsansätze, Orientierungen oder Zugangsweisen dar als in sich geschlossene Konzepte mit einer inneren Entwicklungslogik und konkreten Arbeitsschritten. Dem steht in der Praxis eine Vielzahl konkreter Einzelprojekte mit einem unterschiedlichen Grad an theoretischer Fundierung und Konzeptualisierung gegenüber. Nicht selten gehen auch theoretische Konzepte, Handlungsansätze, Handlungsmöglichkeiten und konkrete Praxisprojekte ineinander über, so daß eine Differenzierung kaum möglich ist. Dies kann mitunter befruchtend sein im Sinne eines engen

Theorie-Praxis-Dialoges (vgl. z.B. Krafeld 1996); es besteht jedoch auch die Gefahr, daß sich die Grenzen zwischen Theorie und Praxis völlig verwischen.

Ungeachtet dieser Schwierigkeiten läßt sich auch für die Jugendarbeit - ähnlich wie für den Schulbereich - seit Anfang der neunziger Jahre eine *deutliche Intensivierung der Bemühungen in der theoretischen wie praktischen gewaltpräventiven Arbeit* feststellen. Die bisher vorliegenden Übersichten belegen dies anschaulich (vgl. z.B. Lukas u.a. 1993, Böhnisch u.a. 1996, Vahsen u.a. 1994, Simon 1996, Kilb 1997). Allerdings ist auch hier eine gewisse Theorie-Praxis-Lücke nicht zu übersehen und zwar in einem doppelten Sinne: einerseits sind die Konzepte und Ansätze häufig sehr allgemein und mitunter auch praxisfern, andererseits mangelt es den zahlreichen Praxisprojekten an theoretischer und konzeptioneller Fundierung. Auch über die konkreten Wirkungen der Projekte ist nur wenig bekannt.

Die *Gesamtbilanz der außerschulischen Gewaltpräventivion* fällt deshalb insgesamt auch recht widersprüchlich aus: Fortschritte auf der einen Seite (z.B. intensive Diskussionen, neue Ansätze und Projekte) stehen „alten" und oder „neuen" Problemen (z.B. unüberschaubare Vielfalt von Ansätzen, mangelnde Konzeptualisierungen, Finanzprobleme) gegenüber. Auch in der Fachliteratur ist die Beurteilung des Zustandes der gewaltpräventiven Jugendarbeit ambivalent und strittig: Während z.B. Böllert positiv anerkennt, daß die Jugendarbeit in den letzten Jahren gerade auch im Kontext der Arbeit mit gewalttätigen oder gewaltbereiten Jugendlichen viele verschiedene Formen und Ansätze entwickelt hat und auf die aufsuchende, mobile, akzeptierende, cliquenorientierte Jugendarbeit bzw. Straßensozialarbeit verweist (vgl. Böllert 1997), gelangt Simon zu einem eher ernüchternden Fazit:

„Nachdem Jugendarbeit über ein Jahrzehnt zwischen 1980 und 1990 die Arbeit mit sogenannten 'Problemgruppen' weitgehend ignoriert hat, entstand mit der seit Ende der 80er Jahre stärkeren gewaltunterlegten Artikulation von Teilen der Gesellschaft eine Vielzahl neuer, manchmal hektischer Versuche, sich mit 'aggressiven', 'gewaltbereiten', 'gewaltfaszinierten' Jugendlichen auseinanderzusetzen. Als ein Fazit der abflauenden Debatte des Kontextes von 'Jugend und Gewalt' ist festzustellen, daß sie Tausende von Aufsätzen und allein im deutschprachigen Raum mehrere Hundert einschlägige Buchpublikationen, eine ob der Vielzahl unterschiedlicher Theorieversatzstücke neu entstandene 'Unübersichtlichkeit und einige Projekte übrigläßt, in denen mit abnehmendem öffentlichen Interesse mit jugendlichen 'Problemgruppen' gearbeitet wird. Angesichts der rückläufigen Beachtung der Gewaltfrage und zunehmender Kalamitäten in den Kommunalhaushalten sieht deren Zukunft eher düster aus" (Simon 1997, S. 305).

Zu einem eher positiven Urteil kommt dagegen Möller bei seiner Bilanz der pädagogischen Strategien der letzten Jahre. Nachdem die Pädagogen lange Zeit rat- und hilflos gewesen seien, habe sich Ende der achtziger/Anfang der neunziger Jahre eine „realistische Wende" vollzogen. Unter dem Druck von Öffentlichkeit, Medien, Politik, Justiz und Polizei sei die Arbeit *gegen* solche Jugendliche allmählich durch eine Arbeit *mit* ihnen abgelöst worden:

"Außerschulische pädagogische Jugendarbeit mit Jugendlichen ist dabei, ihre vormalige Hilflosigkeit im Umgang mit rechtsextremen Orientierungen bei Jugendlichen zu überwinden. Sie hat inzwischen eine Vielfalt innovativer Strategien entwickelt, deren gemeinsame Qualität sich in ihrem Experimentiermut und ihrem auf Dauer angelegtem Zusammenspiel erweist. Vom Erfolg gekrönt bleiben sie aber nur dann, wenn zum einen den von ihnen ausgehenden grundlagentheoretischen Anstößen realisierbare Umsetzungen folgen und wenn zum anderen der politische Flankenschutz für sie sich stabilisiert und sie bei nachlassender Berichterstattungskonjunktur nicht zum Finanzierungsopfer werden" (Möller 1996, S. 169f).

Diese Einschätzung deckt sich weitgehend mit der von Vahsen u.a., die im Ergebnis ihrer Auswertung von ca. 300 Berichten aus Anti-Gewaltprojekten folgendes Fazit ziehen:

"Es gibt eine vielfältige, bunte Projektpraxis, die sich auf die unterschiedlichsten Methodenansätze der sozialen Arbeit und Pädagogik bezieht, auch auf alte Traditionen der amerikanischen Sozialarbeit zurückgreift. Die methodischen Ansätze umfassen einen breiten Spannungsbogen, der von erlebnispädagogischen Initiativen bis hin zu Anti-Aggressions-Trainingsprogrammen in den Jugendanstalten reicht. Trotz dieser Vielfalt ist unklar, welchen faktischen Nutzen die Projekte haben. Es läßt sich darüber spekulieren, die tatsächliche Wirksamkeit ist jedoch kaum meßbar (...). Zentrales Ergebnis ist: Wenn es einen Gütemaßstab für die gelungene Praxis in diesem Handlungsfeld geben kann, dann ist es die methodische Vielfalt, der experimentelle Charakter, der Mut, auch Unkonventionelles zu unternehmen" (Vahsen 1994, S. 61 und 65).

Diese Diskussion um gewaltpräventive Ansätze und Konzepte in der Jugendarbeit war von Anfang an mit einer kritischen (Selbst-)Reflexion und der Thematisierung von Möglichkeiten, aber auch Grenzen und Gefahren verbunden. Dabei wurden vor allem folgende vier Aspekte immer wieder, z.T. auch kontrovers diskutiert (vgl. z.B. Scherr 1992, Hafeneger 1993, Sturzenhecker 1993, Hamburger 1996, Möller 1996, Böllert 1997):

- *Grenzen pädagogischen Handelns gegen Gewalt (Delegitimationsgefahr):* Gewaltpräventive Arbeit kann die vielfältigen Ursachen für Gewalt nicht beseitigen, vor allem nicht kurzfristig. Deshalb sollte es auch Aufgabe gewaltpräventiver Pädagogik sein, ihre Grenzen selbst zu benennen und der Politik sowie der Gesellschaft keine uneinlösbaren Versprechen zu geben. Im Wettbewerb um die knappen Finanzierungsmittel ist aber die Einhaltung dieses Vorsatzes ein großes Problem.
- *Pädagogisierung sozialer Probleme (Pädagogisierungsgefahr):* Pädagogik kann (jugend-)politisches Handeln nicht ersetzen. Sie darf sich auch nicht - zum Zwecke symbolischen politischen Handelns und der Delegation von Verantwortung - als Ausfallbürge oder als „Feuerwehr" instrumentalisieren lassen. Gegen solche Art von Problem- und Verantwortungsverschiebung hilft z.B. eine öffentliche Thematisierung der sozialen Ursachen für Gewalt und entsprechenden Verantwortlichkeiten sowie eine verstärkte politische Einmischung.
- *Stigmatisierung der Jugendlichen:* Ein zentraler Streitpunkt ist die Frage, ob es überhaupt sinnvoll ist, die Projektaktivitäten an speziellen Gruppen (hier: gewaltorientierten Jugendlichen) auszurichten oder ob nicht z.B. durch das Herausheben einer Gruppe und eines Merkmals („Jugend" bzw. „Gewalt") Tendenzen einer Stigmatisierung, Etikettierung oder gar Kriminalisierung Vorschub geleistet wird.

- *Pädagogischer Reaktionismus:* Kurzfristiges, eingreifendes Handeln gegen Aggression und Gewalt kann eine langfristig angelegte Gewaltprävention nicht ersetzen. Außerdem darf durch die Konzentration auf Interventionshandlungen bei „Problemgruppen" die übrige Jugendarbeit, die auf die Verbesserung der Lebenschancen aller Jugendlichen zielt, nicht vernachlässigt werden.

In der Fachliteratur werden verschiedene Ansätze, Formen und Projekte der gewaltpräventiven Jugendarbeit beschrieben (vgl. z.B. Lukas u.a. 1993, Vahsen u.a. 1994, Kilb 1997, Möller 1996). Unter dem Blickwinkel der Gewaltprävention und unter Berücksichtigung bestimmter Kriterien lassen sich folgende elf Ansätze als Präventionsmodelle identifizieren, wobei zwischen gewaltspezifischen und -unspezifischen Ansätzen unterschieden werden kann.

Tab. 3.4: Präventionskonzepte für die Jugendhilfe

Präventionsmodelle	
gewaltspezifische Ansätze	**gewaltunspezifische Ansätze**
• Anti-Aggressivitäts-Training • Gewalttherapeutische Methoden • Täter-Opfer-Ausgleich	• Aufsuchende und akzeptierende Jugendarbeit • Erlebnis- und sportpädagogische Ansätze • Fan-Projekte • Freizeit- und kulturpädagogische Ansätze • Geschlechtsspezifische Ansätze • Interkulturelle Arbeit • Politisch-historische Bildung • Schulsozialarbeit

Diese Ansätze, die in der Diskussion um Gewalt und Gewaltprävention eine Rolle spielen, sollen im folgenden entlang der Kriterien Ziel, Theoriebezug, Schwerpunkte und Ergebnisse bzw. Wirkungen - kurz vorgestellt werden.

Aufsuchende und akzeptierende Jugendarbeit

Diese beiden ähnlich gelagerten Ansätze verfolgen das *Ziel*, die Jugendlichen dort abzuholen, wo sie stehen - sowohl im übertragenen als auch im wörtlichen Sinne. Da Jugendliche Ansprechpartner und Unterstützung benötigen, sollen ihnen Hilfsangebote gemacht werden und zwar solche, die sich nicht vorrangig auf *die* Probleme beziehen, die Jugendliche der Gesellschaft machen, sondern auf *jene*, die Jugendliche selbst haben. Die *Zielgruppe* akzeptierender Jugendarbeit sind vor allem Cliquen von Skinheads, Hooligans, Badboys o.ä. Als *Grundsätze akzeptierender Jugendarbeit* gelten:

Praxismodelle für die Jugendhilfe

- Belehrungen wie Bekämpfung richten gegen rechte Orientierungen und entsprechende Gewaltbereitschaft nichts aus. Notwendig ist eine Arbeit, die diejenigen Probleme in den Mittelpunkt stellt, die die Jugendlichen *haben*, nicht die Probleme, die sie *machen*.
- Extreme Auffassungen, Provokationen und Gewalt sind für Jugendlichen ein wesentliches Mittel, um wahrgenommen zu werden.
- Gelingende und befriedigendere Wege der Lebensbewältigung sind in der Regel letztlich auch sozialverträglichere Wege. Es muß akzeptiert werden, daß die Jugendlichen zumeist einen Sinn darin sehen, sich so und nicht anders zu verhalten.
- Die Jugendlichen werden nur dann ihre Auffälligkeiten ablegen, wenn sie sinnvollere und befriedigendere Wege entdeckt haben, aus ihrem Leben etwas zu machen.
- Jugendliche sind bei der Suche nach Wegen der Lebensbewältigung zu begleiten und zu unterstützen. Dazu dient nicht zuletzt die personale Konfrontation mit ihrem Anderssein, die Jugendarbeit ihnen ermöglicht.
- Es geht nicht um das Akzeptieren von verurteilenswerten Auffälligkeiten, sondern um das Akzeptieren von Menschen mit kritikwürdigen oder verurteilenswerten Auffälligkeiten.
- Pädagogische Arbeit kann und darf nicht zulassen, daß gesellschaftliche Probleme zu Jugendproblemen und zu pädagogischen Aufgaben umdefiniert werden.

Ausgangspunkt einer Jugendarbeit mit gewaltauffälligen ist das Grundverständnis, daß die Einstellungen Jugendlicher nicht das Produkt mangelnder Aufklärung, sondern Ergebnis ihrer Alltagserfahrungen sind. Bezüge zum *Individualisierungsansatz* werden deutlich. Mit dem Begriff „akzeptierende Jugendarbeit" soll klar unterschieden werden zwischen politischer Zielsetzung (z.B. den Rechtsextremismus bekämpfen) und der pädagogischen Zielsetzung (Jugendlichen sinnvolle Deutungs- und Handlungsmuster erschließen).

Als *zentrale Ebenen akzeptierender Jugendarbeit* werden angesehen:
- Das Angebot sozialer Räume: Jugendliche brauchen Räume, wo sie sich in Ruhe aufhalten können und die nicht pädagogisch besetzt und vereinnahmt werden.
- Die Beziehungsarbeit: Zuhörenkönnen und einfach 'Da-Sein' ist für den Umgang mit Jugendlichen sehr wichtig („Für uns interesssiert sich ja doch keiner!").
- Akzeptanz bestehender Cliquen: Gleichaltrigengruppen sind zum oft einzigen Ort intensiver sozialer Einbindungen geworden. Die Cliquen sind für Jugendliche ein - wenn auch z.T. prekärer - Versuch, nicht vereinzelt und ohnmächtig zu sein, sondern mit anderen zusammen etwas zu bewirken.
- Entwicklung einer lebensweltorientierten infrastrukturellen Arbeit: Wenn es um die Probleme gehen soll, die die Jugendlichen haben, dann folgt daraus, daß Jugendarbeit sich in Lebensverhältnisse einmischen muß, aus denen diese Probleme erwachsen. Wenn es nicht gelingt, den Jugendlichen bessere Wege der Lebensbewältigung zu ermöglichen, dann werden alle pädagogischen Bemühungen letztlich scheitern.

In zahlreichen Erfahrungsberichten wird über eindrucksvolle Erfolge beim Umgang mit auffälligen Jugendlichen berichtet. Auch vielfältige Aktivitäten zur multiplikatorischen Nutzung der Erfahrungen wurden unternommen. Zudem gibt es Bemühungen in Richtung einer *Evaluation*: Verfahren und Beispiele praxisbegleitender Forschung sowie der Selbstevaluation wurden entwickelt und vorgestellt (vgl. z.B. Krafeld/Möller/Müller 1993, Krafeld 1996).

Allerdings ist diese subjektbezogene, sich einlassende „akzeptierende" Jugendarbeit nicht unumstritten. So wird in der Kritik darauf verwiesen, daß die Trennung von Person (die akzeptiert wird) einerseits sowie Bewußtsein und Verhalten (die verstanden, aber nicht akzeptiert werden) andererseits politisch prekär und pädagogisch illusionär sei (vgl. z.B. Hafeneger 1993).

Erlebnis-, abenteuer- und sportpädagogische Ansätze

Diese Ansätze der pädagogischen Vermittlung von Spannung und Abenteuer sind schon seit längerem eine wichtige Methode und ein eigenständiges Arbeitsfeld in der Jugendarbeit. Da der alltägliche Lebensraum von Jugendlichen meist eingeschränkt ist, suchen Jugendliche nach besonderen, Sinn stiftenden, riskanten Erfahrungen: nach dem „Kick", der sie das Leben spüren läßt, nach Möglichkeiten, die eigenen Grenzen - und die der anderen - kennenzulernen und den eigenen Körper zu erleben. An diese Bedürfnisse knüpfen erlebnis-, abenteuer- und sportpädagogische Ansätze an. Sie beanspruchen einen *ganzheitlichen Ansatz*, d.h., Fertigkeiten und Kenntnisse sollen praktisch erfahrbar gemacht werden. Soziale Lernprozesse entstehen durch Tätigkeit, unmittelbare Erfahrung sowie durch Reflexion. Erlebnispädagogische Ansätze berücksichtigen deshalb sowohl kognitive als auch affektive Komponenten. Sie sind primär auf natursportlich orientierte Unternehmungen, sogenannte „out door"-Aktivitäten ausgerichtet. Jedoch gewinnen auch die „in door"-Aktivitäten im künstlerischen, musischen, kulturellen und technischen Bereich an Bedeutung.

Erlebnis- und sportpädagogische Ansätze können durchaus einen wichtigen Beitrag zur Gewaltprävention leisten. Ausgehend von der Tatsache, daß Jugendliche, insbesondere Jungen und junge Männer, nach starken Reizen („Kicks"), Abenteuern und körperlicher Betätigung verlangen, sind erlebnispädagogische Formen, wie Abenteuer- und Risikoaktionen, Wildwasserfahrten, Klettern, Wandern oder Segeln, attraktive und bedürfnisorientierte Angebote. Dabei sollen die Jugendlichen auch an der Organisation der jeweiligen Aktionen (Planung der Routen, Verpflegung usw.) beteiligt werden. Die Konfrontation mit Gefahren und das Testen der persönlichen Grenzen fördern das Selbstwertgefühl. Ein realistisches Körpergefühl kann vermittelt werden. Die Jugendlichen lernen, Belastungs- und Konfliktsituationen auszuhalten und zu bewältigen. Die Kommunikationsfähigkeit und Solidarität werden durch gemeinsames Handeln, Planen und „Leiden" erhöht. Die Bedeutung von gegenseitiger Verantwortung, Rücksichtnahme und Zuverlässigkeit wird erkannt (z.B. beim Sichern während des Kletterns).

Eine etwas umstrittene Methode zur Gewaltprävention ist das Training von *Kampfsportarten* (Karate, TaeKwonDo, Kung Fu u.a.). Diese Sportarten fördern zwar das Selbstbewußtsein der Jugendlichen durch Stärke und Kampftechnik, Körpergefühl und -beherrschung können entwickelt, Aggressionen als positive Energie ausgelebt werden. Es wird aber kritisiert, daß Kampfsport die

Ausbildung von Schlägern fördere. Deshalb sollte durch kritische Reflexion deutlich gemacht werden, daß der Kampfsport nicht zum Angreifen, sondern nur der sportlichen Übung und der Selbstverteidigung dient. Beim Training darf der Partner nicht verletzt werden. Kampfsport kann Rücksichtnahme, Verantwortung und Respekt fördern. Letzteres kommt u.a. im Verneigen vor Beginn der Übungen zum Ausdruck. Der Lehrer bzw. Trainer sollte auch die geistigen Prinzipien des Kampfsportes, deren ursprüngliches Ziel die Verwirklichung eines harmonischen und kreativen Menschenbildes ist, vermitteln.

Erlebnispädagogische Elemente sind auch in anderen Bereichen nutzbar. Im *ökologischen Bereich* besteht z.B. die Möglichkeit, mit den Jugendlichen Biotope zu bauen. Dabei geht es um eine sinnvolle Tätigkeit der Jugendlichen, die Entwicklung von Geduld und Sorgfalt, die Erhöhung des Selbstvertrauens durch Erfolg und die Kooperations- und Kommunikationsfähigkeit im gemeinsamen Handeln. Im *sozialen Bereich* könnte beispielsweise ein kulturelles Programm eingeübt und in sozialen Einrichtungen (Krankenhaus, Altersheim) aufgeführt werden. Dabei wird zugleich die Anteilnahme an den Mitmenschen gefördert. Im *kulturellen, musischen, künstlerischen und technischen Bereich* sind Foto- oder Theatergruppen, Zeichenzirkel oder plastisches Arbeiten denkbar. Neben den oben genannten Zielen bestehe hier für die Jugendlichen die Möglichkeit, Konflikte abzubilden, zu verarbeiten und zu reflektieren. Häufig erhielten sie dabei auch neue Ideen für die Freizeitgestaltung. Durch das schöpferische Arbeiten wird besonders das Selbstwertgefühl gefördert.

Erlebnis- und sportpädagogische Ansätze haben allerdings auch *Grenzen*. Vor allem wird kritisiert, daß die Aktionen meist „Inselerlebnisse" seien, d.h. isoliert, arrangiert und zeitlich begrenzt („Kurzzeitpädagogik"). Die Aktionen dürfen nicht nur konsumiert, sondern sollten auch reflektiert werden. Auch wenn erlebnis- und sportpädagogische Ansätze auf gewisse Erfolge gerade mit „auffälligen" Jugendlichen verweisen können, sind ihre Wirkungen bisher kaum erforscht. (vgl. z.B. Becker u.a. 1996, Möller 1996, Koch/Behn 1997).

Fan-Projekte

Als Maßnahme gegen Ausschreitungen von Fußball-Fans und in diesem Kontext auch als Präventionsmaßnahme wurden in den achtziger Jahren in den alten Bundesländern die ersten Fan-Projekte initiiert. Mitte der neunziger Jahre wurden bereits in ca. 20 Städten Fan-Projekte durchgeführt - in Ostdeutschland u.a. auch durch das AgAG-Programm gefördert. Bei den Fan-Projekten steht der *aufsuchende Charakter* im Vordergrund. Es wird versucht, das Bedürfnis der Jugendlichen nach spannungsgeladenen Räumen, die sie im Alltag nicht vorfinden, aufzugreifen. Fan-Projekte verstehen sich vor allem als „Drehpunkteinrichtungen" zwischen jugendlichen und erwachsenen Erfahrungsebenen, zwischen den Bedürfnissen der kulturellen Lebenswelten und den Markt- und Verwaltungsmechanismen des organisierten Profifußballs. Die

Arbeit konzentriert sich meist auf die aufsuchende Arbeit an den Orten, an denen sich die Fans aufhalten, auf Spielbegleitung, alltags-, konflikt- und erlebnispädagogische Maßnahmen, Kooperation mit anderen Institutionen und Öffentlichkeitsarbeit. Die Arbeit ist - dem Streetworkkonzept folgend - in hohem Maße situationsabhängig und bedient sich der klassischen Methodenvielfalt in der Abenteuer- und Erlebnispädagogik sowie der sportbezogenen Jugendarbeit. Vor allem drei Schwerpunkt stehen im Mitelpunkt:

- Gruppenangebote:
  Da der Zusammenhalt für die meisten Fans identitätsstiftend ist, müssen die Freizeitangebote diesem Gruppengefühl angepaßt werden. Neben der Begleitung zu den Spielen werden auch Treffen außerhalb der Stadien sowie Fußballturniere oder Auslandsreisen zu Länderspielen organisiert.
- Einzelfallhilfe:
  Die Fan-Projekte verstehen sich als Lobby für die Fans, helfen bei Strafverfahren, um kriminelle Karrieren zu vermeiden oder machen Beratungsangebote, z.B. bei individuellen Konfliktsituationen.
- Öffentlichkeitsarbeit:
  Durch eine offensive Öffentlichkeitsarbeit (z.B. eigenen Veröffentlichungen wie Fan-Zeitungen u.ä.) sollen das negative Image und die Klischees über die Fans in den Medien korrigiert werden.

Dank der Fan-Projekte ist es den meisten Vereinen gelungen, gewalttätige Ausschreitungen zu beenden bzw. zu vermindern. Welche konkreten Wirkungen - darüber hinaus - bei den Jugendlichen erzielt wurden, läßt sich allerdings kaum sagen (vgl. Vahsen 1994, Vahsen u.a. 1994, Simon 1996).

Anti-Aggressivitäts-Training

Beim Anti-Aggressivitäts-Training (AAT) handelt es sich um eine deliktspezifische, sozialpädagogische und psychologische Behandlungsmaßnahme für aggressive Jugendliche, insbesondere für Wiederholungstäter. Ziel ist die tatnahe psychosoziale Bearbeitung mit präventiven und karthartischen Wirkungen und die Rekonstruktion des Bezugs zwischen Täter und Opfer, ohne Letzteres persönlich einzubinden. Das AAT basiert auf theoretischen und praktischen Erfahrungen im Umgang mit Straftätern an einer norddeutschen Jugendanstalt und auf Erfahrungen des Jugendvollzugs in nordamerikanischen Großstädten. Die theoretische Grundlage bildet das lerntheoretisch-kognitive Paradigma (Bandura): Durch Modellernen, differentielle Bekräftigung und systematisches Desensibilisieren soll das gewalttätige Verhalten verändert, „abtrainiert" werden. Hinzu kommt eine kognitive Komponente, bei der das gewaltakzeptierende Denken und entsprechende Einstellungen massiv in Frage gestellt werden. Inbesondere sollen dabei solche Alltagsvorstellungen der Jugendlichen, wie z.B., daß Gewalt stark und unangreifbar mache, ins Wanken geraten. Als Methode dient hierzu die *provokative Therapie*. Ein zentrales Lernziel ist es hierbei, sich mit Worten, Humor und Ironie anstatt mit Fäusten zu wehren. Dazu werden die Provokationen während der mehrmonatigen Trainingsphase so lange wiederholt, bis die Teilnehmer in der Lage sind, extrem angespannte Situationen durch Argumente, Humor und Abwiegeln zu entschärfen. Die Grenzen der Teilnehmer sollten dabei zwar ausgereizt, aber nicht überschritten werden.

Curriculare Eckpfeiler des AAT sind folgende:
1. Analyse der Aggressivitätsauslöser - Was sind provozierende Situationen? Infragestellen zwingender Notwendigkeiten
2. Aggressivität als Vorteil - Kosten-Nutzen-Analyse hinsichtlich Gewalt: Erhöhung des Selbstwertgefühls durch Gewalt
3. Auseinandersetzung mit dem Selbstbild - zwischen Ideal- und Realselbst
4. Erlernen von Neutralisierungstechniken und Einübung des Realitätsprinzips
5. Opferkonfrontation - karthartisches Durchleben des Opferleids
6. Provokationstests - sich steigernde Provokationen zur Desensibilisierung

Zum *Sitzungscurriculum* des AAT gehören u.a. die Vorstellung der Trainingspartner, das Interview und - als zentraler Bestandteil - der „heiße Stuhl". Dabei wird ein Täter zum Mittelpunkt der Gruppenaktivitäten. Dieser kann schonungslos mit seinen Widersprüchen und Schwächen konfrontiert werden, damit er lernt, auf verbale Provokationen, nicht mit körperlicher Gewalt zu reagieren. Der Gesprächsstil ist konfrontativ - „Was sagt denn deine Mutter dazu, wenn sie erfährt, daß du andere mißhandelst?" und provokativ - „Hast du eigentlich das Gesicht von deinem Gegner gesehen, oder bist du wie üblich von hinten gekommen?" Dazu gehört auch die detaillierte Nachfrage zum Tathergang - „Was genau ist eigentlich pasiert? Wie war das Geräusch, als das Nasenbein brach? Was und wie schrie das Opfer während der Tat?"

Bisherige testpsychologische Evaluationsergebnisse haben eine signifikante Verringerung der Erregbarkeit und Erhöhung der Aggressionshemmung bei den Teilnehmern nachgewiesen; weitere Befunde der Evaluationsforschung werden erwartet. Das AAT ist mittlerweile für verschiedene pädagogische Handlungsfelder fruchtbar gemacht worden (z. B. offene und mobile Jugendarbeit, Heimerziehung, Jugendgerichts- und Bewährungshilfe, Strafvollzug, aber auch für Schulen). Die hier praktizierte Form der konfrontativen Pädagogik ist allerdings kein Allheilmittel. Sie kann eher als eine ergänzende Methode angesehen werden, die den gesamten pädagogischen Prozeß eingebettet werden muß. Dessen ungeachtet kann sie dazu beitragen, die Hilflosigkeit der Pädagogen beim Umgang mit Aggression und Gewalt zu überwinden (vgl. Weidner/Kilb/Kreft 1997).

Gewalttherapeutische Methoden

Da Straffälligkeit von Jugendlichen als eher typisch für die Jugendphase angesehen wird, hat sich seit den achtziger Jahren ein Trendwechsel von formellen Sanktionen zu informellen Reaktionen vollzogen. Seitdem werden auch für *sozial auffällige Jugendliche* verstärkt *ambulante erzieherische Maßnahmen* nach dem Kinder- und Jugendhilfegesetz (KJHG) und dem Jugendgerichtsgesetz (JGG) durchgeführt. Dadurch sollen die zumeist kontraproduktiven Folgen einer Haftstrafe vermieden werden. Zugleich soll bei der Bewältigung von Entwicklungsproblemen sowie bei der schulischen und beruflichen Integration geholfen und Selbständigkeit sowie Sozialkompetenz gefördert werden. Neben der Weisung, sich einem Betreuungshelfer zu unterstellen, der Erziehungsbeistandsschaft und der sozialpädagogischen Einzelbetreuung sind dabei vor allem soziale Trainingskurse, die soziale Gruppenarbeit, das Anti-Aggressivitäts-Training und der Täter-Opfer-Ausgleich zu nennen.

- *Soziale Trainingskurse* sind meist befristete Maßnahmen, wobei die Kursformen zwischen drei Tagen und ca. drei Monaten variieren. Vorherrschende Arbeitsmethoden sind der handlungs- und der erlebnisorientierte Ansatz sowie themenzentrierte Vorgehensweisen.
- Unter *sozialer Gruppenarbeit* ist die Betreuung bzw. Begleitung einer Kleingruppe von Jugendlichen durch eine pädagogische Fachkraft zusammen mit Ehrenamtlichen über einen längeren Zeitraum (meist ein bis zwei Jahre) mit einer Betreuungszeit von vier bis zwölf Stunden wöchentlich zu verstehen. Die Längerfristigkeit erlaubt es, auch das soziale Umfeld und lebensweltliche Gruppenzusammenhänge einzubeziehen.
- Anknüpfend an das psychologische *Anti-Aggressivitäts-Training* für Straftäter wird auch in der gewaltpräventiven Jugendarbeit versucht, (noch) nicht straffällig gewordene Jugendliche in ähnlich angelegte gewalttherapeutische Maßnahmen einzubinden (vgl. Geretshauser/Lenfert/Weidner 1993, Weidner/Kilb/Kreft 1997).

Die Kritikpunkte an diesen Maßnahmen beziehen sich vor allem auf das Problem des Erfahrungstransfers in den Alltag und die Nachhaltigkeit der Veränderungen. Erste *Evaluationen* lassen hingegen auf eine hohe Effizienz schließen (vgl. Lukas u.a. 1993, Möller 1996).

Täter-Opfer-Ausgleich

Unter Täter-Opfer-Ausgleich (TOA) werden im allgemeinen alle Bemühungen subsumiert, die darauf zielen, die infolge eines Vergehens bzw. einer Straftat entstandenen *Konflikte zwischen den Beteiligten kommunikativ zu bewältigen.* Der Täter-Opfer-Ausgleich gilt als die „schonendste" Form einer Regelung strafrechtlich relevanter Konflikte. Im Mittelpunkt steht das *Ausgleichsgespräch*, in dem sich Täter und Opfer persönlich begegnen und mit Unterstützung eines professionellen Vermittlers (z.B. eines Sozialpädagogen) die Möglichkeit haben, die Tat und ihre Folgen aufzuarbeiten, aber auch Ersatzansprüche zu regeln. Für den Beschuldigten eröffnet sich die Möglichkeit, durch die Konfrontation und Auseinandersetzung mit dem Opfer und die Bemühungen, die Tatfolgen zu beseitigen, strafende Sanktionsformen zu vermeiden.

Ausgangspunkt ist die Annahme, daß Straftaten bei Kindern und Jugendlichen weitgehend „normale" Handlungen in einer bestimmten Entwicklungsphase darstellen und nicht zwangsläufig zu kriminellen Karrieren führen müssen. Dem sollte auch bei strafrechtlich relevanten Konflikten Rechnung getragen werden. Angemessen erscheinen dann solche strafrechtlichen Reaktionsweisen, die unmittelbar den gestörten Lebensvorgang betreffen und sich auf die Aufarbeitung der Tat und der damit verbundenen Gefühle, Konflikte und Schäden beziehen. Das *Opfer* findet dabei stärkere Berücksichtigung und wird nicht vom vorrangigen Strafanspruch in den Hintergrund gedrängt. Opfer können z.B. Ängste verdeutlichen, ggf. Feindbilder abbauen, Gefühle äußern, materielle Wiedergutmachung erhalten und - im Idealfall - eine Aussöhnung erleben. Der *Täter* wird mit den Folgen seiner Tat konfrontiert. Er ist nicht nur duldendes Objekt einer strafrechtlichen Reaktionsweise, sondern fühlt sich ernstgenommen mit der Möglichkeit, selbst zur Beseitigung der Tatfolgen beizutragen. Gegenstand der Reaktion ist allein das Fehlverhalten ohne moralische Wertung. Etikettierungen und Stigmatisierungen werden damit vermieden. Der Täter-Opfer-Ausgleich kann bereits auf über zehnjährige Praxiserfahrungen zurückgreifen. Bundesweit gibt es gegenwärtig mehrere Hundert solcher Projekte. Wenngleich bei der Frage nach der Zweckmäßigkeit des Einsatzes eines Täter-Opfer-Ausgleichs immer der Einzelfall entscheiden muß und auch die Frage der *Wirkungen* weitgehend ungeklärt ist, findet diese Methode - auch in den neuen Bundesländern - eine immer größere Resonanz (vgl. Lukas u.a. 1993, Hassemer/Marks/Meyer 1997).

Geschlechtsspezifische Ansätze

Da Gewalt in erster Linie ein Jungen- bzw. Männerphänomen ist, muß eine gewaltpräventive Jugendarbeit vor allem bei der Arbeit mit Jungen bzw. jungen Männern ansetzen und geeignete Strategien entwickeln. Generelles *Ziel* ist es, die vorherrschenden Männerrollen und maskulinen Identitätsbezüge in Frage zu stellen und längerfristig zu verändern. Eine geschlechtsspezifische gewaltpräventive Jugendarbeit - ob mit Jungen oder mit Mädchen - ist allerdings *erst in wenigen Ansätzen* zu erkennen; meist bleibt es bei entsprechenden Forderungen und Postulaten. So wird u.a. gefordert, eine geschlechtsreflektierende Jungen- und Männerarbeit zu betreiben, Jungen alternative Vorstellungen von Männlichkeit zu vermitteln, sie Erfahrungen mit anderen Körperkonzepten sammeln zu lassen und die Entwicklung von Beziehungsfähigkeit zu fördern. Eine ständige Aufgabe ist es dabei, die Interaktionen zwischen Jungen und Mädchen zu reflektieren, geschlechtsspezifische Ausdrucksformen von Aggression und Gewalt zu berücksichtigen und ggf. gezielt Jugendarbeit in geschlechtshomogenen Gruppen zu organisieren. Da auch Mädchen - wenngleich in bedeutend geringerem Maße - in Gewalt verstrickt sind, wird neben einer spezifischen Jungenarbeit auch eine entsprechende Mädchenarbeit für erforderlich gehalten, die allerdings nicht traditionelle Weiblichkeitsvorstellungen reaktivieren, sondern vielmehr eine Auseinandersetzung mit Geschlechtsstereotypen in den Mittelpunkt stellen sollte (vgl. Möller 1995, 1996, 1997, Scherr 1997, Weidner 1997, Löbbers u.a. 1996).

Freizeit- und kulturpädagogische Ansätze

Jugendkulturarbeit hat auch beim Umgang mit „gewaltauffälligen" Jugendlichen stark an Bedeutung gewonnen. Zur Begründung dieser Ansätze dient das Argument, daß man sich auf die *kulturellen Ausdrucksformen* der Jugendlichen einlassen und mit ihnen arbeiten müsse. Damit sollen auch funktionale Äquivalente zur „Gewalt" als Mittel, mit dem sich Jugendliche gern in der Öffentlichkeit darstellen, gefunden werden. Drei Formen sind von Bedeutung:

- Mit Hilfe von *Film- und Videoprojekten* werden Erfahrungen und Phantasien aufgearbeitet und ein selbstproduziertes Ergebnis erstellt. Zugleich können neben den filmtechnischen Erfahrungen auch unterschiedliche Sichtweisen zu einer Frage eingefangen werden, die Wahrnehmungs- sowie Reflexionsfähigkeit geschult werden.
- Ein weiterer Zugang knüpft an den *Musikvorlieben* Jugendlicher an. So können z.B. am Beispiel der Skin-Musik die ästhetischen Präferenzen zum Ausgangspunkt neuer politischer (Selbst-)Problematisierungen gemacht werden.
- In Reaktion auf die fremdenfeindliche Gewalt sind auch viele *Theaterprojekte* entstanden, die sich mit den aktuellen Ereignissen oder mit der NS-Zeit beschäftigten. Dabei kann neben den verbal-argumentativen auch an körperliche, mimische und gestische Ausdrucksbedürfnisse Jugendlicher angeknüpft werden.

Daneben gibt es auch noch Buchprojekte sowie verschiedene interkulturelle Ansätze. Kulturelle Projekte haben gegenwärtig vor allem experimentellen Charakter; sie erreichen - auch aufgrund ihres relativ großen Aufwandes - nur eine Minderheit der Jugendlichen. *Kritische Einwände* betreffen insbesondere das Sich-Einlassen-Müssen auf „problematische" Jugendkulturen. Über die Effekte ist - von einigen positiven Erfahrungsberichten abgesehen - jedoch wenig bekannt (vgl. Vahsen u.a. 1994, Böhnisch u.a. 1996, Möller 1996).

Interkulturelle Arbeit

Interkulturelle Pädagogik ist in der multikulturellen Situation unserer Gesellschaft begründet. Ziel ist es, junge Menschen aus verschiedenen Kulturen zusammenzuführen und sie zu einem friedfertigen, gleichberechtigten Zusammenleben zu befähigen. Interkulturelle Pädagogik versteht sich vor allem als ein „Miteinander - Voneinander - Über-sich-selbst - Lernen". Dies setzt die Bereitschaft voraus, andere Kulturen wahrzunehmen und Anpassungsleistungen nicht nur von Ausländern zu erwarten. Bestehende Konflikte sollen dabei nicht geleugnet, sondern bewußt aufgenommen werden. Die Integration der Ausländer soll keine Anpassung an eine Mehrheit bedeuten, vielmehr sollen die eigenen kulturellen Ressourcen bewahrt werden. Durch die Konfrontation mit anderen Kulturen soll der absolute Anspruch der eigenen Kultur relativiert und die Dialog- und Konfliktfähigkeit deutscher und ausländischer Jugendlicher gefördert werden. Die Schaffung von rechtlichen, politischen und sozialen Bedingungen, die die Gleichberechtigung der verschiedenen Ethnien und Minderheiten zum Ziel haben, soll die Akzeptanz und das Ernstnehmen anderer Kulturen und Religionen fördern. Konkret setzt sich die interkulturelle Pädagogik einen *Abbau von Vorurteilen* durch Wissen und Akzeptanz zum Ziel. Sie will Vorurteile und Fremdenfeindlichkeit vor allem durch Kontakte und gegenseitiges Kennenlernen (z.B. Jugendaustausch, Stadtteilinitiativen, Kulturveranstaltungen) reduzieren.

In der *Jugendarbeit* wird interkulturelle Pädagogik z.B. durch den internationalen Jugendaustausch praktiziert und so Verständnis und Toleranz für andere Länder und Kulturen geweckt (z.B. deutsch-polnischer oder deutschtschechischer Jugendaustausch). Durch solche Begegnungen sollen auch „rechtes Gedankengut" aufgearbeitet und die besonderen Umwelt- und Umgebungsbedingungen zu neuen Erlebnissen genutzt werden. Gute Möglichkeiten zur Umsetzung Interkultureller Pädagogik bieten auch szenische Darstellungen, die vom Rollenspiel bis zum Theater reichen. Dabei kann die soziale Realität spielerisch dargestellt, die eigene Lage bewußt gemacht und Konfliktpotential verarbeitet werden. Weitere Praxisbeispiele sind Collagen, Ausstellungen, Filmprojekte, Fotografieren usw. Zu den neueren Initiativen zählen u.a. Einrichtungen von antirassistischen Zusammenschlüssen, Telefonketten, Info-Büros, Antidiskriminierungszentren, öffentlichkeitswirksame Aktionen.

Zweifellos stößt interkulturelle Pädagogik in der Praxis auf zahlreiche Barrieren, die ihre Möglichkeiten vielfach einschränken. Obwohl bekannt ist, daß Kontakte zum Abbau von Vorurteilen beitragen, sind die Wirkungen kaum untersucht. Dennoch dient sie auch aufgrund ihres visionären Charakters als eine wichtige Leitlinie pädagogischen Handelns im Sinne der Menschenrechte (vgl. Sandfuchs 1994, Vahsen u.a. 1994, Nieke 1995, Möller 1996).

Politisch-historische Bildung

Einen Schwerpunkt der politisch-historischen Bildung bildet die *pädagogische Auseinandersetzung mit der Zeit des Nationalsozialismus*. Über Wissensvermittlung, Argumentationen und Diskussionen wird eine politische Sensibilisierung und Aufklärung angezielt. Zielgruppe sind besonders Jugendliche, die wenig über den Nationalsozialismus, rechte Organisationen und deren Absichten wissen oder dieses Wissen nicht genügend verarbeitet haben. In Auseinandersetzung mit eigenen Erkenntnissen und Einstellungen können Bezüge zu den Erfahrungen und Umgangsformen der Jugendlichen mit Gewalt, Vorurteilen oder Ängsten in ihrem Alltag hergestellt werden. Darüber hinaus sollen emotionale Betroffenheit und eigenes aktives Handeln gefördert werden. Verbreitet sind vor allem drei Arbeitsformen:

- Die *politische Unterrichtung* beschränkt sich weitgehend auf unterrichtsähnliches Lernen bzw. Seminararbeit auf der Grundlage didaktisch aufbereiteter Bildungseinheiten. Das Angebot an entsprechenden Unterrichtspaketen ist reichhaltig.
- Durch *Besuche ehemaliger Konzentrationslager* und durch *Gedenkstättenarbeit* soll eine politisch-historische Aufklärung erfolgen, Betroffenheit erzeugt und eine aus der Vergangenheit resultierende Verantwortung für gegenwärtige Prozesse entwickelt werden.

- In „*oral history*"-Projekten erforschen die Jugendlichen selbst (z.b. durch Interviews mit Zeitzeugen, Archivarbeit, Fotodokumentationen) die konkrete jüngere, lokale oder regionale Geschichte (vgl. Lukas u.a. 1993, Möller 1996).

Wie Untersuchungen nachgewiesen haben, dürfen die Wirkungen dieser Formen nicht überschätzt werden. Gerade bei dem angezielten Klientel können sie mitunter auch gegenteilige Wirkungen hervorrufen (vgl. z.B. Schubarth 1991).

Schulsozialarbeit

Schulsozialarbeit stellt aus sozialpolitischer Sicht ein sozialstaatliches Instrument dar, um das Risiko im Bildungswettbewerb zu begrenzen. Den Ansatzpunkt für Schulsozialarbeit bildet der zentrale Widerspruch im Bildungssystem, daß einerseits im Gesetz für alle gleiche Bildungschancen angenommen werden und andererseits in der Praxis die Institution Schule die Kinder und Jugendlichen nach schulischen Leistungen „aussortiert" (Selektionsfunktion). Durch Schulsozialarbeit als Vermittler zwischen den Schülern und der Gesellschaft soll dieser Widerspruch gemildert und sozial abgefedert werden. Die Förderung der Zusammenarbeit von Schule und Jugendhilfe ist im Kinder- und Jugendhilfegesetz (§§ 11, 13 und 81 KJHG) festgeschrieben. Damit kann sie im Sinne der Gewaltprävention wirksam sein, auch wenn dieser Aspekt nicht im Vordergrund steht.

Ausgehend von einem *ganzheitlichen Ansatz*, der die Schüler nicht auf ihre Rolle als Schüler beschränkt, sondern ihre ganze Persönlichkeit betrachtet, versucht Schulsozialarbeit, der Institution Schule ihre Positionen zu vermitteln. Deshalb ist die Arbeit von Fachkräften der Jugendhilfe (Sozialpädagogen) in der Schule und deren Zusammenarbeit mit den Schülern, dem Lehrerkollegium und den Schulbehörden ein zentraler Bestandteil der Schulsozialarbeit. Schulspezifisch haben Schulsozialarbeiter häufig unterstützende und katalysatorische Funktionen auszuführen, um insbesondere eine konstruktive Kommunikation zwischen Lehrern, Schülern bzw. Eltern anzuregen. Schulsozialarbeit ist ein eigenständiges *Angebot der Jugendhilfe*, das zwar innerhalb der Organisationsformen der Schule ansetzt, dessen Schwerpunkte jedoch außerhalb des Bildungsauftrages der Schule liegen. Der Arbeitsplatz eines Schulsozialarbeiters sollte sich in der Schule befinden - also dem Ort, an dem Verhaltensauffälligkeiten beobachtet werden. Da die Ursachen für auffälliges Verhalten auch außerhalb der Schule liegen, ist es wichtig, außerschulische Bereiche einzubeziehen und die Vernetzung mit anderen Bereichen der Jugendhilfe und angrenzenden Institutionen (z.B. Familie) zu fördern. Dem Schulsozialarbeiter kommt dabei die Aufgabe zu, möglichst frühzeitig jugendhilfespezifische Problemkonstellationen (z.B. Verhaltensauffälligkeiten und -störungen) und sich anbahnende Konflikte zu erkennen, diese zu beurteilen und Lösungsmöglichkeiten zu entwickeln. Hierbei muß er die enge Kooperation mit unterschiedlichen Institutionen und Diensten (Schule, Jugendhilfe, schulpsychologischer Dienst, Erziehungsberatung, Gesundheitsdienste, kinder- und jugendpsychiatrische Dienste sowie behinderungsspezifische Förderangebote) suchen und fördern. Dadurch soll auch die Kooperation zwischen den einzelnen Einrichtungen verbessert, ein gegenseitiger Informationsaustausch ermöglicht und ein breites Verständnis für die Lebensbedürfnisse von Kindern und Jugendlichen geweckt werden. Darüber hinaus hat Schulsozialarbeit die Aufgabe, die Schule zu einer kritischen Auseinandersetzung mit sich selbst anzuhalten, die (teilweise) Öffnung der Schule anzuregen (Gemeinwesenorientierung) und auf die Bedürfnisse der Schüler aufmerksam zu machen. Allerdings muß Schulsozialarbeit dabei den Auftrag der Schule, systematisch Kenntnisse, Fertigkeiten und Kompetenzen zu vermitteln, respektieren.

Die *Angebote der Schulsozialarbeit* können sehr vielfältig sein:

- Angebote zur differenzierten Förderung der Kinder und Jugendlichen: Förderkurse, Hausaufgabenbetreuung, Angebote zur Erweiterung der schulischen Angebotspalette: freiwillige Arbeitsgemeinschaften
- Angebote zur Schulentwicklung: Angebote, die zur Öffnung der Schule beitragen
- schulinterne Arbeit: präventive Maßnahmen, die auf eine soziale Integration Einzelner als auch auf die von Gruppen ausgerichtet sind
- außerunterrichtliche Arbeit: sozialpädagogische Angebote in der außerunterrichtlichen Zeit, Hilfen und Beratung beim Übergang von der Schule in den Beruf
- Elternarbeit
- Unterstützung und Begleitung bei Klassenfahrten
- Beratung bei der Unterrichts- und Schulorganisation, Kooperation mit den Lehrern
- Einzelfallhilfe und soziale Gruppenarbeit
- Umfeldorientierte Arbeit (Gemeinwesenarbeit), Kooperation mit Behörden, sozialen Einrichtungen, Teilnahme an Stadtteilkonferenzen
- Hilfen bei der Vorbereitung und Organisation von Veranstaltungen (Feste, Projektwochen, Schulveranstaltungen)

Anliegen und Nutzen von Schulsozialarbeit sind allseits anerkannt, in der Praxis ergeben sich jedoch häufig eine Reihe von Unklarheiten und Problemen. So darf Schulsozialarbeit die Schule nicht aus ihrer erzieherischen Verantwortung entlassen und nicht auf ein kurzfristiges Krisenmanagement ausgerichtet sein. Schulsozialarbeit sollte vielmehr längerfristig und auf Kontinuität angelegt sein, was derzeit nur sehr schwer zu realisieren ist. Sie trägt vor allem *präventiven Charakter*, ist also auch kein spezifisches kurzfristiges Mittel gegen Gewalt. Häufig bestehen gegenüber der Schulsozialarbeit auch Vorurteile. Schulsozialarbeit ist immer dann erfolgreich, wenn sich Lehrer und Sozialpädagogen ihre jeweils unterschiedlichen Zugänge bewußt machen, diese respektieren, konkrete Vereinbarungen treffen und im Interesse des Kindeswohles gemeinsam nach Lösungen suchen (vgl. Bundesarbeitsgemeinschaft der Landesjugendämter 1993, Rademacker 1996, Verein für Kommunalwissenschaften 1996, Braun/Wetzel 1997, Elsner/Rademacker 1997).

3.3.4 Diskussion der außerschulischen Präventionsmodelle

Die angeführten Ansätze verdeutlichen einen *Aufwärtstrend in der außerschulischen Gewaltprävention*, ohne allerdings bestehende Probleme überdecken zu können. Als positive Entwicklungen sind vor allem die Vielzahl und Vielfalt der Ansätze, die Suche nach neuen unkonventionellen Wegen und die verstärkte Zuwendung zu sozial auffälligen Jugendlichen (z.B. in Form der aufsuchenden, akzeptierenden, erlebnisorientierten Jugendarbeit) festzuhalten.

Positive Entwicklungen beim Umgang mit auffälligen, insbesondere rechtsorientierten Jugendlichen hebt auch Möller hervor. Er verweist dabei auf *zwölf Impulse und konzeptionelle Anstöße*, die von den Arbeit mit rechtsorientierten Jugendlichen der letzten Jahre ausgehen würden: die gewachsene Akzeptanz von Jugendarbeit als Bearbeitungsinstanz von gesellschaftlichen Problemlagen, insbesondere die Verschiebung der Gewichte im Verhältnis von Jugendhilfe und Justiz, der zunehmende Methodenpluralismus in der Jugendarbeit und die Akzentsetzung in Richtung Prozeßorientierung, emotionale Anbindung, Alltagsnähe und Aktionsbezug des Lernens, die wachsende Orientierung an Lebensweltkonzepten und die Aufwertung der mobilen, bedürfnisorientierten Jugendarbeit, die Erkenntnis der Notwendigkeit geschlechtsreflektierender Arbeit, die Neubelebung der Werte-Diskussion und der pädagogischen Moral-Debatte, das Erfordernis eines koordinativen Vorgehens im Verbund mit Schule, Erwachsenenbildung, Justiz, Bewährungshilfe und Polizei, Anstöße für eine (Re-)Politisierung der Jugendarbeit, die Sensibilisierung für eine Kultur der Gewaltlosigkeit, die Intensivierung des Dialogs von Praxis und Forschung. Zugleich könnten diese grundlagentheoretischen Anstöße nur fruchtbar gemacht werden, wenn daraus realisierbare Umsetzungen folgen würden und die außerschulische pädagogische Jugendarbeit nicht den Sparzwängen zum Opfer fällt (vgl. Möller 1996, S. 167ff).

Auch Vahsen u.a. betonen im Ergebnis ihrer Analysen von Praxisprojekten die erreichten Fortschritte: Obwohl aufgrund fehlender Evaluation kein allgemeingültiger Rückschluß auf erfolgversprechende Handlungskonzepte möglich sei, hieße das nicht, daß es keine Erfolge gäbe. Diese würden z.B. in der Abnahme von Stigmatisierungsprozessen, der Verbesserung des Selbstwertgefühls von Jugendlichen und der Abnahme von körperlichem gewalttätigen Verhalten liegen. *Effektive Handlungskonzepte* seien solche, die sich an folgenden Stichworten orientierten: akzeptierende Jugendarbeit, aufsuchende, an der Lebens- und Alltagswelt von Jugendlichen orientierte Arbeit, Wiederherstellung und Unterstützung von Gruppenerfahrungen, Unterstützung von emotionalen, persönlichen Beziehungen, Ausbau von persönlichen Beziehungen und Bindungen, die Kontinuität vermitteln, Aufzeigen und Vorleben alternativer Handlungsmöglichkeiten, demokratische Kommunikation und Ausweitung der Beteiligung Jugendlicher an Entscheidungsprozessen, offene Auseinandersetzung mit Fremdenfeindlichkeit und Gewalt. Gleichzeitig kritisiert er, daß die Projekte auf Kosten anderer Projekte finanziert würden. Eine Konzentration auf die Arbeit mit Skinheads würde die enorm hohe Ausdifferenzierung von Jugendkulturen und sich neu abzeichnende Problemfelder (z.B. Designer-Drogen, S-Bahnsurfen, Crashfahrten) ebenso ignorieren wie die Situation der unauffälligen Jugendlichen (vgl. Vahsen 1994 u.a., S.103ff).

Zu ähnlichen Einschätzungen gelangen auch Böllert sowie Böhnisch u.a. So verweist Böllert auf *vier Gemeinsamkeiten der Ansätze der gewaltpräventiven Jugendarbeit:* erstens das Ansetzen an Erfahrungen und Problemen der Jugendlichen, zweitens das Bereitstellen von Selbstentfaltungsmöglichkeiten, drittens das Verhältnis von Veränderungsverpflichtung und Veränderungsabsicht (d.h. die Balance finden zwischen dem Auftrag, Jugendliche zu „normalisieren" und dem pädagogisch begründeten Anspruch, bei Jugendlichen Veränderungen zu initiieren) und viertens die Nichtakzeptanz eines technologischen Verständnisses von Erziehung (d.h. es gibt kein Erziehungsmittel, das den Abbau gewaltförmigen Verhaltens garantiert) (vgl. Böllert 1997, S. 335).

Ausgehend vom Konzept der „offenen Milieubildung" und dem Ansatz der Lebensbewältigung als sozialpädagogischen Zugang zu Aggression und Gewalt heben Böhnisch u.a. im Anschluß an die wissenschaftliche Begleitung des AgAG-Programms hervor, daß sich gemeinwesenorientierte Arbeitsformen entwickelt haben, die für die Weiterentwicklung der offenen Jugendhilfe in den neuen Bundesländern modellhaft sein können. In der Praxis habe sich zudem ein „pädagogischer Bezug" herausgebildet, d.h. die Jugendarbeiter würden für die Jugendlichen auch als „gesuchte Erwachsene" fungieren. Insgesamt habe das AgAG-Programm sowohl deeskalierende als auch infrastrukturelle Wirkungen gebracht und die Dringlichkeit einer „positiven Jugendpolitik" in Richtung einer kommunikativen und netzwerkorientierten kommunalen Jugendhilfepolitik aufgedeckt (vgl. Böhnisch u.a. 1996).

Eine differenzierte Einschätzung nimmt auch Kilb vor. Er geht zunächst davon aus, daß in der gewaltpräventiven Jugendarbeit keine grundsätzlich neuen pädagogischen Ansätze und Methoden entwickelt wurden (teilweise würden historische Ansätze unter neuer Etikettierung reaktiviert). Ansätze, die außerhalb der Jugendhilfe Einzug fanden (in Schulen und Vereinen sowie bei der Polizei), würden in der Regel aus dem Arbeitsfeld der Jugendhilfe stammen. Neu wäre allerdings für den Bereich der Jugendhilfe, daß sich aus dem Gewaltkontext heraus Vorschläge zur Neustrukturierung, Neuorganisation und zu neuen Kooperationsformen entwickelt hätten, die von anderen Bereichen erstmals ernst genommen worden wären. Die zahlreichen neuen Ansätze würden aus einem Konglomerat von unterschiedlichen Merkmalen bestehen, z.B.:

- neue Methoden (z.B. akzeptierende Jugendarbeit),
- neue Arbeitsfelder (z.B. Opferprävention, Mädchenarbeit),
- neue intervenierende, präventive Institutionen (Polizei, Jugendpolizist) und
- neue organisatorische und kooperative Strukturen (Vernetzung, interdisziplinäres Arbeiten) (vgl. Kilb 1997, S. 30ff).

Aus diesen Entwicklungen leitet Kilb die Notwendigkeit einer „Generalerneuerung des Erziehungssystems", insbesondere eine Neugewichtung und Neuorganisation im Jugendhilfebereich ab. Herkömmliche Methoden, institutionelle Arbeitsteilungen und die jeweiligen Binnenstrukturen seien nicht mehr geeignet, um mit den Modernisierungsauswirkungen auf die Lebenswelten Jugendlicher eingehen zu können. Hinsichtlich der Wirksamkeit der verschiedenen Ansätze im Kontext der Gewaltdebatte stellt er sechs Punkte heraus:

1. „Aufgrund der Diskussionsbreite ist das gesamte primäre - von der Schule bis hin zur Jugendarbeit - und sekundäre Erziehungssystem - Gesetzesvermittlung, Repression, Intervention - auf seine Effektivität hin betrachtet worden.
2. Die geballte Beschäftigung mit der Problematik hat für das Thema selbst sensibilisiert, Tabus gebrochen und eine ganzheitliche Betrachtungsweise gefördert.
3. Über die teilweise vernetzte Bearbeitung fand ein institutionsübergreifender Methodentransfer statt; die mitarbeitenden Institutionen gewährten darüber hinaus erstmals Einblicke in ihre jeweiligen Binnensysteme. Hierdurch wurden Eckpfeiler für mögliche Kooperationen geschaffen.
4. Diese Einblicksmöglichkeiten führten gleichermaßen zu einer Neubewertung und Neudefinition der Aufgaben und Zielsetzungen verschiedener pädagogischer Institutionen wie auch zu Konkurrenzen (...).
5. Die anfängliche Erwartung, Jugendarbeit allein sei für die Bearbeitung der gesamten Problematik zuständig, konnte modifiziert werden. Allerdings gerät Jugendarbeit damit unter erneuten Legitimationszwang.
6. Die breit gefächerte Beschäftigung mit dem Thema hatte integrative Wirkung auf die Arbeitsweisen sozialer, pädagogischer, normsetzender und strafverfolgender Institutionen. Die allgemeine Ratlosigkeit bewirkte die Einsicht, sich nur im aufeinander abgestimmten Vorgehen der oben genannten Institutionen in der kooperativen, aber arbeitsteilig organisierten Beziehung unterschiedlicher Arbeitsfelder Lösungen nähern zu können" (Kilb 1997, S. 38f).

Neben diesen Entwicklungsfortschritten und -problemen wird auch immer wieder auf *Mängel in der Konzeptualisierung, der fehlenden bzw. gefährdeten Finanzierung und der mangelnden Evaluierung* hingewiesen. So sehen Lukas u.a. im Ergebnis ihrer Synopse von gewaltpräventiven Praxisprojekten die größten Defizite in der „sauberen Aufarbeitung des theoretischen Hintergrundes des pädagogischen Handelns, der Analyse der Rahmenbedingungen und vor allem der Evaluation" (Lukas u.a. 1993, S. 210). Ausführliche Evaluationen würden in der Regel nur bei Modellprojekten erfolgen.

Zwischen den schulischen und außerschulischen Präventionskonzepten lassen sich - *resümierend* - eine Reihe von Übereinstimmungen erkennen, z.B. hinsichtlich der Entwicklungstendenzen (zunehmende Bedeutung von Prozessen der Professionalisierung, der Organisationsentwicklung und der Vernetzung, ganzheitliche Ansätze), aber auch hinsichtlich noch bestehenden Defizite (z.B. Evaluationsforschung). Außerschulische Konzepte sind aufgrund der Vielfalt der Arbeitsfelder in sich heterogener und nicht in erster Linie gewaltpräventiv ausgerichtet, was bei einem Vergleich der gewaltpräventiven Arbeit in Schule und Jugendhilfe berücksichtigt werden muß.

3.3.5 Probleme der gewaltpräventiven Arbeit in Schule und Jugendhilfe

Einen Überblick über den Stand und die Probleme der Gewaltprävention „vor Ort" zuerhalten ist nicht einfach und zwar aus mehreren Gründen: Zum einen liegen nur punktuelle Ergebnisse bzw. Aussagen über die Gewaltprävention in der Praxis vor. Meist handelt es sich hierbei um Projektinformationen oder Erfahrungsberichte. Umfassende Untersuchungen und Evaluationsstudien sind selten. Bei den vorhandenen Informationen ist zudem nicht immer schwer zwischen Konzept und Durchführung zu unterscheiden. Zum anderen kommt erschwerend hinzu, daß das erforderliche Niveau der Gewaltprävention am entsprechenden Bedarf gemessen werden muß. Gewaltprävention hat ihren Ausgangs- und Zielpunkt in der jeweils vorgefundenen Realität. Das Niveau bzw. die Art und Weise der Gewaltprävention ist von der konkreten Situation abhängig, was wiederum bestimmte Kriterien und Mindeststandards für die Beurteilung gewaltpräventiver bzw. -interventiver Maßnahmen voraussetzt.

Ungeachtet dieser Schwierigkeiten lassen sich dennoch einige Anhaltspunkte finden, die Aufschluß über die Entwicklungstendenzen und -probleme in der Präventionspraxis geben. Für den Schulbereich z.B. kann dabei auch auf eigene Untersuchungen zurückgegriffen werden, für den außerschulischen Bereich vor allem auf Informationen, Analysen und Dokumentationsmaterialien im Rahmen des AgAG-Programms.

Die vorliegenden Befunde aus unseren Schuluntersuchungen in Sachsen deuten darauf hin, daß nur an einer sehr begrenzten Anzahl von Schulen spezielle Präventionsprogramme durchgeführt werden. Sowohl die repräsentative Schulleiterbefragung (1993/94) als auch die Lehrerbefragung (1995/96) an sächsischen Schulen ergab, daß nur wenige Schulen nach bzw. an einem entsprechenden Konzept arbeiten. Die Anzahl der Schulen, die über ein spezielles Konzept zur Gewaltprävention verfügen, ist als gering zu veranschlagen. Das heißt allerdings nicht, daß an den Schulen überhaupt keine Anstrengungen zur Gewaltprävention unternommen werden. Vielmehr gibt es an einer ganzen Reihe von Schulen vielfältige Bemühungen in Richtung Gewaltprävention und -intervention (von Aussprachen über Fortbildungen bis zu außerunterrichtlichen Angeboten und zur Elternarbeit). Diese Ansätze und Arbeitsformen basieren in der Regel aber nicht auf einem geschlossenen Konzept, sondern sind Elemente der pädagogischen Arbeit an Schulen ingesamt. Zum Teil sind sie auch an bekannten Konzepten orientiert. Wie jedoch unsere quantitativen wie qualitativen Untersuchungen an sächsischen Schulen zeigen, reichen diese „normalen" pädagogischen Bemühungen nicht immer aus, um die an vielen Schulen bestehende Rat- und Hilflosigkeit beim Umgang mit Aggression und Gewalt zu überwinden. Zudem sind die Unterschiede in der Qualität der pädagogischen Arbeit zwischen den Schulen sehr groß.

Insbesondere für die neuen Bundesländer scheint in der gewaltpräventiven Arbeit noch ein gewisser *Nachholbedarf* zu bestehen.[9] So berichtete in der vergleichenden Schulleiterbefragung nur etwa ein Drittel der sächsischen und thüringischen Schulen über Präventionsansätze im Unterschied zu drei Vierteln der Schulen in Hessen und Thüringen. Auch bei der inhaltlichen Gewichtung traten bestimmte Ost-West-Differenzen auf. So nahmen z.B. in den neuen Bundesländern die Aktivitäten des Lehrerkollegiums bei der Befragung 1993/94 nur einen hinteren Platz ein. Einige Jahre später hatte sich jedoch deren Relevanz bereits deutlich erhöht, was als wachsende Sensibilisierung der ostdeutschen Lehrerschaft gegenüber der Gewaltproblematik interpretiert werden kann. Davon zeugt auch die häufigere Thematisierung von „Gewalt" im Unterricht und im Rahmen von Fortbildungsveranstaltungen. Die öffentliche Diskussion über Gewalt hat somit zweifellos auch zu einer stärkeren Auseinandersetzung mit der Gewaltthematik und zu neuen Initiativen und Projekten an Schulen geführt.

Auf *verstärkte gewaltpräventive Aktivitäten* in den letzten Jahren lassen auch andere Befunde schließen. Beispiele guter Projektarbeit gibt es in allen Bundesländern. So wurden auf einer bundesweiten Fachtagung 19 deutsche und zwei ausländische Projekte (Modellversuche) vorgestellt (vgl. Balser/Schrewe/Schaaf 1997). Die Projekte ließen sich fünf Schwerpunkten zuordnen: Projekte mit dem Schwerpunkt Schulentwicklung (z.B. das Berliner Projekt „Lebenswelt Schule"), Gewaltprävention durch Lehrerausbildung und -fortbildung, Projekte gegen Fremdenfeindlichkeit und Rechtsextremismus, Gewaltprävention in Berufsschule und Berufsausbildung sowie Gewaltprävention durch sportliche und kreative Angebote. Verwiesen sei auch auf solche bundesweit bekannt gewordenen Projekte, wie das Projekt „Stadtteil und Schule" in Lübeck-Moisling (vgl. Mutzeck/Faasch 1995), „Das Wetzlarer Modell der Gewaltprävention" (vgl. Schulte 1996, Balser 1997), das Interventionsprogramm an schleswig-holsteinischen Schulen (in Anlehnung an das Programm von Olweus, vgl. Hanewinkel/Knaack 1997), das „Coolness-Training für Schulen" (vgl. Gall 1997), das „Konfrontative Interventionsprogramm für Schulen (KIP)" (vgl. Therwey/Pöhlker 1997) oder die Projekte der Regionalen Arbeitsstellen für Ausländerfragen, Jugendarbeit und Schule.

Alle Projekte und Modelle haben eine Reihe positiver wie negative Erfahrungen gemacht. So berichten z.B. die drei am Projekt in Lübeck Moisling beteiligten Schulen über positive Effekte der eingeleiteten schulischen und außerschulischen Maßnahmen zur Gewaltprävention (Projekte, Hausaufgabenhilfe, Beratungs- und Therapieangebote, Entwicklung eines sozialen Netzwerkes im Stadtteil): 86% der Lehrkräfte waren der Ansicht, daß sich die Projek-

---

[9] Aber auch in anderen Ländern bzw. Bundesländern wird auf mangelnde Kompetenzen beim Umgang mit Aggression und Gewalt verwiesen (vgl. Krumm 1993, 1997, Holtappels/Meyer/Tillmann 1996).

tarbeit für die Gewaltprävention ausgezahlt hätte. Über 90% sprachen sich für eine Fortbildung im Bereich der Gewaltprävention aus (vgl. Mutzeck/Faasch 1995, S. 31ff). Einen ähnlich großen Unterstützungsbedarf artikulierte die Lehrerschaft auch in anderen Studien (vgl. z.B. Schubarth/Melzer 1994).

Zugleich machen die angeführten Projekte auch auf typische *Probleme der schulischen gewaltpräventiven Arbeit* aufmerksam., z.B. auf folgende:

- das Problem der Mobilisierung bzw. Motivierung der Lehrerschaft und deren großes Delegationsbedürfnis,
- die relative hohe Belastung der Lehrkräfte,
- die Folgenlosigkeit einmaliger Veranstaltungen (z.B. Pädagogischer Tage)
- Probleme des mangelnden Konsenses innerhalb der Lehrerschaft,
- die unzureichende Professionalität der Schulleitung,
- das Fehlen von Prozeßhelfern (z.B. Experten, Moderatoren, Berater),
- das Problem der Einbeziehung und der Motivierung der Schülerschaft und
- das Problem, daß mit den Projekten gerade die gewalttätigen Schüler meist nicht erreicht werden (vgl. Mutzeck/Faasch 1995).

Neben den personalen[10] und institutionellen Problemen dürfen auch *strukturelle Barrieren* nicht übersehen werden. Zwar berichten zahlreiche Einzelschulen über bestimmte Erfolge in der Gewaltprävention, die Entwicklung und Umsetzung umfassender Konzepte und Programme stößt jedoch immer wieder an Grenzen. So ergaben Anfragen unsererseits an Institutionen, die Präventionsmaßnahmen geplant hatten, daß diese Maßnahmen noch nicht angelaufen bzw. ihre Durchführung gefährdet sei.[11] Der Appell der Teilnehmer der bundesweiten Fachtagung zur Vernetzung von Gewaltpräventionsprojekten ist aus diesem Grund voll zu unterstützen (vgl. Balser/Schrewe/Schaaf 1997, S. 173f). Darin wird festgestellt, daß die Aufgabe der Gewaltprävention im Bildungsbereich nicht mit vorübergehenden Maßnahmen an einzelnen Standorten zu bewältigen sei. Die wesentlichen Gewaltsymptome, die zu diesen Projekten Anlaß gaben, würden vielmehr auf tiefgreifende Veränderungen der Lebenslagen und der Zukunftsperspektiven heutiger junger Menschen verweisen. Wie der Begriff Prävention sich verkehren würde, wenn darunter nur kurzatmig reagie-

---

[10] Hier liegen wichtige Aufgaben für die Aus- und Fortbildung der Lehrerschaft. Erste Ansätze liefern z.B. die Modellversuche „Lehrmodul 'Gewalt in der Schule'" (vgl. Dietrich 1997) und „Verbesserung der Beratungskompetenz von Lehrkräften" (vgl. Grewe 1997).

[11] So antwortete z.B. das Bayerische Staatsministerium für Unterricht, Kultus, Wissenschaft und Kunst auf unsere Anfrage Mitte 1996, daß eine interministerielle Arbeitsgruppe ein Sofortprogramm erarbeitet hat. Ein Bericht über Erfahrungen mit dem Programm sei demnächst zu erwarten. Das Staatliche Schulamt Kassel, das eine eigene Studie in Auftrag gegeben hatte, antwortete, daß es Aussprachen mit den Schulleitern über notwendige Maßnahmen gegeben habe. Zugleich sollte eine stadtweite Arbeitsgruppe gebildet werden, die aber nicht zustande kam. Ein Antrag für ein Präventionsprojekt wurde an das Kultusministerium gerichtet, allerdings ohne Erfolg. Im Kanton Zürich wurde im Anschluß an den Bericht „Gewalt und Schule" (1995) eine Kommission eingesetzt, um die vorgeschlagenen Maßnahmen umzusetzen. Es wurde ein Konzept ausgearbeitet, der Kommissionsleiter schreibt allerdings: „Was daraus wird, ist eine politische Frage, und in Zeiten der Finanzknappheit schwer vorauszusagen".

rende schadensbegrenzende Maßnahmen verstanden würden, so würde sich auch der Sinn von Bildung verkehren, wenn sie sozialen Entwicklungen hinterherliefe. Deshalb sei es notwendig, bildungspolitische Perspektiven zu entwickeln und dafür zu sorgen, daß die gegenwärtige Qualität schulischer Bildung und Erziehung sich nicht weiter verschlechtert. Weiter heißt es:

„Wir appellieren ferner an die Bildungsminister der Länder, den zur Zeit laufenden Modellversuchen und Projekten zur Gewaltprävention die nötige Aufmerksamkeit zu widmen, für ihre gründliche Auswertung Sorge zu tragen und den daraus hervorgehenden Konsequenzen Geltung zu verschaffen. Folgende Maßnahmen erscheinen uns gegenwärtig geboten:
- die Unterstützung aller Schulen und außerschulischen Projekte, die eine am Ziel der Gewaltprävention und der Erziehung zu Verständigung und Verantwortung orientierte Entwicklung eingeleitet haben, in Hinblick auf Modellbildung;
- die Schaffung schulrechtlicher Voraussetzungen, die Schulen solche eigenständige Entwicklung ermöglichen;
- die Ausrichtung von Lehrerausbildung und Lehrerfortbildung auf die veränderten Aufgaben von Lehrkräften in schulischer Erziehung und in der Mitwirkung an Schulentwicklung;
- den Ausbau staatlicher bzw. die Förderung nichtstaatlicher Unterstützungssysteme, die Schulen in ihrer Entwicklung beraten und begleiten können" (Balser/Schrewe/ Schaaf 1997, S. 174).

Damit sind Aufgaben benannt, von deren Umsetzung es in hohem Maße abhängt, ob der insgesamt (noch) relativ geringe Stellenwert der gewaltpräventiven Arbeit an Schulen im Kontext von Schulentwicklung insgesamt wachsen wird oder nicht.

Ähnlich ist die Situation *im Bereich der Jugendarbeit/Jugendhilfe*. Zwar ist auch hier in den letzten Jahren ein spürbarer Entwicklungsschub bei der gewaltpräventiven Arbeit eingetreten, dennoch ist die Lage eher zwiespältig, ging doch dieser „Aufschwung" z.T. auf Kosten anderer Bereiche. Als problematisch wird weiterhin die Gefahr der Pädagogisierung sozialer Probleme und der Delegitimation von Jugendarbeit gesehen, hinzu kommen die mangelnde Professionalität und die fehlende Kontinuität vieler Projekte. Je nachdem, welchen Aspekt man betont, fällt die Einschätzung unterschiedlich aus: eher positiv (vgl. z.B. Bohn 1996, Möller 1996, Böllert 1997, Kilb 1997) oder eher negativ (vgl. z.B. Bremen 1995, Simon 1996).

Besonders heftig entzündete sich diese Diskussion am *Aktionsprogramm der Bundesregierung gegen Aggression und Gewalt (AgAG)*. Dieses Programm, das das Ziel hatte, gewaltbereite Jugendliche in Maßnahmen der Jugendhilfe einzubinden und den Aufbau von Jugendhilfestrukturen in den neuen Bundesländern zu unterstützen, wurde 1992 von der Bundesregierung als Reaktion auf die fremdenfeindlichen Übergriffe eingerichtet. Im Rahmen des AgAG wurden über 100 längerfristige Projekte in insgesamt 30 meist städtischen Regionen etabliert. Nach Einschäzung der Beteiligten zeigte das Aktionsprogramm, daß es möglich ist, mit gewaltbereiten Jugendlichen erfolgreich zu arbeiten. Zu den pädagogischen Wirkungen der Projektarbeit wurden vor allem die Erweiterung der Handlungskompetenzen und die Entwicklung von reflexiven Fähigkeiten sowie von emotionaler Stabilität gerechnet (vgl. Bohn 1996, Böhnisch u.a. 1996). Eine Evaluation der Projekte wurde jedoch nicht vorgenommen, so daß über die Effekte wenig ausgesagt werden kann (vgl. Lukas u.a. 1993, Vahsen u.a. 1994). Die *Kritik am AgAG-Programm* zielte vor allem auf die damit einhergehende Ressourcenumschichtung von der regulären Jugendarbeit hin zu Sonderprogrammen für Problemgruppen, was z.T. zu der paradoxen Situation führte, daß man „rechte" oder „gewalttätige" Jugendliche „vorweisen" mußte, um Fördermittel zu erhalten. Gewaltprävention wurde - so die Kritiker - zu Finanzierungszwecken instrumentalisiert. Kritisiert wurde zudem, daß von den Projekten eine rasche „Problementsorgung" erwartet wurde, daß dieses Programm nur eine „Notnagelfunktion" hätte und den Tatbestand, daß die Jugendarbeit in Ostdeutschland nach der Wende „abgewickelt" wurde, kaschieren würde. Auch wurde der Vorwurf laut, daß durch die Projekte rechte Gewalt noch gefördert würde, was in der Öffentlichkeit als „Glatzenpflege auf Staatskosten" bezeichnet wurde (vgl. z.B. Simon 1996, Bremen 1995, Weihrauch 1993, Hafemann 1994).

Die Kontroverse „gezielte Gewaltprävention versus allgemeine Jugendarbeit" ist allerdings u.E. wenig produktiv: *Vielmehr kann Gewaltprävention nur als ein Bestandteil der gesamten Jugendarbeit angesehen werden wie umgekehrt eine gute, „normale" Jugendarbeit auch als Gewaltprävention zu verstehen ist.* In diesem Sinne sprechen Böhnisch u.a. auch von einer „segmentativen bzw. institutionellen Jugendpolitik" und einer „Jugendpolitik als Querschnittspolitik", die beide miteinander zu verbinden seien. Die Erfahrungen aus dem AgAG-Programm hätten Ansatzpunkte für solche offenen und an den Ressourcen des Gemeinwesens orientierten Formen eines qualitativen Sozialmanagements sichtbar gemacht (vgl. Böhnisch u.a. 1996, S. 184f).

Neben dem AgAG-Programm gab es in den letzten Jahren noch eine ganze Reihe anderer Anti-Gewalt-Programme und -Projekte. Eine kritische Analyse der Praxisprojekte macht jedoch auch eine Reihe von Defiziten deutlich, vor allem die folgenden:

- mangelnde Konzeptualisierung und theoretische Druchdringung der Projekte
- unzureichende Analyse der Rahmenbedingungen und des pädagogischen Vorgehens
- fehlende Kontinuität der Projekte (z.T. nur Kurzzeitpädagogik)
- fehlende kritische Auseinandersetzung mit der eigenen Arbeit, z.T. Überschätzung der Wirkungen des Projekts
- fehlende Evaluation
- permanente Bedrohung der Projekte durch die Finanzknappheit (vgl. Lukas u.a. 1993, Vahsen u.a. 1994):

Die Gefahr ist nicht von der Hand zu weisen, daß mit einem Abflauen der Gewaltdebatte auch der Stellenwert der Gewaltprävention an Bedeutung verliert und demzufolge auch die Praxisprojekte stärker unter (Legitimations-)Druck geraten. Damit könnten sich Befürchtungen hinsichtlich negativer Folgen einer zu engen Verkopplung der Existenz der Projekte mit der Gewaltdebatte bewahrheiten. Deshalb kommt es umso mehr darauf an, den engen Zusammenhang von Gewaltprävention und Jugendarbeit zu betonen und die Politik nicht aus ihrer Verantwortung zu entlassen. Das Abflauen der öffentlichen Gewaltdiskussion sagt schließlich wenig über die reale Gewaltentwicklung und den Bedarf an Gewaltprävention aus.

Nach wie vor ist der *Bedarf an Hilfe und Unterstützung beim Umgang mit Aggression und Gewalt* beträchtlich. So verweist z.B. Sturzenhecker auf eine Reihe von „klassischen" Fehlern im Umgang mit Gewalt in der Jugendarbeit: Gewalt wird z.B. nicht komplex analysiert, sondern mit „Vorurteilen" erklärt; der eigene Anteil an gewalthaltigen Interaktionen wird nicht reflektiert; Konflikte werden als negativ bewertet und vermieden; Gewalt wird moralisiert und tabuisiert; die „kleine" (z.B. verbale) Gewalt wird ignoriert; Gewalt soll durch vermeintlich wirkungsvolle Handlungstechnologien beseitigt werden; es wird zuwenig mit anderen Institutionen und Kollegen kooperiert (vgl. Sturzenhecker 1994). Auch Krafeld/Möller/Müller gehen mit Blick auf die rechtsextremen Szenen davon aus, daß sich die tatsächlichen Überzeugungen und Handlungsbereitschaften Jugendlicher nicht geändert hätten. Sie fordern deshalb eine stärker präventiv angelegte Jugendarbeit besonders mit „gefährdeten, aber noch nicht massiv auffällig gewordenen jüngeren Jugendlichen". Auch Jugendliche aus Migranten-Familien und jüngere Jugendliche sollten in eine solche Jugendarbeit einbezogen werden. Daneben verweisen sie auf z.T. neuartige Problemlagen für die Jugendarbeit, wie sie z.B. mit Drogen- und Alkoholkonsum verbunden sind, was auch auf eine Verlagerung der Aggression von außen nach innen hindeuten könnte. (vgl. Krafeld/Möller/Müller 1996).

Resümierend kann festgestellt werden, daß die außerschulische Gewaltprävention - noch stärker als schulische Präventionsarbeit - durch die öffentliche Gewaltdebatte einen enormen Auftrieb erhalten hat. Dies mag darin begründet sein, daß die meisten und spektakulären Gewalthandlungen außerhalb der Schule stattfanden bzw. stattfinden und somit der außerschulischen Gewaltprävention und -intervention besondere Bedeutung zukommt. Die Präventionspraxis in diesem Bereich ist dennoch als ambivalent einzuschätzen: Einerseits wurden viele Aktivitäten, Projekte und Programme entwickelt, die offenbar vielerorts zu einer Gewaltdeeskalation und - besonders in den neuen Bundesländern - auch zu einer (Weiter-)Entwicklung von Jugendhilfestrukturen beigetragen haben; andererseits wurde diese Arbeit z.T. instrumentalisiert und mitunter auch zu Lasten anderer Felder der Jugendarbeit durchgeführt. Zudem ist über die realen Wirkungen der Projekte aufgrund fehlender Evaluationen wenig bekannt. Dennoch sprechen die vorliegenden Befunde dafür, daß *Gewaltprävention als ein fester Bestandteil des Konzeptes Jugendarbeit* angesehen werden kann.

Resümee: Von der Analyse zur Prävention von Gewalt

Was haben die zahlreichen Forschungen und (fach-)öffentlichen Diskussionen zur Gewaltproblematik im Hinblick auf die Gewaltprävention gebracht?

Unsere Bilanz, die unterschiedliche Perpektiven einbezogen hat, fällt insgesamt *zwiespältig* aus: *Einerseits* hat die Forschung sowohl in Form theoretischer Erklärungsmodelle als auch in Form zahlreicher empirischer Studien viele Befunde zum Ausmaß und zu den Entstehungsbedingungen von Aggression und Gewalt unter Kindern und Jugendlichen geliefert, aus denen wichtige Folgerungen für die Prävention abgeleitet werden können. Auslösendes Moment für diese Forschungsaktivitäten war dabei die öffentliche Debatte um „Jugend und Gewalt". *Andererseits* beschränken sich die Leistungen der Forschung überwiegend auf die Analyse von Gewaltphänomenen, während ihr Beitrag zur Gewaltprävention im Sinne von Präventionsforschung und Praxisentwicklung (z.B. Konzeptentwicklung oder Entwicklung von Praxisprojekten bzw. deren Begleitung und Evaluierung) - trotz verstärkter Aktivitäten in letzter Zeit - eher als gering zu beurteilen ist. Wissenschaft und Forschung sind - auch angesichts des bestehenden Handlungsbedarfes in der Praxis - angefragt, ihren Fokus nicht nur auf die Analyse, sondern auch auf die Prävention zu richten. *Von der Analyse zur Prävention* könnte demzufolge die Formel für künftige Forschungen zu Gewalt lauten, wobei dies - auch aufgrund der Strukturdifferenz von Wissenschaft und Praxis - eine enorme Herausforderung darstellt.

Bei der *Darstellung und Systematisierung verschiedener theoretischer Erklärungsmodelle* (psychologischer wie soziologischer, traditioneller wie aktueller) zeigte sich, daß sich aus den verschiedenen Theorien auch unterschiedliche Akzentsetzungen für die Prävention und Intervention ergeben. So läßt sich aus den Lerntheorien z.B. die große Bedeutung von nicht-aggressiven, prozsozialen Modellen in Elternhaus, Schule und Medien ableiten. Aus der Individualisierungstheorie läßt sich vor allem die Notwendigkeit von Prozessen der sozialer Integration begründen, aus dem schulbezogenen sozialökologischen Ansatz insbesondere die Bedeutung der Entwicklung einer sozial befriedigenden Schul- und Lernkultur. Was Veith für die sozialisationstheoretische Diskussion insgesamt feststellt, gilt auch für die Diskussion um die theoretischen Erklärungsmodelle für Gewalt:

„Der sozialisationstheoretische Diskurs beginnt in dem Moment, in dem alle beteiligten Sozialwissenschaftler die Theorievielfalt als notwendige Bedingung der Analyse des Vergesellschaftungsprozesses anerkennen und akzeptieren, daß das komplexe Zusammenspiel zwischen psychischen, sozialen und kulturellen Reproduktionsprozessen nur auf der Grundlage perspektivisch differenzierter Erklärungsmodelle begreifbar ist" (vgl. Veith 1996, S. 584).

Ungeachtet der spezifischen Ansatzpunkte gibt es zwischen den Theorien auch viele Gemeinsamkeiten (so spielen z.B. Lernprozesse in verschiedenen Theorien eine Rolle). Auch hinsichtlich der Folgerungen für die Prävention lassen sich aus den verschiedensten Theorien eine Reihe gleicher oder ähnlicher Handlungsansätze ableiten, z.b. die große Bedeutung des Erwerbs sozialer, kommunikativer Kompetenzen zum gewaltfreien Umgang mit Konflikten, der Entwicklung von Selbstwertgefühl, der Gestaltung positiver Interaktionsbeziehungen oder ganzheitlicher Angebote zur Lebensbewältigung.

Wie unsere *Bestandsaufnahme der zahlreichen empirischen Studien zu Gewalt* ergab, konzentrieren sich diese Studien vorwiegend auf die Beschreibung und Analyse der verschiedenen Aggressions- bzw. Gewaltphänomene, während Fragen der Prävention eher nachrangig sind. Dennoch lassen sich auch hier zahlreiche Ansatzpunkte für die Gewaltprävention ableiten. Viele Schlußfolgerungen (z.B. zur Bedeutung der Lehrer-Schüler-Interaktionen, des Schulklimas, der Professionalisierung des pädagogischen Handelns oder der Rolle der peer group) zielen in ähnliche Richtung wie die Folgerungen aus den Theoriemodellen, so daß von dem Vorhandensein einer *Vielzahl theoretisch bzw. empirisch begründeter Ansätze zur Gewaltprävention und -intervention* ausgegangen werden kann.[12] Diese beziehen sich sowohl auf die individuelle und interaktionelle als auch auf die gesellschaftliche Ebene. Als *konsensfähige Präventionsleitlinien* mittlerer Reichweite können vor allem folgende gelten:

- *individuelle Ebene:* Entwicklung personaler Identität und des Selbstwertgefühls bei Kindern und Jugendlichen durch Ermöglichung sozialer Anerkennung sowie durch die Förderung der Leistungsentwicklung und durch den Erwerb sozialer Kompetenzen, insbesondere zum gewaltfreien Umgang mit Aggression und Frustration
- *interaktionale Ebene:* Entwicklung sozialer Identität durch Gestaltung positiver, befriedigender Interaktionsbeziehungen (ohne Ausgrenzung und Etikettierung) in Familie, Schule und Freizeit und durch die Schaffung und Einhaltung eines Normen- und Regelkonsens
- *gesellschaftliche Ebene:* Entwicklung gesellschaftlicher Identität durch Vermeidung von sozialer Desintegration und durch die Gewährleistung gesellschaftlicher Partizipation, insbesondere durch die Ermöglichung befriedigender Lebensperspektiven für alle Kinder und Jugendlichen

Zugleich verdeutlichen die vielfältigen Folgerungen für die Prävention, daß es nicht die *eine* Präventionsstrategie gibt - genausowenig wie die *eine* Gewalttheorie oder die *eine* Gewaltursache -, sondern daß eine *komplexe, multidimensionale Präventionsstrategie* erforderlich ist, die verschiedene Gewaltphä-

---

[12] Auf das Problem der empirischen Verifizierung der Theoriemodelle konnte hier nicht näher eingegangen werden. Im Mittelpunkt stand nicht die Frage nach der Bedeutung der Theorie für die Empirie, sondern die Relevanz von Theorie und Empirie für die Gewaltprävention.

Resümee: Von der Analyse zur Prävention

nomene (physische, psychische, strukturelle Gewalt) und verschiedene Ebenen (z.B. System, Einzelschule, Klasse, Schüler) sowie verschiedene Handlungsbereiche (z.B. Schule, Familie, Jugendhilfe) einbezieht.[13] Notwendig erscheint eine längerfristige Institutionalisierung, Koordinierung und Vernetzung eines Präventionssystems, da auch andere Präventionsprogrammen (z.B. zur Gesundheit, zur Sucht) auf ähnlichen Präventionsleitlinien basieren und zusammen ein gemeinsames System der sozialen Entwicklung und Förderung bilden können. Für die Entwicklung konkreter Präventionskonzepte bedarf es neben Erkenntnissen der Gewaltforschung auch bestimmter Praxiserfahrung, Institutionenkenntnis, methodischer Kompetenz und vor allem Evaluation bzw. wissenschaftlicher Begleitforschung. Erziehungswissenschaftlicher Forschungen haben gezeigt, daß es dabei sinnvoll ist, zwischen einer ersten Phase versuchsbegleitender Forschung (z.B. prozeßorientierte oder wirkungsorientierte Evaluation) und einer zweiten konstruktiven Phase (Modell- und Maßnahmevorschläge) zu unterscheiden (vgl. Weishaupt 1992, Krüger 1997).

Die Gewaltdebatte der letzten Jahre hat auch die Präventionspraxis nachhaltig beeinflußt. Dies zeigt sich z.B. in der gewachsenen Bedeutung des Themas in der Lehrerfortbildung oder in der großen Anzahl der Projekte mit „rechten" bzw. „gewaltauffälligen" Jugendlichen. Der *Stellenwert der Präventionsforschung ist jedoch nach wie vor zu gering*. Er entspricht weder den Erfordernissen im Bereich der Schule noch denen im Jugendhilfebereich. Die Vielzahl von Studien und Publikationen zu diesem Thema (Ratgeber und Arbeitsmaterialien eingeschlossen), die zweifellos zu einer Versachlichung und „Verwissenschaftlichung" der (fach-)öffentlichen Diskussion beigetragen haben, können die Defizite an Praxis-, Präventions- und Evaluationsforschung kaum überdecken.

Die Frage nach der dem Beitrag der Gewaltforschung für die Präventionspraxis wirft zugleich grundsätzliche Frage nach den Möglichkeiten und Grenzen eines Transfers wissenschaftlicher Erkenntnisse in die Praxis auf. (vgl. Exkurs). Im folgenden sind - am Beispiel der Gewaltproblematik - solche Wege aufgezeigt, die gesellschaftliche Praxis mitzugestalten (vgl. Abb. 3.3):

1. *Politikberatung*: Wissenschaft und Forschung können über Politikberatung politische Entscheidungen und damit zugleich Rahmenbedingungen für die Praxis beeinflussen.
2. *Präventionsdiskurs*: Über den Präventionsdiskurs erfolgt eine indirekte Vermittlung wissenschaftlicher Erkenntnisse in Medien, Politik und Fachöffentlichkeit, wobei Beiträge aus den Bereichen Wissenschaft, Politik und Praxis eingespeist werden.

---

[13] Dies ist anschlußfähig an das Konzept von Werning, der im Ergebnis seiner Analysen zum „sozial auffälligen" Kind für eine ganzheitliche lebensweltorientierte Entwicklungsförderung, die sowohl personen-, familien- und institutionsspezifische als auch strukturbezogene Handlungskonzepte umfaßt, plädiert (vgl. Werning 1996).

3. *Konkrete Vermittlungsformen*: Diese stellen eine Möglichkeit der direkten Vermittlung von Wissenschaft und Praxis dar. Solche Formen sind z.B. Konzeptentwicklung, Praxisberatung, Begleitforschung, Aktionsforschung, Evaluation, institutionalisierte Dialoge zwischen Wissenschaft und Praxis (z.B. Runde Tische), Aus-, Fort- und Weiterbildung usw.

Abb. 3.3: Wissenschaft-Praxis-Vermittlungen bei der Gewaltprävention

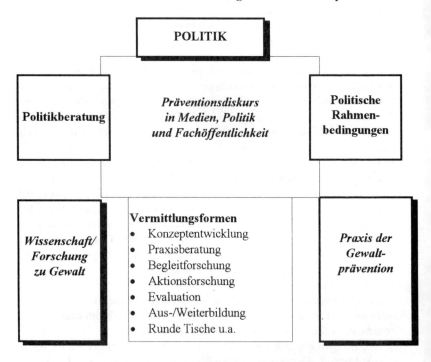

Wissenschaft sollte grundsätzlich alle drei Möglichkeiten nutzen. Wie aber unserer Analyse deutlich macht, sollte besonders der dritte Weg ausgebaut werden, denn gerade in den kooperativen Formen liegen zahlreiche Potenzen zur Erhöhung der Praxiswirksamkeit von Wissenschaft.[14]

---

[14] Unser Modell korrespondiert mit drei unterschiedlichen Wirkungsbereichen erziehungswissenschaftlicher Forschungen: politischer, innerwissenschaftlicher Diskurs sowie pädagogische Praxis (vgl. auch König 1991). Zur aktuellen Diskussion über die Bedeutung praxisorientierter erziehungswissenschaftlicher Forschung vgl. z.B. Horstkemper 1997, Lüders 1997, Prengel 1997. Innerhalb der soziologischen Diskussion verdient vor allem die Arbeit von Jansen-Schulze Beachtung, die den Umsetzungsprozeß anwendungsbezogener Forschungsergebnisse thematisiert und eine Modell systemübergreifender Zusammenarbeit aller am Forschungs- und Umsetzungsprozeß beteiligter Institutionen entwickelt (vgl. Jansen-Schulze 1997).

Resümee: Von der Analyse zur Prävention

Als eines der wichtigsten Ergebnisse der Forschungen zu Gewalt kann festgehalten werden, daß über die Thematisierung von „Jugend und Gewalt" der Anschluß des Gewaltdiskurses an aktuelle schul- und sozialpädagogische Diskurse möglich und teilweise auch hergestellt wurde. So wurde zunehmend deutlicher, *daß Schul- und Jugendhilfeentwicklung zugleich auch als Gewaltprävention verstanden werden kann.* Ausdruck dessen ist z.B. auch das wachsende Bewußtsein darüber, daß eine „gute" Schule auch eine wirksame Gewaltprävention ist, was wiederum die Diskussion über „Schulqualität" befruchtet hat. Für den Bereich Jugendhilfe/Jugendarbeit bedeutet das analog, daß die Kontroverse „Gewaltprävention versus allgemeine Jugendarbeit" dahingehend aufgelöst werden kann, daß Gewaltprävention als Bestandteil der gesamten Jugendarbeit anzusehen ist wie umgekehrt erfolgreiche Jugendarbeit zugleich immer auch als Gewaltprävention begriffen werden kann. Dieser auch in wissenschaftlicher Hinsicht bedeutsame Ertrag der Gewaltdebatte ist nicht gering zu schätzen.

Zugleich machten die Analysen deutlich, daß sich hinter den Gewaltphänomenen oftmals übergreifende Probleme der Jugend- und Schulentwicklung verbergen, so daß nicht bei der Konstatierung von „abweichenden Verhaltensformen" stehengeblieben werden kann, sondern konkrete Veränderungsprozesse in den Lebensverhältnissen Jugendlicher angestrebt werden müssen. Mit Blick auf die Institution Schule konnte vor allem der *enge Zusammenhang von Gewaltprävention, Schulqualität und Schulentwicklung* nachgewiesen werden. Auch wenn außerschulische Einflüsse (z.B. familialer Erziehungsstil, peer group) auf die Gewaltgenese groß sind und von der Schule nicht kompensiert werden können, sind Schulen der Gewalt nicht hilflos ausgeliefert. Gewaltprävention ist möglich, wird allerdings - wie unsere quantitativen und qualitativen Befunde zeigen - gegenwärtig noch zu wenig betrieben.

Die Wirksamkeit schulischer Gewaltprävention hängt dabei in erster Linie von der Qualität der pädagogischen Arbeit der Schulen selbst, von der „Schulqualität" insgesamt ab. Wenn Schulleiter, Lehrer und Schüler an der pädagogischen Ausgestaltung ihrer Schule arbeiten, wenn sie ihre Kommunikations- und Interaktionsstrukturen humanisieren und demokratisieren, wenn soziale Kompetenzen, soziales Lernen, Toleranz und friedliche Konfliktlösungen gefördert werden, wenn - umgekehrt - Negativkarrieren durch gezielte Förderung und Betreuung verhindert werden, wenn (in Kooperation mit der Jugendhilfe) die Freizeitangebote und die Jugendarbeit verbessert werden, und wenn letztlich die Lebensperspektiven für Jugendliche gerechter und besser werden, dann ist dies immer zugleich auch wirksame Gewaltprävention. Da die Institution Schule allein überfordert ist, braucht sie Hilfe und Unterstützung durch die Jugendhilfe, den kommunalen Einrichtungen, der Politik insgesamt. Zusammengefaßt läßt sich formulieren, daß *Gewaltprävention nur dann wirkungsvoll ist, wenn sie mit der Schul- und Jugendhilfeentwicklung verbunden wird.* Dieses breite Präventionsverständnis ist Ausdruck eines Perspektivenwechsel insgesamt, wonach unter „Prävention" weniger Prozesse der Kontrolle und Normierung aufgefaßt werden, sondern in erster Linie notwendige Hilfen und Unterstützungen im Sozialisationsprozeß. Forschungen zu Gewalt tangieren letzlich immer auch grundsätzliche Fragen der Integrationsbereitschaft und -fähigkeit einer Gesellschaft[15].

Für die weitere Forschung zum Thema „Jugend und Gewalt" ergeben sich auf Grundlage unserer Analysen und mit Blick auf die Wissenschaft-Praxis-Problematik vor allem folgende Schlußfolgerungen:

- Neben der differenzierten Ursachenforschung sind die *Präventions- und Evaluationsforschung* als gleichwertige Forschungsschwerpunkte zu entwickln. Analyse sollte mit Prävention und Evaluation verknüpft werden.
- Künftige Forschung muß über die bloße Benennung von Präventionsvorschlägen hinausgehen, *gewaltpräventive Konzepte* entwickeln und erforschen, *wie und unter welchen Voraussetzungen diese Konzepte realisiert werden können.* Dazu gehört auch, möglichst effektive und kostengünstige Varianten zu entwickeln.
- Einen besonderen Schwerpunkt sollten *Forschungen zu Problemen des Praxistransfers* bilden, d.h. vor allem zur Frage, welche hemmenden und fördernden Bedingungen bestehen, theoretisch und empirisch gesicherte Präventionsansätze in der Praxis umzusetzen. Umgekehrt stellt auch die Rekonstruktion gelungener Praxisformen eine wichtiges Aufgabenfeld dar.
- Bei der Analyse und Prävention ist eine *stärkere interdisziplinäre Zusammenarbeit und eine Verknüpfung der verschiedenen Ebenen (System, Einzelschule, Klasse, Schüler)* anzustreben. Gleiches gilt für die Kombination verschiedener Perspektiven (z.B. Lehrer, Schüler, Schulaufsicht). Auch die *stärkere Verbindung mit regionaler Schul- und Jugendhilfeentwicklung* ist ein wichtiges Erfordernis.
- Forschung sollte u.E. auch aus der Verantwortung des Wissenschaftlers gegenüber seinen Ergebnissen zumindest teilweise aus der reinen Beobachter- und distanzierten Forscherrolle heraustreten und im Rahmen eines gleichberechtigten Dialoges als *Partner, Begleiter und Mitgestalter der Praxis* agieren. Im gemeinsamen Dialog von Schul- bzw. Jugendforschung und Schulpraxis bzw. Jugendhilfepraxis sind am ehesten konkrete Entwicklungsfortschritte zu erreichen und letztlich auch Fortschritte bei der Aggressions- und Gewaltverminderung zu erzielen.

---

[15] Diesem Anspruch wird die gegenwärtige Praxis nur eingeschränkt gerecht. Oftmals dominieren in den Schulen psychologische, individualisierende Präventionsansätze, die sowohl die notwendigen Veränderungen der sozialen Lage der Schüler als auch die Entwicklung der Schulqualität insgesamt nicht in den Blick nehmen (können). Bei der Konzentration der Schulentwicklung auf Organisationsmanagement besteht hingegen die Gefahr, daß sich zwar die Binnenstruktur der Einzelschule verändert, dies aber keine Wirkungen auf sozialstrukturelle Ebene entfalten kann.

Resümee: Von der Analyse zur Prävention

Die verschiedenen Aspekte und Ergebnisse der Gewaltdebatte in erziehungswissenschaftlicher wie praktisch-pädagogischer Hinsicht in Rechnung stellend, gelangen wir zu einer *differenzierten Gesamtbilanz* von den Wirkungen der Gewaltdebatte in den neunziger Jahren: Die erzielten Fortschritte bei der Analyse der Phänomene, z.B. durch die theoretischen und empirischen Forschungen, sprechen ebenso wie die gewachsene Sensibilisierung für Gewaltphänomene und die verstärkte gewaltpräventive Konzept- und Entwicklungsarbeit im Schul- und Jugendhilfebereich (die freilich noch nicht ausreicht) gegen eine angenommene Folgenlosigkeit der Debatte (vgl. die Eingangsthese von Hafeneger). Das bedeutet jedoch nicht, daß mit den (fach-)öffentlichen Debatten allein die Gewaltphänomene vermindert werden könnten. Dazu bedarf es langfristiger gesamtgesellschaftlicher Anstrengungen, insbesondere entsprechender politischer Rahmenbedingungen.[16]

---

[16] Verwiesen sei in diesem Zusammenhang auf die Bielefelder Erklärung zur Kinder- und Jugendpolitik vom 7. Juni 1997 (vgl. SFB 227 o.J., S. 497ff).

Literatur

ABELS, H.: Jugend vor der Moderne. Soziologische und psychologische Theorien des 20. Jahrhunderts. Opladen 1993
ACKERMANN, CH.: Interventions- und Präventionspraxis an Schulen - Ergebnisse einer vergleichenden Schulleiterbefragung. In: SCHUBARTH/KOLBE/WILLEMS 1996, S. 205-215
ADORNO, T. W.: Studien zum autoritären Charakter. Frankfurt a.M. 1975
ALBRECHT, H.-J.: Strafe und Prävention. Eine Herausforderung für Rechtswissenschaft und Justiz. In: Diskurs H. 1/1995, S. 15-22
ALISCH, L.-M./BAUMERT, J./BECK, K. (HRSG.): Professionswissen und Professionalisierung. Braunschweiger Studien zur Erziehungs- und Sozialarbeitswissenschaft Bd. 28. Braunschweig 1990
ALTRICHTER, H./LOBENWEIN, W./WELTE, H.: PraktikerInnen als ForscherInnen. Forschung und Entwicklung durch Aktionsforschung. In: FRIEBERTSHÄUSER/PRENGEL 1997, S. 640-660
ARBEITSGEMEINSCHAFT KINDER- UND JUGENDSCHUTZ LANDESSTELLE NORDRHEIN-WESTFALEN E.V.: Materialien zum Thema Gewalt und Gewaltprävention. Essen 1994
AUFENANGER, S. (HRSG.): Neue Medien - neue Pädagogik. Eine Lese- und Arbeitsbuch zur Medienerziehung in Kindergarten und Grundschule. Bonn 1991

BACH, H./KNÖBEL, R./ARENZ-MORCH, A./ROSNER, A.: Verhaltensauffälligkeiten in der Schule. Statistik, Hintergründe, Folgerungen. Mainz 1984
BACKES-HAASE, A.: Sind Forschungsergebnisse aus der Erziehungswissenschaft in der pädagogischen Praxis verwendbar? In: Pädagogik und Schulalltag H. 5/1992, S. 533-540
BALSER, H.:Vernetzung von Gewaltpräventionsprojekten - ein Lernfall positiver Schulentwicklung? In: BALSER/SCHREWE/SCHAAF 1997, S. 23-38
BALSER, H.: Wetzlar: Schule ohne Gewalt. In: BALSER/SCHREWE/SCHAAF 1997, S. 63-70
BALSER, H./SCHREWE, H./SCHAAF, N. (HRSG.): Schulprogramm Gewaltprävention. Ergebnisse aktueller Modellversuche. Neuwied, Kriftel, Berlin 1997
BALSER, H./SCHREWE, H./WEGRICHT, R. (HRSG.): Regionale Gewaltprävention. Neuwied, Kriftel, Berlin 1997
BANDURA, A.: Lernen am Modell. Ansätze zu einer sozial-kognitiven Lerntheorie. Stuttgart 1976
BANDURA, A.: Aggression: eine sozial-lerntheoretische Analyse. Stuttgart 1979
BAUER, K.-O./KOPKA, A./BRINDT, S.: Pädagogische Professionalität und Lehrerarbeit. Weinheim, München 1996
BAYERISCHE STAATSREGIERUNG: Jugend und Gewalt. Kinder und Jugendliche als Opfer und Täter. Situation, Ursachen, Maßnahmen. Bericht der Bayerischen Staatsregierung. München 1994
BECK, U. (HRSG.): Soziologie und Praxis. Soziale Welt. Sonderband 1. Göttingen 1982
BECK, U.: Risikogesellschaft. Auf dem Weg in eine andere Moderne. Frankfurt a.M. 1986
BECK, U. (HRSG.): Kinder der Freiheit. Frankfurt a.M. 1997
BECK, U./BECK-GERNSHEIM, E. (HRSG.): Riskante Freiheiten. Frankfurt a.M. 1994
BECK, U./BONß, W. (HRSG.): Weder Sozialtechnologie noch Aufklärung? Analysen zur Verwendung sozialwissenschaftlichen Wissens. Frankfurt a.M. 1989 (1989a)

Literatur

BECK, U./BONß, W.: Verwissenschaftlichung ohne Aufklärung? Zum Strukturwandel von Sozialwissenschaft und Praxis. In: BECK/BONß 1989, S. 7-45 (1989b)

BECK, U./HARTMANN, H. (HRSG.): Entzauberte Wissenschaft. Zur Relativität und Geltung soziologischer Forschung. Soziale Welt. Sonderband 3. Göttingen 1985

BECK, U./LAU, CH.: Bildungsforschung und Bildungspolitik - Öffentlichkeit als Adressat sozialwissenschaftlicher Forschung. In: Zeitschrift für Sozialisationsforschung und Erziehungssoziologie H. 2/1983, S. 165-174

BECKER, P./BÖHM, J./KOCH, J./ROSE, L./SCHIRP, J.: Abenteuer - Ein Weg zur Jugend? Tagungsdokumentation. Neubrandenburg 1996

BEERETZ, F. L. u.a.: Thema: Gewalt. 36 Arbeitsblätter für einen fächerübergreifenden Unterricht Gymnasium/Realschule. Stuttgart 1993

BELSCHNER, W.: Das Lernen aggressiven Verhaltens. In: SELG 1978, S. 54-97

BENZ, U.: Jugend, Gewalt und Fernsehen. Der Umgang mit bedrohlichen Bildern. Berlin 1997

BERGMANN, W./ERB, R. (HRSG.): Neonazismus und rechte Subkultur. Berlin 1994

BERTELSMANN STIFTUNG (HRSG.): Schule neu gestalten. Dokumentation zum Sonderpreis „Innovative Schulen". Gütersloh 1996

BIERHOFF, H. W./WAGNER, U. (HRSG.): Aggression und Gewalt. Phänomene, Ursachen und Interventionen. Stuttgart u.a. 1998

BILDUNGSKOMMISSION NORDRHEIN-WESTFALEN: Zukunft der Bildung - Schule der Zukunft. Neuwied, Kriftel, Berlin 1995

BILSKY, W.: Angewandte Altruismusforschung. Bern 1989

BLASCZYK, U./PRIEBE, B.: Gewalt: Herausforderung für die ganze Schule. Gewaltprävention als Schulentwicklung. In: GEWALTLÖSUNGEN. Seelze 1995, S. 114-118

BÖHNISCH, L.: Jugenddebatten und Verwertungsprobleme der Jugendforschung. In: Neue Praxis H. 3/1983, S. 255-261

BÖHNISCH, L.: Schule als anomische Struktur. In: SCHUBARTH/MELZER 1993, S. 147-158

BÖHNISCH, L.: Gewalt, die nicht nur von außen kommt. Die Schule in der Konfrontation mit sich selbst. In: HEITMEYER 1994b, S. 227-241 (1994a)

BÖHNISCH, L.: Gespaltene Normalität. Lebensbewältigung und Sozialpädagogik an den Grenzen der Wohlfahrtsgesellschaft. Weinheim, München 1994 (1994b)

BÖHNISCH, L.: Ist Gewalt männlich? In: THIERSCH/WERTHEIMER/GRUNWALD 1994, S. 103-113 (1994c)

BÖHNISCH, L.: Pädagogische Soziologie. Eine Einführung. Weinheim, München 1996

BÖHNISCH, L.: Abweichendes Verhalten. Eine pädagogisch-soziologische Einführung. Weinheim, München 1998

BÖHNISCH, L./WINTER, R.: Männliche Sozialisation. Bewältigungsprobleme männlicher Geschlechtsidentität im Lebenslauf. Weinheim, München 1993

BÖHNISCH, L./FRANKFURTH, M./FRITZ, K./SEIFERT, T. u.a.: Zwischenbericht der wissenschaftlichen Begleitung des AgAG-Programms. Dresden 1994

BÖHNISCH, L./FRANKFURTH, M./FRITZ, K./SEIFERT, T. u.a.: Endbericht der wissenschaftlichen Begleitung des AgAG-Programms. Dresden 1996

BÖHNISCH, L./WOLF, B.: Gesellungsstudie (2. Teil). Gesellungsformen Jugendlicher und Gewalt. Dresden 1995

BÖHNISCH. L. /WOLF, B./BRETSCHNEIDER, H./ SCHMIDT, R. (HRSG.): Gesellungsstudie. Gesellungsformen Jugendlicher und Gewalt. Dresden 1992

BOEHNKE, K./MERKENS, H./HAGAN, J.: Rechtsextremismus bei Jugendlichen. Analysen im Rahmen des Sozialkapital-Ansatzes. In: CLAUSEN, L. (HRSG.): Gesellschaften im

Umbruch. Verhandlungen des 27. Kongresses der Deutschen Gesellschaft für Soziologie in Halle an der Saale 1995. Frankfurt a.M., New York 1996, S. 818-836

BÖLLERT, K.: Zwischen Intervention und Prävention. Eine andere Funktionsbestimmung von sozialer Arbeit. Neuwied, Kriftel, Berlin 1995

BÖLLERT, K.: Jugend und Gewalt. Möglichkeiten einer gewaltpräventiven Jugendarbeit. In : neue praxis H. 4/1997, S. 328-337

BÖTTGER, A.: Schule, Gewalt und Gesellschaft. Kritische Anmerkungen zu einer kontroversen Diskussion und Ergebnisse empirischer Forschung. Forschungsbericht. Kriminologisches Forschungsinstitut Niedersachsen. Hannover 1996

BÖTTGER, A.: „Und dann ging so 'ne Rauferei los...". Eine qualitative Studie zu Gewalt an Schulen. In: HOLTAPPELS/HEITMEYER/MELZER/TILLMANN 1997, S. 155-167

BOHN, I.: Das Aktionsprogramm gegen Aggression und Gewalt. Ein vorläufiges Fazit über Praxis und Erfolge eines Sonderprogramms. In: Jugendhilfe H. 1/1996, S. 27-35

BOHN, I.: Kommunale Gewaltprävention. Göttingen 1999

BOLZ, A./GRIESE, H. M. (HRSG.): Deutsch-deutsche Jugendforschung: Theoretische und empirische Studien zur Lage der Jugend aus ostdeutscher Sicht. Weinheim, München 1995

BOMMES, M./DEWE, B./RADTKE, F.-O.: Sozialwissenschaften und Lehramt. Der Umgang mit sozialwissenschaftlichen Theorieangeboten in der Lehrerausbildung. Opladen 1996

BRAUN, K.-H.: Schule und Sozialarbeit in der Modernisierungskrise. In: neue praxis H. 2/1994, S. 107-118 (1994a)

BRAUN, K.-H.: Die Förderung sozialen Lernens als gemeinsame Aufgabe von Schule und Sozialarbeit/Sozialpädagogik. GEW-Materialdienst. Magdeburg 1994 (1994b)

BRAUN, K.-H./KRÜGER, H.-H. (HRSG.): Pädagogische Zukunftsentwürfe. Festschrift zum siebzigsten Geburtstag von Wolfgang Klafki. Opladen 1997

BRAUN, K.-H./WETZEL, K.: Wie können Schulen ein sozialpädagogisches Profil entwickeln? In: Pädagogik und Schulalltag H. 3/1997, S. 373-383

BREMEN, B.: Projekte gegen Ausländerfeindlichkeit und Gewalt - eine kritische Bilanz. In: deutsche jugend H. 11/1995, S. 475-482

BRENNER, G.: Rechtsextremismus, Fremdenfeindlichkeit und Gewalt. In: deutsche jugend H. 11/1994, S. 498-511

BRENNER, G./HAFENEGER, B. (HRSG.): Pädagogik mit Jugendlichen. Bildungsansprüche, Wertevermittlung und Individualisierung. Weinheim, München 1996

BROCKMEYER, R./EDELSTEIN, W. (HRSG.): Selbstwirksame Schulen. Wege pädagogischer Innovation. Oberhausen 1997

BRONFENBRENNER, U.: Ökologische Sozialisationsforschung. Stuttgart 1976

BRÜCK, W.: Skinheads - Vorboten der Systemkrise. In: HEINEMANN/SCHUBARTH 1992, S. 37-46

BRÜNDEL, H.: Suizidgefährdete Jugendliche. Theoretische und empirische Grundlagen für Früherkennung, Diagnostik und Prävention. Weinheim, München 1993

BRÜNDEL, H./HURRELMANN, K.: Gewalt macht Schule. Wie gehen wir mit aggressiven Kindern um? München 1994

BRÜNDEL, H./HURRELMANN, K.: Einführung in die Kindheitsforschung. Weinheim, Basel 1996

BRUNNER, C. F./DANNENBECK, C./ZELLER, M.-CH.: Jugend und Gewalt. Eine Literaturdokumentation. Frankfurt a.M. 1992

BRUSTEN, M./HURRELMANN, K.: Abweichendes Verhalten in der Schule. Eine Untersuchung zu Prozessen der Stigmatisierung. München 1973

BÜCHNER, P./KRÜGER, H.-H. (HRSG.): Aufwachsen hüben und drüben. Opladen 1991
BÜCHNER, P./KRÜGER, H.-H.: Soziale Ungleichheiten beim Bildungserwerb innerhalb und außerhalb der Schule. Ergebnisse einer empirischen Untersuchung in Hessen und Sachsen-Anhalt. In: Aus Politik und Zeitgeschichte B 11/1996, S. 21-30
BÜTTNER, CH.: Wut im Bauch. Gewalt im Alltag von Kindern und Jugendlichen. Weinheim, Basel 1993
BUHLMANN, T.: Vereinigungsbilanzen. Die deutsche Einheit im Spiegel der Sozialwissenschaften. In: Aus Politik und Zeitgeschichte B 40-41/1997, S. 29-37
BUNDESARBEITSGEMEINSCHAFT DER LANDESJUGENDÄMTER: Empfehlungen zum Thema „Jugendhilfe und Schule". Münster 1993
BUNDESMINISTERIUM DES INNERN (HRSG.): Medien und Gewalt. Texte zur Inneren Sicherheit. Bonn 1996
BUNDESMINISTERIUM FÜR FAMILIE, SENIOREN, FRAUEN UND JUGEND (HRSG.): Neunter Jugendbericht. Bericht über die Situation der Kinder und Jugendlichen und die Entwicklung der Jugendhilfe in den neuen Bundesländern. Bonn 1994
BUNDESMINISTERIUM FÜR FAMILIE, SENIOREN, FRAUEN UND JUGEND (HRSG.): Jugendliche und junge Erwachsene in Deutschland. Ergebnisse einer repräsentativen Bevölkerungsumfrage in den alten und neuen Bundesländern. Bonn 1995
BURGHERR, S./CHAMBRE, S./IRANBOMY, S.: Jugend und Gewalt. Reportagen und Hintergrundberichte. Stuttgart 1993
BURSCHYK, L./SAMES, K.-H./WEIDNER, J.: Das Anti-Aggressivitäts-Training: Curriculare Eckpfeiler, Forschungsergebnisse. In: WEIDNER/KILB/KREFT 1997, S. 74-90
BUSCH, L.: Aggression in der Schule. Präventionsorientierte und differentielle Analyse von Bedingungsfaktoren aggressiven Schülerverhaltens. Dissertationsschrift. Gießen 1998
BUSCH, L./TODT, E.: Aggressionen in Schulen. Möglichkeiten ihrer Bewältigung. In: HOLTAPPELS/HEITMEYER/MELZER/TILLMANN 1997, S. 331-350
BUTTERWEGGE, CH.: Schulen der Gewalt? Aggression, soziale Desintegration und Repression im Bildungswesen. In: DITTRICH, B. u.a. (HRSG.): Den Frieden neu denken. Münster 1994, S. 63-78.
BUTTERWEGGE, CH.: Rechtsextremismus, Rassismus und Gewalt. Erklärungsmodelle in der Diskussion. Darmstadt 1996
BUTTERWEGGE, CH.: Jugendgewalt als neue Austragungsform des Generationskonflikts? In: VOGT, W. R. (HRSG.): Gewalt und Konfliktverarbeitung. Baden-Baden 1997, S. 165-179
BYRNE, B.: Coping with Bullying in Schools. Dublin 1994

CAMPART, M./LINDSTRÖM, P.: Gewalt und Mobbing an Schulen. 1997 (Vortragsmanuskript)
CAPLAN, G.: Principles of Preventive Psychiatry. London, New York 1964
CLARKE, J./COHEN, P./CORRIGAN, P./GARBER, J. u.a.: Jugendkultur als Widerstand. Frankfurt a.M. 1979
CLAUS, T./HERTER, D.: Jugend und Gewalt. Ergebnisse einer empirischen Untersuchung an Magdeburger Schulen. In: Aus Politik und Zeitgeschichte B 38/1994, S. 10-20
CLOWARD, R. A./OHLIN, L. E.: Delinquency and Opportunity. A Theory of Delinquent Gangs. New York 1960 (zitiert in LAMNEK 1983)
COHEN, A. K.: Kriminelle Jugend. Hamburg 1961 (zitiert in LAMNEK 1983)
COMBE, A./HELSPER, W. (HRSG.): Pädagogische Professionalität. Untersuchungen zum Typus pädagogischen Handelns. Frankfurt a.M. 1996

CORNEL, H.: Die Entwicklung der Jugendkriminalität. Ursachen und Reaktionen durch Jugendhilfe und Strafjustiz unter besonderer Berücksichtigung der Situation in Brandenburg. In: Jugendhilfe H. 6/1997, S. 323-334

CREIGHTON, A./KIVEL, P.: Die Gewalt stoppen. Ein Praxisbuch für die Arbeit mit Jugendlichen. Mühlheim a.d.R. 1993

CREMER-SCHÄFER, H.: Skandalisierungsfallen. Einige Anmerkungen dazu, welche Folgen es hat, wenn wir das Vokabular „der Gewalt" benutzen, um auf gesellschaftliche Probleme und Konflikte aufmerksam zu machen. In: Kriminologisches Journal H. 1/1992, S. 23-36

CREMER-SCHÄFER, H.: Das Kriminalitätsbekämpfungsmodell „New York". Folgt dem „Ruf nach mehr Härte" das Aus für die Soziale Arbeit? In: Jugendhilfe H. 6/1997, S. 335-343

DALIN, P.: Schule auf dem Weg in das 21. Jahrhundert. Neuwied, Kriftel, Berlin 1997

DALIN, P./ROLFF, H.-G./BUCHEN, H.: Institutioneller Schulentwicklungs-Prozeß. Ein Handbuch. Soest 1996

DANN, H.-D.: Aggressionsprävention im sozialen Kontext der Schule. 1996 (Vortragsmanuskript, siehe auch DANN 1997)

DANN, H.-D.: Aggressionsprävention im sozialen Kontext der Schule. In: HOLTAPPELS/HEITMEYER/MELZER/TILLMANN 1997, S. 351-366

DARGE, K.: Gewaltintervention und -prävention im Kontext von Schulentwicklungsprozessen - eine Pilotstudie. In: FORSCHUNGSGRUPPE SCHULEVALUATION 1998, S. 237-272

DEINET, U. (HRSG.): Schule aus - Jugendhaus? Ein Praxishandbuch über Ganztagskonzepte und Kooperationsmodelle in Jugendhilfe und Schule. Münster 1996

DEINET, U./STURZENHECKER, B.: Konzepte für die Praxis entwickeln. In: deutsche Jugend H. 10/1996, S. 428-438

DETTENBORN, H.: "Ostspezifische" Ursachen aggressiven Verhaltens in der Schule. In: Pädagogik und Schulalltag H. 4/1991, S. 471-479

DETTENBORN, H./LAUTSCH, E.: Aggression in der Schule aus der Schülerperspektive. In: Zeitschrift für Pädagogik H. 5/1993, S. 745-774

DEUTSCHES JUGENDINSTITUT (HRSG.): Gewalt gegen Fremde. Rechtsradikale, Skinheads und Mitläufer. München 1993 (2. Auflage 1995)

DEUTSCHES JUGENDINSTITUT: Literaturdokumentation von Arbeitsansätzen der Kinder- und Jugendkriminalitätsprävention. München 1998

DEUTSCHES JUGENDINSTITUT (HRSG.): Literaturreport 1998. Jugend und Rechtsextremismus in Deutschland. München 1998

DEWE, B./FERCHHOFF, W./RADTKE, F.-O.: Die opake Wissensbasis pädagogischen Handelns - Einsichten aus der Verschränkung von Wissensverwendungsforschung und Professionalisierungstheorie. In: ALISCH, L.-M./BAUMERT, J./BECK, K. 1990, S. 291-320

DEWE, B./FERCHHOFF, W./SCHERR, A./STÜWE, G.: Professionelles soziales Handeln. Soziale Arbeit im Spannungsfeld zwischen Theorie und Praxis. Weinheim, München 1995

DICHANZ, H.: Gewalt an Schulen in den USA. In: Die Deutsche Schule H. 2/1997, S. 216-230

DICK, A.: Das fallbezogene Expertenwissen von Lehrern. In: DVPB. Report zur politischen Bildung H. 2/1997, S. 9-15

DIEDERICH, J./TENORTH, H.-E.: Theorie der Schule. Berlin 1997

DIETRICH, P.: Erarbeitung und Erprobung eines Lehrmoduls „Gewalt in der Schule" für die universitäre Ausbildung innerhalb der Lehramtsstudiengänge. In: BALSER/ SCHREWE/SCHAAF 1997, S. 70-76
DIEHL, F./SUDEK, R.: Gewalt und Aggressivität in der Schule. Ergebnis einer Befragung von Gymnasiasten. Pädagogik zeitgemäß H. 19. Bad Kreuznach 1995
DIESTERWEG, F. W. A.: Wegweiser zur Bildung für deutsche Lehrer (1834). 1. Bd. Essen 1873 (5. Auflage) (zitiert in TENORTH 1990)
DREESMANN, H.: Unterrichtsklima. Weinheim 1982
DRERUP, H.: Wissenschaftliche Erkenntnis und gesellschaftliche Praxis. Anwendungsprobleme der Erziehungswissenschaft in unterschiedlichen Praxisfeldern. Weinheim 1987
DRERUP, H.: Erziehungswissenschaft in den Medien. Gesamtschulforschung in der Presse. In: DRERUP/TERHART 1990, S. 45-80
DRERUP, H./TERHART, E. (HRSG.): Erkenntnis und Gestaltung. Vom Nutzen erziehungswissenschaftlicher Forschung in praktischen Verwendungskontexten. Beiträge zur Theorie und Geschichte der Erziehungswissenschaft 6. Weinheim 1990
DURKHEIM, E.: Über die Anomie. In: Mills, C.W. (Hrsg.): Klassik der Soziologie. Eine polemische Auslese. Frankfurt a. M. 1966, S. 394-436 (zitiert in LAMNEK 1983)

EDELSTEIN, W./STURZBECHER, D. (HRSG.): Jugend in der Krise. Ohnmacht der Institutionen. Potsdam 1996
EISENBERG, G./GRONEMEYER, R.: Jugend und Gewalt. Der neue Generationenkonflikt oder der Zerfall der zivilen Gesellschaft. Reinbek 1993
ELLWANGER, W.: Schülerkriminalität an Grundschulen. Der Außenseiter als Opfer? Universität Mainz 1997 (unveröffentlichte Dissertation).
ELSNER, G./RADEMACKER, H.: Soziale Differenzierung als neue Herausforderung für die Schule. Erfahrungen aus einem Modellversuch zur Schulsozialarbeit in Sachsen. In: Zeitschrift für Pädagogik 37. Beiheft 1997, S. 183-202
ENGEL, U./HURRELMANN, K.: Was Jugendliche wagen. Eine Längsschnittstudie über Drogenkonsum, Streßreaktionen und Delinquenz im Jugendalter. Weinheim, München 1993
ERBE, A.: Vertraute Phänomene in einer anderen Erziehungswelt: Gewalt an japanischen Schulen. In: Empirische Pädagogik H. 2/1997, S. 219- 230
ERIKSON, E. H.: Identität und Lebenszyklus. Frankfurt a.M. 1966
ERZIEHUNGSDIREKTION DES KANTONS ZÜRICH: Gewalt und Schule. Analysen und Empfehlungen der kantonalen Expertenkommission. Zürich 1995
ERZIEHUNGSRAT DES KANTONS ZÜRICH: Maßnahmen gegen Gewalt an der Volksschule. Zürich 1997
ESCHLER, S. (HRSG.): Jugendhilfe im gesellschaftlichen Umbruch. Jena 1995
ESSER, J./DOMINIKOWSKI, T.: Die Lust an der Gewalttätigkeit bei Jugendlichen. Krisenprofile - Ursachen - Handlungsorientierungen für die Jugendarbeit. Frankfurt a.M. 1993
ETTRICH, K.-U./JAHN, H.-U./KRAUSE, R.: Gewaltbereitschaft und Pausenverhalten von Jugendlichen in Abhängigkeit von Alter, Geschlecht und Schullaufbahn. In: KULTUSMINISTERIUM DES LANDES SACHSEN-ANHALT 1995, S. 30-46
EULER, H. A.: Geschlechtsspezifische Unterschiede und die nicht erzählte Geschichte in der Gewaltforschung. In: HOLTAPPELS/HEITMEYER/MELZER/TILLMANN 1997, S. 191-206

FALLER, K./KERNTKE, W./WACKMANN, M.: Konflikte selber lösen. Mediation für Schule und Jugendarbeit. Mühlheim a.D. R. 1996
FARIN, K./HEITMANN, H.: Jugendarbeit mit „Rechten". Praxisorientierte Materialien. Göttingen 1999
FELTES, T.: Gewalt in der Schule. In: SCHWIND/BAUMANN u.a. 1990, Band III. S. 317-341
FELTES, T.: Jugend und Gewalt - Anmerkungen eines Kriminologen. Oder: „Alle Gewalt geht vom Volke aus...". In: Jugendhilfe H. 5/1995, S. 259-267
FEND, H.: Schulklima: soziale Einflußprozesse in der Schule. Weinheim, Basel 1977
FEND, H.: Qualität im Bildungswesen. Weinheim, München 1998
FEND, H./SCHNEIDER, G.: Schwierige Schüler - schwierige Klassen. Abweichendes Verhalten, Sucht- und Delinquenzbelastung im Kontext von Schule. In: Zeitschrift für Sozialisationsforschung und Erziehungssoziologie, H. 1/1984, S. 123-142
FERCHHOFF, W.: Soziologische Analysen zum Strukturwandel der Jugend und Jugendphase - Veränderte Erziehungs- und Sozialisationsbedingungen in Familie, Schule, Beruf, Freizeit und Gleichaltrigengruppe an der Wende zum 21. Jahrhundert. In: Kind Jugend Gesellschaft H. 3/1997, S. 81-88
FINGER-TRESCHER, U./TRESCHER, H.-G. (HRSG.): Aggression und Wachstum. Theorie, Konzepte und Erfahrungen aus der Arbeit mit Kindern, Jugendlichen und jungen Erwachsenen. Mainz 1992
FLÖSSER, G./OTTO, H.-U./TILLMANN, K.-J. (HRSG.): Schule und Jugendhilfe. Neuorientierung im deutsch-deutschen Übergang. Opladen 1996
FLÖSSER, G.: Prävention und Intervention im Kindes- und Jugendalter. In: Diskurs H. 1/1995, S. 61-67
FÖLLING-ALBERS, M.: Schulkinder heute. Auswirkungen veränderter Kindheit auf Unterricht und Schulleben. Weinheim, Basel 1992
FORSCHUNGSGRUPPE SCHULEVALUATION: Gewalt als soziales Problem an Schulen. Die Dresdner Studie: Untersuchungsergebnisse und Präventionsstrategien. Opladen 1998
FÖRSTER, P./FRIEDRICH, W./MÜLLER, H./SCHUBARTH, W.: Jugend Ost. Zwischen Hoffnung und Gewalt. Opladen 1993
FRANZ, M./SCHLESINGER, H.: Probleme der Arbeit in der Hauptschule. Behörde für Schule, Jugend und Berufsausbildung. Hamburg 1974
FREHSEE, D.: Sozialer Wandel und Jugendkriminalität. In: DVJJ-Journal. Zeitschrift für Jugendkriminalrecht und Jugendhilfe H. 3-4/1995, S. 269-278
FREIE HANSESTADT BREMEN. DER SENATOR FÜR BILDUNG, WISSENSCHAFT, KUNST UND SPORT: Abschlußbericht zum Modellversuch „Gewalt in Schule und Gesellschaft". Entwicklung, Erprobung und Evaluierung von präventiven und deeskalierenden Strategien für den Unterricht an beruflichen Schulen. Bremen 1997
FREIE UND HANSESTADT HAMBURG. BEHÖRDE FÜR SCHULE, JUGEND, BERUFSBILDUNG: Gewalt von Kindern und Jugendlichen in Hamburg. Hamburg 1992
FREITAG, M.: Gesundheitsförderung bei Kindern und Jugendlichen ist mehr als nur (Sucht-)Prävention. In: Kind Jugend Gesellschaft H. 3/1994, S. 79-87
FREITAG, M./FEY, E.: Prävention von sexuellem Mißbrauch und Kindesmißhandlung. In: KOLIP, P./HURRELMANN, K./SCHNABEL, P.-E. (HRSG.): Jugend und Gesundheit: Interventionsfelder und Präventionsbereiche. Weinheim 1994, S. 297-319
FRIEBERTSHÄUSER, B./PRENGEL, A. (HRSG.): Handbuch Qualitative Forschungsmethoden in der Erziehungswissenschaft. Weinheim, München 1997
FRIEDRICH, W./FÖRSTER, P.: Jugend im Osten. Leipzig 1996

FRIEDRICH, W./FÖRSTER, P./STARKE, K. (HRSG.): Das Zentralinstitut für Jugendforschung Leipzig 1966-1990. Geschichte, Methoden, Erkenntnisse. Berlin 1999
FRIEDRICH, W./GRIESE, H.: Jugend und Jugendforschung in der DDR. Gesellschaftspolitische Situationen, Sozialisation und Mentalitätsentwicklung in den achtziger Jahren. Opladen 1991
FRIEDERICHS, G./EICHHOLZ, R.: Der Schrei nach Wärme. Jugend und Gewalt. Frankfurt a.M. 1995
FRIEDRICHS, J.: Methoden empirischer Sozialforschung. Reinbek 1973
FRIEDRICHS, J.: Mehr Gewalt in der Gesellschaft? Eine kritische Diskussion. In: Gegenwartskunde H. 1/1995, S. 119-137
FROMM, E.: Die Furcht vor der Freiheit. Frankfurt a.M. 1987
FUCHS, M.: Jugendbanden, Gangs und Gewalt an Schulen. 1994 (Vortragsmanuskript) (1994a)
FUCHS, M.: Waffenbesitz bei Kindern und Jugendlichen. 1994 (Vortragsmanuskript) (1994b)
FUCHS, M.: Ausländische Schüler und Gewalt an Schulen. Ergebnisse einer Lehrer- und Schülerbefragung. In: HOLTAPPELS/HEITMEYER/MELZER/TILLMANN 1997, S. 119-136
FUCHS, M.: Die Angst ist größer als die Gefahr. Überblick über Ergebnisse empirischer Studien zum Thema Gewalt an Schulen in Deutschland. (unveröffentlichtes Manuskript)
FUCHS, M./LAMNEK, S./LUEDTKE, J.: Schule und Gewalt. Realität und Wahrnehmung eines Problems. Opladen 1996
FUNK, W. (HRSG.): Nürnberger Schüler Studie 1994: Gewalt an Schulen. Regensburg 1995
FUNK, W.: Gewalt an Schulen in Deutschland. Ein state-of-the-art-Report. 1997 (Vortragsmanuskript)
FUNK, W./PASSENBERGER, J.: Determinanten der Gewalt an Schulen. Mehrebenenanalytische Ergebnisse aus der Nürnberger Schüler-Studie 1994. In: HOLTAPPELS/HEITMEYER/MELZER/TILLMANN 1997, S. 243-260

GAISER, W.: Wissenschaft und Praxis - Möglichkeiten und Grenzen anwendungsorientierter Forschung. In: Diskurs H. 1/1996, S.2-5
GAISER, W./MÜLLER-STACKEBRANDT, J.: Prävention und Intervention. Maximen staatlichen und pädagogischen Handelns. Einführung in das Thema. In: Diskurs H. 1/1995, S. 2-5
GALL, R.: „Verstehen, aber nicht einverstanden sein". Coolness-Training für Schulen. In: WEIDNER/KILB/KREFT 1997, S. 150-171
GEBAUER, K.: „Ich hab sie ja nur leicht gewürgt." Mit Schulkindern über Gewalt reden. Stuttgart 1996
GEEN, R. G.: Human aggression. Milton Keynes 1990 (zitiert in KLEITER 1997)
GERETSHAUSER, M./LENFERT, T./WEIDNER, J.: Konfrontiert rechtsorientierte Gewalttäter mit den Opferfolgen! In: OTTO/MERTEN 1993, S. 374-381
GEWALTLÖSUNGEN. Schüler '95. Jahresheft des Friedrich Verlags. Seelze 1995
GIDDENS, A.: Die Konstitution der Gesellschaft. Grundzüge einer Theorie der Strukturierung. Frankfurt a.M., New York 1988
GLOGAUER, W.: Kriminalisierung von Kindern und Jugendlichen durch Medien. Baden-Baden 1993
GOETSCH, K./KÖPKE, A. (HRSG.): Schule neu denken und gestalten. Eine Schule für uns Kinder. Hamburg 1994

GORDON, T.: Lehrer-Schüler-Konferenz: Wie man Konflikte in der Schule löst. München 1990 (1990a)
GORDON, T.: Familienkonferenz. Wie mit Kindern Konflikte gelöst werden. München 1990 (1990b)
GOTTFREDSON, M. R./HIRSCHI, T.: A General Theory of Crime. Stanford 1990 (zitiert in LAMNEK 1994)
GOTTSCHALCH, W.: Männlichkeit und Gewalt. Eine psychoanalytisch und historisch soziologische Reise in die Abgründe der Männlichkeit. Weinheim, München 1997
GRATZER, W.: Mit Aggressionen umgehen. Braunschweig 1993
GRAUER, G./ZINNECKER, J.: Schülergewalt. Über unterschlagene und dramatisierte Seiten des Schülerlebens. In: REINERT/ZINNECKER 1978, S. 282-348
GREBER, U./MAYBAUM, J./PRIEBE, B./WENZEL, W. (Hrsg.): Auf dem Weg zur „Guten Schule": Schulinterne Lehrerfortbildung. Bestandsaufnahme, Konzepte, Perspektiven. Weinheim, Basel 1993
GRESZIK, B./HERING, F./EULER, H. A.: Gewalt in den Schulen. Ergebnisse einer Befragung in Kassel. In: Zeitschrift für Pädagogik H. 2/1995, S. 265-284
GREWE, N.: Verbesserung der Beratungskompetenz von Lehrkräften. In: BALSER/ SCHREWE/SCHAAF 1997, S. 76-79
GRIESE, H. M.: Deutsch-deutsche Jugendforschung seit dem gesellschaftlichen Umbruch. In: BOLZ/GRIESE 1995, S. 13-43 (1995a)
GRIESE, H. M.: Perspektiven und Gedanken zur zukünftigen Jugendforschung. In: BOLZ/ GRIESE 1995, S. 293-299 (1995b)
GRIESE, H. M.: „Jugend" in der „post-modernen Gesellschaft" - ein Widerspruch? In: Kind Jugend Gesellschaft H. 1/1997, S. 5-10
GROEBEL, J.: Fernsehgewalt: Angebot - Bedürfnisse - Wirkungen. In: HURRELMANN/ PALLENTIEN/WILKEN 1995, S. 62-78
GROHALL, K.-H.: Soziologie des abweichenden Verhaltens und der sozialen Kontrolle. In: BIERMANN, B./BOCK-ROSENTHAL, E./DOEHLEMANN, M./GROHALL, K.-H./ KÜHN, D.: Soziologie. Gesellschaftliche Probleme und sozialberufliches Handeln. Neuwied, Kriftel, Berlin 1992, S. 133-172
GRONEMEYER, M.: Übermut tut selten gut? Gewalt in der Schule. In: REINERT/ ZINNECKER 1978, S. 262-279
GRUNDMANN, S./MÜLLER-HARTMANN, I./SCHMIDT, I.: Schuljugend und Gewalt. Eine soziologische Untersuchung an Ostberliner Schulen. Berlin 1991
GUGGENBÜHL, A.: Die unheimliche Faszination der Gewalt. Denkanstöße zum Umgang mit Aggression und Brutalität unter Kindern. München 1995

HABERMAS, J.: Stichworte zu einer Theorie der Sozialisation. In: HABERMAS, J.: Kultur und Kritik. Frankfurt a.M. 1973, S. 118-194
HABERMAS, J.: Theorie kommunikativen Handelns. Frankfurt a.M. 1981
HAFEMANN, H.: Gewaltprävention - eine Gratwanderung. In: sozial extra H. 3/1994, S. 9-12
HAFENEGER, B.: Wider die (Sozial-)Pädagogisierung von Gewalt und Rechtsextremismus. In: deutsche Jugend H. 3/1993, S. 120-126
HAFENEGER, B.: Jugend-Gewalt. Zwischen Erziehung, Kontrolle und Repression. Ein historischer Abriß. Opladen 1994
HAFENEGER, B.: Die Gewalt der Jugend. Eine wissenschaftliche Debatte geht zu Ende, aber die Phänomene bleiben. In: Frankfurter Rundschau vom 6.08.1996
HAFERKAMP, H.: Soziologie als Handlungstheorie. Opladen 1976

Literatur

HAMBURGER, F.: Kritik der antirassistischen Pädagogik. 1992 (Manuskript, siehe HAMBURGER 1994)
HAMBURGER, F.: Gewaltdiskurs und Schule. In: SCHUBARTH/MELZER 1993, S. 159-172
HAMBURGER, F.: Erziehung gegen Gewalt. Die Schule vor neuen Aufgaben. Pädagogik zeitgemäß. H. 14. Bad Kreuznach 1994
HAMBURGER F.: Pädagogik angesichts der Gewalt. Überlegungen zur Jugendarbeit. In: STICKELMANN 1996, S. 55-74
HANEWINKEL, R./KNAACK, R.: Prävention von Aggression und Gewalt an Schulen: Ergebnisse einer Interventionsstudie. In: HOLTAPPELS/HEITMEYER/MELZER/TILLMANN 1997, S. 299-313
HARGREAVES, D. H.: Reaktionen auf soziale Etikettierung. In: ASMUS, H.-J./PEUCKERT, R. (HRSG.): Abweichendes Schülerverhalten. Heidelberg 1979, S. 141-154
HARNISCHMACHER, R. (HRSG.): Gewalt an Schulen. Theorie und Praxis des Gewaltphänomens. Rostock 1995
HASSEMER, E./MARKS, E./MEYER, K. (HRSG.): Zehn Jahre Täter-Opfer-Ausgleich und Konfliktschlichtung. Bonn 1997
HAVIGHURST, R. J.: Developmental task and education. New York 1972 (zitiert in SACK/KÖNIG 1986)
HECKHAUSEN, H.: Motivation und Handeln. Berlin 1989
HEID, H.: Über die praktische Belanglosigkeit pädagogisch bedeutsamer Forschungsergebnisse. In: KÖNIG/ZEDLER 1989, S. 111-124
HEIL, H./PERIK, M./WENDT, P.-U.: Jugend und Gewalt. Über den Umgang mit gewaltbereiten Jugendlichen. Marburg 1993
HEINELT, G.: Umgang mit aggressiven Schülern. Freiburg i.B. 1978
HEINEMANN, E.: Aggression. Verstehen und Bewältigen. Berlin, Heidelberg, New York 1996
HEINEMANN, E./RAUCHFLEISCH, U./GRÜTTNER, T.: Gewalttätige Kinder. Psychoanalyse und Pädagogik in Schule, Heim und Therapie. Frankfurt a.M. 1997
HEINEMANN, K.-H./SCHUBARTH, W.: Der antifaschistische Staat entläßt seine Kinder. Köln 1992
HEINZ, W.: Theorie und Erklärung der Jugenddelinquenz. In: Zeitschrift für Pädagogik H. 1/1983, S. 11-30
HEITMEYER, W.: Freigesetzte Gewalt. In: Pädagogik H. 6/ 1994, S. 35-40 (1994a)
HEITMEYER, W. (HRSG.): Das Gewalt-Dilemma. Frankfurt a.M. 1994 (1994b)
HEITMEYER, W.: Die gefährliche Zerstückelung von Zeit und Raum. In: Frankfurter Rundschau vom 26.09.1996, S.18
HEITMEYER, W./HURRELMANN, K.: Sozialisations- und handlungstheoretische Ansätze in der Jugendforschung. In: KRÜGER 1993, S. 109-133
HEITMEYER, W./MÖLLER, K./SÜNKER, H.: Jugend-Staat-Gewalt. Politische Sozialisation von Jugendlichen, Jugendpolitik und politische Bildung. Weinheim, München 1989
HEITMEYER, W./ULBRICH-HERRMANN, M.: Verschärfung sozialer Ungleichheit, soziale Milieus und Gewalt. Zur Kritik der Blickverengung schulbezogener Gewaltforschung. In: HOLTAPPELS/HEITMEYER/MELZER/TILLMANN 1997, S. 45-62
HEITMEYER, W. u.a.: Die Bielefelder Rechtsextremismus-Studie. Erste Langzeituntersuchung zur politischen Sozialisation bei männlichen Jugendlichen. Weinheim, München 1992
HEITMEYER, W. u.a.: Gewalt. Schattenseiten der Individualisierung bei Jugendlichen aus unterschiedlichen Milieus. Weinheim und München 1995
HELMKE, H./DREHER, E.: Gesamtschule und dreigliedriges Schulsystem in Nordrhein-Westfalen. Erzieherische Wirkungen und soziale Umwelt. Paderborn 1979

HELSPER, W.: Jugend und Schule. In: KRÜGER 1993, S. 351-382 (1993a)
HELSPER, W.: Zerstört die Schule die Identität? In: Forum Lehrerbildung H. 22/1993, S. 65-74 (1993b)
HELSPER, W.: Zur „Normalität" jugendlicher Gewalt: Sozialisationstheoretische Reflexionen zum Verhältnis von Anerkennung und Gewalt. In: HELSPER/WENZEL 1995, S. 113-154
HELSPER, W./WENZEL, H. (HRSG.): Pädagogik und Gewalt. Opladen 1995
HENNIG, W./FRIEDRICH, W. (HRSG.): Jugend in der DDR. Daten und Ergebnisse der Jugendforschung vor der Wende. Weinheim, München 1991
HENSEL, R.: Lebenswelt Schule. In: Praxis Schule 5-10, H. 5/1995
HENTIG, H. V.: Die Schule neu denken. München, Wien 1993
HERRIGER, N.: Präventives Handeln und Soziale Praxis. Konzepte zur Verhütung abweichenden Verhaltens bei Kindern und Jugendlichen. Weinheim, München 1998
HERZ, O.: Öffnen muß sich auch die Schule. Mit Community education gegen Gewalt. In: GEWALTLÖSUNGEN 1995, S. 54-56
HESSE, S.: Suchtprävention in der Schule. Opladen 1993
HETZER, H./TODT, E./SEIFFGE-KRENKE, I./ARBINGER, R. (HRSG.): Angewandte Entwicklungspsychologie des Kindes- und Jugendalters. Heidelberg, Wiesbaden 1995
HILBIG, N.: Mit Adorno Schule machen - Beiträge zu einer Pädagogik der Kritischen Theorie. Theorie und Praxis der Gewaltprävention. Bad Heilbrunn 1995
HILGERS, E.: Eine Hauptschule äußert sich über Disziplinschwierigkeiten. In: Unterrichtsstörung. Jahresheft 5 des Friedrich Verlags. Seelze 1987
HILPERT, K. (HRSG.): Die ganz alltägliche Gewalt. Eine interdisziplinäre Annäherung. Opladen 1996
HIRSCHI, T.: Causes of Delinquency. Berkley 1969 (zitiert in LAMNEK 1994)
HOFFMANN, D.: Was muß bei einer Bilanzierung der Pädagogik beachtet werden? In: HOFFMANN/HEID 1991, S. 15-23
HOFFMANN, D./HEID, H.: Bilanzierungen erziehungswissenschaftlicher Theorieentwicklung. Erfolgskontrolle durch Wissenschaftsforschung. Weinheim 1991
HOFFMANN-LANGE, U./SCHNEIDER, H./GILLE, M.: Politische Gewaltbereitschaft Jugendlicher. In: DEUTSCHES JUGENDINSTITUT 1993, S. 97-126
HOFMANN, CH./BÜTTNER CH.: Aggression und Schule. Mikroszenen im Schulalltag aus gruppenanalytischer Sicht. In: FINGER-TRESCHER/TRESCHER 1992, S. 158-170
HOHLMEIER, M.: Bericht zur Umsetzung der im September 1994 beschlossenen Maßnahmen zur Gewaltprävention. Bayerisches Staatsministerium für Unterricht, Kultus, Wissenschaft und Kultur. München 1996 (Redemanuskript)
HOLTAPPELS, H. G.: Schülerprobleme und abweichendes Verhalten aus Schülerperspektive. Empirische Studie zu Sozialisationseffekten im situationellen und interaktionellen Handlungskontext der Schule. Bochum 1987.
HOLTAPPELS, H. G.: Aggression und Gewalt als Schulproblem. In: SCHUBARTH/MELZER 1993, S. 116-146
HOLTAPPELS, H. G. (HRSG.): Entwicklung von Schulkultur. Ansätze und Wege schulischer Erneuerung. Neuwied, Kriftel, Berlin 1995
HOLTAPPELS, H. G.: Sozialwissenschaftliche Theorien und Konzepte schulischer Gewaltforschung. In: HOLTAPPELS/HEITMEYER/MELZER/TILLMANN 1997, S. 27-43
HOLTAPPELS, H. G./HEITMEYER, W./MELZER, W./TILLMANN, K.-J. (HRSG.): Forschungen über Gewalt an Schulen. Erscheinungsformen und Ursachen, Konzepte und Prävention. Weinheim, München 1997
HOLTAPPELS, H. G./MEIER, U.: Gewalt an Schulen. Erscheinungsformen von Schülergewalt und Einflüsse des Schulklimas. In: Die Deutsche Schule H. 1/1997, S. 50-63

HOLTAPPELS, H. G./MEIER, U./TILLMANN, K.-J.: Auf dem Schulhof mangelt es an Zivilcourage. In: Frankfurter Rundschau vom 8. August 1996
HOLTAPPELS, H. G./SCHUBARTH, W.: Mehr psychische Angriffe. Gewalt als Schulproblem. Erste Ergebnisse einer Ost-West-Studie. In: Erziehung und Wissenschaft H. 10/1996, S. 17
HOLZKAMP, CH.: Jugendgewalt: männlich - weiblich. In: AgAG-Informationsdienst H. 3/1994, S. 7-12
HONDRICH, K. O.: Moderne Gesellschaften brauchen abweichendes Verhalten. In: Frankfurter Rundschau vom 26.05.1995, S. 20
HOPF, A.: Schulen öffnen sich. Beispiele und Wege. Frankfurt a.M. 1992
HOPF, CH./RIEKER, P./SANDEN-MARCUS, M./SCHMIDT, CH.: Familie und Rechtsextremismus. Weinheim, München 1995
HORN, K.-P./LÜDERS, CH.: Erziehungswissenschaftliche Ausbildung zwischen Theorie und Profession. Zur Einleitung in den Themenschwerpunkt. In: Zeitschrift für Pädagogik, H. 5/1997, S. 759-769
HORNBERG, S./LINDAU-BANK, D./ZIMMERMANN, P.: Gewalt in der Schule - empirische Befunde und Deutungen. In: ROLFF, H.-G. u.a. (HRSG.): Jahrbuch der Schulentwicklung Band 8. Weinheim, München 1994, S. 355-393.
HORNSTEIN, W.: Gewalt in Deutschland: Über die Notwendigkeit gesellschaftlicher Lernprozesse und die Rolle der Pädagogik. In: HELSPER/WENZEL 1995, S. 37-55
HORNSTEIN, W.: Jugendpolitik und Jugendforschung im Spiegel der Jugendberichte der Bundesregierung. In: EDELSTEIN/STURZBECHER 1996, S. 11-40
HORNSTEIN, W.: Kommt der Jugendhilfe die Jugend abhanden? In: Kind Jugend Gesellschaft H. 1/1997, S. 11-14
HORSTKEMPER, M.: Schulische Reformen unterstützen: Konzepte und Methoden der Schulentwicklungsforschung. In: FRIEBERTSHÄUSER/PRENGEL 1997, S. 769-784
HORSTMANN, K./MÜLLER, M.: Gewaltbereitschaft und Aggressivität: Psychologische Sichtweisen. In: Valtin/Portmann 1995, S. 60-65
HUBER, A.: Stichwort Aggression und Gewalt. München 1995
HURRELMANN, K.: Gewalt in der Schule. In: SCHWIND/BAUMANN u.a. 1990. Bd. III. S. 363-379
HURRELMANN, K.: Aggression und Gewalt in der Schule. In: SCHUBARTH/MELZER 1993, S. 44-56.
HURRELMANN, K.: Einleitung: Interdisziplinäre Gewaltforschung. In: Zeitschrift für Sozialisationsforschung und Erziehungssoziologie H. 2/1995, S. 98-100 (1995a)
HURRELMANN, K.: Die gesundheitliche Situation von Kindern und Jugendlichen. Plädoyer für eine Kooperation von Lehrern und Ärzten. In: Prävention H. 4/1995, S. 99-102 (1995b)
HURRELMANN, K./FREITAG, M.: Gewalt an Schulen: In erster Linie ein Jungenproblem. Forschungsbericht. Universität Bielefeld 1993
HURRELMANN, K./PALENTIEN, CH.: Gewalt als „soziale Krankheit" der Gesellschaft. In: HURRELMANN/PALENTIEN/WILKEN 1995, S. 15-37
HURRELMANN, K./PALENTIEN, CH./WILKEN, W. (HRSG.): Antigewaltreport. Handeln gegen Aggressionen in Familie, Schule und Freizeit. Weinheim, Basel 1995
HURRELMANN, K./POLLMER, K.: Gewalttätige Verhaltensweisen von Jugendlichen in Sachsen - ein speziell ostdeutsches Problem? In: Kind Jugend Gesellschaft H. 1/1994, S. 3-12.
HURRELMANN, K./RIXIUS, N./SCHIRP, H.: Gegen Gewalt in der Schule. Ein Handbuch für Elternhaus und Schule. Weinheim, Basel 1996

HURRELMANN, K./ULICH, D. (HRSG.): Neues Handbuch der Sozialisationsforschung. Weinheim, Basel 1991

INFORMATIONSZENTRUM SOZIALWISSENSCHAFTEN: Jugend und Gewalt. Sozialwissenschaftliche Diskussion und Handlungsansätze. Eine Dokumentation. Bonn 1995

INSTITUT FÜR SOZIALFORSCHUNG (HRSG.): Rechtsextremismus und Fremdenfeindlichkeit. Studien zur aktuellen Entwicklung. Frankfurt a.M., New York 1994

JÄGER, S.: Wie die Deutschen die „Fremden" sehen: Rassismus im Alltagsdiskurs. In: BUTTERWEGGE, CH./JÄGER, S. (HRSG): Rassismus in Europa. Köln 1993, S. 230-247

JANSEN-SCHULZE, M.-H.: Soziologie und politische Praxis. Strategien zur Optimierung des Forschungs- und Umsetzungsprozesses. Bielefeld 1997

JEFFERYS-DUDEN, K.: Das Streitschlichterprogramm. Mediatorenausbildung für Schülerinnen und Schüler der Klasse 3-6. Weinheim und Basel 1999

JEFFERYS, K./NOACK, U.: Das Schüler-Streit-Schlichter-Programm. Lichtenau 1995

JOST, K.: Aggression und Gewalt. Phänomene und theoretische Erklärungen. In: Jugendwohl H. 1/1996, S. 31-37

JUGENDWERK DER DEUTSCHEN SHELL (HRSG.): Jugend '92. Lebenslagen, Orientierungen und Entwicklungsperspektiven im vereinigten Deutschland. Opladen 1992

JUGENDWERK DER DEUTSCHEN SHELL (HRSG.): Jugend '97. Zukunftsperspektiven. Gesellschaftliches Engagement. Politische Orientierungen. Opladen 1997

KAISER, A.: Gewalt an Schulen. Sachunterrichtsdidaktische Perspektiven. In: Grundschule H. 11/1994, S. 53-56

KALB, P. E./PETRY, CH./SITTE, K. (HRSG.): Jugendarbeit und Schule. Für eine andere Jugendpolitik. Weinheim, Basel 1994

KALB, P. E./PETRY, CH./SITTE, K. (HRSG.): Werte und Erziehung. Kann Schule zur Bindungsfähigkeit beitragen? Weinheim, Basel 1996

KARDORFF, E. V.: Prävention: wissenschaftliche und politische Desiderate. In: Diskurs H. 1/1995, S. 6-14

KECK, R. W./SANDFUCHS, U.: Wörterbuch Schulpädagogik. Bad Heilbrunn 1994

KELL, A. (HRSG.): Erziehungswissenschaft im Aufbruch? Arbeitsberichte. Weinheim 1994

KERSCHER, I.: Sozialwissenschaftliche Kriminalitätstheorien. Weinheim, Basel 1985 (4. Aufl.)

KERSTEN, J.: Sozialwissenschaftliche und politische Anmerkungen zum Thema „Jungen und Gewalt". In: BEHN, S./HEITMANN, H./VOß, S. (HRSG.): Jungen, Mädchen und Gewalt - ein Thema für die geschlechtsspezifische Jugendarbeit?! Berlin o.J., S.21-38

KILB, R.: Ein Einblick in die Gewaltdiskussion, die Gewaltforschung und die „neuen" Ansätze pädagogischer Arbeit mit Gewalt. In: WEIDNER/KILB/KREFT 1997, S. 20-42

KILLIAS, M.: Situative Bedingungen von Gewaltneigungen Jugendlicher. In: LAMNEK 1995, S. 189-206

KIRCHHÖFER, D./STEINER, I.: Zur Situation der Schuljugend in Ost-Berlin. Expertise zum Neunten Jugendbericht. 1993 (zitiert in BUNDESMINISTERIUM FÜR FAMILIE, SENIOREN, FRAUEN UND JUGEND 1994)

KLEIN-ALLERMANN, E./WILD, K.-P./HOFER, M./NOACK, P./KRACKE, B.: Gewaltbereitschaft und rechtsextreme Einstellungen ost- und westdeutscher Jugendlicher als Fol-

ge gesellschaftlicher, familialer und schulischer Bedingungen. In: Zeitschrift für Entwicklungspsychologie und Pädagogische Psychologie H. 3/1995, S. 191-209
KLEITER, E. F.: Film und Aggression - Aggressionspsychologie. Weinheim 1997
KLOCKHAUS, R./HABERMANN-MORBEY, B.: Psychologie des Schulvandalismus. Göttingen, Bern, Toronto, Seattle 1986
KNAUF, T.: Gewalt: Gesucht wird eine Theorie. In: Pädagogik Extra H. 5/1993, S. 4-6
KNOPF, H. (HRSG.): Aggressives Verhalten und Gewalt in der Schule. Prävention und konstruktiver Umgang mit Konflikten. München 1996.
KNOPF, H. u.a.: Gewalt in Schulen Sachsen-Anhalts. Halle 1994.
KOCH, R./BEHN, S.: Gewaltbereite Jugendkulturen. Theorie und Praxis sozialpädagogischer Gewaltarbeit. Weinheim, Basel 1997
KÖNIG, E.: Beratungswissen - Beratungspraxis: Rezeption sozialwissenschaftlichen Wissens in der Beratung. In: König/Zedler 1990, S. 99-116
KÖNIG, E.: Läßt Erziehungswissenschaft sich bilanzieren? In: HOFFMANN/HEID 1991, S. 1-13
KÖNIG, E./ZEDLER, P. (HRSG.): Rezeption und Verwendung erziehungswissenschaftlichen Wissens in pädagogischen Handlungs- und Entscheidungsfeldern. Beiträge zur Theorie und Geschichte der Erziehungswissenschaft Band 3. Weinheim 1989 (1989a)
KÖNIG, E./ZEDLER, P.: Einleitung. In: KÖNIG/ZEDLER 1989, S. 7-16 (1989b)
KOHLBERG, L.: Moral Stages and Moralization. In: LICKONA, T. (ED.): Moral Development and Behavior. New York 1976, S. 32 ff (zitiert in HETZER/TODT/SEIFFGE-KRENKE/ARBINGER 1995)
KOLBE, F.U.: Schulformspezifische Belastung durch abweichendes Verhalten in bundeslandeigener Problemkonstellation. Ergebnisse einer vergleichenden Schulleiterbefragung. In: SCHUBARTH/KOLBE/WILLEMS 1996, S. 48-70
KORFES, G.: Zur Jugendgewalt in den neuen Bundesländern. Ergebnisse soziologischer Forschung. Texte zur politischen Bildung, H. 9 Leipzig 1994
KORFES, G./THIEL, K. u.a.: Sozialer Umbruch - Aggressivität und Gewalt Jugendlicher. KSPW-Kurzstudie. Halle 1992
KORNADT, H.-J.: Aggressionsmotiv und Aggressionshemmung. Bern 1982
KORTE, J.: Faustrecht auf dem Schulhof. Über den Umgang mit aggressivem Verhalten in der Schule. Weinheim, Basel 1993
KORTE, J.: Lernziel Friedfertigkeit. Vorschläge zur Gewaltreduktion in Schulen. Weinheim, Basel 1994
KRAFELD, F. J.: Die Praxis Akzeptierender Jugendarbeit. Konzepte, Erfahrungen, Analysen aus der Arbeit mit rechten Jugendcliquen. Opladen 1996
KRAFELD, F. J./MÖLLER, K./MÜLLER, A.: Jugendarbeit in rechten Szenen. Ansätze - Erfahrungen - Perspektiven. Bremen 1993
KRAFELD, F. J./MÖLLER, K./MÜLLER, A.: Veränderungen in rechten Jugendszenen - Konsequenzen für die pädagogische Arbeit. In: deutsche jugend H. 7-8/1996, S. 316-327
KRAINS-DÜRR, M./KRALL, H./SCHRATZ, M./STEINER-LÖFFLER, U.: Was Schulen bewegt. Weinheim, Basel 1997
KRAPPMANN, L: Soziologische Dimensionen der Identität. Stuttgart 1971.
KRAPPMANN, L./OSWALD, H.: Alltag der Schulkinder. Beobachtungen und Analysen von Interaktionen und Sozialbeziehungen. Weinheim, München 1995
KREBS, D.: Soziale Desorientierung und Devianzbereitschaft. In: HOFFMANN-LANGE, U. (HRSG.): Jugend und Demokratie in Deutschland. DJI-Jugendsurvey 1. Opladen 1995, S. 337-357

KRIEGER, R.: Entwicklung von Werthaltungen. In: HETZER/TODT/SEIFFGE-KRENKE/ARBINGER 1995, S. 265-306

KRÜGER, H.-H. (HRSG.): Abschied von der Aufklärung. Perspektiven der Erziehungswissenschaft. Opladen 1990

KRÜGER, H.-H. (HRSG.): Handbuch der Jugendforschung. Opladen 1993

KRÜGER, H.-H.: Erziehungswissenschaftliche Forschung: Hochschulen, außeruniversitäre Forschungseinrichtungen, Praxisforschung. In: KRÜGER/RAUSCHENBACH 1997, S. 287-301

KRÜGER, H.-H./HELSPER, W. (HRSG.): Einführung in Grundbegriffe und Grundfragen der Erziehungswissenschaft. Opladen 1996

KRÜGER, H.-H./MAROTZKI, W. (HRSG): Pädagogik und Erziehungsalltag in der DDR. Opladen 1994

KRÜGER, H.-H./OLBERTZ, J.-H. (HRSG.): Bildung zwischen Staat und Markt. Opladen 1997

KRÜGER, H.-H./RAUSCHENBACH, T. (HRSG.): Erziehungswissenschaft. Eine Disziplin am Beginn einer neuen Epoche. Weinheim, München 1994

KRÜGER, H.-H./RAUSCHENBACH, T. (HRSG.): Einführung in die Arbeitsfelder der Erziehungswissenschaft. Opladen 1997

KRUMM, V.: Aggression in der Schule. Lehrer können mehr tun, als sie glauben. In: SCHMÄLZLE, U. (HRSG.): Mit Gewalt leben. Arbeit am Aggressionsverhalten in Familie, Kindergarten und Schule. Frankfurt a.M. 1993, S. 153-201

KRUMM, V.: Methodenkritische Analyse schulischer Gewaltforschung. In: HOLTAPPELS/HEITMEYER/MELZER/TILLMANN 1997, S. 63-79

KRUMM, V./LAMMBERGER-BAUMANN, B./HAIDER, G.: Gewalt in der Schule - auch von Lehrern. In: Empirische Pädagogik H. 2/1997, S. 257-274

KUBE, E./KOCH, K.-F.: Kriminalprävention. Lehr- und Studienbriefe Kriminologie Nr. 3. Hilden 1992

KÜHNEL, W.: Die Forschungssituation zu Gewaltphänomenen und Gewaltentstehung bei Jugendlichen. In: Informationszentrum Sozialwissenschaften Bonn 1995, S. 9-41 (1995a)

KÜHNEL, W.: Die Bedeutung von sozialen Netzwerken und Peer-group-Beziehungen für Gewalt im Jugendalter. In: Zeitschrift für Sozialisationsforschung und Erziehungssoziologie Heft 2/1995, S. 122-144 (1995b)

KÜHNEL, W./MATUSCHEK, I.: Netzwerkanalysen zu Schule und Gewalt. In: HOLTAPPELS/HEITMEYER/MELZER/TILLMANN 1997, S. 261-279

KUHNKE, R.: Gewalttätige Jugendliche. Ergebnisse einer Längsschnittstudie bei Jugendlichen im Raum Leipzig. In: LAMNEK 1995, S. 155-170

KULTUSMINISTERIUM DES LANDES SACHSEN-ANHALT: Wi(e)der die Gewalt. Möglichkeiten und Grenzen schulischer Sozialprävention. Bonn 1995

KUNCZIK, M.: Gewalt und Medien. Köln, Weimar, Wien 1994

KURY, H./ OBERGFELL-FUCHS, J.: Kriminalität Jugendlicher in Ost und West. In: LAMNEK 1995, S. 291-314

KUTTER, P.: Aggression als Trieb- und Objektschicksal. In: FINGER-TRESCHER/TRESCHER 1992, S. 11-22

LAMNEK, S.: Theorien abweichenden Verhaltens. München 1983

LAMNEK, S.: Neue Theorien abweichenden Verhaltens. München 1994

LAMNEK, S.: Zur Phänomenologie der Gewalt an Schulen. 1994 (Vortragsmanuskript) (1994a)

LAMNEK, S. (HRSG.): Jugend und Gewalt. Devianz und Kriminalität in Ost und West. Opladen 1995 (1995a)

LAMNEK, S.: Gewalt in Massenmedien und Gewalt von Schülern. In: LAMNEK 1995, S. 225-256 (1995b)

LANDESINSTITUT FÜR ERZIEHUNG UND UNTERRICHT BADEN-WÜRTTEMBERG: Gewalt an Schulen. Stuttgart 1995.

LANDESINSTITUT FÜR SCHULE UND WEITERBILDUNG: Aktuelle Gewaltentwicklungen in der Gesellschaft - Vorschläge zur Gewaltprävention in der Schule. Reader. Soest 1995

LANDESINSTITUT SCHLESWIG-HOLSTEIN FÜR PRAXIS UND THEORIE DER SCHULE u.a.: 88 Impulse zur Gewaltprävention. Kiel 1995

LANDESKRIMINALAMT SACHSEN: Jugenddelinquenz und Jugendgefährdung im Freistaat Sachsen 1993/94. Dresden 1995

LANDESZENTRALE FÜR POLITISCHE BILDUNG BADEN-WÜRTTEMBERG (HRSG.): Aggression und Gewalt. Stuttgart, Berlin, Köln 1993

LANGE, A.: Vieldeutige Bilder, widersprüchliche Erfahrungen und kontingente Entwicklungspfade: Jugend im Spiegel von Forschungen und deren Umsetzungen. In Sozialwissenschaftliche Literaturrundschau H. 2/1997, S. 49-62

LANGNER, W./STURZBECHER, D.: „Aufklatschen, plattmachen, Zecken jagen!" - Jugendgewalt in Brandenburg. In: STURZBECHER 1997, S. 170-208

LAZARUS, R. S.: Psychological Stress and the Coping Process. New York 1966 (zitiert in Kleiter 1997)

LEIPZIGER INSTITUT FÜR PRAKTISCHE SOZIALFORSCHUNG: Schuljugend in Sachsen - vier Jahre nach der Vereinigung. Leipzig 1995

LENZ, K.: Jugend im Plural. Theoretische Grundlagen, Methodik und Ergebnisse aus einem Forschungsprojekt. In: BOIS-REYMOND, M. DU/OECHSLE, M. (HRSG.): Neue Jugendbiographie. Zum Strukturwandel der Jugendphase. Opladen 1990, S. 115-133

LENZ, K.: Die „zweite Generation" der DDR auf dem Weg in eine andere Gesellschaft. Jugendliche nach der Wende. In: HETTLAGE, R./LENZ, K.: Deutschland nach der Wende. Eine Zwischenbilanz. München 1995, S. 194-221

LENZEN, D.: Erziehungswissenschaft in Deutschland: Theorien - Krisen - gegenwärtiger Stand. In: OLBERTZ 1997, S. 51-85

LERCHENMÜLLER, H.: Evaluation eines Lernprogramms in der Schule mit delinqenzpräventiver Zielsetzung. Köln 1986

LERCHENMÜLLER, H.: Soziales Lernen in der Schule: zur Prävention sozial-auffälligen Verhaltens. Ein Unterrichtsprogramm für die Sekundarstufe I. Bochum 1987

LERCHENMÜLLER-HILSE, H.: Möglichkeiten der Delinquenzprävention im Schulbereich - Überlegungen und Erfahrungen aus der Praxis. In: TRENCZEK, T./PFEIFER, H. (HRSG.): Kommunale Kriminalprävention. Paradigmenwechsel und Wiederentdeckkung alter Weisheiten. Bonn 1996, S. 278-294

LIEBAU, E.: Schulsozialarbeit im Spannungsfeld zwischen Jugendhilfe und Schule. In: Die Deutsche Schule H. 2/1995, S. 207-215

LILLIG, T.: Rechtsextremismus in den neuen Bundesländern. Erklärungsansätze, Einstellungspotentiale und organisatorische Strukturen. Mainz 1994

LIM, Y. Y./DEUTSCH, M.: Examples of school-based programs involving peaceful conflict resolution and mediation oriented to overcoming community violence. New York 1996 (zitiert nach DANN 1996)

LÖBBERS, D./STENKE, D./BORST, E./PORR, C.: Mädchenatlas. Lebenssituationen von Mädchen und jungen Frauen in Rheinland-Pfalz. Mainz 1996

LÖSEL, F.: Entwicklung und Ursachen der Gewalt in unserer Gesellschaft. In: Gruppendynamik H. 1/1995, S. 5-22
LÖSEL, F./BLIESENER, T./AVERBECK, M.: Erlebens- und Verhaltensprobleme von Tätern und Opfern. In: HOLTAPPELS/HEITMEYER/MELZER/TILLMANN 1997, S. 137-154
LÜDERS, CH.: Jugendtheorie zwischen Banalität und Sinnstiftung. Über Modi des Umgangs mit jugendtheoretischem Wissen in Politik und Jugendarbeit. In: DRERUP/ TERHART 1990, S. 201-226
LÜDERS, CH.: Prävention in der Jugendhilfe. Alte Probleme und neue Herausforderungen. In: Diskurs H. 1/1995, S. 42-49
LÜDERS, CH.: Qualitative Kinder- und Jugendhilfeforschung. In: FRIEBERTSHÄUSER/ PRENGEL 1997, S. 795-810
LÜDERS, CH./SANTEN, E. V.: Praxisrelevanz sozialwissenschaftlichen Wissens - Ein Literaturbericht. In: Diskurs H. 1/1996, S. 71-78
LUEDTKE, J.: Physische Gewalt an Schulen. 1994 (Vortragsmanuskript) (1994a)
LUEDTKE, J.: Werden unsere Schüler immer gewalttätiger? Erste Ergebnisse einer repräsentativen Untersuchung zum Phänomen Gewalt in der Schule. 1994 (Vortragsmanuskript) (1994b)
LUHMANN, N.: Die Realität der Massenmedien. Opladen 1996
LUHMANN, N./SCHORR, K. E. (HRSG.): Zwischen Intransparenz und Verstehen. Frankfurt a.M. 1986
LUKAS, H./KRIETER, U./FÜNER, A./AYLLON-WRIEDT, B.: Lernziel: Gewaltfreiheit. Pädagogische Konzepte und Praxiserfahrungen in Schule und Jugendhilfe. AgAG. Berichte und Materialien 3. Berlin 1993

MANSEL, J.: Quantitative Entwicklung von Gewalthandlungen Jugendlicher und ihrer offiziellen Registrierung. Ansätze schulischer Prävention zwischen Anspruch und Wirklichkeit. In: Zeitschrift für Sozialisationsforschung und Erziehungssoziologie H. 2/1995, S. 101-121 (1995a)
MANSEL, J.: Sozialisation in der Risikogesellschaft. Eine Untersuchung zu psychosozialen Belastungen Jugendlicher als Folge ihrer Bewertung gesellschaftlicher Bedrohungspotentiale. Neuwied, Kriftel, Berlin 1995 (1995b)
MANSEL, J. (HRSG.): Glückliche Kindheit - Schwierige Zeit. Über die veränderten Bedingungen des Aufwachsens. Opladen 1996
MANSEL, J./HURRELMANN, K.: Alltagsstreß bei Jugendlichen. Eine Untersuchung über Lebenschancen, Lebensrisiken und psychosoziale Befindlichkeiten im Statusübergang. Weinheim, München 1991
MANSEL, J./HURRELMANN, K.: Außen- und innengerichtete Formen der Problemverarbeitung Jugendlicher. Aggressivität und psychosomatische Beschwerden. In: Soziale Welt H. 2/1994, S. 147-179.
MEIER, U.: Gewalt im sozialökologischen Kontext der Schule. In: HOLTAPPELS/HEITMEYER/MELZER/TILLMANN 1997, S. 225-242
MEIER, U./TILLMANN, K.-J.: Gewalt in der Schule. Die Perspektive der Schulleiter. Bielefeld 1994
MEIER, U./MELZER, W./SCHUBARTH, W./TILLMANN, K.-J.: Schule, Jugend und Gewalt. In: Zeitschrift für Sozialisationsforschung und Erziehungssoziologie H. 2/1995, S. 168-182
MELZER, W.: Jugend und Politik in Deutschland. Opladen 1992
MELZER, W.: Zur Bewährungskontrolle des „Zwei-Säulen-Modells" allgemeiner Bildung in Ostdeuschland. Das Beispiel der Mittelschule im Freistaat Sachsen. In: KRÜGER/ OLBERTZ 1997, S. 573-583

MELZER, W./HURRELMANN, K.: Individualisierungspotentiale und Widersprüche in der schulischen Sozialisation von Jugendlichen. In: HEITMEYER, W./OLK, TH. (HRSG.): Individualisierung von Jugend. Weinheim, München 1990, S. 35-59

MELZER, W./LUKOWSKI, W./SCHMIDT, L.: Deutsch-polnischer Jugendreport. Lebenswelten im Kulturvergleich. Weinheim, München 1991

MELZER, W./MÜHL, M./ACKERMANN, CH.: Schulkultur und ihre Auswirkung auf Gewalt. In: FORSCHUNGSGRUPPE SCHULEVALUATION 1998, S. 189-219

MELZER, W./ROSTAMPOUR, P.: Schulische Gewaltformen und Opfer-Täter-Problematik. In: SCHUBARTH/KOLBE/WILLEMS 1996, S. 131-148

MELZER, W./SCHUBARTH, W.: Das Rechtsextremismussyndrom bei Schülerinnen und Schülern in Ost- und Westdeutschland. In: SCHUBARTH/MELZER 1993, S. 57-79

MELZER, W./SCHUBARTH, W./TILLMANN, K.-J.: Gewalt in der Schule: zum Forschungsstand eines (wieder) aktuellen Themas. In: SCHUBARTH/MELZER 1995, S. 15-38

MELZER, W./SANDFUCHS, U. (HRSG.): Schulreform in der Mitte der 90er Jahre. Strukturwandel und Debatten um die Entwicklung des Schulsystems in Ost- und Westdeutschland. Opladen 1996

MELZER, W./STENKE, D.: Schulentwicklung und Schulforschung in den ostdeutschen Bundesländern. In: ROLFF u.a. 1996, S. 307-338

MERTON, R. K.: Sozialstruktur und Anomie. In: SACK/KÖNIG 1968, S. 282-313

MEYENBERG, R./SCHOLZ, W.-D.: Schule und Gewalt. Erscheinungsformen - Ursachen - Lösungen. Hannover 1995

MEYER, B.: Mädchen und Rechtsextremismus. In: OTTO/MERTEN 1993, S. 211-218

MEYER, H.: Schulpädagogik, Band I: Für Anfänger. Berlin 1997

MILHOFFER, P.: Gewalt hat auch ein Geschlecht. In: GEWALTLÖSUNGEN 1995, S. 108-110

MILLER, W. B.: Die Kultur der Unterschicht als ein Entstehungsmilieu für Bandendelinquenz. In: SACK/KÖNIG 1968, S. 339-359

MINISTERIUM FÜR BILDUNG UND KULTUR IN RHEINLAND-PFALZ: Gewalt an Schulen. Antwort auf die Große Anfrage der Fraktion der CDU. Drucksache 12/2635. Landtag Rheinland-Pfalz 25.02.1993

MOCHMANN, E./GERHARDT, U. (HRSG.): Gewalt in Deutschland. Soziale Befunde und Deutungslinien. München 1995

MÖLLEKEN, R./STEINKE-SCHMICKLER, CH.: Gewalt an Kölner Schulen. In: HARNISCHMACHER 1995, S. 45-84.

MÖLLER, K.: Gewalt, Männlichkeit und Pädagogik. In: Pädagogik H.10/1995, S. 50-52

MÖLLER, K.: Pädagogische Strategien im Umgang mit rechtsextremen Orientierungen Jugendlicher. In: BRENNER/HAFENEGER 1996, S. 159-171

MÖLLER, K. (HRSG.): Nur Macher und Macho? Geschlechtsreflektierende Jungen- und Männerarbeit. Weinheim, München 1997

MÖLLER, K./SCHIELE, S. (HRSG.): Gewalt und Rechtsextremismus. Ideen und Projekte für soziale Arbeit und politische Bildung. Schwalbach 1996

MÖRSCHNER, M.: Sozialpädagogik und Schule. Zur Entwicklung ihrer Beziehung. München, Basel 1988

MOHR, A./BECKER, P.: Strategien von Schülerinnen und Schülern im Umgang mit Gewalt in der Schule. In: Empirische Pädagogik H. 3/1997, S. 351-167

MOOIJ, T.: (Mehr) Sicherheit an Schulen. Die aktuelle Situation in den Niederlanden. 1997 (Vortragsmanuskript)

MORENO, J. M.: Die Schattenseiten der Schule: Politik und Forschung in bezug auf dissoziales Verhalten in spanischen Schulen. 1997 (Vortragsmanuskript)

MOSER, H.: Grundlagen der Praxisforschung. Freiburg i.B. 1995

MÜLLER, B. K.: Wie kann sich die Jugendhilfepraxis an wissenschaftlichen Ergebnissen orientieren? In: Sozialpädagogik H. 3/1997, S. 98-103

MUTZEK, W.: Transferorientierte Evaluation. In: GREBER/MAYBAUM/PRIEBE/WENZEL 1993, S. 481-513

MUTZECK, W./FAASCH CH.: Stadtteil und Schule. Ein gemeinwesenorientiertes und kooperatives Modellprojekt in Lübeck Moisling. Lübeck 1995

NEDELMANN, B.: Schwierigkeiten soziologischer Gewaltanalyse. In: Mittelweg 36, H. 3/1995, S. 8-17

NEIDHARDT, F.: Politische Protestgewalt in der jungen Generation. In: Jugendforum 1987, S. 3-10

NEIDHARDT, F.: Gewalt, Gewaltdiskussion, Gewaltforschung. In: UNIVERSITÄT BIELEFELD (HRSG.): Gesellschaftliche Entwicklung, wissenschaftliche Verantwortung und Gewalt. Bielefelder Universitätsgespräche und Vorträge 7. Bielefeld 1997, S. 19-28

NICKLAS, H./OSTERMANN, Ä./BÜTTNER, CH.: Vaterlos, gottlos, arbeitslos - wertlos? Zum Problem der Jugendgewalt und mögliche Präventivstrategien. Hessische Stiftung Friedens- und Konfliktforschung H. 4, Frankfurt 1997

NIEBEL, G./HANEWINKEL, R./FERSTL, R.: Gewalt und Aggression in Schleswig-Holsteinischen Schulen. In: Zeitschrift für Pädagogik H. 5/1993, S. 775-798

NIEKE, W.: Interkulturelle Bildung und Erziehung. Wertorientierungen im Alltag. Opladen 1995

NISSEN, G. (HRSG.): Aggressivität und Gewalt. Prävention und Therapie. Bern, Göttingen, Toronto, Seattle 1995

NOLTING, H.-P.: Lernfall Aggression. Wie sie entsteht - wie sie zu vermindern ist. Reinbek 1987 (vollständig überarbeitete Neuausgabe 1997)

NOLTING, H.-P.: Kein „Erklärungseintopf". Ein Überblick aus psychologischer Sicht. In: LANDESZENTRALE FÜR POLITISCHE BILDUNG BADEN-WÜRTTEMBERG 1993, S. 9-23

NUNNER-WINKLER, G.: Reibereien oder Gruppenterror? Ein Kommentar zum Konzept „Bullying". In: Empirische Pädagogik H. 3/1997, S. 423-438

OESTERREICH, D.: Autoritäre Persönlichkeit und Gesellschaftsordnung. Der Stellenwert psychischer Faktoren für politische Einstellungen - eine empirische Untersuchung von Jugendlichen in Ost und West. Weinheim, München 1993

OFFE, C.: Sozialwissenschaften zwischen Auftragsforschung und sozialer Bewegung. In: BECK 1982, S. 107-113

OHDER, C.: Gewalt durch Gruppen Jugendlicher. Eine empirische Untersuchung am Beispiel Berlins. Berlin 1992

OLBERTZ, J. H. (HRSG.): Erziehungswissenschaft. Traditionen, Themen, Perspektiven. Opladen 1997

OLBRICH, E.: Entwicklung der Persönlichkeit. In: HETZER/TODT/SEIFFGE-KRENKE/ARBINGER 1995, S. 397-427

OLWEUS, D.: Gewalt in der Schule. Was Lehrer und Eltern wissen sollten - und tun können. Bern, Göttingen, Toronto, Seattle 1995

OLWEUS, D.: Täter-Opfer-Probleme in der Schule. Erkenntnisstand und Interventionsprogramm. In: HOLTAPPELS/HEITMEYER/MELZER/TILLMANN 1997, S. 281-297

OSWALD, H.: Zwischen „Bullying" and „Rough and Tumble Play". In: Empirische Pädagogik H. 3/1997, S. 385-402

OTTO, H.-U.: Prävention - Zauberwort für gesellschaftliche Veränderung oder neue Form der Sozialkontrolle? Einleitung zur Fragestellung des Symposiums. In: Zeitschrift für Pädagogik 18. Beiheft 1983, S. 219-220

Literatur

OTTO, H.-U./MERTEN, R. (HRSG.): Rechtsradikale Gewalt im vereinigten Deutschland. Bonn 1993

PÄDAGOGISCHES ZENTRUM RHEINLAND-PFALZ (HRSG.): Schule und Gewalt. Veränderte Wahrnehmung oder veränderte Realität? Nachrichten H. 2/1995

PETERMANN, F.: Auswirkungen von Medien auf die Entstehung von Gewalt im Kindes- und Jugendalter. In: Aus Politik und Zeitgeschehen B 19-20/1997, S. 28-33

PETERMANN, F./JUGERT, G./TÄNZER, U./VERBEEK, D.: Sozialtraining in der Schule. Weinheim 1997

PETERMANN, F./JUGERT, G./VERBEEK, D./TÄNZER, U.: Verhaltenstraining mit Kindern. In: HOLTAPPELS/HEITMEYER/MELZER/TILLMANN 1997, S. 315-329

PETERMANN, F./PETERMANN, U.: Training mit aggressiven Kindern. München 1978

PETERMANN, F./PETERMANN, U.: Training mit aggressiven Kindern. Einzeltraining, Kindergruppen, Elternberatung. Weinheim, Basel 1993

PETERS, H.: Devianz und soziale Kontrolle. Eine Einführung in die Soziologie abweichenden Verhaltens. Weinheim, München 1989

PETERS, H.: Da werden wir empfindlich. Zur Soziologie der Gewalt. In: LAMNEK 1995, S. 25-36

PFAHL-TRAUGHBER, A.: Rechtsextremismus. Eine kritische Bestandsaufnahme nach der Wiedervereinigung. Bonn 1993

PFARRE, A.: Pädagogische Arbeit mit Hauptschülern. Möglichkeiten des Abbaus von Aggressionen und Konflikten. In: Schulverwaltung H. 9/1997, S. 252-254

PFEIFFER, CH.: Armut und Jugendkriminalität - Präventionsansätze und neue Wege zu ihrer Finanzierung. In: DVJJ-Journal. Zeitschrift für Jugendkriminalrecht und Jugendhilfe H. 3-4/1995, S. 285-290

PFEIFFER, CH.: Wo die Gewalt wächst. In: Die Zeit vom 30.05.1997, S. 6

PFEIFFER, CH.: Kinder und Jugendliche als Opfer und Täter von Gewalt. In: GRIMM, A. (HRSG.): Kriminalität und Gewalt in der Entwicklung junger Menschen. Loccum 1999, S. 8-16

PFEIFFER, CH./OHLEMACHER, T.: Anstieg der (Gewalt-)Kriminalität und der Armut junger Menschen. In: LAMNEK 1995, S. 1995, S. 259-276

PFEIFFER, CH./WETZELS, P.: Zur Struktur und Entwicklung der Jugendgewalt in Deutschland. In: Aus Politik und Zeitgeschichte B 26/1999, S. 3-22

PIAGET, J.: Das moralische Urteil beim Kinde. Zürich 1954 (zitiert in KRIEGER 1995)

PILZ, G.: Jugend, Gewalt und Rechtsextremismus. Möglichkeiten und Notwendigkeiten politischen, polizeilichen und (sozial-)pädagogischen Handelns. Hannover 1993

POLLMER, K./HURRELMANN, K.: Familientraditionen und Erziehungsstile in Ost- und Westdeutschland im Vergleich. In: Kind Jugend Gesellschaft H. 1/1992, S. 2-7

POLLMER, K./REIßIG, M./SCHUBARTH, W.: Ergebnisse der Jugendforschung in den neuen Bundesländern. In: Recht der Jugend und des Bildungswesens Heft 3/1992, S. 335-344

POPP, U.: Gewalt an Schulen - ein „Jungenphänomen". In: Die Deutsche Schule H. 1/1997, S. 77-87

POPP, U.: Geschlechtersozialisation und Gewalt an Schulen. In: HOLTAPPELS/HEITMEYER/MELZER/TILLMANN 1997, S. 207-223

POSSELT, R.-E./SCHUMACHER, K.: Projekthandbuch: Gewalt und Rassismus. Mühlheim a.d.R. 1993

PRELL, S.: Handlungsorientierte Schulbegleitforschung. Anleitung, Durchführung und Evaluation. Frankfurt a.M., Bern, New York, Nancy 1984

PRENGEL, A.: Pädagogik der Vielfalt. Verschiedenheit und Gleichberechtigung in Interkultureller, Feministischer und Integrativer Pädagogik. Opladen 1993
PRENGEL, A.: Perspektivität anerkennen - Zur Bedeutung von Praxisforschung in Erziehung und Erziehungswissenschaft. In: FRIEBERTSHÄUSER/PRENGEL 1997, S. 599-621
PREUSCHOFF, G./PREUSCHOFF, A.: Gewalt an Schulen. Und was dagegen zu tun ist. Köln 1992
PREUSCHOFF, G./PREUSCHOFF, A.: Wir können etwas tun! Gegen Gewalt an Schulen. Köln 1994
PREUSS-LAUSITZ, U.: Die Kinder des Jahrhunderts. Zur Pädagogik der Vielfalt im Jahr 2000. Weinheim, Basel 1993
PRIEBE, B.: Eine Herausforderung für alle. Gewaltprävention durch schulinterne Lehrerfortbildung. In: Praxis Schule 5-10, H. 5/1995
PROJEKTGRUPPE JUGENDKRIMINALITÄT AN DER UNIVERSITÄT POTSDAM: Jugenddelinquenz in Brandenburg. Ergebnisse einer empirischen Untersuchung. Potsdam 1992
PRÜß, F./BETTMER, F.: Schule und Jugendhilfe - neue Kooperationschancen im Osten. In: FLÖSSER/OTTO/TILLMANN 1996, S. 238-252

QUENSEL, S.: Let's abolish theories of crime. Zur latenten Tiefenstruktur unserer Kriminalitätstheorien. In: Kriminologisches Journal 1986, S. 11-23

RADEMACKER, H.: Schulsozialarbeit - eine beargwöhnte Liaison von Jugendhilfe und Schule. In: KALB/PETRY/SITTE 1994, S. 32-55
RADEMACKER, H.: Schulsozialarbeit vor neuen Herausforderungen - Bilanz und Perspektiven der Schulsozialarbeit in den alten und neuen Bundesländern. In: SCHUBARTH/KOLBE/WILLEMS 1996, S. 216-238
RAUCHFLEISCH, U.: Dissozial. Entwicklung, Struktur und Psychodynamik dissozialer Persönlichkeiten. Göttingen 1981
RAUCHFLEISCH, U: Allgegenwart von Gewalt. Göttingen 1992
RAUSCHENBACH, T./GÄNGLER, H. (HRSG.): Soziale Arbeit und Erziehung in der Risikogesellschaft. Neuwied, Kriftel, Berlin 1992
RAUSCHENBERGER, H.: Aus der Kinderstube der Gewalt. In: Die Deutsche Schule 2/1992, S. 134-149.
REGIONALE ARBEITSSTELLE FÜR AUSLÄNDERFRAGEN, JUGENDARBEIT UND SCHULE E.V. (HRSG.): Es gibt nichts Gutes, außer: man tut es. Handbuch zu interkulturellen Projekten in den neuen Bundesländern. Berlin 1995
REIMERS, H./PALLASCH, W.: Entwurf eines Designs fü die begleitende Forschung in der Supervisionsausbildung. In: FRIEBERTSHÄUSER/PRENGEL 1997, S. 811-827
REINERT, B./ZINNECKER, J. (HRSG.): Schüler im Schulbetrieb. Reinbek 1978
RICHTER, E./SÜNKER, H.: Jugendliche zwischen gesellschaftlichen Gewaltpotentialen und Verständigungsverhältnissen H. 3/1997, S. 221-236
RICHTER, I./WINKLHOFER, U.: Veränderte Kindheit - veränderte Schule? In: Die Deutsche Schule H. 4/1997, S. 459-473
ROLFF, H.-G. (HRSG.): Zukunftsfelder von Schulforschung. Weinheim 1995 (1995a)
ROLFF, H.-G.: Steuerung, Entwicklung und Qualitätssicherung durch Evaluation. In: ROLFF 1995, S. 375-392 (1995b)
ROLFF, H.-G. u.a. (HRSG.): Jahrbuch der Schulentwicklung Bd. 9. Weinheim, München 1996
ROMMELSPACHER, B.: Männliche Gewalt und gesellschaftliche Dominanz. In: OTTO/MERTEN 1993, S. 200-210

ROSTAMPOUR, P.: Rollengefüge von Tätern und Opfern. In: FORSCHUNGSGRUPPE SCHULEVALUATION 1998, S. 115-147

ROSTAMPOUR, P./MELZER, W.: Täter-Opfer-Typologien im schulischen Gewaltkontext. Forschungsergebnisse unter Verwendung von Clusteranalysen und multinomialer logistischer Regression. In: HOLTAPPELS/HEITMEYER/MELZER/TILLMANN 1997, S. 169-189

ROSTAMPOUR, P./MELZER, W./SCHUBARTH, W.: Schulische Gewalt im Lebenszusammenhang von Schülern - Gesamtmodell. In FORSCHUNGSGRUPPE SCHULEVALUATION 1998, S. 221-236

ROSTAMPOUR, P./SCHUBARTH, W.: Gewaltphänomene und Gewaltakteure. Befunde aus einer Schülerbefragung in Sachsen. In: Empirische Pädagogik H. 2/1997, S. 135-150

ROVO, I./SCHREINER, G.: Mit ausländischen Jugendlichen Gespräche am Runden Tisch führen? Erkundungen an einer sächsischen Mittelschule. In: Die Deutsche Schule H. 4/1993, S. 474-492

RUTTER, M. U.A.: Fünfzehntausend Stunden. Schulen und ihre Wirkungen auf Kinder, Weinheim, Basel 1980

SÄCHSISCHER LANDTAG: Landesweiter Runder Tisch gegen Gewalt. Dresden 1995/1998

SACK, F./KÖNIG, R. (HRSG.): Kriminalsoziologie. Frankfurt a.M. 1968

SANDFUCHS, U.: Zum Verhältnis von Theorie und Praxis und den Konsequenzen für eine künftige Lehrerausbildung. In: BÄUERLE, S. (HRSG.): Lehrer auf die Schulbank. Vorschläge für eine zeitgemäße Lehreraus- und -fortbildung. Stuttgart 1991, S. 47-59

SANDFUCHS, U.: Interkulturelle Erziehung. In: KECK, R. W./SANDFUCHS, U. 1994, S. 164

SCHÄFER, M.: Verschiedenartige Perspektiven von Bullying. In: Empirische Pädagogik H. 3/1997, S. 369-383

SCHÄFER, M./FREY, D.: Aggression und Gewalt unter Kindern und Jugendlichen. Göttingen u.a. 1999

SCHEFOLD, W./HORNSTEIN, W.: Pädagogische Jugendforschung nach der deutschdeutschen Einigung. In: Zeitschrift für Pädagogik H. 6/1993, S. 909-930

SCHERER, D.: Gewalt in der Schule. Eine Studie in der Interregion Saarland - Lothringen - Luxemburg. Beiträge der Arbeitskammer des Saarlandes 1996

SCHERR, A.: Anforderungen an professionelle Jugendarbeit mit ausländerfeindlichen und gewaltbereiten Jugendszenen. In: neue praxis H. 5/1992, S. 387-395

SCHERR, A.: Gewalt als Problem - Pädagogik als Lösung. In: Pädagogik 3/1994, S. 24-28

SCHERR, A.: Jungenarbeit, Männlichkeit und Gewalt. In: deutsche jugend H. 5/1997, S. 212-219

SCHETSCHE, M.: Die Karriere sozialer Probleme. Soziologische Einführung. München, Wien 1996

SCHIRP, H.: Schule und Gewalt. In: HURRELMANN/RIXIUS/SCHIRP 1996, S. 27-58

SCHLEGEL, U./FÖRSTER, P.: Ostdeutsche Jugendliche. Vom DDR-Bürger zum Bundesbürger. Opladen 1997

SCHLÖMERKEMPER, J.: Das Bildungsverständnis in Ost- und Westdeutschland. Ergebnisse einer Befragung in der BRD und der DDR. In: Die Deutsche Schule H. 3/1991, S. 308-325

SCHMIDT-DENTER, U.: Prosoziales und aggressives Verhalten. In: SCHNEEWIND, K. (HRSG.): Psychologie der Erziehung und Sozialisation. Göttingen, Bern, Toronto, Seattle 1994, S. 285-314

SCHMIDTCHEN, G.: Jugend in Sachsen. Orientierung und Aktivität, Frustration und Gewalt, Ziele und Hoffnungen im Jahre 1994. Forschungsbericht. Leipzig, Zürich 1994

SCHMIDTCHEN, G.: Jugend '95 in Sachsen. Eine vergleichende Untersuchung zu Orientierungsproblemen junger Menschen. Foschungsbericht. Leipzig, Zürich 1996

SCHMIDTCHEN, G.: Wie weit ist der Weg nach Deutschland? Sozialpsychologie der Jugend in der postsozialistischen Welt. Opladen 1997

SCHNABEL, K. U.: Ausländerfeindlichkeit bei Jugendlichen in Deutschland - eine Synopse empirischer Befunde seit 1990. In: Zeitschrift für Pädagogik H. 5/1993, S. 799-822

SCHNEIDER, H.-J.: Kriminologie. Berlin, New York 1987

SCHNEIDER, H.-J.: Zusammenfassende Darstellung und kritische Auswertung der Arbeit der „National Commission on the Causes and Prevention of Violence" (USA) und Untersuchung über die weitere Entwicklung und die Auswirkungen der Arbeit der U.S. Violence Commission. In: SCHWIND/BAUMANN 1990, Band III, S. 155-292

SCHORB, B.: Medienalltag und Handeln. Medienpädagogik im Spiegel von Geschichte, Forschung und Praxis. Opladen 1995

SCHREWE, H.: Gewaltprävention in der Region. In: BALSER/SCHREWE/SCHAAF 1997, S. 17-22

SCHRÖDER, H.: Jugend und Modernisierung. Strukturwandel der Jugendphase und Statuspassagen auf dem Weg zum Erwachsensein. Weinheim, München 1995

SCHUBARTH, W.: Erlebbarer Faschismus. Zu Wirkungen eines Gedenkstättenbesuches bei Jugendlichen. In: Rückblende. Museumsbesucher und Besucherforschung in der DDR. Karlsruher Schriften zur Besucherforschung. Karlsruhe 1991, S. 55-74.

SCHUBARTH, W.: Zur politischen Sozialisation der Schuljugend in Ostdeutschland. Theoretische Überlegungen, empirische Befunde, pädagogische Folgerungen. In: Politische Bildung H. 2/1992, S. 21-32 (1992a)

SCHUBARTH, W.: DDR-Jugend zwischen Anpassung und Aufbegehren. Empirische Ergebnisse zum politischen Einstellungswandel unter besonderer Berücksichtigung des Rechtsextremismus. Arbeitspapiere Heft 15. Pädagogisches Zentrum Berlin 1992 (1992b)

SCHUBARTH, W.: Sehnsucht nach Gewißheit. Rechtsextremismus als Verarbeitungsform des gesellschaftlichen Umbruchs. In: OTTO/MERTEN 1993, S. 256-266 (1993a)

SCHUBARTH, W.: Schule und Gewalt: ein wieder aktuelles Thema. In: SCHUBARTH/MELZER 1993, S. 16-43 (1993b)

SCHUBARTH, W.: Mehr soziale Kompetenzen bei Pädagogen - aber wie? Eine veränderte pädagogische Praxis verlangt eine veränderte Pädagogikausbildung. In: Der kreative Akademiker als Richtziel hochschuldidaktischer Denkweise bei der Gestaltung universitärer Lehr- und Studienprozesse. Dresdner Beiträge zur Berufspädagogik 7, Sonderheft Hochschuldidaktik. Dresden 1994, S. 17-27 (1994a)

SCHUBARTH, W.: Berichte von der „Gewaltfront". Der alltägliche Blick in die Medien. In: Pädagogik 3/1994, S. 21-23 (1994b)

SCHUBARTH, W.: Gewalt an Schulen im Spiegel aktueller Schulstudien. In: LAMNEK 1995, S. 139-154

SCHUBARTH, W.: Je liberaler, desto mehr Gewalt an Schulen? Ergebnisse eines Ost-West-Vergleichs. In: SCHUBARTH/KOLBE/WILLEMS 1996, S. 29-47

SCHUBARTH, W.: Gewaltphänome aus Sicht von Schülern und Lehrern. Eine empirische Studie an sächsischen Schulen. In: Die Deutsche Schule H. 1/1997, S. 63-76 (1997a)

SCHUBARTH, W.: Xenophobia among East German Youth. In: KURTHEN, H./BERG-
MANN, W./ERB, R. (HRSG.): Antisemitism and xenophobia in Germany after Unifi-
cation. New York/Oxford 1997, S. 143-158 (1997b)
SCHUBARTH, W.: Schule zwischen Offenheit und Halt. In: BÖHNISCH, L./RUDOLPH,
M./WOLF, B. (HRSG.): Lebensort Jugendarbeit - Eine Standortbestimmung der Ju-
gendarbeit angesichts der Janusköpfigkeit postmoderner Sozialisation. Weinheim,
München 1998, S. 239-250 (1998a)
SCHUBARTH, W.: Analyse und Prävention von Gewalt. Der Beitrag interdisziplinärer
Forschung zur Gewaltprävention in Schule und Jugendhilfe. Habilitationsschrift.
Technische Universität Dresden 1998 (1998b)
SCHUBARTH, W.: Systemtransformation und Schulentwicklung. Zu psychosozialen Pro-
blemen bei der inneren Schulreform in den neuen Bundesländern. In: Neue Samm-
lung H. 4/1998, S. 465-488 (1998c)
SCHUBARTH, W.: „Jugendprobleme" machen Karriere. Zum Verhältnis von Medienöf-
fentlichkeit, Politik, Wissenschaft und Praxis am Beispiel der Gewaltdebatte. In:
TIMMERMANN, H./WESSELA, E. (HRSG.): Jugendforschung in Deutschland - Eine
Zwischenbilanz. Opladen 1999 (1999a)
SCHUBARTH, W.: Gewalt und Gewaltprävention in der Schule. In: Pädagogik H. 1/1999,
S. 28-31 (1999b)
SCHUBARTH, W.: Forschungen zum Geschichtsbewußtsein In: FRIEDRICH/FÖRSTER/
STARKE 1999, S. 206-224 (1999c)
SCHUBARTH, W./ACKERMANN, CH.: 45 Fragen und Projekte zur Gewaltprävention. Eine
Handreichung für Lehrer, Sozialpädagogen und Eltern. Dresden 1997, 1998 (2.
Aufl.)
SCHUBARTH, W./ACKERMANN, CH.: Schulische Gewaltformen und Konfliktsituationen
im Ost-West-Vergleich. In: FORSCHUNGSGRUPPE SCHULEVALUATION 1998, S. 51-
84
SCHUBARTH, W./DARGE, K./MÜHL, M./ACKERMANN, CH.: Im Gewaltausmaß vereint?
Eine vergleichende Schülerbefragung in Sachsen und Hessen. In: HOLTAPPELS/HEIT-
MEYER/MELZER/ TILLMANN 1997, S. 101-118
SCHUBARTH, W./DARGE, K./MÜHL, M. u.a.: Schulische Entstehungsbedingungen für
Gewalt und pädagogische Handlungsmöglichkeiten. Eine vergleichende Fallstudie.
FORSCHUNGSGRUPPE SCHULEVALUATION. Dresden 1997
SCHUBARTH, W./HOFFMANN-LANGE, U.: Nationalistische und rechtsextremistische Ori-
entierungen. In: DEUTSCHES JUGENDINSTITUT: Schüler an der Schwelle zur deut-
schen Einheit. Politische und persönliche Orientierungen in Ost und West. Opladen
1992, S. 114-127
SCHUBARTH, W./KOLBE, F.-U./WILLEMS, H. (HRSG.): Gewalt an Schulen. Ausmaß,
Bedingungen und Prävention. Opladen 1996
SCHUBARTH, W./MELZER, W. (HRSG.): Schule, Gewalt und Rechtsextremismus. Opladen 1993 (2. erweiterte Auflage 1995)
SCHUBARTH, W./MELZER, W.: Gewalt an Schulen. Ergebnisse einer Schulleiterbefragung zu abweichendem Verhalten in Schulen in Sachsen (unter Mitarbeit von CH.
ACKERMANN UND D. STENKE). Dresden 1994 (1994a)
SCHUBARTH, W./MELZER, W.: Gewalt an Schulen. Schwerpunkt Förderschulen. Ergebnisse einer Schulleiterbefragung zu abweichendem Verhalten in Schulen in Sachsen
(unter Mitarbeit von CH. ACKERMANN, R. MÜLLER UND D. STENKE). Dresden 1994
(1994b)

SCHUBARTH, W./PSCHIERER, R./SCHMIDT, T.: Verordneter Antifaschismus und die Folgen. Das Dilemma antifaschistischer Erziehung am Ende der DDR. In: Aus Politik und Zeitgeschichte H. 9/1991, S. 3-16

SCHUBARTH, W./STENKE, D.: „Ausländer"-Bilder bei ostdeutschen Schülerinnen und Schülern. Versuch der Rekonstruktion von Wahrnehmungs- und Argumentationsstrukturen. In: Deutschlandarchiv H. 12/1992, S. 1247-1254

SCHUBARTH, W./STENKE, D.: Einstellungen zu „Ausländern" bei ostdeutschen Schülerinnen und Schülern - Ursachen und pädagogische Konsequenzen. In: Politische Bildung H. 1/1993, S. 48-60

SCHUBARTH, W./STENKE, D.: Gewaltintervention und -prävention als Merkmale von Schulqualität: Zwei Schulbeispiele. In: SCHUBARTH/KOLBE/WILLEMS 1996, S. 173-204

SCHUBARTH, W. u.a.: Mittelschule, Förderschule, Heim - Probleme der Kooperation und Integration. Empirische Befunde eines Lehrforschungsprojekts zu Kooperations- und Integrationsmöglichkeiten an der Mittelschule, Förderschule und Heim in Moritzburg. Dresden 1995

SCHUBARTH, W. u.a.: Biographische Erfahrungen von Heimkindern in Familie, Schule und Heim. Ergebnisse eines Lehrforschungsprojekts. Dresden 1996.

SCHUL- UND KULTURREFERAT DER STADT NÜRNBERG: Auswertung der Umfrage zur Gewalt an Nürnbergs Schulen. Nürnberg 1992

SCHULTE, B. M.: Alpträume oder happy dreams. Eine Schule ohne Gewalt? - Das Wetzlarer Modellprojekt. In: Erziehung und Wissenschaft H. 10/1996, S. 6-9

SCHULTE-MARKWORT, M.: Gewalt ist geil. Mit aggressiven Kindern und Jugendlichen umgehen. Stuttgart 1994

SCHUSTER, B.: Rejection, Exclusion and Harassment at Work and in Schools. In: European Psychologist, Vol. 1, No. 4 1996, S. 293-317

SCHUSTER, B.: Bullying in der Schule: Ein Überblick über die Forschung und Anregungen aus verwandten Forschungstraditionen. In: Empirische Pädagogik H. 3/1997, S. 315-326

SCHUSTER, B.: Außenseiter in der Schule: Prävalenz von Viktimisierung und Zusammenhang mit sozialem Status. In: Zeitschrift für Sozialpsychologie H. 2/1997, S. 251-264

SCHUSTER, B.: Gibt es eine Zunahme von Bullying in der Schule? Konzeptionelle und methodische Überlegungen. In: SCHÄFER/FREY 1999, S. 91-104

SCHWARZER, R./JERUSALEM, M. (HRSG.): Gesellschaftlicher Umbruch als kritisches Lebensereignis. Psychosoziale Krisenbewältigung von Übersiedlern und Ostdeutschen. Weinheim, München 1994

SCHWIND, H.-D./BAUMANN, J. u.a. (HRSG.): Ursachen, Prävention und Kontrolle von Gewalt. Analysen und Vorschläge der Unabhängigen Regierungskommission zur Verhinderung und Bekämpfung von Gewalt (Gewaltkommission). Endgutachten. Sonderdruck. Berlin 1989

SCHWIND, H.-D./BAUMANN, J. u.a. (HRSG.): Ursachen, Prävention und Kontrolle von Gewalt. Analysen und Vorschläge der Unabhängigen Regierungskommission zur Verhinderung und Bekämpfung von Gewalt (Gewaltkommission). Band I bis IV. Berlin 1990

SCHWIND, H.-D./ROITSCH, K./AHLBORN, W./GIELEN, B. (HRSG.): Gewalt in der Schule. Mainzer Schriften zur Situation von Kriminalitätsopfern. Mainz 1995

SCHWIND, H.-D./ROITSCH, K./GIELEN, B.: Gewalt in der Schule aus der Perspektive unterschiedlicher Gruppen. In: HOLTAPPELS/HEITMEYER/MELZER/TILLMANN 1997, S. 81-100

SEIFERT, T.: Der Strukturwandel der Jugendphase in Ostdeutschland und seine Folgen für die Jugendarbeit. Eine empirische Studie aus dem Bereich einer besonderen Jugendpopulation. Dissertation. Technische Universität Dresden 1995
SEIFFGE-KRENKE, I.: Entwicklung des sozialen Verhaltens. In: HETZER/TODT/SEIFFGE-KRENKE/ARBINGER 1995, S. 352-396
SELG, H. (HRSG.): Zur Aggression verdammt? Ein Überblick über die Psychologie der Aggression. Stuttgart, Berlin, Köln, Mainz 1978
SELG, H.: Aggression. In: ASANGER, R./WENNINGER, G.: Handwörterbuch der Psychologie. Weinheim 1992, S. 1-4
SELMAN, R. L.: Die Entwicklung des sozialen Verstehens. Frankfurt 1984
SENATSVERWALTUNG FÜR SCHULE, BERUFSBILDUNG UND SPORT: „Jugend mit Zukunft" Sonderprogramm gegen Gewalt. Teilprogramm: „Lebenswelt Schule". Handreichung. Berlin 1995
SFB 227: Prävention und Intervention im Kindes- und Jugendalter. Finanzierungsantrag für die erste Forschungsphase. Universität Bielefeld. Bielefeld 1985
SFB 227: Prävention und Intervention im Kindes- und Jugendalter. Finanzierungsantrag für die vierte Forschungsphase. Universität Bielefeld. Bielefeld 1994
SFB 227: Forschung im Dienste von Kindern und Jugendlichen. Arbeitsprogramm und Forschungsschwerpunkte. Universität Bielefeld. Bielefeld o.J.
SFB 227: Prävention und Intervention im Kindes- und Jugendalter. Arbeits- und Ergebnisbericht für die vierte Förderphase 1995-1997. Bielefeld o.J.
SHARP, S./SMITH, P. E. (ED.): Tackling Bullying in your School. London 1994
SILBEREISEN, R. K./VASKOVICS, L. A./ZINNECKER, J.: Jungsein in Deutschland. Opladen 1996
SIMON, T.: Raufhändel und Randale. Sozialgeschichte aggressiver Jugendkulturen und pädagogischer Bemühungen vom 19. Jahrhundert bis zur Gegenwart. Weinheim, München 1996
SMAUS, G.: Versuch um eine materialistisch-interaktionistische Kriminologie. In: Kritische Kriminologie heute. 1. Beiheft des Kriminologischen Journals 1986, S. 179-199
SMITH, P. K./SHARP, S.: School Bullying. Insights and Perspectives. London, New York 1994
SPAUN, K. V.: Gewalt und Aggression an der Schule. Staatsinstitut für Schulpädagogik und Bildungsforschung. München 1994
SPECHT, W.: Kriminalprävention - (k)ein Thema für die Jugendhilfe. Chancen mobiler Jugendarbeit nutzen. In: Jugendhilfe H. 6/1997, S. 344-352
SPOO, E.: Der Korrespondent und das Kotelett des Gerhard Schröder. Öffentliches Interesse, Privatangelegenheit und Schwierigkeiten einer Grenzziehung - eine Bilanz aus Niedersachsen. In: Frankfurter Rundschau vom 27.08.1997, S. 8
SPREITER, M. (HRSG.): Waffenstillstand im Klassenzimmer. Vorschläge. Hilfestellungen. Prävention. Weinheim, Basel 1993
STAATLICHES SCHULAMT FÜR DIE STADT KASSEL: Gewalt an Schulen in Kassel. Forschungsbericht. Kassel 1993
STARK, W.: Prävention. In: ASANGER, R./WENNINGER, G. (HRSG.): Handwörterbuch Psychologie. Weinheim 1992
STARKE, U.: Gewalt bei ostdeutschen Schülerinnen und Schülern. In: SCHUBARTH/MELZER 1993, S. 80-92
STARKE, U./ROCHLITZ, M./STARKE, K.: Jugend in Sachsen 1994. Gesellschaft für Jugend- und Sozialforschung e.V. Universität Leipzig 1994
STEFFENS, U./BARGEL, T.: Erkundungen zur Qualität von Schule. Neuwied, Kriftel, Berlin 1993

STEINER, I./BOEHNKE, K./KIRCHHÖFER, D./MERKENS, H. (HRSG.): Schuljugendliche in Berlin 1993. Arbeitsbericht Nr. III. Berlin 1993

STEINWEG, R.: Gewalt in der Stadt. Wahrnehmungen und Eingriffe. Das Grazer Modell. Münster 1994

STENKE, D.: Umgang mit Fremdenfeindlichkeit in der Schule. In: SCHUBARTH/MELZER 1993, S. 232-248

STENKE, D.: Mädchen, Gewalt und Rechtsextremismus. Kritische Anmerkungen zur Thematisierung des Geschlechterverhältnisses in der Auseinandersetzung mit Jugendgewalt. In: AgAG-Informationsdienst H. 4/1994, S. 19-29

STENKE, D.: Eine Mittelschule am Rande der Großstadt. Beispiel für Schulentwicklung und die gelungene Kooperation von Schule und Stadtteil. In: Schulverwaltung H. 9/1997, S. 242-246

STENKE, D./BERGELT S./BÖRNER, F.: Jungengewalt-Mädchengewalt - ein Exkurs. In: FORSCHUNGSGRUPPE SCHULEVALUATION 1998, S. 85 - 114

STICKELMANN, B. (HRSG.): Zuschlagen oder Zuhören. Jugendarbeit mit gewaltorientierten Jugendlichen. Weinheim, München 1996 (1996a)

STICKELMANN, B.: Zur Einführung: Gegen - Gewalt - Jugendarbeit? Grundlagen einer sozialpädagogischen Reflexion. In: STICKELMANN 1996, S. 7-54 (1996b)

STRUCK, P.: Erziehung gegen Gewalt. Ein Buch gegen die Spirale von Aggression und Haß. Neuwied, Kriftel, Berlin 1994

STRUCK, P.: Die Schule der Zukunft. Von der Belehrungsanstalt zur Lernwerkstatt. Darmstadt 1996

STURZBECHER, D. (HRSG.): Jugend und Gewalt in Ostdeutschland. Lebenserfahrungen in Schule, Freizeit und Familie. Göttingen 1997

STURZENHECKER, B.: Pädagogische Handlungsmöglichkeiten gegen Gewalt. Eine Hinterfragung. In: Kind Jugend Gesellschaft H. 3/1993, S. 133-139

STURZENHECKER, B.: Umgang mit Gewalt in der Jugendarbeit -Vom Alltagswursteln zur bewußten Konfliktbearbeitung. Mitteilungen des Landesjugendamtes Westfalen-Lippe Nr. 118. Münster 1994

SZADAY, CH./BÜELER, X./FAVRE, B.: Schulqualitäts- und Schulentwicklungsforschung: Trends, Synthese und Zukunftsperspektiven. Bern, Aarau 1996

TEDESCHI, J. T.: Social Influence Theory and Aggression. In: RUSSEL, G. G./DONNERSTEIN, E. I. (EDS.): Aggression. Theoretical and Empirical Reviews. V. 1. Theoretical and Methodological Issues. New York 1983, S. 135-162 (zitiert in Schmidtchen 1997)

TENNSTÄDT, K.-CH./KRAUSE, F./HUMPERT, W./DANN, H.-D.: Das Konstanzer Trainingsmodell (KTM). Neue Wege im Schulalltag: Ein Selbsthilfeprogramm für zeitgemäßes Unterrichten und Erziehen (Bd. 1). Bern, Stuttgart, Toronto 1991

TENORTH, H.-E.: Profession und Disziplin. Bemerkungen über die krisenhafte Beziehung zwischen pädagogischer Arbeit und Erziehungswissenschaft. In: DRERUP/TERHART 1990, S. 81-98

TERHART, E.: Pädagogisches Wissen in subjektiven Theorien: das Beispiel Lehrer. In: DRERUP/TERHART 1990, S. 117-134

TERHART, E.: Lehrerprofessionalität. In: ROLFF 1995, S. 225-266

THERWEY, M./PÖHLKER, R.: „Konfrontatives Interventionsprogramm" (KIP) für Schulen. In: WEIDNER/KILB/KREFT 1997, S. 112-149

THEUNERT, H.: Gewalt in den Medien - Gewalt in der Realität. Opladen 1987

THIERSCH, H./WERTHEIMER, J./GRUNWALD, K. (HRSG.): „...überall in den Köpfen und Fäusten". Auf der Suche nach Ursachen und Konsequenzen von Gewalt. Darmstadt 1994

THOME, J./RIEDERER, P.: Neurobiologie der Aggressivität. In: NISSEN 1995, S. 29-38

THURN, S./TILLMANN, K.-J.: Die schulpädagogische Diskussion heute - und was die Laborschule dazu beitragen kann. In: THURN, S./TILLMANN, K.-J. (HRSG.): Unsere Schule ist ein Haus des Lernens. Reinbek 1997, S. 11-22

TILLMANN, K.-J. (HRSG.): Jugend weiblich - Jugend männlich. Opladen 1992

TILLMANN, K.-J.: Sozialisationstheorien. Eine Einführung in den Zusammenhang von Gesellschaft, Institution und Subjektwerdung. Reinbek 1994 (1994a)

TILLMANN, K.-J. (HRSG.): Was ist eine gute Schule? Hamburg 1994 (1994b)

TILLMANN, K.-J.: Gewalt in der Schule: was sagt die erziehungswissenschaftliche Forschung dazu? In: Recht der Jugend und des Bildungswesens H. 2/1994, S. 163-174 (1994c)

TILLMANN, K.-J.: Gewalt in der Schule - Entstehungsbedingungen und Handlungsperspektiven. In: SCHUBARTH/MELZER 1995, S. 179-189 (1995a)

TILLMANN, K.-J.: Schulische Sozialisationsforschung. In: ROLFF 1995, S. 181-210 (1995b)

TILLMANN, K.-J.: Erziehungswissenschaft und Bildungspolitik. Analyse eines prekären Verhältnisses. In: Tillmann, K.-J.: Schulentwicklung und Lehrerarbeit. Nicht auf bessere Zeiten warten. Hamburg 1995, S. 121-139 (1995c)

TILLMANN, K.-J.: Von der Kontinuität, die nicht auffällt - Das ostdeutsche Schulsystem im Übergang von der DDR zur BRD. In: MELZER/SANDFUCHS 1996, S. 13-22

TILLMANN, K.-J.: Gewalt an Schulen: öffentliche Diskussion und erziehungswissenschaftliche Forschung. In: HOLTAPPELS/HEITMEYER/MELZER/TILLMANN 1997, S. 11-25

TILLMANN, K.-J./HOLLER-NOWITZKI, B./HOLTAPPELS, H. G./MEIER, U./POPP, U.: Schülergewalt als Schulproblem. Verursachende Bedingungen, Erscheinungsformen und pädagogische Handlungsperspektiven. Weinheim, München 1999.

TODT, E./BUSCH, L.: Aggression und Gewalt in Schulen. In: Recht der Jugend und des Bildungswesens H. 2/1994, S. 174-186

TRABANT, H./WURR, R.: Prävention in der Sozialen Arbeit. Opladen 1989

TRENZ, C.: Gewalttätigkeit von Jugendlichen als Thema des Jugendschutzes. In: Kind Jugend Gesellschaft H. 4/1991, S. 73-78

ULICH, D.: Schulische Sozialisation. In: HURRELMANN, K./ULICH, D. (HRSG.): Neues Handbuch der Sozialisationsforschung, Weinheim, Basel 1991, S. 377-396

UNABHÄNGIGES CENTRUM FÜR EMPIRISCHE SOZIAL-, POLITIK- UND KOMMUNIKATIONSFORSCHUNG (UCEF): Gewalt. Texte von Kindern und Jugendlichen. H. 2/1993

VAHSEN, F.: Zum pädagogischen Stellenwert der Projekte gegen Gewalt, Rassismus und rechtsextreme Orientierung. Praxisprojekte im Spiegel eines anwendungsbezogenen Forschungsprojektes. AgAG-Informationsdienst H. 2/1994, S. 61-66

VAHSEN, F.: Jugend, Gewalt und rechtsextreme Orientierung - Zum Stellenwert pädagogischer Handlungsansätze und einiger Probleme der pädagogischen Praxis. In: INFORMATIONSZENTRUM SOZIALWISSENSCHAFTEN 1995, S. 85-98

VAHSEN, F. u.a.: Jugendarbeit zwischen Gewalt und Rechtsextremismus. Darstellung und Analyse aktueller Handlungsansätze. Hildesheim 1994

VALTIN, R./PORTMANN, R. (HRSG.): Gewalt und Aggression. Herausforderungen für die Grundschule. Fankfurt a.M. 1995

VEEN, H.-J./JAIDE, W./HILLE, B./FRIEDRICH, W./FÖRSTER, P.: *Eine* Jugend in Deutschland? Orientierungen und Verhaltensweisen der Jugend in Ost und West. Opladen 1994
VEITH, H.: Theorien der Sozialisation. Zur Rekonstruktion des modernen sozialisationstheoretischen Denkens. Frankfurt, New York 1996
VEREIN FÜR KOMMUNALWISSENSCHAFTEN E.V. (HRSG.): Lebenslagen von Kindern und Jugendlichen im Wandel: Neue Anforderungen an Jugendhilfe und Schule. Berlin 1996
VEREIN FÜR KOMMUNALWISSENSCHAFTEN E.V.: Soziale Arbeit in der Schule (Schulsozialarbeit) - Konzeptionelle Grundbedingungen. Berlin o.J.
VEREIN „SCHULE OHNE GEWALT" E.V.: Vorabinformation „Schule ohne Gewalt". Bericht über eine Erhebung. Leipzig 1993
VOLKER, K.: Jugend und Gewalt. Sekundarstufe I. München 1996

WAGNER, G./WERZ, B.: Gewalt an Schulen. Eine Untersuchung zur Situation an Wormser Schulen, durchgeführt von der Stadtverwaltung Worms, Abteilung Sozialplanung. Worms 1996
WALKER, J.: Gewaltfreie Konfliktlösung im Klassenzimmer. Pädagogisches Zentrum Berlin 1991
WALKER, J.: Gewaltfreier Umgang mit Konflikten in der Grundschule. Grundlagen und didaktisches Konzept. Spiele und Übungen für die Klassen 1-4. Frankfurt a.M. 1995 (1995a)
WALKER, J.: Gewaltfreier Umgang mit Konflikten in der Sekundarstufe I. Spiele und Übungen. Frankfurt a.M. 1995 (1995b)
WEBER, M.: Soziologische Grundbegriffe. Tübingen 1984
WEIDNER, J.: Jungen - Männer - Aggression. Über geschlechtsreflektierende Gewalt-Intervention mit dem Anti-Aggressivitäts-Training. In: MÖLLER 1997, S. 257-271
WEIDNER, J./KILB, R./KREFT, D. (HRSG.): Gewalt im Griff. Neue Formen des Anti-Aggressivitäts-Trainings. Weinheim, Basel 1997
WEIHRAUCH, J.: „Die Zukunft gehört den Bastarden". Notizen aus der offenen Arbeit mit „unauffälligen" Jugendlichen. In: HEIL/PERIK/WENDT 1993, S. 126-145
WEINREICH, J. P.: Aggressiv-gewalttätiges Verhalten von Schülern. Dissertation. Kiel 1987
WEISHAUPT, H.: Pädagogische Begleitforschung zwischen Bildungspolitik und Bildungsplanung. In: HOFFMANN/HEID 1991, S. 173-199
WEISHAUPT, H.: Begleitforschung zum Modellversuch im Bildungswesen. Weinheim 1992
WENZEL, H.: Thesen zur Schulentwicklung in den neuen Bundesländern. In: OLBERTZ 1997, S. 191-199
WERNING, R.: Das sozial auffällige Kind. Lebensweltprobleme von Kindern und Jugendlichen als interdisziplinäre Herausforderung. Münster, New York 1996 (2. Aufl.)
WEXLER, PH.: Schichtspezifisches Selbst und soziale Interaktion in der Schule. In: SÜNKER, H./TIMMERMANN, D./KOLBE, F.-U. (HRSG): Bildung, Gesellschaft, soziale Ungleichheit. Internationale Beiträge zur Bildungssoziologie und Bildungstheorie. Frankfurt a.M. 1994, S. 287-305
WILLEMS, H.: Fremdenfeindliche Gewalt. Einstellungen, Täter, Konflikteskalation. Opladen 1993 (1993a)
WILLEMS, H.: Gewalt und Fremdenfeindlichkeit - Anmerkungen zum gegenwärtigen Gewaltdiskurs. In: OTTO/MERTEN 1993, S. 88-108 (1993b)

WILLIS, P.: Spaß am Widerstand - Gegenkultur in der Arbeiterschule. Frankfurt a.M. 1979
WINKEL, R.: Theorie und Praxis der Schule. Hohengehren 1997
WINKLER, M.: Unerfüllte Sehnsüchte. Einige Vermutungen über das Verschwinden der Erziehungswissenschaft in der Öffentlichkeit. In: DRERUP/TERHART 1990, S.19-44
WINNICOTT, D.W.: Aggression. Versagen der Umwelt und antisoziale Tendenz. Stuttgart 1988
WITTERSTÄTTER, K.: Erklärungsmodelle für abweichendes Verhalten. In: WITTERSTÄTTER, K./STUMPF, K.: Soziale Beziehungen. Soziologische Handreichungen für Sozialarbeit/Sozialpädagogik. Neuwied, Kriftel, Berlin 1994, S. 149-180
WÜRTZ, S./HAMM, S./WILLEMS, H./ECKERT, R.: Gewalt und Fremdenfeindlichkeit in der Erfahrung von Schülern und Lehrern. In: SCHUBARTH/KOLBE/WILLEMS 1996, S. 85-130
WULFERS, W.: Schulsozialarbeit. Ein Beitrag zur Öffnung, Humanisierung und Demokratisierung der Schule. Hamburg 1996

ZIEHLKE, B.: Deviante Jugendliche. Individualisierung, Geschlecht und soziale Kontrolle. Opladen 1993
ZINNECKER, J.: Jugendforschung in Deutschland. Eine Zwischenbilanz. In: Erziehungswissenschaft Heft 4/1993, S. 96-113
ZINNECKER, J.: Jugendforschung in Deutschland. Bilanz und Perspektiven. In: EDELSTEIN/ STURZBECHER 1996, S. 189-207

Anhang

Tab. A 1: Übersicht über Schulstudien zum Thema „Gewalt" (1973-1999)

Autoren	Ziele der Untersuchung	Methoden
Brusten/Hurrelmann 1973	Zusammenhang von schulischen Bedingungen (Interaktions-, Definitionsprozesse) und abweichendem Verhalten von Schülern	standardisierte Befragung (Selbstbericht) von 819 Schülern und 67 Lehrern an Hauptschulen, Realschulen und Gymnasien in Bielefeld
Franz/Schlesinger 1974	Ausmaß verschiedener Erscheinungsformen von Gewalt, insb. Vandalismus	Interviews mit 45 Klassenlehrern an Hauptschulen in Hamburg
Bach u.a. 1984	Ausmaß, Erscheinungsformen, schulische Ursachen von Verhaltensauffälligkeiten und pädagogische Folgerungen	standardisierte Befragung bei Schulleitern u. je 2 Lehrern an allen 1527 Schulen in Rheinland-Pfalz (1980/81)
Fend/Schneider 1984	Analyse problematischen Schülerverhaltens u. schulspezif. Bedingungen	stand. Befragung von 9297 Schülern der 6., 8. und 9. Klassen (1977)
Klockhaus/ Habermann-Morbey 1986	Ausmaß und (primäre) Ursachen zerstörerischen Verhaltens (Vandalismus)	stand. Befragung von 3000 Nürnberger Schülern (8.-11 Kl.) an „auffälligen" Schulen (1983/84)
Hilgers 1987	Sensibilisierung der Lehrerschaft der betreffenden Schule zum Konfliktfeld „Unterrichtsstörung"	stand. Befragung von 500 Hauptschülern und 30 Lehrern einer Hauptschule anläßlich eines Studientages im Päd. Zentrum Bad Kreuznach
Holtappels 1987	Ausmaß „abweichender" bzw. „konformer" Einstellungs-, Verhaltens- und Anpassungsmuster und deren Bedeutung aus Schülerperspektive	stand. Befragung von 28 Schulklassen mit insg. 759 Schülern des 7.-9. Jahrgangs aus 8 Schulen verschiedener Schulformen in Duisburg und Düsseldorf, 79 qualitative Einzel- und Gruppeninterviews mit Schülern (1982-84)

Weinreich 1987	Untersuchung von Aggression und Gewalt in Schulen, Entwicklung von Erklärungsansätzen und Erarbeitung von Lösungsvorschlägen	stand. Schüler- und Lehrerbefragung (1/3 Rücklauf), 148 Schulleitungen, 560 Schüler (7.-9. Kl.) in Kiel u. Ostholstein sowie Interviews (1985)
Staatliches Schulamt für die Stadt Frankfurt am Main 1991	Bestandsaufnahme der unterschiedlichen Phänomene von Gewalt an Schulen und deren Umfeld	offene Umfrage unter 158 Frankfurter Schulen im Schuljahr 1990/91 (Fallbeispiele von Gewalt gegen Personen und Sachen)
Freie u. Hansestadt Hamburg. Behörde für Schule, Jugend u. Berufsbildung 1992	Ausmaß u. Erscheinungsformen von Gewalt u. Entwicklung von Handlungskonzepten für den Umgang mit gewaltausübenden Jugendlichen	Schulleiterbefragung der Hamburger Schulbehörde, stand. Fragebogen an 176 Schulen (40% der Hamburger Schulen, 100% Rücklauf), Ergänzung durch Experten- u. Schülerinterviews
Schul- und Kulturreferat der Stadt Nürnberg 1992	Bestandsaufnahme (Eindrücke, Einschätzungen) zum Themenkomplex Gewalt	offene Umfrage an allen Schulen in Nürnberg (Rücklauf zwei Drittel)
Dettenborn/ Lautsch 1993	Aggression und deren Determinanten aus Schülerperspektive	standardisierter Fragebogen u. offene Fragen bei 2553 Schülern der 7. u. 10. Kl. an Gesamt-, Real-, Hauptschulen u. Gymnasien in Ost- und Westberlin
Hurrelmann/ Freitag 1993	Ausmaß und Risikofaktoren für Aggression und Gewalt unter Schülern	stand. Fragebogen bei ca. 800 Schülern der Kl. 6-10 an 18 Schulen im Großstadtgebiet Essen und Osnabrück
Kirchhöfer/Steiner 1993, Steiner u.a. 1993	Gewalt und deren Determinanten unter Schülern	stand. Befragung bei über 1200 Schülern (Kl. 7-10) aus Ost- und Westberlin 1991-93
Ministerium für Bildung und Kultur Rheinland-Pfalz 1993	Bild über die Situation an rheinland-pfälzischen Schulen	offene Befragung aller rheinland-pfälzischen Schulen (1455 Schulen mit Rückmeldungen)

Niebel/Hanewinkel/Ferstl 1993, Hanewinkel/ Knaack 1997	quantitative Erfassung von „Gewalt zwischen Schülern", „Vandalismus" u. „Gewalt gegen Lehrer" (einschl. verbaler Aggression), Risikofaktoren, vor allem schulische Parameter	repräs. Fragebogenstudie: an 59 allgemein- u. berufsbild. Schulen (5% der schleswigholstein. Schulen) wurden 1186 Schüler, 559 Lehrer (davon 59 Schulleiter) und 637 Eltern befragt	
Staatliches Schulamt für die Stadt Kassel 1993	Ausmaß und Bedingungen von Gewalt	stand. Befragung von 1076 Schülern u. 261 Lehrern an 9 Kasseler Schulen	
Hornberg/Lindau- Bank/Zimmermann 1994	Ausmaß, Entwicklung und Erklärung von Gewalt	repräsentative Umfrage unter Schülereltern	
Knopf u.a. 1994, Knopf 1996	quantitative u. qualitative Erfassung von Gewalt, Bedingungen u. Ursachen, Erprobung u. Bewertung von pädagog. Maßnahmen zur Vermeidung von und zum konstruktiven Umgang mit Gewalt	stand. Befragung von 350 Lehrern unterschiedl. Schulen und 66 Schülern aus 10 Schulen Sachsen-Anhalts sowie 32 Einzelfallanalysen bei z.T. gewaltauffälligen Schülern, Expertenbefragungen	
Lamnek 1994a, 1995b, Luedtke 1994a, b, Fuchs 1994a, b, Fuchs/ Lamnek/Luedtke 1996 (Eichstätter Studie)	Ausmaß, Erscheinungsformen und Ursachen von Gewalt	stand. Befragung von 3600 Schülern aus Haupt-, Berufs-, Realschulen u. Gymnasien in Bayern, stand. Befragung von 800 Lehrern, 6 Gruppendiskussionen mit Lehrern, Schülern u. Bediensteten	
Spaun 1994	Überblick über Gewaltsituation an Schulen in Bayern	statistische Erhebung (Angaben der Schulleitungen) über gewalttätige Vorfälle im Schuljahr 1992/93 an allen 3600 Schulen	
Todt/Busch 1994, Busch/Todt 1997 Busch 1998	Erfassung der beobachteten Aggression u. Gewalt u. von mögl. Gegenspielern, Ansatzpunkte für schulische Maßnahmen und deren Evaluation	stand. Befragung von 1600 Schülern (5.-9.Kl.) an mehreren (integrierten und additiven) Gesamtschulen eines ländlichen Gebietes in Mittelhessen	

Anhang

Diehl/Sudek 1995	Untersuchung der Schülersicht zur Wahrnehmung und Ausübung von (personaler) Gewalt sowie zu Präventionsmöglichkeiten	stand. Befragung aller Schüler (5.-13. Kl.) eines Gymnasiums in Ingelheim am Rhein (N=900), Auswertung des Raufunfallgeschehens
Erziehungsdirektion des Kantons Zürich 1995	Analyse der Gewaltprobleme und Erarbeitung schulischer Maßnahmen	qualitative u. quantitative Untersuchung, u.a. stand. Befragung bei 600 Schülern der 9. Kl. (Stadt Zürich)
Ettrich/Jahn/ Krause 1995	Analyse des Zusammenhangs von Pausenverhalten und Persönlichkeitsmerkmalen	Beobachtung des Pausenverhaltens von 315 Schülern (Kl. 5-9) an 61 Leipziger Schulen (Mittelschulen und Gymnasien) durch 61 Lehrer
Funk 1995, Funk/Passenberger 1997 (Nürnberger Schülerstudie)	Analyse relevanter Rahmenbedingungen für gewaltaffine Einstellungen und gewalttätigen Handelns auf der Basis eines strukturell-individualistischen Ansatzes	stand. Befragung von 1458 Schülern der 7.-9. Kl. aus Haupt-, Realschulen u. Gymnasien in Nürnberg (ca. 15% der Klassen der einbez. Schulformen)
Greszik/Hering/ Euler 1995	Häufigkeit verschiedener Gewaltformen und Entwicklung von Gewalt	stand. Fragebogen bei 1077 Schülern (8-20 Jahre) u. 223 Lehrern 9 Kasseler Schulen (Rückl.: 35-75% pro Schule), Untersuchung von Unfallmeldungen
Helsper 1995	Entstehungsbedingungen für Gewalt im Rahmen eines Konzepts des sozialen u. sozialisator. Erzeugens von Selbstkrisen u. des „Kampfes um Anerkennung"	Fallstudien
Krämer 1995	Ausmaß und Determinanten von Gewalt	quantitative Erkundungsstudie, stand. Befragung bei 1000 Schülern an 18 Schulen der Interregion Saarland, Lothringen u. Luxemburg

Landesinstitut für Erziehung und Unterricht Baden-Württemberg 1995	Gewaltentwicklung u. -verständnis, Ursachen u. Interventionsmöglichkeiten in bezug auf Gewalt aus Sicht der Schulen	stand. Befragung 1991 u.1994 von 398 bzw. 342 Schulleitungen verschiedener Schulformen in Baden-Württemberg
Melzer/Rostampour 1995	Formen und Ausmaß schulischen Gewalthandelns sowie entsprechender Determinanten	stand. Befragung von ca. 4000 Schülern (6. u. 9. Kl.) an Mittelschulen u. Gymnasien in Sachsen
Mölleken/Steinke-Schmickler/ Harnischmacher 1995 u. Mölleken/Steinke-Schmickler 1995	Untersuchung der Qualität u. Quantität der „klassischen Schuldelikte" (anhand von Viktimisierungserfahrungen und Beobachtungen/Wahrnehmungen)	stand. Fragebogen bei 1423 Schülern (Rückl.: 74%) an 8 Kölner Schulen (5.-10. Kl.) u. bei 122 Lehrern (38% Rücklauf)
Olweus 1995 u. Olweus 1997	Analyse von Aggression/ Gewalt und deren Determinanten und Entwicklung eines Interventions- und Präventionsprogramms	mehrere Untersuchungen seit den 70er Jahren, Hauptstudie 1983/84, an der 85% aller Grund- und weiterführenden Schulen Norwegens teilnahmen, insges. 130 000 Schüler (8-16 J.), Vergleichsuntersuchung in Schweden
Schwind u.a. 1995 Schwind/Roitsch/ Gielen 1997 (Bochumer Studie)	Erbringen von Informationen, die die Lagebeurteilung erleichtern und als Basis für Präventionsmaßnahmen genutzt werden können	stand. Befragung aller 123 Schulleiter verschiedener Schulformen (Rückl. 90%), von 208 Lehrern (Rückl. 74%), von Sekretärinnen u. Hausmeistern, stand. Befragung (bei jüngeren Schülern face-to-face) von 934 Schülern aller Kl. u. Schulformen (100% Rückl.), Elternbefragung (43% Rückl.)
Böttger 1996	Beantwortung der Frage, wie die von den Medien beklagte Gewaltproblematik von den Beteiligten selbst, den Lehrern u. den Eltern eingeschätzt wird	stand. Befragung unter 205 Lehrern, 105 Eltern und 453 Schülern (7.-10. Kl.) in Hannover (Stadt u. Landkreis) in den Jahren 1994/95

Anhang

Scherer 1996	Analyse schulischer Gewalt an Schulen der Interregion Saarland-Lothringen-Luxemburg u. Impulsgebung für die bildungspolitische u. pädagog. Praxis	stand. Befragung von 984 Schülern (15-17 Jahre) an 18 Schulen der städtischen Zentren Saarbrücken, Metz u. Luxemburg (1993/94)
Würtz/Hamm/ Willems/ Eckert 1996 (Trierer Studie)	Erfahrungen und Wahrnehmungen von Gewalt und Fremdenfeindlichkeit bei Lehrern und Schülern, auch im Hinblick auf Prävention und Intervention	42 Gruppendiskussionen mit Schülern und Lehrern u. 3 Diskussionen mit Jugendlichen in Jugendklubs (1993/94) in Ost- u. Westdeutschland
Wagner/Werz 1996	Ausmaß von Gewalt an Schulen in Worms	stand. Befragung von 351 Schülern an 9 Wormser Schulen
Böttger 1997	Gründe u. Motive für Gewaltausübung in Schulen	100 qualitative Interviews mit z.T. gewaltauffälligen Jugendlichen (15-25 J.)
Dann 1997	Ausmaß und Entwicklung von Aggression und Gewalt	stand. Befragung von Lehrpersonen an je 20 Grund- u. Hauptschulen in Mittelfranken (1981 u. 1990)
Tillmann 1997, Holtappels/Meier 1997, Meier 1997, Tillmann u.a. 1999	Ausmaß u. Formen von Gewalt in Abhängigkeit von personalen und sozialen Bedingungsfaktoren	repräs. Untersuchung in Hessen (1995): 3540 Schüler (11-17 J.) und 448 Lehrer aus 24 Schulen der Sek. I
Krumm/Lamberger-Baumann/ Haider 1997	Ausmaß der Gewalt von Lehrern gegenüber Schülern	10 000 Schüler aller Schularten (7. u. 8.Kl.) u. Abschlußkl. 10, 11 bzw.12 in Österreich
Lösel/Bliesener/ Averbeck 1997	Erlebens- u. Verhaltensprobleme von Tätern u. Opfern	stand. Befragung von 1163 Schülern (7./8. Kl.) verschiedener Schulformen in Nürnberg u. Erlangen

Tab. A 2: Übersicht über Jugendstudien zu „Gewalt" (1991-1999)

Autoren	Ziele der Untersuchung	Methoden
Grundmann/Müller-Hartmann/ Schmidt 1991	Erfassung der Einstellungen Jugendlicher zu Gewalt; Möglichkeiten zur Veränderung dieser Einstellungen	stand. Befragung von 624 Ostberliner Schülern aller Schulformen (ab Kl. 6), Aufsätze u. Lehrerinterviews
Mansel/Hurrelmann 1991	Analyse problematischer Verarbeitungsformen Jugendlicher beim Übergang in den Erwachsenenstatus	stand. Befragung bei einer repräsentativen Stichprobe von über 2000 17-21-jährigen und 49 qualitative Interviews
Böhnisch u.a. 1992, Böhnisch/Wolf 1995 (Gesellungsstudie 1 und 2)	Erfassung von Einstellungen Jugendlicher in bestimmten Milieus und Folgerungen für die Jugendarbeit	stand. Befragungen, kombiniert mit teilnehmender Beobachtung in Jugendtreffs, Interviews u. Expertengesprächen in sächsischen Städten
Jugendwerk der Deutschen Shell 1992	differenzierte Beschreibung des „Jungseins" und des Wandels von Jungsein im vereinten Deutschland	quantitative und qualitative Untersuchungen, u.a. stand. Befragung unter 2000 Jugendlichen (13-29 Jahre) in den alten und neuen Bundesländern
Korfes/Thiel u.a. 1992 und Korfes 1994	Ursachen für Gewalt bei Jugendlichen im Zusammenhang mit dem Umbruch in Ostdeutschland	quantitat. u. qualitat. Untersuchung von Ostberliner Schülern u. Lehrern, u.a. Befragung von 200 Schülern
Ohder 1992	Beschreibung von „Jugendgruppengewalt" aus unterschiedl. Perspektiven, Entwicklung eines Interpretationsrahmens, Aufriß geeigneter Interventions- und Präventionsmaßnahmen	Aufarbeitung relevanter Wissensbestände, Diskursanalysen, Auswertung statistischen Materials am Beispiel Berlins, Befragung der sozialen Akteure u. von Experten
Pollmer/Reißig/ Schubarth 1992	Situation ostdeutscher Jugendlicher nach der Wende, auch in bezug auf aggressives u. gewaltförmiges Verhalten	stand. Befragung unter 1445 Schülern der 8. Klasse in Sachsen sowie deren Lehrern

Anhang

Projektgruppe Jugendkriminalität der Uni Potsdam 1992	Erfassung von Delinquenzformen aus Schüler- und Lehrersicht	stand. Fragebogen bei 2500 Schülern (13-21 Jahre) und bei 134 Lehrern unterschiedl. Schulformen in Brandenburg
Engel/Hurrelmann 1993	Erfassung von Determinanten des Risikoverhaltens (Streß-, Drogen-, Delinquenzrisiko) bei Jugendlichen im Zeitverlauf	stand. Befragung von 491 Jugendlichen (repräs. Zufallsauswahl), Längsschnitt mit 4 Erhebungen, beginnend 1986 mit 12/13jährigen
Hoffmann-Lange/ Schneider/Gille 1993	Einstellungen bei ost- und westdeutschen Jugendlichen, Zusammenhang von Gewaltbilligung u. Gewaltbereitschaft mit politischen Orientierungen	Repräsentativbefragung über politische Orientierungen 16-19jähriger in den neuen (2564 Jugendliche) und alten (4526 Jugendliche) Bundesländern
Oesterreich 1993	Zusammenhang zwischen Autoritarismus und polit. Einstellungen im Ost-West-Vergleich	stand. Befragung bei ca. 1400 Gymnasiasten und Berufsschülern in Ost- und Westberlin (1991)
Starke 1993	Analyse von Gewaltphänomenen unter ostdeutschen Schülern	quantitat. u. qualitat. Untersuchungen bei sächsischen Schülern (1991/92)
Unabhängiges Centrum für empirische Sozial-, Politik- und Kommunikationsforschung 1993	Erfassung der Sicht Jugendlicher auf Gewalt sowie ihrer Gewalterfahrungen	Interviews mit ca. 90 Rostokker Jugendlichen (15-21 Jahre) (1992), 600 Schüleraufsätze der 5.-11. Kl. in Mecklenburg-Vorpommern (1993)
Willems 1993	Erfassung von Einstellungen, Täterstrukturen und Konflikteskalationen in bezug auf fremdenfeindliche Gewalt	Analyse von ca. 1400 polizeilichen Ermittlungsakten zu fremdenfeindl. Straftaten im Zeitraum 1991/92 sowie von 53 Urteilsschriften

Bayerische Staatsregierung 1994	Erarbeitung eines Konzepts mit konkreten Gegenmaßnahmen, insbesondere auf dem Gebiet der Prävention	Analysen einer interministeriellen Arbeitsgruppe der Bayerischen Staatsregierung zum Thema „Jugend und Gewalt" mit dem Schwerpunkt Prävention
Böhnisch u.a. 1994 und 1996	Erhebung unter den von den AgAG-Projekten erreichten Jugendlichen und Erfassung der Effekte des AgAG-Programms	quantitat. u. qualitat. Studien unter Jugendlichen, Befragung von ca. 1800 Jugendlichen aus Projekten des „Aktionsprogramms gegen Aggression und Gewalt" in den neuen Bundesländern
Claus/Herter 1994	Analyse des Phänomens der Jugendgewalt als Grundlage für eine fundierte Gewaltprävention	halbstand. Befragung von 1265 Jugendlichen (12 bis 18 J.) an 60 Magdeburger Schulen, Leitfadeninterviews mit Jugendlichen u. Expertengespräche
Hurrelmann/ Pollmer 1994	Entwicklung von Gewalt bei ost- und westdeutschen Jugendlichen und Erfassung möglicher Einflußfaktoren	stand. Befragung bei 7000 Jugendlichen (15 bis 18 J.) in Nordrhein-Westfalen und Sachsen (1990) u. Replikationsstudie (1992) in Sachsen
Bundesministerium für Familie, Senioren, Frauen u. Jugend (9. Jugendbericht) 1994	Analyse der Lebenslage von Kindern und Jugendlichen in den neuen Bundesländern	stand. Befragung bei ca. 2200 ost- und westdeutschen Jugendlichen im Alter von 14-17 Jahren
Mansel/Hurrelmann 1994	Zusammenhang von Problemkonstellationen im Individuations- u. Integrationsprozeß sowie außen- bzw. innengerichteter Problemverarbeitung	stand. Fragebogen bei 1583 Schülerinnen der Sekundarstufe I (13-17 Jahre) und 2086 Jugendlichen der Sekundarstufe II (17-22 Jahre) (1989/90)
Schmidtchen 1994, 1996, 1997	Untersuchung zu Orientierungsproblemen bei sächsischen Jugendlichen im Zeitverlauf	stand. Befragung bei 3000 ostdt. u. 1000 westdt. Jugendl. (1993/94) sowie 1000 ostdt. Jugendl. (1995)

Starke/Rochlitz/ Starke 1994	Situation und Befindlichkeiten sächsischer Jugendlicher	stand. Befragung unter 1235 Schülern in Leipzig u. Dresden
Veen u.a. 1994	Orientierungen u. Verhaltensweisen der Jugend in Ost und West	stand. Befragung unter 5000 Jugendlichen in Ost- u. Westdeutschland (1991)
Bundesministerium für Familie, Senioren, Frauen u. Jugend 1995	Untersuchung zu Orientierungen von Jugendlichen in den alten u. neuen Bundesländern (auch im Zeitverlauf)	stand. Befragung bei ca. 2000 Jugendlichen in Ost- und Westdeutschland (14-27) Jahre)
Frehsee 1995	Analyse der Entwicklung der Jugendkriminalität und deren Ursachen	Auswertung der polizeilichen Kriminalstatistik
Heitmeyer u.a. 1995	Auswirkungen von Desintegrationserfahrungen in sozialer, schulischer, beruflicher u. politischer Hinsicht u. des Zusammenhangs spezifischer Konstellationen mit gewalthaltigen Einstellungen u. Handlungsweisen	stand. Fragebogen bei 1709 Jugendlichen in den alten u. 1692 Jugendlichen in den neuen Bundesländern (15 bis 22 J.) an allgemeinbildenden und Berufsschulen in jeweils drei ausgewählten Regionen
Killias 1995	Einfluß situativer Variablen, z.B. physischer Konstitution der (männlichen) Befragten u. der Verwendung von Waffen auf das Gewaltverhalten	teils mündliche, teils schriftliche Befragung bei 970 Jugendlichen von 14-21 Jahren aus der Schweiz im Zeitraum 1992/93
Klein-Allermann/ Wild/Hofer/ Noack/Kracke 1995	Einfluß gesellschaftlicher, familialer u. schulischer Bedingungen auf Gewaltbereitschaft u. rechtsextreme Einstellungen bei ost- u. westdt. Jugendlichen	stand. Befragung bei Schülern der 9. Klasse in Leipzig (N=218) und Mannheim (N=201)
Krebs 1995	Untersuchung des Zusammenhangs von sozialer Desorientierung, Devianz- und Gewaltbereitschaft	(siehe bei Hoffmann-Lange/Schneider/Gille 1993)

Kühnel 1995b u. Kühnel/Matuschek 1997	Bedeutung von sozialen Netzwerken und Peer-group-Beziehungen für Gewalt	Netzwerkanalyse bei 40 Jugendlichen (16-25 Jahre) in vier Freizeitgruppen (1993) in Berliner Großsiedlung
Kuhnke 1995	problematische Verarbeitungen des gesellschaftlichen Umbruchs bei ostdeutschen Jugendlichen	stand. Befragung (Längsschnitt 1991-93 bei identischer Population) von 350 sächsischen Schülern (14-17 Jahre)
Kury/Obergfell-Fuchs 1995	Kriminalitätsentwicklung bei Jugendlichen in Ost- und Westdeutschland	mehrere stand. Befragungen (Opferstudien, Jugendstudien)
Landeskriminalamt Sachsen 1995	Entwicklung von Jugenddelinquenz in Sachsen	Analyse polizeilich registrierter Straftaten in Sachsen
Leipziger Institut für praktische Sozialforschung 1995	Entwicklung von Einstellungen und Verhaltensweisen unter sächsischen Schülern	stand. Befragung von 2895 Schülern (8.-12. Kl.) aus 24 Mittelschulen und 11 Gymnasien in Sachsen
Mansel 1995a	Erforschung der quantitativen Entwicklung von Gewalthandlungen Jugendlicher und ihrer offiziellen Registrierung	stand. Befragung bei Schülern der 7. u. 9. Kl. in drei Regionen Nordrhein-Westfalens (Längsschnitt 1986-94)
Pfeiffer/Ohlemacher 1995	Zusammenhang von Gewaltentwicklung und Armut junger Menschen	Auswertung der polizeilichen Kriminalstatistik (PKS) für Niedersachsen
Heitmeyer/ Ulbrich-Herrmann 1997	Zusammenhang von sozialen Milieus, schulischen Belastungen und Gewalt	(siehe bei Heitmeyer u.a. 1995)
Langner/Sturzbecher 1997	Entwicklung von Gewalt und die Rolle verschiedener Einflußfaktoren	vergleichbare Stichproben 1993 u.1996 mit jeweils ca. 2500 Schülern verschiedener Schulformen in Brandenburg
Pfeiffer/ Wetzels 1999	Struktur und Entwicklung der Jugendgewalt, Ermittlung von Ursachen und Bedingungsfaktoren	Repräsentativbefragung von Jugendlichen (9. Kl.), 9000 Schüler verschiedener deutscher Städte, Aktenanalysen von Tatverdächtigen

Anhang

Tab. A 3: Übersicht über eigene empirische Studien zu Gewalt und Rechtsextremismus in den neunziger Jahren

Ziele der Untersuchung	Methode	Hauptergebnisse	Folgerungen
Bestandsaufnahme zu Rechtsextremismus und Gewalt unter ostdeutschen Jugendlichen (1990-92) (vgl. z.B. Heinemann/ Schubarth 1992, Förster u.a. 1993)	*Jugendstudie* standardisierte Befragung Wiederholungsbefragung	Nachweis eines angestiegenen rechtsextremen Einstellungssyndroms bei einem Teil der Jugend als Bewältigungsform des Umbruchs	Verminderung von Desintegration durch Angebote von Jugendhilfe und Jugendarbeit, Notwendigkeit politischer u. interkultureller Bildung
Rechtsextremismus und Gewalt im deutsch-deutschen und deutsch-polnischen Vergleich (1990-92) (vgl. z.B. Schubarth/ Hoffmann-Lange 1992, Melzer 1992)	*vergleichende Schüler-und Jugendstudie* standardisierte Befragung	größere Anfälligkeit bei ostdeutschen Jugendlichen gegenüber Rechtsextremismus und Fremdenfeindlichkeit infolge von Umbruch und Sozialisation	Verbesserung der Lebensperspektiven insb. für ostdt. Jugendliche, Notwendigkeit schulischer Gegenstrategien, z.B. interkulturelles Lernen
Rekonstruktion von Deutungsmustern gegenüber Fremden (1991/92) (vgl. z.B. Schubarth/ Stenke 1993)	*Schüleraufsätze* Inhaltsanalyse	Typologie von Deutungsmustern, die von Lebenslage, Mediendiskurs und politischen Kultur beeinflußt sind	Thematisierung und Kritik der Konstruktionen von Fremdheit in Alltag, Medien und Politik
Erkundung von Ausmaß und Erscheinungsformen von Gewalt an Schulen (1993-95) Ost-West-Vergleich Ursachen und Präventionsmöglichkeiten aus Sicht der Schulleitung (vgl. z.B. Schubarth/ Kolbe/Willems 1996)	*Schulleiterbefragung* standardisierte vergeichende Befragung der Schulleitungen (in Sachsen: 568 Schulen unterschiedl. Schulformen, Rücklauf 54%), Vergleich mit anderen Bundesländern	kleiner Teil der Schulen durch Gewalt belastet, verbale Aggressionen dominieren, im Osten weniger Gewalt, Unterschiede zwischen Schulformen und Einzelschulen, außerschulische Faktoren als Hauptursache aus Schulleitersicht	keine Dramatisierung, aber auch keine Tabuisierung bzw. Verharmlosung von Gewalt, Notwendigkeit von Fortbildungen zur Gewaltprävention, schulische Bedingungen in den Blick nehmen, Diskussion über Qualität der Einzelschule

Differenzierte Analyse schulischer Gewaltphänomene (1995-97) Perspektive der Schüler und Lehrer *(vgl. z.B. Holtappels u.a. 1997, Schubarth 1997a, Forschungsgruppe Schulevaluation 1998, Schubarth 1998b)*	*Schülerbefragung u. Lehrerbefragung* standardisierte Befragung, repräsentativ für das Bundesland Sachsen (3147 Schüler und 311 Lehrer, Rückl. 79% bzw. 36%), Vergleich mit dem Bundesland Hessen	außerschulische und schulische Faktoren, z.B. familiales Erziehungsklima, Freundesgruppe, Schul- und Lernkultur, geringe Ost-West-Unterschiede, Differenzen nach Geschlecht, Schulform und Jahrgang, Wechsel von Täter- und Opferrollen, mangelnde Lehrerintervention	Gestaltung positiver Lehrer-Schüler-Interaktionen, Entwicklung sozialer Kompetenzen zur Vermeidung von Etikettierung und Desintegration, Schule als Lern- und Erfahrungsraum; Intensivierung der Elternarbeit sowie der außerschulischen Jugendarbeit
Schulische Strategien beim Umgang mit Gewalt (1994/95) Aufdecken innerschulischer Bedingungsfaktoren für Gewalt *(vgl. Schubarth/Stenke 1996)*	*vergleichende Fallstudie* Gruppengespräche mit Schülern, Einzelnterviews mit Schulleitern und Lehrern	Nachweis von Potenzen sowie Grenzen schulischer Gewaltprävention in Abhängigkeit von Faktoren wie pädagogische Kompetenz der Schulleitung und Lehrer, Lehrer-Schüler-Interaktion, Schulkultur u.a.	Beförderung der Schulentwicklung an Einzelschulen vor allem durch (schulinterne) Lehrerfortbildung, Schulentwicklung als Gewaltprävention, Verankerung von Schule im Gemeinwesen
Analyse der Kooperationsstrukturen von Schule und Jugendhilfe (1994/95) Kooperationsprobleme zwischen Institutionen *(vgl. Schubarth u.a. 1995)*	*Fallstudie an Mittelschule, Förderschule und Heim* Gruppengespräche, Einzelinterviews, Expertengespräche, teilnehmende Beobachtung	Aufdecken von strukturbedingter „Blindheit" der jeweiligen Institutionen im Hinblick auf ganzheitliche Entwicklungsprozesse bei Kindern und Jugendlichen	Notwendigkeit der Überwindung bzw. des Abbaus strukturbedingter Kommunikationsstörungen durch Professionalisierungsprozesse innerhalb der jeweiligen Institution

Ursachen „abweichender" Karrieren (1995/96) Rekonstruktion typischer Biographiemuster und lebensgeschichtlicher Entwicklungen (vgl. Schubarth u.a. 1996)	Fallstudien bei Heimkindern biographisch orientierte Interviews; Sozialisations-, Lebenslaufforschung	„abweichendes" Verhalten infolge kumulativer Problembelastungen, von der Familie, über Schule, Clique bis zur Heimeinweisung, Zusammenhang von Fremd- und Selbstetikettierung	notwendige Veränderungen der Sozialisationsinstanzen (Familie, Schule, Jugendhilfe) in ihrem Zusammenwirken, zur Stabilisierung der Identitätsentwicklung von Kindern und Jugendlichen
Möglichkeiten schulischer Gewaltprävention (1996/97) Entstehungsbedingungen für Gewalt und pädagogische Handlungsansätze (vgl. Forschungsgruppe Schulevaluation 1998, Schubarth u.a. 1998)	vergleichende Fallstudie standardisierte Befragung u. Interviews mit Schülern und Schulleitern	Gewaltbelastung durch innerschulische Bedingungen beeinflußt, Rolle der Lehrerpersönlichkeit, ihrer pädagogischen Professionalität in Schule u. Unterricht	Entwicklung sozialer Kompetenzen, Einbeziehung der Klassenebene in die Präventionsarbeit; Verbindung von Gewaltprävention u. Schulentwicklung

LUCHTERHAND – 75 JAHRE VON PROFI ZU PROFI

1924
Verlags-Gründung in Berlin durch Hermann Luchterhand (1886–1950).

Erste Verlagserzeugnisse: Steuerinformationen und Formblätter. Entwicklung des Loseblattwerks „Handbuch für das Lohnbüro".

1934
Eintritt von Eduard Reifferscheid (1899–1992) als Prokurist in den Verlag, später Mehrheitsgesellschafter und Geschäftsführer.

Allmählicher Aufbau des juristischen Fachbuchprogramms. Edition von ergänzbaren Loseblattwerken aus verschiedenen Rechtsgebieten und Einzeldarstellungen zum Wirtschaftsrecht.

1945
Nach Ausbombung von Verlag und Druckerei 1943/44 beginnt Eduard Reifferscheid im Sommer mit dem Wiederaufbau.

1948
Eröffnung einer Zweigniederlassung am heutigen Hauptsitz Neuwied/Rhein.

Konsequente Entwicklung von Loseblattwerken, Büchern und Zeitschriften in zahlreichen Rechtsgebieten.

1955
Start des Belletristik-Programms, u.a. mit Werken von Günter Grass, Peter Härtling, Eugène Ionesco, Georg Lukács, Anna Seghers, Christa Wolf und den Nobelpreisträgern Miguel A. Asturias, Alexander Solschenizyn, Pablo Neruda und Claude Simon.

1972
Erweiterung der Programmpalette durch „Alternativkommentare" und zahlreiche juristische Fachzeitschriften.

1987/88
Verkauf des Luchterhand Verlags an den holländischen Verlagskonzern Kluwer NV. Verkauf des literarischen Verlagsteils und Integration juristischer Kleinverlage in den Luchterhand Verlag, dadurch Gründung einer Niederlassung in Frankfurt/Main. Seitdem ist Luchterhand ein Unternehmen der Verlagsgruppe Wolters Kluwer, Amsterdam.

1991
Übernahme pädagogischer Programmteile vom Berliner Verlag Volk und Wissen. Gründung der Berliner Niederlassung.
Verlegung der Niederlassung Frankfurt/Main nach Kriftel (Taunus).

1991/92
Erste elektronische Produkte, Disketten und CD-ROM.

1994
Erwerb des auf Architektur, Bautechnik, Bauwirtschaft und Baurecht spezialisierten Werner Verlages, Düsseldorf.

1998
Erwerb des Fachverlages Deutscher Wirtschaftsdienst, Köln, mit den Programmschwerpunkten Außenwirtschaft, Wirtschaftsförderung, Personalmanagement sowie Informationstechnologie.

1999
Der Hermann Luchterhand Verlag feiert sein 75jähriges Bestehen. Insgesamt sind 1.500 Titel – als Buch, Loseblattwerk, Tabelle, Formular, CD-ROM/Diskette sowie rund 30 Fachzeitschriften – zu den Schwerpunkten Recht, Wirtschaft, Steuern, Bildung, Erziehung und Soziale Arbeit lieferbar.